興衰

菁英網絡演變與帝制中國

The Social Origins of State Development

THE RISE AND FALL OF IMPERIAL CHINA

by

YUHUA WANG

王裕華——著

林資香——譯

興衰：菁英網絡演變與帝制中國

The Rise and Fall of Imperial China: The Social Origins of State Development

作　　者　王裕華（Yuhua Wang）
譯　　者　林資香
責任編輯　夏于翔
協力編輯　周書宇
內頁構成　周書宇
封面美術　Bert

發 行 人　蘇拾平
總 編 輯　蘇拾平
副總編輯　王辰元
資深主編　夏于翔
主　　編　李明瑾
業　　務　王綬晨、邱紹溢
行　　銷　廖倚萱
出　　版　日出出版
地址：10544 臺北市松山區復興北路 333 號 11 樓之 4
電話：02-2718-2001 傳真：02-2718-1258
網址：www.sunrisepress.com.tw
E-mail 信箱：sunrisepress@andbooks.com.tw
發　　行　大雁文化事業股份有限公司
地址：10544 臺北市松山區復興北路 333 號 11 樓之 4
電話：02-2718-2001 傳真：02-2718-1258
讀者服務信箱 : andbooks@andbooks.com.tw
劃撥帳號 :19983379 戶名：大雁文化事業股份有限公司
印　　刷　中原造像股份有限公司
初版一刷　2023 年 9 月
定　　價　800 元
I S B N　978-626-7261-82-8

國家圖書館出版品預行編目 (CIP) 資料

興衰：菁英網絡演變與帝制中國 / 王裕華著 ; 林資香譯 . -- 初版 . -- 臺北市 : 日出出版 : 大雁文化事業股份有限公司發行 , 2023.09 , 448 面 ; 17x23 公分
譯自 : The rise and fall of imperial China : the social origins of state development
ISBN 978-626-7261-82-8(平裝)
1.CST: 中國政治制度 2.CST: 皇帝制度 3.CST: 菁英理論 4.CST: 中國史

573.1　　112013286

獻給　博洋

目錄

附錄

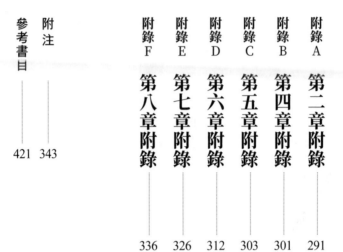

前言

這是我夢寐以求的一本書。

我一直對歷史極感興趣，夢想著撰寫一本關於中國歷史的書。二〇一四年，在我提交出第一本書的最終定稿之後，時機終於到來；我決定開始寫一本書，將中國歷史引入社會科學中，同時也將社會科學帶入中國歷史中。

我坐下來開始閱讀社會科學家（主要是經濟史學家）所撰寫的、關於中國歷史的作品。每一塊拼圖都講述了一個有趣的故事，但我努力搞清楚完整的全貌。大部分作品的焦點都放在中國的經濟與財政在十九與二十世紀的衰退，試圖探討中國與歐洲之間經濟發展「大分流」（Great Divergence）的根源，但是，我渴望探討的卻是政治的故事。我想了解為什麼中國的菁英階層並未施行那些能夠促進經濟發展與財政能力的政策：他們做不到嗎？還是他們不想去做？在尋找政治背景故事的同時，我發現了另一份研究中國國家形成的文獻資料，這份文獻將中國描述成兩千年前以鐵血鍛造出來的一個中央集權強國，但是，在這之間的漫長時期中，到底發生了什麼？

我試圖將一切拼湊起來，抽絲剝繭、理清頭緒。二〇一六年，我的學術假讓我有了埋首鑽研中國歷史的機會，我決定先拋開其他的研究計畫，開始專心閱讀相關文獻資料。結果，這一年成了我在寫作上產量最少、在發想新點子上卻是最深受激勵且令人振奮的一年。我閱讀了許多史學家的著作，並且一個朝代接著一個朝代地研究了中國的官方歷史。這些散落在我辦公室裡的數百本書籍中，最讓我深感震驚的莫過於社會史學家的著作：白蒂（Hilary Beattie）、柏文莉（Beverly Bossler）、張仲禮、陳寅恪、杜贊奇（Prasenjit Duara）、伊沛霞（Patricia Ebrey）、郝若貝（Robert Hartwell）、何炳棣、韓明士（Robert Hymes）、姜士彬（David Johnson）、毛漢光、譚凱（Nicolas Tackett）、田余慶、余英時等人，追溯了從漢朝到清朝熱衷政治的菁英階層之演變，並特別關注他們的社會關係。這些著作不約而同地呈現出一項深刻的洞察：**隨著時間推移，中國菁英階層的社會關係愈來愈趨向地方化，進而大幅改變了他們如何看待國家，以及他們自身與統治者之間的關係**。

這讓我更加深信，如果我可以了解菁英階層的社會關係如何建構、如何隨著時間推移而改變，那麼我就能開始解讀中國政治發展的許多謎團，例如：為什麼唐朝皇帝在中國成為世界霸主之際卻英年早逝？為什麼有些清朝皇帝在朝廷徵稅艱難之際卻仍在位極久？帝制末期的各個朝代，何以在經濟停滯不前、國庫空虛、軍隊無能的情況下，仍然延續了數百年之久？更重要的是，一個延續了二千多年的政治體系，我們如何解釋它的逐漸衰敗與最終的崩毀？

一個敘事大致的輪廓，開始在我的腦海中成形。中國的統治者在國家建設上遭遇了一項根本性的權衡取捨，我稱之為「主權者的兩難」（sovereign’s dilemma）：一群有凝聚力、團結一致的菁英，他們的集體行動不但能增強國力，也能群起反抗統治者。這種兩難的困境之所以存在，是因為強化國力與延長統治者的在位期間，需要各種不同的「菁英社會域」（elite social terrains）——中央菁英們嵌入其中的一種社會網絡。

一開始，中央菁英在中國的社會域中發揮了重要作用，他們熱衷於以各種方式來增強國力，然而他們的向心力也足以讓皇帝下臺；中古時期的大規模篡亂暴行，摧毀了舊的菁英階層，也讓統治者有機會重新打造菁英階層的社會域——讓中央菁英四分五裂、渙散成皇帝可分而治之的一盤散沙。但另一方面，這些菁英也變得只會追求自身的狹隘利益，並試圖從內部掏空國家，於是，皇帝雖然得以長期在位，統治的卻是一個國力衰微的國家。從本質上來看，中國兩千多年來的國家發展歷程可以歸結為一段統治者在「主權者的兩難」困境中掙扎的歷史——追求國力抑或個人存續，也就是說，皇帝藉由不斷分化菁英來達成追求權力與存續的目的，是帝制中國衰亡的最終罪魁禍首。

※

為了研究並撰寫本書，我欠了許多個人與機構團體人情，他們的慷慨支持，我永遠無以回報。我的導師兼同僚裴宜理（Elizabeth Perry）一開始就鼓勵我，並在我迷失時為我指引正確的方向；身為一位利用歷史去理解政治的先驅，她在這趟旅程的每個轉折處都為我導航，並在我看不到隧道盡頭的光明時為我打氣加油。另一位導師兼同僚史蒂夫・李維茲基（Steve Levitsky）

則不斷提醒我以大局為重，並幫助我在根本還不知道那是什麼之前，領會本書更廣泛的貢獻。好幾位傑出的學者也閱讀了本書的最初版本，並參與了由哈佛大學的文理學院（Faculty of Arts and Sciences）以及費正清中國研究中心（Fairbank Center for Chinese Studies）所贊助的圖書研討會，包括：麗莎・布萊德斯（Lisa Blaydes）、溫奈良（Nara Dillon）、杜贊奇、約翰・費里約翰（John Ferejohn）、安娜・格茲瑪拉布塞（Anna Grzymala-Busse）、史蒂夫・李維茲基、裴宜理、弗朗西絲・羅森布魯斯（Frances Rosenbluth）和大衛・斯塔薩瓦格（David Stasavage），他們的回饋意見至為關鍵地改善了我的原稿，而他們一直以來的支持更給予了我所能冀求的最強烈動力。

我在哈佛大學政府系（Department of Government）的同僚們在這過去的六年內，為我提供了一個生氣蓬勃、充滿活力、靈感的智識歸屬。我的「辦公室鄰居」鮑勃・貝茨（Bob Bates）幾乎每個禮拜都帶我一起去吃午餐，並不吝於跟我分享他對歐洲與非洲歷史的知識；他試圖教導我如何提出重要問題以及如何寫出精簡的作品（你很快就會發現，至少其中的一項任務我徹底失敗了，但這完全不是他的錯）。彼得・霍爾（Peter Hall）幫我認清值得追尋探索的想法、仔細閱讀了我早先的初稿，並提供我深具建設性的詳盡評論。丹尼爾・齊布拉特（Daniel Ziblatt）給了我一個最佳範例，教我如何將歷史洞察融入第一手的政治科學作品中。

另外，和托本・艾弗森（Torben Iversen）一起教授「比較政治領域研討會」（Comparative Politics Field Seminar）的那個學期，重塑了我對這門學科的思想史之理解。這些年來與艾瑞克・必爾博（Eric Beerbohm）、梅拉尼・卡梅特（Melani Cammett）、丹・卡本特（Dan Carpenter）、提姆・科爾頓（Tim Colton）、克莉絲汀娜・戴維斯（Christina Davis）、溫奈良、格熱戈日・埃基爾特（Grzegorz Ekiert）、萊恩・伊諾斯（Ryan Enos）、傑夫・弗里登（Jeff Frieden）、弗蘭・哈戈皮安（Fran Hagopian）、珍妮佛・霍克希爾德（Jennifer Hochschild）、艾麗莎・霍蘭德（Alisha Holland）、江憶恩（Iain Johnston）、蓋・瑞金（Gary King）、蘇珊・法爾（Susan Pharr）、肯・謝潑斯（Ken Shepsle）、詹姆斯・施耐德（James Snyder）和達斯汀・丁格利（Dustin Tingley）的對話交流，提供了我持久不衰的靈感與鼓勵。

已故的馬若德（Rod MacFarquhar）亦鼓勵我研究不同歷史時期的菁英關係網絡，並以他自身的工作來以身作則。在一場有麥特・布萊克威爾（Matt Blackwell）、史蒂芬・蕭登（Stephen Chaudoin）、莎拉・胡梅爾（Sarah Hummel）、喬許・科策（Josh Kertzer）、奧拉西奧・拉雷吉（Horacio Larreguy）、克里斯多福・米庫拉謝克（Christoph Mikulaschek）、皮亞・萊弗勒（Pia Raffler）、喬恩・羅戈夫斯基（Jon Rogowski）和丹・史密斯（Dan Smith）參加的內部研討會，則為我提供了重點實證章節的實用建議。

由於本書內容超出了我的訓練範疇，我必須仰賴許多同僚的幫忙，請他們引導我去了解在他們比我更了解的範疇當中，我需要閱讀的是哪些材料。包弼德（Peter Bol）、歐立德（Mark Elliot）、郭旭光（Arunabh Ghosh）和宋怡明（Michael Szonyi）幫助我了解歷史學家之間的關鍵爭論，並為我確認可以對每個朝代提供最佳見解的作品；已故的傅高義（Ezra Vogel）一直是一位溫暖的支持者，他教會我如何在別人尚未意識到為重要的問題之前就率先提出；郭旭光、丹尼爾・寇斯（Daniel Koss）、雷雅雯、任美格（Meg Rithmire）、楊宇凡（David Yang）和周翔，則提供了一個我可以依賴、相互支持的團體。

作為一名學者的一大殊榮，就是能與許多才華洋溢的學生共事，並且向他們學習。史帝夫・白（Steve Bai）、柯睿楷（Chris Carothers）、陳宇茜（Nora Chen）、程宬、卡特琳娜・奇奧普里斯（Caterina Chiopris）、丁悅（Iza Ding）、費哲明（Josh Freedman）、傅成宇、高甄妮（Jany Gao）、官逸塵、郭強、趙仁傑（Jeff Javed）、安德魯・勒貝爾（Andrew Leber）、李晗迪、李佳璐、李怡爽、林韜、劉冬舒、丹尼爾・洛瑞（Daniel Lowery）、馬詩琪、肖姆・馬祖德（Shom Mazumder）、布蘭登・麥克爾羅伊（Brendan McElroy）、夏儂・帕克（Shannon Parker）、錢靜遠、麥特・賴克特（Matt Reichert）、巴莎克・塔拉克塔斯（Basak Taraktas）、孫睿（Saul Wilson）、楊霄、傅澤、曾渝、張海倫（Helen Zhang）和趙寒玉，教會了我許多我希望自己在研究所時期就學會的事。不論是在大型演講廳或小型研討室中，我的大學部學生對我提出的所有問題，都不斷挑戰我知識範疇的極限。

一路走來，我跟許多在我研究教學機構以外的同僚與朋友們談過這本書的想法，也向他們介紹過這項計畫的各個面向，包括：史考特・艾布拉姆森（Scott Abramson）、戴倫・艾塞默魯（Daron Acemoglu）、克里斯・艾特伍德（Chris Atwood）、卡萊斯・博伊斯（Carles Boix）、布魯斯・布恩諾・德・梅斯奎塔（Bruce Bueno de Mesquita）、曹峋、布雷特・卡特（Brett Carter）、艾琳・巴戈特・卡特（Erin Baggot Carter）、芙爾哈・查尼什（Volha Charnysh）、陳昊、陳玲、陳碩、比爾・克拉克（Bill Clark）、蓋瑞・考克斯（Gary Cox）、雅克・德利爾（Jacques deLisle）、布魯斯・迪金森（Bruce Dickson）、馬克・丁切克（Mark Dincecco）、丁悦、格雷格・迪斯特霍斯特（Greg Distelhorst）、彼得・艾文斯（Peter Evans）、高敏（Mary Gallagher）、史考特・格爾巴赫（Scott Gehlbach）、丹・吉格里奇（Dan Gingerich）、艾弗里・戈爾茨坦（Avery Goldstein）、洪知延（Jean Hong）、侯悅、黃亞生、索米特拉・趙（Saumitra Jha）、阿圖爾・科里（Atul Kohli）、史蒂芬・克拉斯納（Stephen Krasner）、吉列爾莫・克賴曼（Guillermo Kreiman）、龔啟聖（James Kung）、李磊（Pierre Landry）、梅麗莎・李（Melissa Lee）、雷鎮環、劉立之、呂曉波、馬德斌、馬嘯、艾迪・馬勒斯基（Eddy Malesky）、墨寧（Melanie Manion）、伊莎貝拉・馬雷斯（Isabela Mares）、麥錦林（Dan Mattingly）、安迪・瑪莎（Andy Mertha）、布萊克・米勒（Blake Müller）、卡爾・穆勒—克雷彭（Carl Müller-Crepon）、凱文・奧布萊恩（Kevin O'Brien）、戴慕珍（Jean Oi）、克里斯多夫・白（Christopher Paik）、潘婕（Jen Pan）、裴松梅（Margaret Pearson）、迪達克・奎拉特（Didac Queralt）、莫莉・羅伯茨（Molly Roberts）、傑夫・塞勒斯（Jeff Sellers）、伊恩・夏比洛（Ian Shapiro）、史宗瀚（Victor Shih）、丹・斯萊特（Dan Slater）、希勒爾・蘇伊佛（Hillel Soifer）、亨德里克・斯普魯特（Hendrik Spruyt）、史達尼（Danie Stockmann）、羅里・特魯克斯（Rory Truex）、莉莉・蔡（Lily Tsai）、王海驍（Erik H.Wang）、謝宇、徐軼青、楊大利、約翰・安田（John Yasuda）、張長東、張泰蘇、周聰奕，以及笠波亮，都提供了我極有助益的回饋意見。我還要特別

感謝在各個專案上與我合作的馬克・丁切克，他對暴力衝突在國家建設上所扮演角色的想法，也影響了我的思考。

我還要感謝研討會的參與者，我在這些研討會中介紹了這項計畫，包括在中國武漢華中科技大學、約翰・霍普金斯大學（Johns Hopkins University）、高麗大學（Korea University）、紐約大學（New York University）、紐約大學阿布達比分校（New York University in Abu Dhabi）、西北大學（Northwestern University）、北京大學、賓州州立大學（Penn State University）、普林斯頓大學（Princeton University）、中國人民大學、史丹佛大學（Stanford University）、德州農工大學（Texas A&M University）、牛津大學（University of Oxford）、賓州大學（University of Pennsylvania）、南加州大學（University of Southern California）、維吉尼亞大學（University of Virginia）、耶魯大學（Yale University）、「放大中國」網路研討會系列（Zoom in China Webinar Series）舉辦的專題研討會與學術會議。

我仰賴一群優秀的研究助理所組成的團隊來進行數據蒐集與編碼，成員包括有：陳宇茜、程宬、杜雨思、黃逸清（Maggie Huang）、馬詩琪、孫嘉、派翠西亞・孫（Patricia Sun）、王熠華（Yihua Xia）和鄭思堯。我的兩位研究助理高策與李佳璐，更值得我特別感謝，他們在早期組成了一支傑出的研究團隊，幫助我蒐集本書中所使用的大量傳記數據。我也要感謝哈佛燕京圖書館（Harvard Yenching Library）的鄭炯文（James Cheng）與馬小鶴、中國歷史地理信息系統專案（China Historical GIS Project）的萊克斯・伯曼（Lex Berman），以及中國歷代人物傳記資料庫

（China Biographical Database）的馬季與王宏甦所提供的指導。倘若沒有他們的幫助，我不可能完成這本書。

哈佛的幾個機構都慷慨地提供了財務上的援助，包括：哈佛大學文理學院、費正清中國研究中心、韋瑟罕國際事務中心（Weatherhead Center for International Affairs）、亞洲中心（Asia Center）、哈佛國際與地區研究學院（Harvard Academy for International and Area Studies）、哈佛大學中國基金（Harvard China Fund）、量化社會科學研究中心（Institute for Quantitative Social Sciences）以及政府系。另外，凱莉・弗里爾（Kelley Friel）多年來一直為我提供出色的文字校稿，並且大幅地提升了我的寫作品質。

我要感謝普林斯頓大學出版社的布里奇特・弗蘭納里—麥考伊（Bridget Flannery-McCoy）對本書的熱情支持；阿蓮娜・切卡諾夫（Alena Chekanov）提供了及時且助益良多的編輯協助；溫蒂・沃什伯恩（Wendy Washburn）仔細地校對了本書的手稿；我還想感謝布麗吉塔・范・萊茵伯格（Brigitta van Rheinberg）之前與我的談話，說服我選擇普林斯頓來出版本書。六位匿名的審稿者提供了慷慨異常的溢美之詞和思慮周全的評論。我還要感謝編輯高敏與謝宇好心的提議，將我的書收錄至他們的所編輯的「當代中國研究系列」（Studies in Contemporary China series）中。

本書不同篇章的部分內容首次發表於《美國政治學評論》（*American Political Science Review*）與《比較政治學》（*Comparative Politics*）上，並經由該期刊許可而被轉載。

我個人積欠的人情債，並不少於專業領域中所欠下的人情。本書有一大部分是在二〇一九新冠病毒（COVID-19）全球大流行疫情期間所撰寫，當時我無法前往探訪我的雙親——尹淑蘭與王延利，但他們給予我超乎我所能想像的最重要精神支持。

我可愛的女兒雨施成長得比本書的書頁要來得快，鼓舞了我對這個世界的好奇心，並讓我每天都能開懷大笑。我的妻子博洋不但給予我無條件的理解、耐心、關愛，並常常必須忍受一個心不在焉、憂心明朝更甚於晚餐該吃什麼的丈夫。請容我在此將本書獻給她，略表我的感激之情。

王裕華

薩默維爾（Somerville），麻薩諸塞州

二〇二一年七月

第一篇 緒論

第一章　菁英的社會域與國家發展

並非條條大路通羅馬

國家是人類歷史上最強大的組織。大約自西元前四千年至二千年，第一批國家在美索不達米亞（Mesopotamia）、埃及、印度河流域（Indus Valley）和黃河地區形成以來，作為組織的國家在形態與實力上經歷了無數次的轉型，最終成了我們生存不可或缺的制度。

為什麼有些國家幾個世紀以來都可以保持著完好無損，而有些國家卻在建立不久之後就迅速殞落？為什麼有些國家異常強大、有些卻積弱不振？為什麼有些國家是由民選領導人統治、有些卻是由獨裁者統治？這些都是由來已久的大哉問，從而累積了數個世代卓越不凡的學術研究成果。

然而，我們對於作為組織的國家如何發展的理解，很大程度上是基於歐洲國家逐步形成、演變的方式。羅馬帝國衰亡之後的幾個世紀，歐洲獨特的政治發展軌跡也在此時奠定了基礎[1]，政治分裂導致國家之間的競爭與衝突，造成雙重轉型[2]。一方面，統治者對國家菁英階層的談判、交涉能力較弱，從而形成了「代議制機構」（representative institution）以限制統治者的決策權力，並使統治者能有效地進行課稅[3]；另一方面，國家之間的頻繁（而且代價愈來愈高昂的）衝突有利於領土遼闊的國家，這些國家將官僚機構集中於中央並排除了國內的競爭組織[4]。

文獻資料都將歐洲模式視為標竿，質問為何其他地區的國家無法仿效。代議制機構、有效課稅，以及德國社會學家馬克斯・韋伯（Max Weber）所說的「對暴力的壟斷」（monopoly over violence）[5]，已成了評估世界各國的普遍標準，這種「趨同典範」（convergence paradigm）也影響了政策制定者。世界銀行（World Bank）和國際貨幣基金組織（International Monetary Fund）等國際共同體實施的許多政策干預措施，都將重點放在強化稅收能力以及建立「韋伯式」的國家，希望「全球南方」（Global South）的開發中國家都能向他們的歐洲國家看齊[6]。

然而，在人類歷史的大部分時間，世界上的多數人口並非由歐洲類型的國家所統治[7]，有些非歐洲國家也利用自己的方法，達到了令人難以置信的長治久安與有效治理的目的。顯而易見的，並非條條大路通羅馬。我們應該認真看待這些國家本身持久且另類的發展模式，而不是將非歐洲國家視為終將趨同歐洲模式的低度開發國家案例。

大部分發展中國家並未建立某種以「合意」為基礎的規則，而是仍由獨裁者來治理。即使在奮力爭取國家獨立之後，發展中國家很可能仍然不會建立起歐洲模式的民族國家。為此，堅持趨同典範，只會阻礙比較政治發展領域的演進並導致決策者偏離正軌。因此，是時候認清國家發展模式不只一種，並找出一種新的視角來分析這些新的模式了。

為什麼是中國？

中國代表了另一種國家發展的模式，且令人難以置信地持久。自西元前二百年左右建國以來，帝制中國的統治屹立不墜了兩千多年之久，直到二十世紀初衰亡為止；其中，尤其在第二個千年時，似乎出現了一種持久、永續的平衡。儘管許多稱揚歐洲統治者任期特別長久的研究，都將其歸功於代議制機構的出現，但從西元一千年至一千九百年，中國帝王的平均在位時間與歐洲的國王、女王一樣長。除了元朝（一二七〇至一三六八年）以外，第二個千年之中的每個朝代都持續了大約三百年之久——比美國建國的時間還長。

然而，持久並不代表穩定——改朝換代、江山易主、叛亂迭起、敵軍入侵，但是，藉由「菁英階層的官僚體系」和「以宗親關係為基礎的組織合作」來治理的君主政體，亦即帝國統治的支柱，仍然保持完好無損，國家組成的基本形態仍然韌性十足、維持不墜。

歐洲國家在現代變得愈來愈持久、愈能實現它們的主要目標，而中國卻似乎以犧牲國力為代價，來保有持久的政權。換言之，中國帝王的王位變得愈來愈穩固，朝代也存續得愈來愈長久，但國家的財政能力卻逐漸下降。舉例來說，在十一世紀時中國（宋朝時期）的稅收占其經濟的十五％以上，但這個比例在十九世紀（清朝時期）掉到幾乎只剩下一％[8]。

探討國家如何在國力下降時仍可維持長久統治，並解釋導致其最終衰亡的原因，將有助於拓展我們對其他國家發展模式的理解。中國獨特但持久的國家發展模式，需要我們用一種新的方法加以探討，而不是只在非歐洲背景下檢驗歐洲產生的理論；後者雖然成果斐然，卻不是一種新的典範。如果這種脫離以歐洲為中心的方法可以充實研究國家的典範與方法，我們所獲得的智識回報必然豐碩無比。

需要說明的重點

催生本書誕生的一個主要原因，在於想要解開為什麼「在位時間短暫的皇帝所統治的國家往往國力強大，而在位時間長久的皇帝卻統治著國力衰微的國家」之謎團，而以往的學術研究皆未能提供我們一個滿意的答案。

一個靜態的起源故事主導了大眾對於中國的普遍理解。這個故事始於德國思想家卡爾・馬克思（Karl Marx），其後經德裔美國漢學家暨歷史學家魏復古（Karl Wittfogel）加以發揚光大，突顯一個為控制洪水與管理水利灌溉而形成的「東方國家」[9]。根據這項解釋，帝制中國這頭暴虐蠻橫的猛獸，從一開始就陷入了某種劣勢的平衡。以專制君主為首，這個國家過於集權也過於強大，壓榨了社會二千多年，直到最終崩垮為止：它注定要失敗。

另一種類似的靜態方法，強調的是政治文化與意識形態。在戰國時期（西元前四七五至二二一年）興起、後於漢朝（西元前二〇二年至西元二二〇年）逐漸制度化的「儒家學說」，正當化了帝國統治，並為中國創造了兩千年的「超穩定均衡結構」（ultra-stable equilibrium structure）[10]。然而，這種文化層面上的解釋，將二千年的中國歷史視為單一的平衡，大幅低估了國家政治結構的改變[11]。

相反地，歷史學家的初步工作是透過「朝代循環」（dynastic cycles）的觀點來檢視中國的政治發展。朝代循環理論認為，每個朝代通常都是由強而有力的領導者所建立，但其後的繼位者素質每況愈下，終至失去「天命」[12]（Mandate of Heaven），於是，農民造反、王朝衰亡，然後另一個新的王朝興起並取而代之。根據這項觀點，中國的歷史可藉由反覆出現的循環模式來加以說明，然而，這樣的方法忽略了這些朝代的主要特點。舉例來說，在第二個千年時，雖然朝代或有更迭，但在財政歲收不斷下降的情況下，統治者的在位時間仍然穩步延長。

近年來，關於中國國家發展的社會科學學術研究，重點不是放在開始、就是放在結束——秦朝（西元前二二一至二〇六年）時的國家形成，或是清朝（一六四四至一九一一年）時的國家崩解。研究重點放在開始的學者，將中國早期的國家形成視為一個有限、完整的過程，但並未去檢視在接下來的二千年中國家的維繫與改變如何發生[13]。至於研究重點放在結束的學者，則專注在中國日漸衰微的財政能力，卻並未加以探討該體系如何在財政疲軟、列強入侵，以及內部叛亂迭起的情況下，持久地存續至二十世紀初[14]。

是時候對中國國家發展的整個軌跡做出說明，並將這些看似矛盾的趨勢，亦即「統治者長久的在位時間」以及「下滑的財政收入」，視為隱而不顯的政治均衡相互連結的表現，而非相互對立的悖論。唯有當我們以全面、整體的眼光來檢視時，才能開始探討導致中國政治發展中不同政治均衡的興衰與存續的各種形勢。

在本書中，**我將解釋何謂國家發展，我將其定義為「國家實力」與「國家形態」演變的一種動態過程**[15]。國家的實力，指的是這個國家達成其官方目標的能力，尤其是在徵稅與動員人民方面[16]；國家的形態，則是兩種不同關係的產物。第一種是統治者與統治階層中菁英之間的關係：統治者是**眾望所歸**的領導者，還是**支配**著統治階層的菁英？第二種則涉及國家與社會（定義為社會群體網絡）之間的關係：國家是以**領導**社會團體還是與其**合作**的方式，來提供基本的服務？第一種關係牽涉到美國社會學家邁克爾・曼恩（Michael Mann）所稱的「專制權力」（despotic power），第二種關係則反映了基礎權力（infrastructural power）的程度[17]。

我的研究論點

我首要的論點是，不論國家強弱（國家實力）以及如何構成（國家形態），國家仍遵循著具備國家與社會關係特徵的網絡結構成形。而在國家與社會關係的各個面向中，我強調的是**菁英社會域，亦即中央菁英與地方社會團體連結（相互聯繫）的方式**[18]。當菁英位居地域廣闊、緊密相連的網絡中時，他們寧可選擇一個能保護自己廣泛利益的強大國家，他們的凝聚力會限制統治者的權力。與此相對，當菁英依賴地方的權力基礎、聯繫亦不緊密時，他們反倒會設法從內部掏空中央，寧可由地方來提供秩序與公共財；他們的內部分歧，使統治者得以將相互競爭的派系玩弄於股掌之上，使彼此反戈相向，並藉此建立起自身絕對的權力。因此，菁英的社會域藉由創造出一種統治者必須面對的權衡取捨來造就國家，而這種權衡取捨就是「國家實力」與「統治者在位時間長短」兩個不相容的目標：欲達成其中一個目標，只能以犧牲另一個為代價來實現。

菁英的社會域

以社會網絡理論為基礎，我使用圖 1-1 中的三幅圖，來描述菁英社會域中三種理想類型的特性[19]。在每一幅圖中，交叉於中央的節點代表國家的菁英，被定義為在中央政府工作並且能影響政府政策的政治家；外圍的節點則代表地方層級的社會團體，每一個點都代表一個社會團體，比如位於某特定地理位置的一個氏族。而邊緣則代表了以多種形式呈現的社會關係，比如：氏族成員、社會關係紐帶或家族關係紐帶[20]。

中央菁英是與其有所連結的社會團體代理人，他們的目標是影響政府政策，以盡可能低廉的成本為他們的團

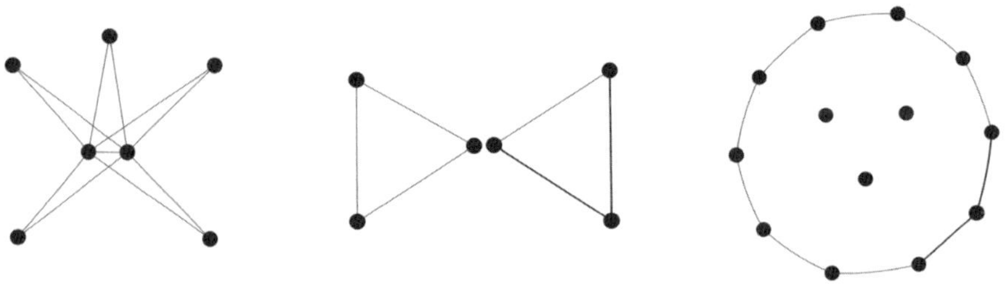

(a) 星形網絡
(Star network)

(b) 領結形網絡
(Bowtie network)

(c) 環形網絡
(Ring network)

圖 1-1：菁英社會域的三種理想類型

體提供最佳的服務[21]。不論菁英是彼此合作或是在各自偏好的政策上發生衝突，皆取決於他們嵌入（embedded）其中的網絡類型。

這三個網絡在兩個關鍵面向上各不相同[22]。首先，**垂直的面向**反映了每位菁英社會關係的地理範圍：與他或她有所連結的社會團體，在地理位置上是分散的還是集中的？其次，**水平的面向**反映了中央菁英之間的凝聚力：他們是一心同功、還是一盤散沙？

在**星形網絡**（圖1-1的圖a）中，每位中央菁英不但可直接連結每個位於不同地理區域的社會團體，亦可相互連結，因為所有菁英皆可聯繫不同的社會團體，他們的網絡有可能會重疊，並在彼此之間建立起橫向的聯繫。一個近似星形網絡的例子，就是「諾曼征服」（Norman conquest）後的英格蘭。一〇六六年，一群因（虛構的）宗親關係而聯繫在一起的諾曼貴族征服了英格蘭，並形成了一個具備凝聚力的菁英階層[23]。這些菁英雖有分歧，仍是以中央為導向，因為他們擁有土地，而且嵌入遍布全國各地的社會關係網絡中[24]。**地理區域分散的社會關係和菁英之間的內部凝聚力，是定義星形網絡的特性**。

在**領結形網絡**（圖1-1的圖b）中，每一位中央菁英都與一組位於特定地理區域的社會團體有所連結，但與位於遙遠地區的任何團體均無聯繫；同時，這些中央菁英彼此亦無連結，因為他們的社會關係限於局部地區，也不太可能出現於彼此的社會關係網絡中。封建時代的法國就是領結形網絡的一例。為了因應卡洛林王朝（Carolingian Empire，八〇〇至八八八年）最後幾年的混亂局勢，菁英們聯合起來組成區域性的軍事聯盟來保護自己[25]，因此，法國貴族宛如「部落」，每個貴族都附屬於某個地區[26]。**地理區域集中的社會關係和菁英之間的內部分歧，是定義領結形網絡的特性**。

最後，在**環形網絡**（圖1-1的圖c）中，中央菁英與所有社會團體皆無連結，彼此之間也是如此。舉例來說，在前殖民地時期撒哈拉以南的非洲（sub-Saharan Africa）王國中，比如：剛果（Kongo）、庫巴（Kuba）、隆達（Lunda），其中央政府努力要去控制外圍的周邊地區，因為傳統的領導者（通常被稱為酋長）統治著這些外圍區域，並藉由宗親關係與毗鄰的群落團體建立聯繫，以致遠離中央的領土很容易就能脫離中央的控制[27]。**國家菁英與社會團體之間的分裂與脫節，以及菁英之間的內部分歧，是定義環形網絡的特性**。

這三種類型的菁英社會域都是原型，現實情況更為混亂。菁英社會域的垂直面向（地理上的「分散」相對於「集中」）決定了菁英對國家實力理想水準的偏好，而水平面向（「凝聚」相對於「分歧」），則決定了國家組織的方式。每種理想類型都會形成國家與社會關係的一種「穩態均衡」（steady-state equilibrium），持久性雖然各不相同，但皆可以有力地描述並解釋中國與其他地區一連串的結果[28]。

以中國的國家發展為例，剛開始是星形網絡，接著過渡為領結形網絡，最後發展為環形網絡。星形網絡造就出強大的國家但在位短暫的統治者；領結形網絡一方面讓統治者可以長久在位、高枕無憂，但另一方面卻也削弱了國家實力；環形網絡則預示了國家的崩潰與瓦解。以下我將接續討論，菁英社會域如何幫助我們了解「國家實力」與「國家形態」的長期變化。

國家實力

有關菁英對於理想國家實力水準的偏好，菁英的社會域提供了「微觀基礎」（micro-founded）的見解。每位中央菁英的主要興趣，就是為與他或她有連結的社會團體提供服務，而不一定是為整個國家。中央菁英可以利用各種治理結構（governance structure）去服務他們所連結的社會團體，這類最常見的結構就是「公共秩序機構」（public-order institution，比如：國家）和「私有秩序機構」（private-order institution，比如：氏族、部落或民族）[29]。這些結構提供了諸如保護、審判等服務，包括抵禦外侮與內鬥、對抗天氣衝擊的預防措施、解決爭端所尋求的公平正義，以及保護人們免於風險的社會政策。嵌入星形網絡中的中央菁英擁有最強烈的動機，利用國家為他們所連結的社會團體提供這些類型的服務。

兩項考量驅動了菁英的選擇，**第一項考量是經濟性的**。在星形網絡中，菁英與地理位置分散的多個社會團體有所聯繫，所以依靠中央政府來提供服務更有效率，因為其享有「規模經濟」（economies of scale）與「範疇經濟」（economies of scope）[30]——讓一個強大的中央政府來照應某一塊額外的領土（某個與中央菁英有聯繫的社會團體所在地），比該社會團體自行提供所需的安全與公義，成本要來得低廉多了。

在領結形網絡中，菁英只需要在一個相對較小的區域中服務幾個團體，所以能提供更有效率的私人服務，因為提供私有機構來服務小地區的邊際成本，遠低於菁英階層為了支持中央政府而必須繳納的稅金。至於環形網絡代表了一個極端的例子：中央菁英並未與任何社會團體連結，他們失去了對社會的控制，無法動員必要的社會資源來強化國家，因此，他們做出的選擇是允許社會團體透過自己的部落、氏族或民族來提供服務。

驅動菁英抉擇的第二項考量是社會性的。集中於某個特定地區的部落、氏族、民族往往關心自身的地方利益遠甚於國家事務，反對向中央政府納稅；由於中央得對全國各地區提供服務，所以到頭來，這些特定社會團體所繳納的稅款會被用來為其他地區的團體提供服務。這些以地理位置來定義的社會團體遂形成「區域分歧」（regional cleavage），從而產生了「分配衝突」（distributive conflict）。儘管如此，如果中央菁英能連結多個地理區域分散的社會團體，就像在星形網絡中所為，這樣的社會網絡就能跨越區域分歧[31]。這些被跨越的分歧會激勵中央菁英匯集多個地區與團體的利益，並將其擴大至國家層級。由此可知，星形網絡可以超越地方利益並促成一個廣泛的國家建設（state-building）聯盟[32]。

然而，在領結形網絡中，每位中央菁英只代表了一小部分的地區，在這種情況下，社會網絡反而強化了現有的地區分歧，中央政府遂成了這些菁英競相吸引國家資源以服務地方利益的舞臺[33]。領結形網絡中的菁英反對強化中央政府，因為這類政策會將資源從社會團體轉移到國家，並削弱他們的地方權力基礎。舉例來說，在十一世紀中國北宋的國力強化改革變法中，反對者擔心，建立一支國家常備軍會對控制地方私有民兵的「根基穩固的地方家族勢力」造成威脅，並且會讓地方團體失去力量[34]。環狀網絡則是更極端的例子，中央菁英既不關心地區分歧，也無法使不同的群體團結起來。

嵌入這些不同類型網絡中的菁英，遵循著類似美國經濟暨社會學家曼瑟爾・奧爾森（Mancur Olson）所描述的「泛容利益團體」（encompassing interest group）相對於「狹隘利益團體」（narrow interest group）之模式[35]。當星形網絡中的菁英代表多個地方的多個團體時，他們有泛容性的利益。泛容性網絡所產生的交叉壓力（cross pressure）會激勵菁英組成追求國家目標而非宗派目標的聯盟。嵌入星形網絡中的菁英寧可與統治者達成一種「霍布斯協議」（Hobbesian deal），也就是以納稅換取中央集權的保護。統治者所代表的中央政府，提供了菁英及其團體之間的一種「制度承諾機制」（institutional commitment device）。支持國家建設讓菁英們得以言而有信地保護他們的團體，因為跟私有秩序機構比較起來，相距遙遠的中央政府更難將特定團體成員從受惠者中排除。至於位於領結形網絡與環形網絡中的菁英，就成了狹隘的利益團體。

綜上所述，菁英社會域的垂直面向以中央菁英與社會團體連結的方式為特性，決定了菁英對於理想國家實力水準的偏好。當我們從星形網絡轉向環形網絡時，菁英強化中央政府的動機亦逐漸減弱。

國家形態

以菁英社會域為特性的網絡結構，也是形塑國家如何構成，以及國家機構如何發展的主要因素。菁英的社會域藉由兩種關係來塑造國家機構：（一）統治者與統治階層菁英之間的關係，以及（二）國家與社會之間的關係。本節將依次討論這兩種關係。

▼統治者與菁英階層

在**統治者與統治階層菁英**之間的關係中，星形網絡代表了一個高度集中、具凝聚力的菁英階層，他們可以透過兩種方式來約束統治者。首先，嵌入中央集權社會結構中的菁英，可以用他們跨越區域的聯繫關係去動員範圍廣泛的跨地區力量；再者，在星形網絡中，中央菁英之間的合作關係使他們成為具有凝聚力的團體，有助於他們在決定反抗統治者時，克服集體行動與合作協調上的問題。在這種情況下，統治者只是**眾望所歸**，因此更可能和那些與他處於平等地位的菁英們分享權力。

在領結形網絡中，由於中央菁英擁有區域性的權力基礎，他們能動員若干（基於區域的）社會團體來反對統治者，但是對統治者來說，集中於特定地區的挑戰是較容易平息的；此外，中央菁英之間缺乏密集網絡的情況會造成美國社會學家羅納德・伯特（Ronald Burt）所說的「結構洞」（structural hole），讓統治者得以分而治之[36]。

正如學者伯特指出，如果一個團體的各部分缺乏直接的聯繫（亦即，結構洞將它們分隔開來），外來者就能藉著挑撥各方、離間彼此而從中獲益或占得優勢；在這種情況下，統治者更可能建立起絕對的統治來**支配**這些菁英。最後，在環狀網絡中的中央菁英，則是談判交涉的實力最弱，因為他們無法在社會中找到盟友，也無法彼此協調來反抗統治者。因此，統治者的絕對權力在這種情況下可達到巔峰。

▼國家與社會

在國家與社會之間的關係中，**星形網絡代表國家的直接統治**。統治者包括了國家政府中的地方團體代表，在某種程度上是為了蒐集關於地方社會與經濟的資訊。有了中央集權的社會網絡，統治者可以依靠中央菁英為國家徵稅並動員人民。在這種情況下，國家往往在發起並提供公共財（其中最重要的，包括了安全、公義、公共建設）等方面擔任主導角色。

領結形網絡代表國家與社會是夥伴關係。嵌入地方社會關係的中央菁英往往競相爭奪著將國家資源送往自己的地區，他們寧可將國家資源分配給自己的社會團體，也更願意將公共財的供應下放給這些團體。連結社會團體可以從這些計畫方案中「尋租」（seek rent，譯者注：一種非生產性的尋利活動）並提升他們在地方團體中的地位，因此往往促成的結果是一種國家與社會之間的夥伴合作關係；在這種關係中國家會將其部分的職能（比如，組織國防與公共建設）授權給社會團體。在這種情況下，社會團體雖仍依賴國家提供資源與適法性，但可以享有相當程度的自主權。

環形網絡即美國社會史學家杜贊奇所稱「**國家內捲化**」（state involution）[37]的一例，意指國家依賴社會來履行它的許多職能，從而失去了對社會的控制。隨著國家進一步陷入內捲化，社會團體取代了國家成為地方防禦和公共財供應的領導者，從而威脅到國家對暴力的壟斷。

三種均衡

我認為這三種菁英社會網絡的理想類型，每一種都創造出與其自身相對應的「穩態均衡」[38]。對於每種網絡類型來說，在沒有「外生衝擊」（exogenous shock）的情況下，兩組行為者（統治者與中央菁英）會發現，維持當前的穩定狀態可以符合他們的最大利益。

統治者面對了一項根本性的權衡取捨，我稱之為「主權者的兩難」——國家實力與個人存續。統治者試圖讓國家實力最大化，這個目標能藉由促成星形網絡的形成而被成功地實現，但是在此之際，他也試圖維持掌權，而如果菁英階層四分五裂，這一點會較容易達成——舉例來說，如果他們像在領結形或環形網絡中一樣並未相互連結。根據初始的條件，統治者試圖強化國力或最大化個人存續，但無法兩者兼顧。一個有凝聚力的菁英階層有助於統治者強化國家，但也會威脅到統治者的存續。

然而，外生衝擊有時可以讓統治者重塑菁英社會域，以犧牲國家實力為代價，從低存續的均衡中逃脫到高存續的均衡中。統治者藉由分化菁英來存活，而四分五裂的菁英階層削弱了國力，也必須克服無法逾越的集體行動與合作協調上的問題才能反抗統治者。因此，四分五裂的菁英結構會逐漸損害國家的基礎權力，卻有助於專制權力。

在每一種網絡類型中，中央菁英的目標都是有效地利用服務的供應，來讓他們的社會團體蒙受其利。在星形網絡中，菁英會試圖動員社會來強化國家，舉例來說，藉由貢獻國家金錢與人力資源的方式；如果菁英們是以星形網絡的方式連結，那麼強大的中央政府即可提供有效的、涵蓋全國範圍的覆蓋率來保護他們的社會團體。然而在領結形網絡中，菁英們寧可將國家職能授予他們的社會團體；比如向國家政府納稅，如此他們的社會團體可以私下用低廉得多的成本來提供這些服務。不過，領結形網絡中的社會仍然關注於讓國家「維持下去」；一個能力適中的國家可以幫助社會抵禦生存的威脅，比如外來的入侵以及大規模的自然災害。在環形網絡中，中央菁英無法再利用他們的關係去動員已然脫離國家掌控的社會團體；與其貢獻資源維繫國家的生存，社會團體寧可為自己保留資源，開始在地方的防禦和公共財的供應上扮演領導角色。處於這種均衡狀態的國家，不但控制社會的力量微乎其微，且瀕臨崩毀的邊緣。在次頁表 1-1 中，我總結了這三種均衡對國家實力與國家形態的影響。

星形網絡會形成一種平衡，亦即我所稱的「寡頭政治下的富國強兵」（State Strengthening under Oligarchy）。在這種均衡下，統治者與中央菁英在寡頭政治下共同治理國家：統治者只是眾望所歸，與菁英們地位平等，而菁英們可以如實地威脅發動叛亂，從而阻止統治者奪取絕對的權力。處於這種均衡中的菁英偏好強大的國家，因為他們希望利用國家的規模經濟來為他們各自的社會團體提供服務。在這種情況下，對中央菁英來說，私有秩序機構並非他們所想要的，因為要在各個地理位置不同的區域建立起自己的地方防禦、提供自己的公共財，如同是一項多餘之舉。中古中國（Medieval China）時期的唐朝（六一八至九〇七年）以及諾曼征服後的英格蘭（一〇六六年）是這種均衡的最佳範例。

表 1-1：三種穩態均衡

網絡	均衡	國家實力	國家形態		範例
			統治者 VS. 菁英	國家 VS. 社會	
星形	寡頭政治下的富國強兵	高	衆望所歸	直接統治	中古中國、諾曼征服後的英格蘭
領結形	夥伴關係下的太平盛世	中	統治支配	夥伴關係	鴉片戰爭前的帝制中國末期、封建時代的法國、殖民統治下的撒哈拉以南非洲與拉丁美洲、古典時期的伊斯蘭世界、鄂圖曼帝國
環形	軍閥主義下的亡國敗將	低	統治支配	國家內捲化	鴉片戰爭後的帝制中國、前殖民地時期的撒哈拉以南非洲、後殖民時代的中東部分地區

我將領結形網絡的均衡稱之為「夥伴關係下的太平盛世」（State Maintaining under Partnership）。在這種均衡下，統治者運用「分而治之」（divide-and-conquer）的策略來統治四分五裂的中央菁英，並對這個團體建立起絕對的權力。這群菁英之所以選擇不去威脅統治者的權力，是因為這類集體行動與協調合作的成本過於高昂。事實上，他們寧可選擇一個國力中等的國家來保護他們的社會團體免於生存的威脅，但同時他們也不希望國家過於強大到將社會資源榨取殆盡，因為此舉將損害他們的社會團體建立私有秩序機構的努力。另一方面，統治者也接受這種中等程度的國家威權狀態，因為倘若要進一步增強國力，勢必需要一群更具凝聚力的菁英，如此一來將會威脅到他個人的權力與存續。與此同時，國家若將部分職能下放給社會團體，便可與其建立起合作關係，使其協助國家來提供公共財。

鴉片戰爭前的帝制中國末期（十世紀到十九世紀中）、封建時代的法國（十世紀到十九世紀中）、殖民統治下的撒哈拉以南非洲與拉丁美洲（十八世紀到二十世紀初）、古典時期（Classical Period）的伊斯蘭世界（七世紀到十二世紀）以及鄂圖曼帝國（Ottoman Empire，十四世紀到二十世紀初）是這種均衡的最佳範例。在這些例子中，中央政府召集了不同的社會團體並倚賴它們進行統治；這些社會團體包括了世系組織（帝制中國）、封建領主（法國）、地區菁英（拉丁美洲）以及部落或民族（撒哈拉以南非洲與中東）[39]。

在環狀網絡的均衡中——「軍閥主義下的亡國敗將」（State Weakening under Warlordism），由專制獨裁的領導者所統治的國家過於疲弱以致於無法控制社會，於是社會團體遂建立起私有秩序機構以提供安全與公義。國家失去對暴力的壟斷，瀕臨崩毀邊緣。這種均衡近似鴉片戰爭後的帝制中國（十九世紀中到二十世紀初）、前殖民時期的撒哈拉以南非洲（十九世紀前），以及後殖民時期的部分中東地區（二十世紀中）[40]。

社會域造就了國家，反之亦然

三種均衡是穩定的，每一種穩定的狀態都代表了某個特定歷史時期的獨特均衡。然而，外生衝擊會擾亂現有的均衡並為國家提供重塑社會的機會。我假定統治者有一種「先驅優勢」（first-mover advantage），他可以利用這種優勢來重建對自己有利的菁英社會域，以確保自身的存續，即便此舉會創造出一個危及國家實力的菁英網絡。

一個政體可能會飽受各種外生衝擊之苦。長期看來，對王朝最重要的外生衝擊是氣候變化，因為氣候變化會導致大規模的衝突。在此，我會專注於兩種衝突：來自外敵的外部衝突，以及群眾叛亂時的內部衝突。舉例來說，溫暖的天氣提高了作物的產量，使得該地區成為更具吸引力的外部攻擊目標，反過來說，更高的產量應該會降低飢荒發生的可能性，使得內部叛亂成了較不具吸引力的一個選項。與此相對，寒冷的天氣使得該地區較無價值，從而降低了外來攻擊的可能性，卻使內部叛亂的威脅大增，因為飢荒發生的可能性也提升了。

在下一章中，我將以經驗為依據，說明外敵與群眾如何回應外生的氣候衝擊。當多數的外來威脅皆源自大草原的遊牧民族，而農民生活於勉強維持生計的水準以下時，氣候衝擊就會從外部提升至暴力衝突發生的可能性。

由氣候衝擊所引發的暴力衝突，提供了統治者重塑菁英社會域的機會。大規模暴力衝突會摧毀或削弱舊的菁英階層，如果舊的菁英威脅到統治者的存續，統治者便可能會趁機利用這個權力真空的時機，吸收更分崩離析、更不具威脅性的新菁英，然而，缺乏凝聚力的菁英階層將導致國力下降、國家孱弱。如果在國力衰敗時爆發大規模暴力衝突，那麼統治者可能會選擇放棄對暴力的壟斷，將國防的職能授權給社會團體以平息叛亂，不過，這樣的授權將賦予社會權力，並形成逐漸脫離國家掌控的自治社會團體。

社會域造就了國家，國家也造就了社會域。換言之，儘管菁英社會域會產生某些特定的國家發展結果，統治者所領導的國家也可以利用外生衝擊來重塑菁英社會域，加快均衡轉換的腳步。

本書的一個中心主旨意欲說明，中國的統治者藉由重塑菁英社會域、對菁英階層分而治之的方式，達成追求權力與存續的目的，但此舉創造出中國歷史上一種巨大的悖論：帝國統治得以延續，但帝國本身卻也失去了國力。

均衡的持久性

三種均衡的持久性各不相同，因為有些菁英社會域比其他更容易受到外生衝擊的影響。星形網絡通常是持久的，因為統治者可以透過中央菁英來動員社會資源，從而因應各種挑戰。但是，星形網絡特別容易受到某種類型的暴力衝突影響：對中心的攻擊。如果星形網絡中央的節點被移除，整個網絡就會崩毀。這類網絡的中心很容易受到攻擊，因為中央極權的政治也會將抗爭政治（contentious politics）匯集到中央；當權力來自中央而非地方層級時，不滿的民眾更可能將矛頭指向中央政府，這種情況符合了政治機會結構（political opportunity structure）與抗爭政治之間的既定關係。舉例來說，美國社會學家查爾斯・蒂利（Charles Tilly）即認為，英國在一七五八年至一八三四年間的中央集權與國力強化，以「全國性的規模」傳播了大眾化政治（mass popular politics）[41]；美國政治經濟學家戴倫・艾塞默魯與詹姆斯・羅賓森（James Robinson）將其稱為「國家中央集權的動員效應」（mobilization effect of state centralization），亦即中央集權的國家會吸引反對中央的動員[42]。因此，星形網絡會產生中度的持久性，並容易受到以首都為目標的暴力衝突影響。

領結形網絡是最持久的網絡結構，因為政治被區隔開來，內部衝突往往集中於特定的地理位置。由於缺乏橫向聯繫，叛亂團體很難進行跨區域的協調合作；即使有一項攻擊摧毀了部分的網絡，比如半個「領結」，另外半個仍可保持完好無缺。外來的敵人可能會利用國內的黨派之爭（factionalism）來挑撥一個陣營對抗另一個陣營，但這項策略極少奏效，因為，外來的統治者不具備經過反覆互動所建立起來的信譽，也無法事先給予叛變的派系承諾，保證它仍可享受現有的相同權力，因此，領結形網絡會產生高度的持久性。

在環形網絡中，由社會團體所領導的內部叛亂更有可能成功地推翻國家，因為國家無法利用國家與社會的聯繫來平息這類反叛，或是動員一部分的社會來對抗另一部分。同理，由於國家無法動員充足的國防資源，外部攻擊也更可能摧毀環形網絡。雖然環形網絡中的中央菁英缺乏聯繫、難以合作，使得統治者毋須憂心菁英會發動政變，但建立於環形網絡上的國家不但容易發生內部群眾叛亂，也容易遭受外敵入侵，因此環形網絡的持久性最低。

我在表1-2中總結了我的論點：雖然從星形網絡轉換為領結形網絡標誌了一項重要的變革，但轉換成環形網絡則往往是國家崩毀的前兆；兩者之間關鍵的區別在於，一方面星形與領結形網絡讓國家菁英嵌入了社會域中，而另一方面環形網絡的國家菁英則脫離了與社會的連結。

知識的傳承

我的論點雖是建立在社會科學文獻的悠

表 1-2：論點摘要

寡頭政治下的富國強兵	夥伴關係下的太平盛世	軍閥主義下的亡國敗將
7 世紀到 10 世紀	10 世紀到 19 世紀中	19 世紀中到 20 世紀初
星形網絡	**領結形網絡**	**環形網絡**
國力強大	國力中等	國力衰落
統治者低存續	統治者高存續	統治者高存續
直接統治	國家與社會的夥伴關係	國家內捲化
中度持久性	**高度持久性**	**低度持久性**

久傳統上，但也提出了有意義且重要的方法來推進它。現代社會科學對於國家的研究，大致遵循了三種廣義的傳統。第一種傳統以「多元主義者」（pluralist）、「結構功能主義者」（structural-functionalist）以及新馬克思主義者（neo-Marxist）的方法為代表，採取**社會中心**（society-centered）的觀點，將國家視為不同社會團體與階級爭奪權力的競技場。第二種傳統在「找回國家」（bring the state back in）運動中最能反映出來，其採取**國家中心**（state-centered）的觀點，將國家視為不受社會影響的行為者。第三種傳統採取**社會中的國家**（state-in-society）方法，將國家與社會視為相互競爭的力量。

接下來，我將依序討論每種傳統，並詳細闡述我如何推進這些研究。

社會中心論

二次大戰後，現代社會科學開始從對憲法原則的法律形式主義研究，轉向更著重於人類行為經驗的研究調查。以社會中心的觀點來解釋政治與政府活動的方法，主導了美國在一九五〇與六〇年代行為主義革命（behavioral revolution）期間的政治學與社會學研究。這些方法，將政府視為社會與經濟團體競相爭奪權力與影響力的競技場。這個世代的學者，將政府決策與公共政策視為主要的利益結果，檢視了哪些人參與決策過程、他們的「投入」如何轉化成政府的「產出」，以及政府代表了誰的利益。社會中心論遂分成了三大類：多元主義者、結構功能主義者和新馬克思主義者。

多元主義者的傳統提供了對政治的「群體解讀」（group interpretation）。在一項深具開創性的貢獻中，美國政治學家勞勃・道爾（Robert Dahl）研究了不同團體如何參與並影響決策，他認為權力分散在許多相互競爭的團體之中[43]。在一項理論性的綜述中，美國政治科學家大衛・杜魯門（David Truman）提供了一個框架，關於利益團體如何對其他團體和政府機構提出特定要求，他明確地駁斥了國家具備單一、統一利益的觀點，並將屬於相同團體的個體視為政治中的基本行為者[44]。

結構功能主義者的傳統採用了一個層面更為宏觀的分析。這一系列的理論深植於社會學，其擁護者將社會視為類似「身體」的複雜體系，不同的部分則類似「器官」。機構的存在是為了履行特定職能，政府機構則是系統的一部分，當中的每個單位都有自己的角色與作用。社會與經濟團體將其資源投入給政府，政府隨之有所產出[45]。

最後，新馬克思主義者將政府視為階級統治的工具。隨著生產模式改變，社會階級的組成（以及階級之間的權力關係）也逐步形成，統治階級利用國家機器來支配其他階級並保留其偏好的生產模式。英國歷史學者佩里・安德森（Perry Anderson）在對歐洲歷史發展的一場盛大巡禮探討中指出，地主階級的菁英創造並利用「專制的國家」（absolutist state）來剝削農民[46]。美國社會學家伊曼紐爾・華勒斯坦（Immanuel Wallerstein）將階級中心觀點應用在國際舞臺上，發展出「世界體系理論」（World Systems Theory）——「核心」國家是占主導地位的資本主義國家，剝削「外圍」國家的勞力與原料；外圍國家的工業仍維持低度開發的狀態，因為它們必須依賴核心國家的資本[47]。

在這三種理論觀點中，國家皆非獨立的行為者：國家不是社會團體相互競爭的競技場（根據多元主義者的觀點），就是一個將投入轉化成產出的器官（根據結構功能主義者的觀點），或是一項反映統治階級利益的階級鬥爭工具（根據新馬克思主義者的觀點）。

國家中心論

隨著戰後時代的展開，社會中心的觀點愈來愈難以解釋「已開發國家」與「發展中國家」所出現的社會與政治變革，許多已開發國家在戰爭結束後，仍繼續沿用它們戰時的凱恩斯主義（Keynesian approach）對總體經濟的管理方法[48]。

隨著國家成為眾多社會階層的福利與服務的主要提供者，這些國家也愈來愈不受特定的社會勢力所影響，並繼續增加公共支出[49]。獨立的浪潮在非洲、亞洲、拉丁美洲以及中東產生了數十個新國家，致力於擺脫殖民歷史並建立自己的民族國家。歐洲與北美的已開發國家則開始面臨來自東亞新興工業化國家的激烈競爭，這些已開發國家仰賴「開發中國家」（developmental state）來引導它們的經濟發展[50]。

一九八三年，總部位於紐約的社會科學研究理事會（Social Science Research Council）成立了國家與社會結構研究計畫委員會（Research Planning Committee on States and Social Structures）。該委員會被賦予的職責是「扶植多學科學者之間的持續合作，這些學者對於國家作為行為者與體制結構的角色有著日漸濃厚的興趣。[51]」該委員會的第一本出版品就是開創新局的《找回國家》（*Bringing the State Back In*，直譯）。

在這本書的序言中，學者彼得・艾文斯、迪特里希・魯舍梅爾（Dietrich Rueschemeyer）和西達・斯科克波（Theda Skocpol）陳述了：「直到最近，在比較社會科學中占主導地位的理論典範，皆未強調國家作為組織結構或潛在自主行為者的角色。[52]」在該書的緒論中，斯科克波主張國家制定並追求目標，並不只是反映社會團體、階級或社會的需求。當「組織上協調一致的政府官員共同體」是「隔絕於目前主要的社會經濟利益關係之外」，並積極展開各具特色的國家策略時，國家就實現了自治[53]。

一旦國家可以被模型化為一個協調一致的官員共同體，研究人員就能將其作為單一行為者來進行分析，而這種研究方法的回報，十分驚人。德國公共行政史學家奧托・欣策（Otto Hintze）提出了這個陣營最具影響力的論點之一；美國社會學家查爾斯・蒂利後來更將其發揚光大，亦即：國家之間的競爭驅動了國家建設的概念。從這個時候起，此概念就成了一個普遍的信念：外部戰爭激勵國家菁英發展出中央集權的財政制度、現代化的官僚機構以及常備軍隊[54]。正如蒂利簡潔地總結：「戰爭造就了國家。[55]」

這種好戰主義的論點埋下了日後的議題。許多後續的研究都集中在戰爭（或沒有戰爭）如何影響歐洲以外的國家建設。舉例來說，學者將好戰主義的理論運用在亞洲，並利用撒哈拉以南非洲及拉丁美洲的負面例子間接地證明了蒂利的論點——因為撒哈拉以南非洲及拉丁美洲沒有任何

（大規模的）戰爭，亦無國家建設[56]。隨著時間推移，這個陣營的許多學術研究已然從國家中心結構論的方法，演變為歷史制度論的方法，強調「關鍵時刻」（critical juncture）與「路徑依賴」（path dependence）的重要性[57]。

另一個以國家為中心的學術陣營分支，則提倡一種制度化的方式，採取理性選擇的觀點，並關注於國家菁英及其與統治者的談判交涉能力。美國經濟學家瑪格麗特・李維（Margaret Levi）將這種方法背後的推動力，稱為「把人們帶回國家」（bringing people back into the state）[58]。對理性主義理論家來說，構成國家的「能動者」（agent）才是行為者，而非國家本身。這種對於能動性（agency）的關注，將理性主義者與結構主義者區隔開來，後者將焦點放在諸如人口、地理、地緣政治等宏觀層面的因素上。

在一項深具影響力的研究當中，美國經濟學家道格拉斯・諾思（Douglass North）與貝瑞・溫格斯特（Barry Weingast）認為英國的光榮革命（Glorious Revolution）建立了議會的主權，從而鞏固了王室對菁英的承諾——後者的財政支持為籌措戰事資金所亟需[59]。美國比較政治學學者羅伯特・貝茨（Robert Bates）與中國學者連大祥（Donald Lien）檢視資產專用性（asset specificity）如何決定菁英的談判能力，他們指出，誠然對商業徵稅在英國催生出早期的民主政體，但對土地徵稅卻在法國催生出專制政體（absolutism）[60]。另外，對學者瑪格麗特・李維來說，統治者是收入最大化者（revenue maximizer），但會受到談判能力、交易成本以及時間範圍的限制[61]。

好戰主義和制度論的解釋，皆做出了國家建設獨立於社會的分析。由於國家菁英獨立自主於社會之外，國家之間的關係以及國家內部的協議，最終會決定國家的組織方式和國家的強大程度。

「社會中的國家」之研究取向

在以國家為中心的研究方法全盛時期，有另外一群學者對非洲、亞洲、拉丁美洲以及中東的新興獨立國家進行研究，並觀察到這些國家在建立權威時往往得與強大的社會力量競爭。這些社會力量包括來自部落、氏族或酋邦（chiefdom），其不是出於歷史傳承，就是後來被殖民政權所賦予權力。雖然這些國家都在首都建立了中央政府與人員齊備的官僚機構，但這些中央政府往往會發現，很難將它們的力量觸角延伸至某些傳統權威仍然主導著人民生活的偏遠角落。

在深具開創性的《強社會與弱國家》（*Strong Societies and Weak States*，直譯）一書中，作者喬爾・米格達爾（Joel Migdal）指出，許多第三世界國家皆致力於成為能有效制定行為準則的社會組織。根據他的國家社會關係模式，國家並非孤立的存在，而是與其他社會組織並存。所有的這些社會組織都運用各種制裁、獎勵以及象徵，去誘導人們遵循某些規則或規範，以致力於行使社會控制，而這些社會組織從小家庭、社區團體、到龐大的外資公司皆有。只有在「大規模混亂」削弱、重挫社會組織時，才會出現強大的國家[62]。

這種國家與社會的研究方法產生了成果豐碩的文獻資料。其中，一部分的這類文獻檢視了社會力量如何限制國家力量，例如，英國歷史學者許慧文（Vivienne Shue）認為，中國帝國的「影響範圍」受到仕紳家庭的農村「蜂巢」結構所限[63]。另一部分的文獻則研究了將社會力量併入國家之中，如何形塑國家的目標與能力；舉例來說，美國漢學家裴宜理說明，中國在共產革命（communist revolution）期間將勞動階級納入其領導階層，影響了中華人民共和國成立之後的國家目標[64]。學者喬爾・米格達爾、阿圖爾・科里、許慧文在一冊彙編的作品中，進一步探討這種社會中的國家之研究方法，展示了該方法解釋發展中國家各種現象的能力[65]。基於國家與社會傳統研究方法的戴倫・艾塞默魯與詹姆斯・羅賓森，不久前將國家與社會塑造為相互競爭的行為者，從而形成國家變得專制、深受束縛，或不存在的種種可能情況[66]。

論點的定位

我的論點框架結合了國家與社會學者所強調的，兩種行為者之間互動的見解，借鑑了多元主義者認為社會由相互競爭的群體組成的觀念，並建立在理性選擇研究方法的「能動性中心」（agency-centered）之微觀基礎上，不過，我的論點在某些方面也與傳統研究有所差別。

在概念層面上，馬克斯・韋伯就「對暴力的壟斷」來定義國家[67]，**但我認為國家的壟斷是一種選擇，而非一種既定的事實**：當政治菁英與社會團體選擇國家作為「那個」安全的提供者時，國家就成了一種壟斷。從這個意義上來說，韋伯對國家的定義只是一種理想類型，國家與社會的分界在實踐上往往是模糊不清的，國家也可以與社會合作，共同提供保護與公義。同理，與傳統的國家與社會學術研究相較之下，我不認為社會必得與國家競爭[68]。遵循著德國社會學家格奧爾格・齊美爾（Georg Simmel）的一個更實用概念，是將社會設定為「一個模式化的互動網絡」，強調它的關係特性，包括它與國家的聯繫[69]。

我以美國經濟學家瑪格麗特・李維將統治者視為「收入最大化者」的觀點為基礎，但增加了統治者亦為「生存最大化者」（survival maximizer）的補充[70]。此外，在缺乏代議制機構的非歐洲國家中，這兩個目標相互競爭、此消彼長，因為它們需要的是不同的菁英結構。這種能力與存續的權衡取捨，也就是「主權者的兩難」，正呼應了美國政治學家芭芭拉・蓋德斯（Barbara Geddes）所說的「政治家的困境」（politician's dilemma），亦即強化國力會危及統治者存續的機會[71]。

我關注於將暴力衝突視為國家發展轉型的驅動力，這項觀點是受到好戰主義的研究方法之啟發，該方法是由學者奧托・欣策與查爾斯・蒂利率先提出，其後更由學者丹・斯萊特、道格拉斯・諾斯、約翰・沃利斯（John Wallis）以及貝瑞・溫加斯特加以闡述發揮[72]。羅伯特・貝茨對於「無國家的社會」（stateless society）中繁榮與暴力之間緊繃關係的討論，以及阿夫納・格雷夫（Avner Greif）對於民間私有機構的分析，在思考國家提供的秩序與社會提供的秩序之間的差異上，特別有幫助[73]，然而，我至少在一個關鍵的部分偏離了這類以暴力衝突為中心的文獻資料。誠然先前的研究發現了戰爭（外部或內部）與國家建設之間的直接關聯[74]，但我認為衝突如何形塑國家發展取決於**之前的國家與社會聯繫**（prior state-society linkages），也就是說，戰爭可能會強化或削弱國家，取決於國家的菁英社會域。

正如我所描述，中國的國家發展路徑與歐洲有著根本上的差異；不同於歐洲的政治秩序與經濟發展同時進化，在中國，「持久性」助長了經濟與財政的停滯。因此，我的描述挑戰了各種「古典現代化理論」（classic modernization theory）版本中所述及的人類社會之線性發展，該理論往往是以歐洲的案例研究為基礎，並傾向於相信所有美好的事物都是相輔相成的[75]。我對於不同國家發展路徑的討論，呼應了英國歷史學者佩里・安德森與巴林頓・摩爾（Barrington Moore）的觀察，亦即：政治發展有各個不同的路徑[76]，然而，安德森與摩爾強調的是社會階層的重要性，而我則關注於國家與社會聯繫，並贊同美國政治學家薩謬爾・杭亭頓（Samuel Huntington）的看法——如果沒有強大的機構，政治秩序與經濟成就往往是無法相容的目標[77]。

我對於中國國家發展的替代模式之描述，類似那些檢視中國與歐洲間經濟發展「大分流」的大量文獻。好幾部重要的相關研究著作皆設法說明為何西歐經濟在十八世紀中葉開始起飛，但中國並未如此；這些研究引用殖民剝削與自然資源的角色為證，對上述現象的原因提出了幾項解釋[78]：大西洋貿易[79]、國內價格條件[80]、泛論的道德[81]、科學探究的文化[82]、政治分裂[83]、主權範圍[84]，以及重商主義政策[85]。我的論點雖然並未對中國經濟發展本身加以說明，但我對中國長期國家發展的探究，尤其是在帝制末期日漸衰退的財政能力，可說為前現代時期的中國經濟衰微提供了新的見解與理解。我的詮釋與美國歷史學家彭慕蘭（Kenneth Pomeranz）及中國經濟史學家王國斌（Bin Wong）特別闡述的「加州學派」（California school）精神相吻合，該學派指出學術研究應該從以歐洲為中心的觀點往新的方向擴展，視中國為相對於歐洲崛起的另一種選擇：或許這是一種主要的選擇，而非脫離常軌的反常現象。誠然該學派的學者普遍認為中國的經濟衰退於十八世紀[86]，不過最近的若干估算判斷顯示，中國經濟開始停滯的時間要更早得多——發生於十四到十五世紀[87]，而我發現中國的國力在宋明時期被削弱的見解，與這項新的證據可說不謀而合。

國家與社會關係的文獻，與我的研究方法最為密切相關[88]。我提出的論點框架建立在這些研究所主張的論點上，亦即：**國家與社會的互動是政治發展的基本驅動力**。但與其將國家視為單一的行為者（例如，統治者），我分解了它的要素，並著重於國家內部的統治者與菁英之間的關係。我偏離了將國家與社會視為兩個獨立分離、相互競爭的實體之假設，強調兩者之間的模糊界限，並分析國家與社會之間透過菁英網絡建立起來的聯繫如何推動國家發展[89]。雖然國家與社會關係的學者認為傳統的社會組織（比如以宗親為基礎的制度機構）會損害國家建設，但我認為地理位置分散的宗親網絡能讓利己本位的菁英們保持一致的動機，進而有利於支持國家建設。因此，社會力量與國家之間的關係取決於菁英社會域的類型。

本書的討論範圍與研究方法

國家發展是一個緩慢的進程，需要對歷史進行深度的檢視。本書始於第七世紀，在這個關鍵時期，中國這個國家統一成為一個中央集權的官僚實體，與羅馬帝國滅亡後歐洲開始分裂的時間大致相同。我沒有再往回追溯至更早的時代，比如秦漢時期，因為除了正史外，我們對這些早期朝代的政治知之甚少。中國也處於國家形成的早期過程，直到七世紀初才建立起「內部空間整合」（internal spatial integration）的政治均衡。

我的探究結束於一九一一年，這一年不但標誌了王朝國家（dynastic state）的衰敗，此舉也方便我與我所研究的人事物保持時間距離。檢視結束於一個多世紀前的一系列事件，讓我得以對多餘的細節不予理會，同時將事件與人物置於一個更長遠的時間範圍，也讓我得以發現以往無法察覺的模式。正如德國哲學家黑格爾（Hegel）的格言所說：「密涅瓦（Minerva）的貓頭鷹要等到黃昏來臨時，才會開始飛行。[90]」

至於我的分析是基於兩種方法。首先，我運用學者羅伯特・貝茨、阿夫納・格雷夫、瑪格麗特・李維、讓—洛朗・羅森塔爾（Jean-Laurent Rosenthal）以及貝瑞・溫加斯特所說的「分析性敘事」（analytic narratives），為中國千年來的國家發展提供總體性的描述與說明[91]，這項工作極度仰賴歷史學家的著作以及我個人對檔案材料的閱讀。其次，我為本書蒐集並匯編了大量的原始資料，其中最值得注意的，包括了所有中國帝王的資料集、從七世紀到二十世紀初的稅收縱向資料集、超過七千次軍事衝突的地理空間對位（geo-referenced）大型資料集、從一〇〇五年至二〇〇七年匯編超過五萬筆的家譜紀錄地理空間對位大型資料集，以及各種傳記資料集，包括了七世紀主要中央菁英及其聯姻網絡的資料。本書出版後，我即將所有數據資料公開以方便未來的學術研究之用[92]。

我承認出於許多原因，歷史資料並不完美。舉例來說，某些個體與事件的文件紀錄做得比其他好；有些文件殘留了下來，還有許多文件在戰爭中被摧毀了；即便在那些殘留下來的文件當中，有些也比其他數位化得更好。考慮到這些偏見，我對不同的數據資料來源進行了三角測量，並審慎地詮釋了我的發現。更重要的是，我對於這些可能影響我做出結論的偏見坦承且公開；我利用現代的經濟計量學（econometrics）並關注於因果推論（causal inference），從而對這些數據資料進行分析。我在正文中以淺顯易懂的方式介紹了我的分析與結果，至於所有技術性的細節則都歸入附錄中。

最後，誠如歷史討論能提供我們連續性的敘事，「實證分析法」（empirical analysis）更可專注於國家建設的關鍵時刻，比如：財政改革、軍事重組、內部叛亂等，進而提供對關鍵歷史事件的深入檢視。

各章內容重點

本書共有九章，按照時間先後順序，共同對中國長期國家發展的社會基礎進行探究。第二章概述了中國的國家發展，我提出了中國歷史上一個重要的謎團請讀者注意，而這個謎團也催生出本書其餘的章節：短命的皇帝所統治的國家往往國力強大，在位極久的皇帝統治的國家卻往往國力衰微。藉由分析性敘事與描述統計的方法，我呈現出一幅中國千年來的財政與軍事制度、內憂外患、菁英結構、統治者任期和社會組織發展的鳥瞰圖。我的描述分析法（descriptive analysis）證明了中國菁英從擁有地理分散社會關係的泛容利益集團，轉變為擁有地方性社會關係的狹隘利益集團。菁英社會網絡的分裂與地方化促成了中國帝王長久在位，但也削弱了帝國國力。

第三章檢視了唐朝（六一八至九〇七年）「寡頭政治下的富國強兵」。中國唐朝是由一群國家菁英所統治，他們藉著遍布全國的綿密聯姻關係建立聯繫，這套國家社會網絡激勵了唐朝菁英建立起強大的中央政府。菁英社交網絡的地理位置，促使中國在中世紀早期崛起成為超級強權。本章的實證分析法聚焦於中國歷史上最重要的財政改革之一「兩稅法」，這項改革影響了中國接下來一千年的稅收結構。我對唐朝中期（七七九至八〇五年）的一百四十一位重要政治家進行了一項社會網絡分析，顯示這時期的菁英所形成的「星形網絡」有著深具凝聚力的中心以及延伸至外圍的聯繫。這套中央集權的菁英網絡，有助於解釋財政改革的成功以及唐朝皇帝的短暫在位，也讓唐朝的國家中心易受暴力衝突攻擊——而這是下一章的重點。

第四章藉由聚焦於菁英從唐朝到宋朝（九六〇至一二七九年）的轉型，探討了第一個歷史時期如何過濾到第二個歷史時期。唐朝由跨區域聯姻的世襲貴族所統治，但九世紀末因氣候變化所引發的多起叛亂占領了首都並摧毀了貴族階層。宋朝初期的皇帝遂利用權力真空的出現，擴大科舉考試以防止新貴族階層的形成，此舉從而導致一群新的菁英興起，也就是「仕紳階級」。我運用唐宋時期三千多位主要政治家的原始傳記資料集，說明菁英社會網絡日趨地方化與破碎化，而其結果是，宋朝之後的菁英建立起「領結形網絡」。這種菁英的轉型有助於解釋統治者存續的改變：自宋朝以來的中國帝王，地位變得更安全、更不受菁英的威脅。轉型也標示了中國政治發展新紀元的開始，國家與社會合作進行治理，創造下一個千年的持久均衡。

第五章透過檢視宋朝（九六〇至一二七六年）的政治，討論第二個歷史年代初期「夥伴關係下的太平盛世」。我說明了宋朝皇帝利用四分五裂的菁英將君主權力集中於官僚機構，這些機構配備的官員都是來自新擴大的科舉制度。本章的實證分析法著重於北宋時期一場失敗的國家強化改革：一〇六九年，宋朝政治家王安石實施了一系列的改革以強化國家的財政與軍事能力，其他的政治家則強烈反對這些改革措施，並於一〇八五年精心策劃廢除改革。我利用墓誌銘建構起一百三十七位政治家的宗親網絡，分析為什麼有些政治家支持改革、有些則否。接著，我闡釋了經由科舉取士而來的政治家嵌入了地方聯姻網絡，因而使他們產生了反對改革的動機以保護他們在地方的利益；與此相對，職位經由繼承而來的政治家嵌入了國家菁英網絡，從而使他們產生了支持改革的動機。國家激進主義的失敗造成社會組織的發展，尤其是世系，進而在地方治理中與國家保持合作（有時是競爭）關係。

第六章探討第二個歷史時期在明朝（一三六八至一六四四年）時的鞏固與強化。明朝的開國皇帝從根本上重組了官僚機構，最終建立起絕對的君主政體。在整個明朝，四分五裂、以地方為導向的菁英試圖保持現狀，他們希望維持國家最低限度的功能，並反對任何強化國家的嘗試；同時，他們建立了世系組織以鞏固自己的地方權力基礎，並與國家交涉以保護他們的地方利益。本章中的實證分析法檢視了一場重要的財政改革：一條鞭法，藉此提供了分析明朝菁英行為的實用角度。我闡釋了擁有地方宗親網絡的政治家（大多數的明朝政治家）代表了地方利益，並影響中央決策以保護他們家族親屬的經濟利益與自主權。本章的實證分析汲取、運用了宋神宗（一五七二至一六二〇年）統治下五百零三名官員的原始傳記資料集以及地方實施一條鞭法改革的歷史資料，我證明了一個「州」採行一條鞭法的速度愈慢（如果真的採行），產生的國家級政治家就愈多。

第七章藉由分析私有秩序機構如何在帝制時代末期出現，對「夥伴關係下的太平盛世」的另一個面向進行了評估。我先是說明了中國菁英創造出私有秩序機構，亦即世系組織以及世系聯盟，而這些機構即可以三種方式來幫助他們克服國力衰微下的承諾問題。首先，透過敬拜共同的祖先，世系組織從精神層面上將一群屬於相同家系血統的人聯繫在一起；其次，藉由編纂家譜，世系組織可以獎勵行為良好的成員，並排除那些只想享受成果而不做任何貢獻的成員；最後，利用通婚的方式，世系聯盟有助於在世系之間交換「交互人質」（mutual hostages）。接著，我運用歷史衝突、科舉成功、家譜紀錄認定的世系組織之原始資料集來支持這些論點。私有秩序機構的發展以及這些機構與國家的合作關係，有助於解釋中國在帝制時代末期儘管國力衰微、內憂外患，何以仍可保有經久不衰的政治秩序。

第八章檢視了第二個歷史時期如何過渡到第三個歷史時期，也就是「軍閥主義下的亡國敗將」。中國在帝制時代末期異常高度的中央集權是清代初期的特點；十八世紀盛清時期的皇帝，藉由「攤丁入畝」的稅制改革，以及劃分中央與地方歲收，以強制施行削減仕紳階層的權力與特權，並簡化徵稅的政策。清初的皇帝都是開國者，且皆藉由規避「文官機構」來強化中央政府，然而，隨著「八旗軍」（國家軍隊）逐漸衰敗和滿族日益腐敗無能，後來的皇帝愈來愈倚賴文官機構，但這些機構皆由短視近利的仕紳階層所組成。正如之前的朝代所經歷的，清朝也無法逃避財政與軍事衰退的命運。十九世紀中西方國家的入侵，導致清朝出現了前所未有的財政危機，同時久旱又加劇了寒冷天氣的影響，引發了「太平天國之亂」。於是，關注於確保自身存續的清朝皇帝，遂將地方防禦職能授權給仕紳階層的領導者。運用叛亂與世系活動地點的相關資料，我闡釋了內部叛亂不但顯著提升世系的集體行動，更導致權力的天平從帝國往地方社會傾斜；科舉的廢除更進一步地切斷了國家與社會的聯繫，使得國家與自主性愈來愈高漲的社會逐漸脫節。我證明了叛亂之後經歷世系集體行動愈多的郡縣，在一九一一年宣布脫離清朝政府獨立的可能性就愈大。

第九章討論了這些出於我們對發展中世界的了解之研究結果，其帶來了什麼樣的廣泛影響從而做出總結。我以中國為基礎的理論，呼應了在非洲、拉丁美洲，以及中東所觀察到的國家建設經驗，並且也教會我們重要的一課：**國家衰微是一個社會問題，無法藉由官僚體系的解決方案來消弭**。國家建設的計畫不應局限於改革官僚體系，而應擴展及致力創造出與社會結構相關，並能兼容強國目標的動機。中國的帝國發展及其遺留下來的歷史遺產，有助於我們了解現代國家建設的挑戰。共產黨之所以能在中國成功建國的祕訣之一，就是藉由社會革命改造了中國社會，為現代中國的國家形成鋪路。

第二章 中國近兩千年來的國家發展

距離讓發展模式自行浮現

中國近兩千年來國家發展的方式，與歐洲國家截然不同。歐洲的統治者仰賴代議制機構來保持掌權並建立有效能的國家，中國的統治者則面臨了個人存續與國家實力之間的權衡取捨，而本章將概述其獨特的發展歷程。我省去了聖君、忠臣、勇將的故事留待其他章節來介紹，在此，我跳脫原來的框架退一步來思考，以突顯格局更大、範圍更廣的歷史模式。

我將七世紀初至二十世紀初的中國國家發展過程，依據其不同的特性區分為下列三個階段：（一）寡頭政治下的富國強兵；（二）夥伴關係下的太平盛世；（三）軍閥主義下的亡國敗將。

第一個階段「寡頭政治下的富國強兵」的最佳代表就是唐朝（六一八至九〇七年）。唐朝時貴族統治著中國，這群貴族是半世襲的社會階層，由數百個顯貴的氏族所組成，同時，氏族之間門當戶對的「內婚制」延續了數百年之久，形成了一個緊密交織的姻親網絡。

貴族階層藉由在首都長安與洛陽的聯姻，與帝國各地建立起連結，因此，唐朝貴族世家之間形成的社會域，就類似一套星形網絡：一個具凝聚力的中心，亦可連結至外圍。唐朝貴族致力於強化國家，以便保護他們遍布於整個帝國的宗親網絡；他們幾乎是有志一同、毫無異議地推行了一項歷史性的財政改革——兩稅法，影響了中國其後一千年的財政發展。另外，藉著將「宰相」一職制度化，貴族利益設立了對君王權力的可靠監控，因為宰相的重要性與皇帝幾無二致。這是中國歷史上皇帝與菁英共治的一個罕見時期，然而，星形網絡容易受到反對中央的叛亂影響。九世紀末，大規模叛亂襲擊了首都，也重創了貴族階層。

第二個階段「夥伴關係下的太平盛世」描述的是從十世紀中葉到十九世紀中葉一個幾乎長達千年的時期。這是中國歷史上最穩定的一個篇章，由四個統一的王朝所組成：宋朝（九六〇至一二七六年）、元朝（一二七六至一三六八年）、明朝（一三六八至一六四四年）以及清朝（一六四四至一九一一年）。

從宋朝開始，皇帝就利用唐朝貴族留下來的權力真空重新打造菁英社會域，藉由擴大科舉考試，在「相對」任人唯賢的基礎上任用官僚人才。科舉考試以其競爭意識與專注學習的特性，將地方仕紳家族中被選定的成員帶往中央，防止他們形成新的貴族階層。因此，這個時期的中央菁英成了地方利益的代表，汲汲於影響中央政策，試圖讓他們的家庭社會與家族親屬團體蒙受其益。期間，雖然受到大草原遊牧民族的嚴重外患威脅，中國菁英仍試圖讓國家維持在國力平平的狀態；強化國家的數次嘗試都失敗了，只有一項改革成功，但由於政治上的反對意見，這項改革花了一個多世紀才得以實施。

皇帝以極度往內收縮的國家為代價，利用分裂、地方化的菁英建立起絕對的君主政體。隨著氏族企業的快速發展，國家經常將地方公共財的供應下放給地方菁英，包括國防與公共建設。在這段時期，君主權力大幅擴張，而中國國力卻逐漸衰微。

第三階段「軍閥主義下的亡國敗將」描述了十九世紀中到二十世紀初帝國滅亡這一段中國王朝史的最後篇章。從鴉片戰爭開始，西方國家的入侵大幅削弱了中央政府提供公共財以及保護人民免受暴力侵害的能力。

其中，為了在太平天國之亂（一八五〇至一八六四年，中國歷史上死亡人數最多的一場內戰）中存活下來，清朝統治者允許社會菁英組成私有民兵。雖然，國家在這些私有民兵的幫助下擊潰了太平天國的叛軍，但自治社會力量的成長導致權力的天平從「國家」往「社會」傾斜，依

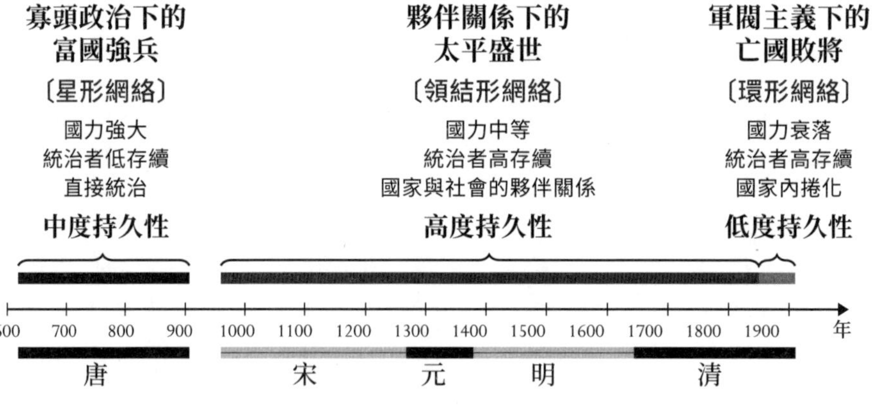

圖 2-1：中國國家發展時間表（618–1911 年）

世系組織起來的私有秩序機構接管了地方行政、稅收和國防。

二十世紀初，儘管大清帝國終於決定藉由建立新的軍隊與地方「諮議局」來改革它的政治體系，但這些組織隨即落入了地方強權者之手，而科舉制度的廢除又進一步切斷了中央菁英與地方社會團體的聯繫，大清帝國再也無法控制社會力量，於是這些地方勢力遂起用地方軍官，並於一九一一年宣布脫離清廷獨立。

前頁圖 2-1 總結了中國國家發展的時間表與階段。中國國家發展的一項顯著特性就是：統治者在位時間的長短與國家實力宛如蹺蹺板的兩端——一端往上升，另一端就往下沉。

※

本章內容分為三個部分進行討論。首先，我概觀了過去兩千年以來的中國，**從氣候變化如何引發暴力衝突開始，藉由摧毀某個特定的菁英階層或切斷中央菁英與社會的聯繫，來改變國家與社會的關係**。

無論是哪一種情況，大規模的暴力衝突都為統治者提供了改變菁英社會域的政治機會，與此同時，回過頭來，社會域又與國家實力、國家形態的結果息息相關。其次，我為中國國家發展的三個階段分別提供了分析敘事，聚焦於統治者、中央菁英以及社會團體如何互動，從而為國家與社會帶來不同的均衡結果。最後，我藉由中國的國家發展路徑與歐洲有何不同的討論，做出最後的總結。

氣候改變與暴力衝突

由於各種原因，地球溫度會在寬廣、長久的時間範圍之中產生變化[1]。對於之前數千年的溫度趨勢，科學研究得出了整體大約一致的結果：相對溫暖的狀況，集中在一〇〇〇年左右的「中世紀暖期」（Medieval Warm Period）；相對寒冷的狀況，則出現在大約一五〇〇到一八五〇年的「小冰河期」（Little Ice Age）[2]。

我所蒐集的數據資料是來自中國科學院（簡稱「中科院」）近來發表的一項深具權威性的研究，他們以十年為單位基準[3]，重建了中國在過去兩千多年來一系列綜合性的溫度變化。

頁六十二圖2-2的上圖所呈現的是從西元零年到一九〇〇年溫度異常的時間序列[4]。這一時期大約橫跨了漢朝中葉到清朝滅亡，正數表示高於正常溫度，負數則表示低於正常溫度[5]。在這段研究期間，中國地表溫度的波動頗大，與北半球的全球證據一致：有西元一至二〇〇年、五五一至七六〇年和九五一至一三二〇年的三個暖期，以及二〇一至三五〇年、四四一至五三〇年、七八一至九五〇年和一三二一至一九〇〇年的四個冷期。

社會科學家建立起氣候與衝突之間的關聯性[6]，發現氣候衝擊會外生地提升暴力衝突的可能性。在此，我主要關注於兩種暴力衝突：「群眾叛亂引發的內部衝突」和「外敵入侵引發的外部衝突」。

我依據南京軍事學院（Nanjing Military Academy）編制的《歷史戰爭目錄》（*Catalog of*

Historical Wars）建構起歷史衝突的數據資料[7]；這部目錄中的詳細資料，包括了發生在中國大約西元前一〇〇〇年到一九一一年間每次重大內亂與外患的發生日期、個別交戰的地點和領導者[8]。這些資料是《歷史戰爭目錄》從中國古代官方史書（被稱為「二十四史」）所汲取而來。傳統上，中國歷代都會根據官方的歷史檔案，為前朝編纂一部標準化的正統歷史，而二十四史，就是中國歷史系統資料的最重要來源之一[9]。

然而，我們必須考慮到這些數據資料的歷史性質可能存在著測量誤差，例如，規模較小的地方性衝突較不可能被記錄下來。因此，我們應該假設被存留在數據資料中的衝突，其重要性必然跨越了一定程度的門檻，才值得被歷史學家記錄下來[10]。

為此，我將「群眾叛亂」定義為政府軍與大規模反叛團體（例如：農民、工匠）之間的暴力衝突。只要《歷史戰爭目錄》中的資料顯示反叛團體的領導者並未擔任任何政府官職，我就將這個反叛團體視為一個群眾組織[11]。晚唐的「黃巢之亂」與晚清的「太平天國之亂」，即為《歷史戰爭目錄》中所記載的兩個大規模叛亂之例。我的樣本數據包含了西元零年到一九〇〇年間，與七百八十九起有紀錄的群眾叛亂相關之一千五百八十六場個別交戰。次頁圖2-2的中圖，代表了這段期間每年所發生的群眾叛亂交戰次數。

我將「外部戰爭」（external warfare）定義為以中國為基礎的王朝與非漢族國家，或是類似國家政權之間所發生的暴力衝突[12]，舉例來說，滿族入侵者與明朝帝國之間的戰爭會被歸類為「外部」戰爭，而其後的大清帝國（即滿族）與群眾叛亂團體之間的戰爭，則被歸類為「內部」

戰爭。在我的樣本期間，有二千二百一十四起個別交戰，與九百八十九場有紀錄的外部戰爭有關，其中大多數的外部衝突都是為了對抗來自歐亞草原的遊牧民族。圖2-2的下圖，代表了這段期間每年所發生的外部戰爭交戰次數。

理論上來說，正面的氣候衝擊（即溫度較高、較溫暖）應該會提高作物產量，使該地區成為對游牧民族這些外來攻擊者來說更具吸引力的目標。收穫季節過後的農業國家，是流淌著劫掠物與貢品的

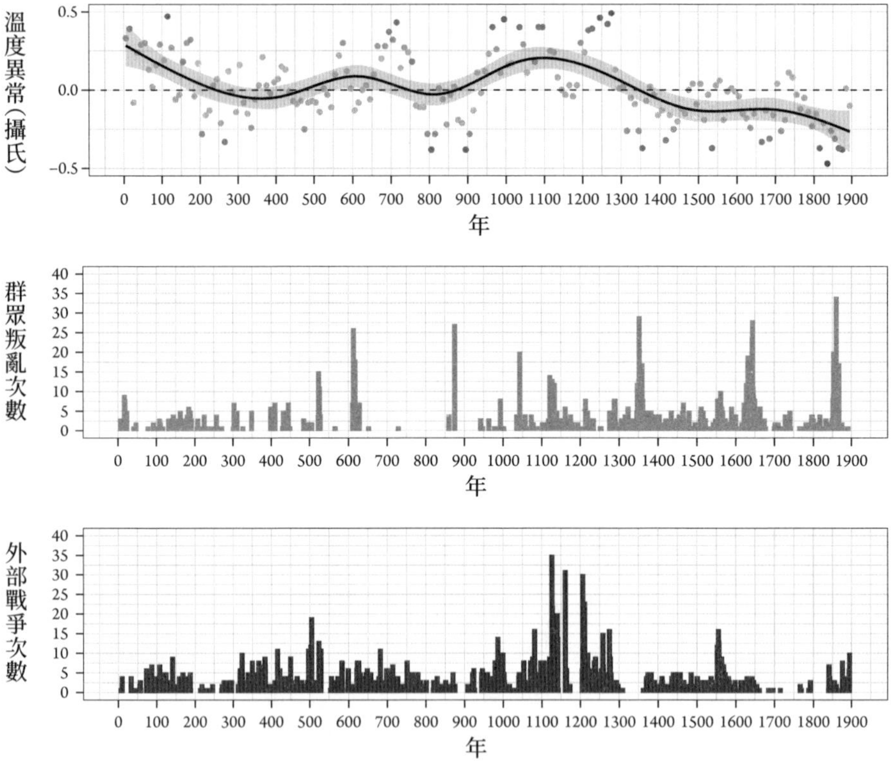

圖 2-2：溫度異常與衝突之間的關係（0–1900 年）

甜美多汁之地——美國政治學家詹姆斯・斯科特（James Scott）所稱的「野蠻人的黃金時代」（golden age of barbarians）[13]。定居者及其糧食、牲畜、人力和貨物集中於一處，就成了更多移動掠食者的採收目標。另外，作物產量提高應該也會降低飢荒發生的可能性，從而使得內部叛亂成為較不具吸引力的想法。與此相對，負面的氣候衝擊（即溫度較低、較寒冷）應該會降低外來攻擊的可能性（因為該區域會變得較不具價值），反而提升內部叛亂的威脅（由於發生飢荒的可能性提高）[14]。

圖2-2所顯示的模式與這些理論預測一致。舉例來說，在一段天氣異常寒冷的時期中，群眾叛亂在九世紀末達到了一個歷史高峰。當時，許多的叛亂群體在私鹽商人黃巢的領導下聯合起來，占領了唐朝首都並屠殺了住在首都中的大部分貴族[15]。這場大規模的群眾暴力直接導致了唐朝的滅亡，也摧毀了中古中國的貴族階層，結束了「寡頭政治下的富國強兵」時期——中國國家與社會關係的第一次均衡。

外部戰爭在九五一年至一三二〇年的「中世紀暖期」達到高峰。樣本中有超過三分之一的外部戰爭發生在這個異常溫暖的時期，且大多數發生在漢政權與不同的游牧政權之間，包括：契丹遼國、女真金國、党項西夏以及蒙古帝國，而這個時期，以蒙古征服中國、於一二七九年建立元朝告終。

在一三二一年到一九〇〇年的「小冰河」時期，外部威脅減少了，但內部叛亂卻變得頻繁，包括三波大規模、終結王朝的群眾叛亂。第一波發生在十四世紀中，並在朱元璋帶領的反蒙古大型起義下達到高峰，其後，朱元璋更於一三六八年建立了明朝；第二波發生在十七世紀初期至中葉，並於「李自成之亂」達到頂點，其後，李自成終結了明朝，並創造出滿族征服中國、建立清朝的契機。在這些叛亂發生時，雖然這些王朝國家有時會將地方防禦職能下放給氏族領導的私有民兵，但國家仍然能夠控制這些民兵，換言之，社會團體與國家共同合作提供安全防禦。不過，大部分私有民兵都在叛亂後被解散，因此並未威脅到國家對暴力的壟斷[16]。

第三波爆發於十九世紀中葉，並在太平天國之亂時達到顛峰。在這次叛亂中，由仕紳氏族組織起來的私有民兵更形壯大，不過這一次，積弱不振的中央政府無法控制他們。太平天國之亂讓國家與社會的平衡偏離了國家，迎來了中國國家與社會關係的最終均衡——軍閥主義下的亡國敗將。

為了更有系統地檢視氣候衝擊與暴力的關聯性，我也進行了迴歸分析（regression analysis）。運用以十年為單位基準的時間序列資料集，我的量化結果在很大程度上與圖 2-2 所顯示的模式一致，從我的首選規格項目中獲得的估算指出，在任何一個十年中，**平均而言，溫度每升高攝氏一度，就增加了近乎十四次的外部戰爭、減少了十二次的群眾叛亂**[17]。

值得注意的是，氣候衝擊既非引發衝突的必要條件、亦非充足條件，就像群眾叛亂會在較溫暖時期爆發、外部敵人也會在較寒冷時期發動攻擊。社會科學家用來解釋衝突的其他因素，比如：積怨不滿、政治機會結構、溝通網絡、國際朝貢與條約，以及政治領導人等，無疑更增添了說服的力道[18]。不過，氣候衝擊提供了一個先決條件，讓這些結構與領導者效應得以適用，並在其他因素保持不變的情況下，增加了衝突發生的機會。

菁英的社會域

菁英社會域，亦即中央菁英與地方社會團體及其彼此連結的方式，在中國以三種形態呈現出來。在國家發展的每個階段中，某種特定形式的菁英社會域會逐漸發展成自我延續、永存不廢，並塑造出國家的實力與形態。菁英社會域被證明是有彈性的，且統治者只能在大規模暴力衝突的發生期間或者發生之後，才能改變它。

菁英的數據資料

以下的分析，檢視了我所蒐集有關中國歷代政治菁英及其宗親網絡的原始數據資料。我將國家菁英定義為「侍郎等級」或以上的中央層級政治家，並擁有影響政府政策的權力。這些大臣要員是權勢最強大的政治菁英，他們可以參與朝會，並與皇帝討論國家政策[19]。但這項狹隘的定義並不包括地方官員和地方菁英在內，因為前者對政府的政策無甚影響，後者則是我所認為的地方社會團體領袖。無論如何，這個定義可幫助我在時間框架下，對一組可茲比較的個體進行檢視並加以操作。

首先我運用各種檔案與文獻紀錄來源，建構起一份這些大臣要員的傳記資料集[20]。然後，我利用某項獨特的考古學資料來源「墓誌銘」（刻有死者生平事蹟的石灰岩方形石板），來比對、繪製出他們詳細的宗親網絡[21]。墓上的碑文往往會有歌功頌德的冗長頌詞，其中幾乎毫無例外地包含了他們妻子的姓氏、兒子們的姓名與地位身分階級（如果適當的話）以及女婿們的地位身分階級。這些慣例習俗讓我們得以重建起幾代人的血統世系與姻親關係，尤其是在網絡中不只一位成員受到頌揚的情況下[22]。圖2-3顯示的例子，正是十一世紀北宋宰相富弼的墓誌銘。

頁六十八圖2-4則定義了這位政治家的宗親網絡範圍，包括兩大構成要件：他的核心家庭，以及與其兒女有婚姻關係的所有姻親。由於研究成本限制，我將蒐集數據資料的範圍局限於三代之內：他的父母一代、他自己這一代，以及他的子女一代。接著，我利用「中國歷史地理信息系統」所提供的歷史地點經緯度，對每位家族親屬成員進行了地理編碼[23]。在處理歷史資料時，數據資料缺失是一個不可避免的問題，因此，我們應將樣本網絡的地理跨度視為真實的網絡下限。

菁英社會域的評量

菁英的社會域呈現出兩個面向。水平面向描述中央菁英如何彼此連結，垂直面向則描述中央菁英如何與地方社會團體連結。在研究中，我使用兩個度量指標來評量這兩個面向。

其中，我使用「網絡密度」（network density）來評量中央菁英如何彼此連結（水平面向）。在中央菁英的網絡中，舉例來說，「張」與「劉」兩位政治家，如果「張」出現在「劉」的宗親網絡中，那麼我就認定這兩位政治家有紐帶關係，反之亦然[24]；密度是網絡中觀察到的關聯與最

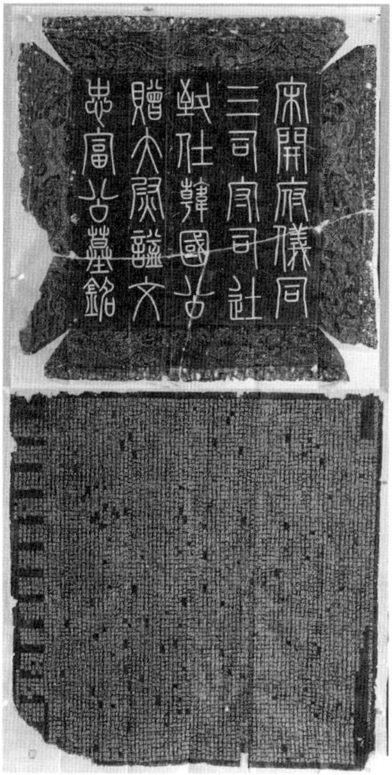

(a) 富弼的墓碑

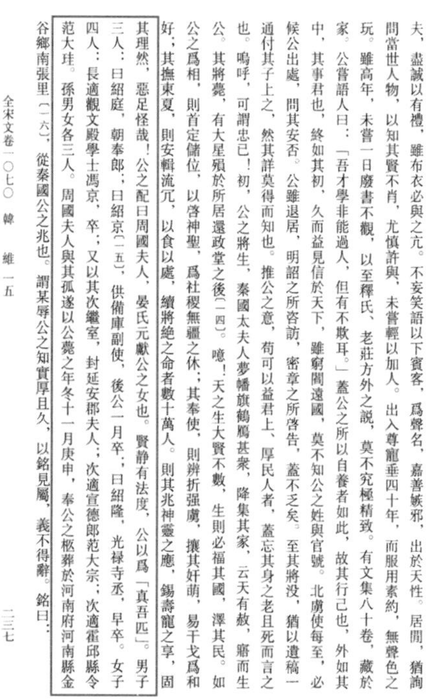

夫，盡誠以有禮，雖布衣必與之亢。不妄笑語以下賓客，爲聲名，嘉善嫉邪，出於天性。居閒，猶詢
問當世人物，以知其賢不肖，尤慎許與，未嘗輕以加人。出入尊寵垂四十年，而服用素約，無聲色之
玩。雖高年，未嘗一日廢書不觀，以至釋氏、老莊方外之説，莫不究極精致。有文集八十卷，藏於
家。公嘗語人曰：「吾才學非能過人，但有不欺耳。」蓋公之所以自養者如此，故其行己也，外如其
中，其事君也，終如其初，久而益見信於天下，雖窮閻遠國，莫不知公之姓與官號。北虜使每至，必
候公出處，問其安否。公雖退居，明詔之所咨訪，密章之所啓告，蓋不乏矣。至其將没，猶以遺稿一
通付其子上之，然其詳莫得而知也。推公之意，苟可以益君上、厚民人者，蓋忘其身之老且死而言之
也。嗚呼，可謂忠已！初，公之將生，秦國太夫人夢幡旗鶴鴈甚衆，降集其家，云天有赦，寤而生
公。其將薨，有大星殞於所居還政堂之後〔一四〕。噫！天之生大賢不數，生則必福其國，澤其民。如
公之爲相，則首定儲位，以啓神聖，爲社稷無疆之休；其奉使，則辨折强虜，攘其奸萌，易干戈爲和
好；其撫東夏，則安輯流冗，以食以處，續將絶之命者數十萬人。則其兆神靈之應，錫壽寵之享，固
其理然，惡足怪哉！公之配曰周國夫人，晏氏元獻公之女也。賢静有法度，公以爲「真吾匹」。男子
三人：曰紹庭，朝奉郎；曰紹京〔一五〕，供備庫副使，後公一月卒；曰紹隆，光禄寺丞，早卒。女子
四人：長適觀文殿學士馮京，卒；又以其次繼室，封延安郡夫人；次適宣德郎范大宗；次適霍邱縣令
范大珪。孫男女各三人。周國夫人與其孤遂以公薨之年冬十一月庚申，奉公之柩葬於河南府河南縣金
谷鄉南張里〔一六〕，從秦國公之兆也。謂某辱公之知實厚且久，以銘見屬，義不得辭。銘曰：

全宋文卷一〇七〇　韓　維　一五　二三七

(b) 富弼的墓誌銘

圖 2-3：墓誌銘範例

墓誌銘抄本部分文字：大臣（富弼）娶了晏殊之女，賢靜有法度。他們育有三子：富紹庭，任朝奉郎；富紹京，任供備庫副使；富紹隆，任光祿寺丞。還有四女：長女嫁給觀文殿學士馮京，長女卒後，次女又嫁給馮京；三女嫁給宣德郎范大宗；四女嫁給霍邱縣令范大珪。另有孫男女各三人。

大可能關係數的比例[25]。在各種分析中，我還運用了「社會分化」（social fractionalization）這種更精細複雜的評量方法，用以度量中央菁英網絡的分裂程度[26]。

其次，為了評量中央菁英如何連結地方社會團體（垂直面向），我將地理上分散的網絡與集中的網絡區分開來：在前者中，中央菁英的家屬親戚遍布全國各地；在後者中，他們的家親則是位於附近。我採用了「市場潛能」（market potential）的方法來建構地方化分數，這是經濟地理學文獻用來評量市場地方化的方法[27]。其中隱含的邏輯是，當政治家所有的家族親屬距離他愈近時，這項地方化的分數就會愈高。

接著，我運用這些評量結果來區分不同類型的菁英社會域。星形網絡的特點是中央菁英之間有著高度的網絡密度，與其家族親屬之間的網絡則有著分散的地理位置；領結形網絡的特點是中央菁英之間有著中度到低度的網絡密度，與其家族親屬之間的網絡

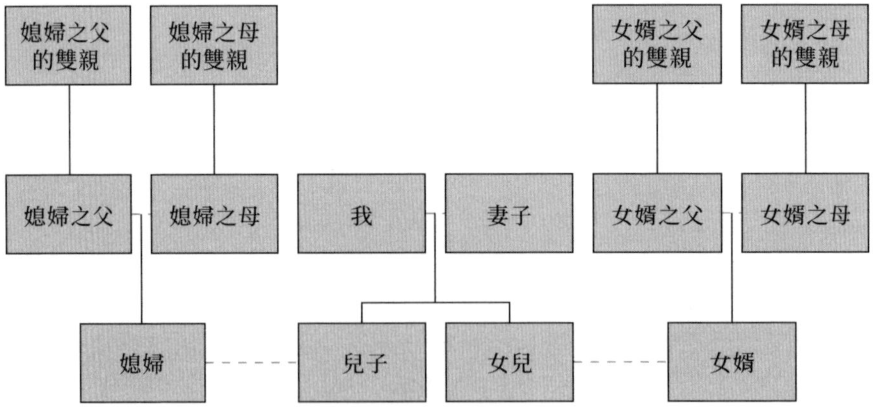

實線代表血緣關係，虛線代表婚姻關係。

圖 2-4：宗親網絡範例

則有著集中的地理位置；環形網絡的特點是中央菁英之間有著低度的網絡密度，與整個社會切斷了連結，諸如氏族等強大的地方社會團體不再有成員在中央政府任職，所以也不會與國家菁英建立聯繫。

星形網絡

星形網絡出現於漢朝（西元前二〇六年至西元二二〇年）。漢朝帝王招納儒生進入官僚體系的政策造就出「士大夫階層」，這些士大夫遂利用他們的政治權力來強化其經濟實力，進一步扶持兒子的教育和家庭的政治力量[28]。西元二二〇年，魏國的新統治者引進了一種稱為「九品中正制」的政治選拔機制，以便獲取權貴家族的合作[29]。這個制度是由權威的仲裁者（地方顯要）將公職候選人分為九個品格與能力等級，此後九品中正體制迅速成為一項工具，使一個狹隘社會階層的權力得以永存[30]——出身、地位、官職逐漸密不可分，許多貴族世家也開始成形[31]。

在五世紀末，游牧民族的統治者北魏孝文帝（四七一至四九九年）根據菁英的中國氏族祖先地位等級，將其劃分為四個社會階級之一[32]，之後，再由政府審查一個人的家族再決定他的官職。這項做法強化了自我延續、永存不廢的貴族制[33]。

這些顯赫家族與其他地方貴族（比如中世紀的歐洲貴族）極為類似，與所謂的「貴族」並無二致，但他們渴望與皇室建立聯繫以延續其社會地位，此舉抵銷了貴族世家成為封建領主，進而控制國家部分區域所有權的傾向[34]。許多氏族大姓都存活了五百、六百，甚至七百年之久，並在菁英階層中占有一席之地，他們成功的祕密就是維持生生不息的家族血脈。當中世紀的歐洲教會如火如荼地藉由禁止同族結婚、收養、一夫多妻制、納妾、離婚、再婚等來箝制貴族的生育行為[35]，帝制中國的男性們卻三妻四妾，有能力多納幾個妾就多納幾個妾[36]。富裕的菁英比貧窮的菁英生育得更快，因為他們負擔得起更多個妾、撫養得起更多個孩子[37]。因此，最成功的氏族繁衍得愈快，也讓他們得以占據愈來愈多的政府官職[38]。當歐洲每個世紀的貴族世家之常見耗損率皆高達五十%之際[39]，在中國，同一群的氏族大姓卻統治了國家數千年之久。

到了唐朝，貴族世家已成為靠著婚姻排他性來維繫其地位的一個團體。貴族氏族的核心男性成員聚集在首都長安與洛陽，且往往世代從政為官[40]。他們占有鄰近皇帝的地利之便，這一點優勢必然有助於讓他們取得滿意的官職，但正如美國歷史學家譚凱指出，這些貴族之所以在政治上取得成功，關鍵在於他們的社會網絡。在這兩座城市中占主導地位的政治菁英，其地理上的集中度不但主動強化，也被動強化了一個緊密結合、高度封閉的婚姻網絡。這個網絡的成員，組成了晚唐時期壟斷權力的主要政治菁英。嵌入立基於首都的菁英婚姻網絡中的「社會資本」（social capital），讓這些菁英得以控制最高職務的官僚進用[41]——宰相介入、干預以提拔自己的氏族成員、女婿、姪甥之例，可說不勝枚舉[42]。

隨著首都的菁英前往全國各地擔任地方的最高官職，唐朝政治中心與帝國的其他地區維持著一種宛如殖民地般的關係。首都的官僚被派往全國各地，壟斷了任期三到四年的最高文官職務[43]。另外，由首都互動與地區輪調促成的聯姻網絡，也構成了一種宛如殖民地的關係。一個位於首都的顯要家族，透過聯姻關係與眾多位於各地方的家族大姓建立起連結，從而形成了星形網絡[44]。社會網絡分析的學者，往往會利用這類網絡圖像來深入了解網絡結構[45]。最常見的展現形式就是以「點」（代表社會行為者）與「線」（表示行為者之間的連結）為基礎。在全書中，我將使用點線圖來說明中國菁英的網絡架構。

圖2-5的圖a所呈現的是七五〇至八五〇年間，唐朝貴族世家之間的聯姻網絡[46]，每一個節點都代表了一個單獨的父系，連結則表示婚姻的聯繫。幾乎所有這些家族，都有在大唐朝廷中擔任高官的成員[47]。該圖顯示，貴族網絡具有高度的連結性與集中度特性[48]，每個家族幾乎都與其他的所有家族至少有間接的聯繫。

為了檢視中央菁英如何與地方家族親屬團體連結，我也建立了一個原始的資料集，包括了唐德宗在位期間（七七九至八〇五年）所有大臣及其宗親

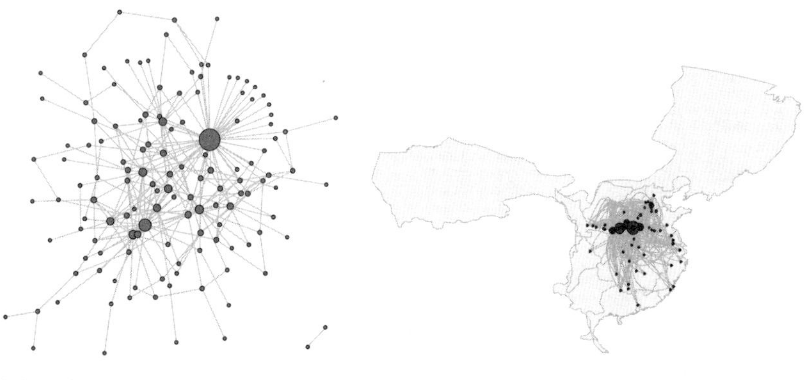

(a) 唐朝菁英的聯姻網絡(750–850年)　(b) 唐朝菁英及其宗親(779–805年)

圖 2-5：唐朝的菁英社會域

網絡的生平資料。圖2-5的圖b追溯了這些大臣要員的宗親網絡，每一個中央的大節點代表一位大臣要員，較小的節點則代表了這些官員經由婚姻或血緣關係所建立連結的家族親屬。中央官員集中於首都地區，而他們的家族親屬則分散於全國各地[49]。該圖十分近似星形網絡，其中，一群中央菁英不僅彼此之間保持著緊密的連結，與外圍的社會團體亦有所聯繫。

領結形網絡

星形網絡容易遭受針對中心的攻擊[50]。在晚唐時，中國（以及北半球的大部分地區）經歷了一段異常寒冷乾燥的氣候嚴酷時期[51]，長期的乾旱遂於多地引發了叛亂，其中，鹽商黃巢逐漸集結各地的叛軍，並於八八〇年攻占下首都長安[52]，史稱「黃巢之亂」。在兩年的占領期間，黃巢的叛軍將城中的貴族屠殺殆盡[53]——一旦中央節點被移除，星形網絡也就崩潰瓦解了。

隨後，宋朝皇帝抓住了這個機會，重新塑造菁英社會域，開始仰賴擴大的科舉制度來進用官僚[54]，從而使得參加科舉的考生人數急遽飆升，科舉競爭的激烈程度也隨之上揚。關於這一點，美國歷史學者小愛德華・A・克拉克（E. A. Kracke）與旅美華裔史學家何炳棣已經證明了科舉考試任人唯賢的特性，以及科舉考試如何提升社會的流動性[55]。在唐朝，數百名貴族氏族掌握了所有的官職，而在宋朝，科舉制度大幅擴展了官僚進用的社會基礎。雖然地方權貴家族在培養子弟應試方面享有優勢，但他們仍然必須與全國成千上萬的其他家族競爭才能考取進士，從而被任命和安置於官僚體制的高層中。

最早由日本漢學家內藤湖南（Naito Konan）在一九二〇年代所提出的「唐宋變革」一詞[56]，即涉及了菁英社會域的轉變。自其時起，歷史學家對所發生的事達成了近乎一致的共識。事情的發展大致是這樣的[57]，在唐朝，擔任官職是決定家族地位的一個最重要因素，每一個菁英家族都卯足全力，盡可能地將多名子弟安插在官僚機構中。因此，在全國範圍內與其他強勢家族聯姻，不但可為不確定性（比如某位重要家族庇護者的死亡）提供保險，也是利用這套「恩庇體制」（patronage system）的最有效方式。

然而到了宋朝時，擴大的科舉制度使得公職的競爭愈來愈激烈，因此，追求仕途成了「回報不確定」的風險投資。同時，不斷發展的貿易、市場化和城市化的趨勢，都讓人們有了更多的職業選擇。為此，以「穩固的資產」以及「其他強大鄰里夥伴緊密相連」的網絡來鞏固地方權力基礎，反而成了菁英永續其家族地位的最佳方式。當菁英分散各地並與地方聯姻，眾多團體隨之出現，各自以中心與各自的鄰里夥伴，而非與網絡中的其他部分連結，類似領結形網絡；在其中，每個中心節點都與它自己的團體連結，但不同的團體之間並未相互連結。

次頁圖2-6的圖a說明了北宋真宗（九九七至一〇二二年）統治期間大臣要員們的聯姻網絡。每個節點代表一位大臣要員，一條連結則表示兩個官員家庭之間的聯姻關係。可以發現，這套網絡的連結比之唐朝貴族的網絡連結要少得多——宋朝官員的網路密度，尚不及唐朝貴族網路密度的一半（分別為0.011與0.028）。

次頁圖2-6的圖b則代表了這些大臣要員的宗親網絡。與唐朝的星形網絡相較之下，宋朝網絡有多個中心，這些中心以較大的節點（主要官員）來代表，又與多個較小的節點（官員的家族親屬）相連。宋朝官員宗親網絡的平均標準地方化得分，是唐朝官員的兩倍以上（亦即前者的地方化程度更高，分別為0.102與0.044）。該模式更接近領結形網絡，亦即中央菁英彼此之間的聯繫較少，每個中心節點都連結至一群地區性的社會團體。

環形網絡

領結形的菁英社會域在宋朝之後漸趨穩固，仕紳家族藉由投資土地及其子弟的教育來延續他們的權力[58]。科舉考試將這些在地方家大業大的家族子弟送往中央政府，於是在首都，這些地方「代表」遂得以維護他們所屬的地方利益，並調撥國家資源以造福自己的鄉里[59]。

英國在「第一次鴉片戰爭」（一八三九至一八四二年）戰勝中國，以及其後的「太平天國之

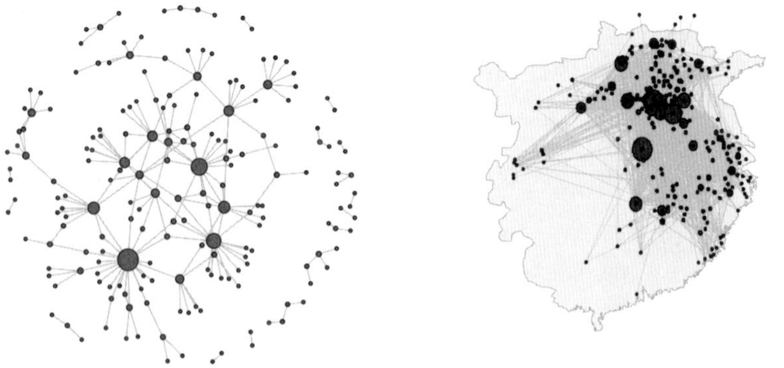

(a) 宋朝菁英的聯姻網絡（997–1022年）　(b) 宋朝菁英及其宗親（997–1022年）

圖 2-6：宋朝的菁英社會域

亂」（一八五〇至一八六四年），是從根本上改變了中央菁英與社會連結方式的一個轉折點。這場戰爭與其後簽訂的《南京條約》，不僅大幅提升了清政府的對外防禦成本，更讓清政府失去了控制內亂的能力[60]。寒冷的天氣加上乾旱，引發了太平天國之亂，清朝皇帝遂將地方防禦職能下放給仕紳領袖，試圖確保自己的個人存續。這種授權下放之舉，最後一次地重塑了菁英的社會域，並打破了國家與仕紳階層之間的權力平衡[61]。

現在，仕紳階級正式涉入了地方的防禦與行政事務，因此，政治權力從中央官員轉移到地方菁英手中。根據美國漢學家孔飛力（Philip Kuhn）所言，這導致了「傳統國家的崩潰」（breakdown of the traditional state）[62]，杜贊奇則將這種現象稱為「國家內捲化」——中央政府愈來愈依賴地方菁英。地方菁英透過世系組織來履行地方的治理職能，但中央政府卻無法再掌控他們，從而使他們成為地方社會中一股毋須擔負任何責任的力量[63]。

國家內捲化的一項重要指標，就是氏族集體行動的快速成長。仕紳階層的氏族藉著編纂家譜紀錄來維繫他們的凝聚力、界定氏族成員。並非所有的氏族都保有這樣的紀錄，能保有家譜紀錄的，幾乎無一例外的都是最強大的氏族[64]。在一部最近出版的家譜名冊中，中國上海圖書館的一個研究團隊對編纂於一〇〇五至二〇〇七年之間的五萬多份家譜進行了編目[65]。名冊中的一筆條目，即為記述一本氏族家譜的一筆紀錄，因此，一個氏族可以保有多筆條目。舉例來說，李氏家族可以在一七〇一年編纂第一本家譜，然後在一七五四年與一八〇二年再次更新。家譜中的每一筆條目都包括了宗族姓氏、現居地、編纂年分、卷數等資料[66]。我將整部家譜名冊數位化，然後根據氏族的所在地，對每一筆紀錄進行了地理編碼（geocode）[67]。

圖2-7的圖a所呈現的是自十一世紀初以來每年編纂的家譜紀錄數量（一百年的移動平均值〔moving average〕，十八世紀中出現了一個明顯的「急彎」（elbow），顯示國家對這些社會力量的控制減弱了。十九世紀中葉後，每年的家譜紀錄數量從幾十本暴增到一百多本。

家譜紀錄數量的增加，大部分發生在太平天國之亂期間及其後。圖2-7的圖b顯示出，在太平天國之亂結束之後的一段期間，家譜紀錄的數量遽增：從一八五〇年之前的不到一百本，增加到一八七〇年的接近二百本。這種增長的現象不是暫時性的，高度的氏族集體行動在太平天國之亂後，仍持續了數十年之久。

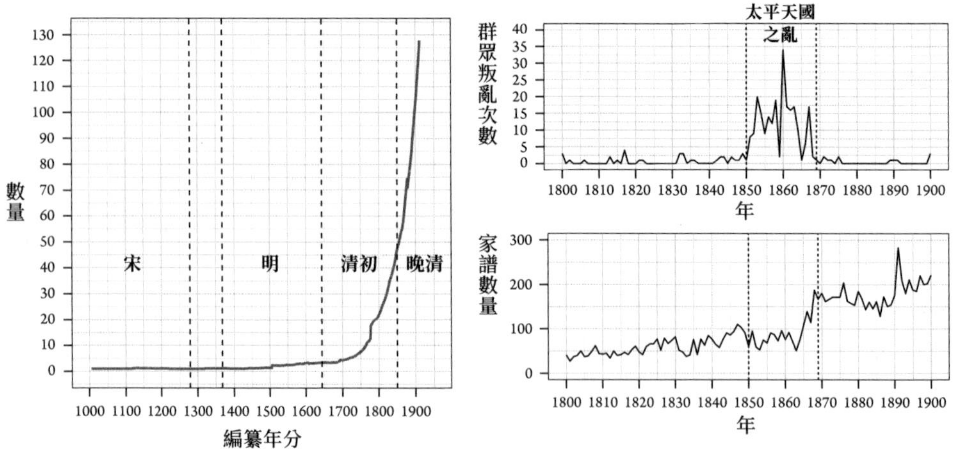

(a) 每年編纂的家譜紀錄數量（1000-1900年）

(b) 晚清時期的家譜紀錄數量（1800–1900年）

圖 2-7：氏族集體行動的增長

清朝在甲午戰爭（一八九四至一八九五年）戰敗之後開始編練「新軍」，試圖根據西方標準，創建一支訓練有素、裝備精良的現代軍隊。然而與此同時，新軍的軍官與武器軍備逐漸被吸收、納入了可回溯至叛亂時期興起的地區性軍隊組織中[68]。仕紳階層的領導者中有許多人當選為新的省級立法機關成員，成為地方強權並取得稅收與軍事事務的控制權[69]。

一九〇五年，清政府廢除了已有千年歷史的科舉制度，進而切斷了地方菁英家族與中央政府之間的聯繫[70]。一九一一年，全國各地的地方軍隊宣布脫離清政府獨立，從而加速了清朝的滅亡。美國漢學家魏斐德（Frederic Wakeman）將清朝滅亡的「深層」源由，歸因於半個多世紀前開始的權力失衡——權力長期地移往地方仕紳而偏離了中央政府[71]。

基本上，太平天國之亂促使脫離國家控制的地方社會力量激增，而廢除科舉更進一步地使這些自主權日益高漲的社會力量脫離了中央政府。晚清時期的菁英社會域即類似環形網絡，集中於各個地區的社會力量成了王朝國家的一股離心力，導致清朝最終的崩毀與滅亡。

國家實力

中國菁英社會域的歷史演變與國家實力的起伏有關，後者可用其「徵稅的能力」來評量[72]；以中國為例來說，這種能力的差異頗大。

我們可以從兩個角度來分析國家實力：（一）財政政策（這些政策旨在加強還是削弱國家實

力？）或（二）實際稅收總額（最常用來衡量國家能力的指標）[73]。為了達到徵稅目的，國家需要準確的資訊（比如關於土地、經濟生產、人口的資訊）、徵稅的官僚機構以及運輸稅款的基礎建設，這些全都需要某種程度上的能力[74]。

圖2-8描述了中國從西元零年至一九〇〇年的財政發展歷程，上圖代表主要財政政策的演變[75]。我根據歷史學家將某項政策視為強化國力（1）、無影響（0）或削弱國力（-1），來為該政策進行編碼[76]，該圖繪製出這些政策的移動平均值。下圖則根據各種檔案與文獻材料的估計，標示出「人均稅收」（per capita taxation）[77]。上下兩圖皆顯示了中國的財政能力在十一世紀達到顛峰，之後就開始下滑（其中曾有短暫增長），逐漸減弱至該時期末。

一個廣為流傳的論點可回溯至英國經濟學家亞當・史密斯（Adam Smith），其後更由湯瑪斯・馬爾薩斯（Thomas Malthus）明確地指出，中國在帝國晚期的發展失敗，有其「人口學」上的緣由：中國的人口太多，以致於它的經濟無法支撐[78]。的確，中國的人口從一七〇〇年的一億五千萬人增加到一九〇〇年的四億五千萬人，翻了三倍之多[79]。然而，這種馬爾薩斯主義的敘述，無法完全解釋帝國時代晚期稅收枯竭的現象，因為人口的增長主要發生在一七〇〇年之後[80]，但中國的人均稅收開始下降的時間卻早得多——在宋明時期即已開始。同時，這種人口學理論也無法解釋為什麼帝國未能相對應地調整其稅收政策；最近的估算顯示，十八世紀中葉到十九世紀中葉時，儘管中國人口急遽增長，但真正的個人收入仍保持相對穩定[81]，這表示如果中國政府能調整其財政政策，必可向更多人徵稅，但政府始終固守稅收配額，數百年來未曾改變。

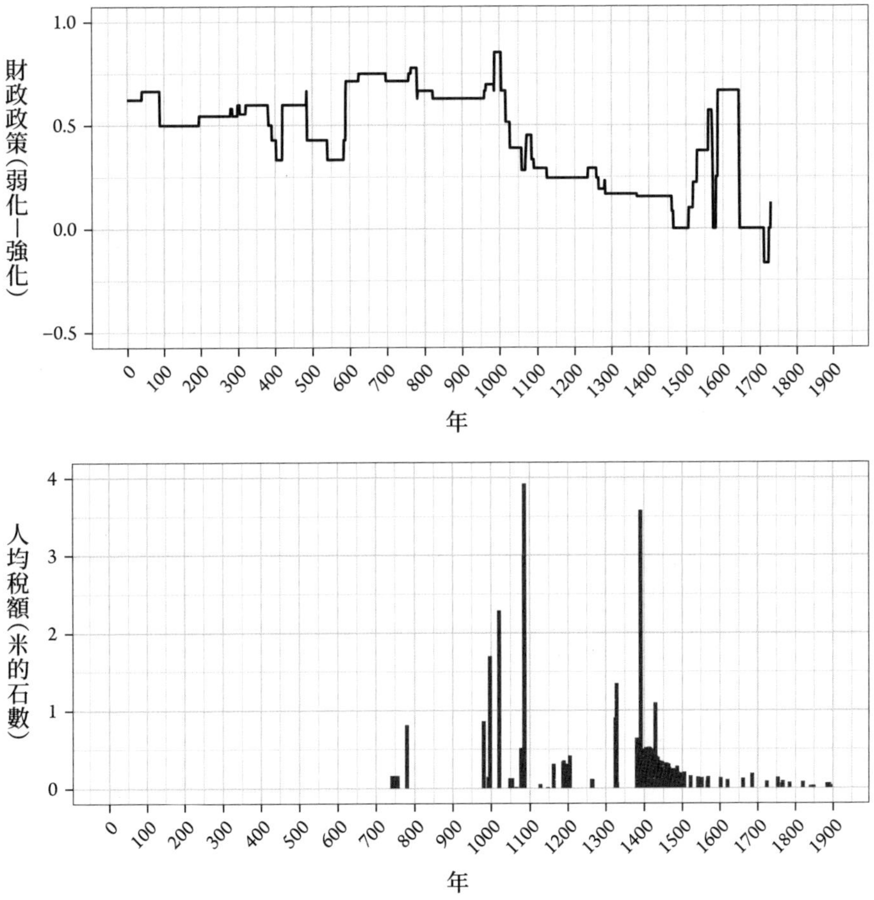

圖 2-8：財政政策與人均稅收（0–1900 年）

另外，我們可以利用稅收占「國內生產總值」（gross domestic product, GDP）比重的類似模式，來衡量國家可從經濟總產出中抽取稅收的限度。圖2-9比較了一〇〇〇年至一九〇〇年間，中國與英國的稅收占國內生產總值的比重[82]。這一比重在十一世紀再次達到巔峰，然後開始往下滑。到了十九世紀初，當英國的課稅占其國內生產總值的十五至二十%之際，中國的課稅僅占其國內生產總值的一%。

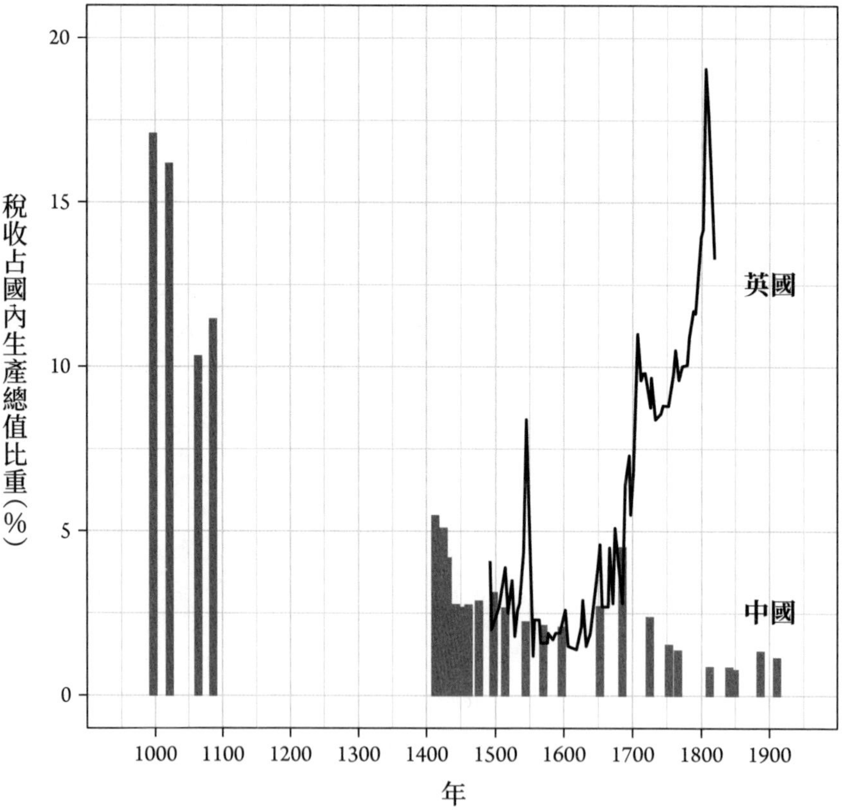

圖 2-9：稅收占國內生產總值比重 – 中國相對於英國（1000–1900 年）

唐朝的富國強兵

十世紀之前，中國的財政政策大多旨在增加中央稅收，而在這一時期，稅收也的確不斷地增加。中央菁英的星形網絡掌控了這個強化國力的時期，其中一項關鍵的財政改革，就是唐朝的「兩稅法」。

為了解決「安祿山之亂」[83]後的財政短缺問題，唐朝遂於七七九年開始推行這項改革，旨在將基於土地公有制的「單一稅」改為承認私有財產的「累進稅」——中央政府根據耕地面積來徵收新的土地稅，人民則分兩期（夏季與秋季）繳納稅金[84]。對於期望實施改革的政治菁英來說，這項稅法代價高昂，但在一百四十一位大臣要員中，卻只有三位公開表示反對這項改革[85]。為什麼絕大多數本身就是大地主的政治菁英會支持（或至少默許）一項增加他們納稅負擔的改革？

答案就在於唐朝菁英的社會域，他們形成了貴族氏族，分散各地的宗親網絡讓他們得以將強化國力的獲益「私下」轉化給遠方地區的其他人，而中央政府可以利用這樣的經濟規模，大幅降低服務廣大地區的邊際成本。因此，這種分散的網絡凌駕了菁英的個人利益，並使廣大同盟的動機趨於一致，共同支持財政的改革。

宋明的太平盛世

從十一世紀開始，大多數的財政政策都開始削弱國家獲取歲收的能力，但有鑒於日益增長的外部威脅，這種情況著實令人費解。尤其北宋面臨著北方契丹與西夏游牧部落的生存威脅，處於隨時可能爆發戰爭的局勢，菁英們為何不努力「建設國家」？

他們嘗試過，但失敗了。一〇六九年，宋朝統治者推行了「新政」，這是朝中的一位內閣成員王安石的創見，而這些後來被稱為「王安石變法」的政策，目標在於「富國強兵」[86]。新政的理念在於擴展國家權力範圍，以便加強國家對市場經濟的參與、從而產生盈餘，讓國家可用來滿足其財政與軍事需求[87]。新政的頭十年，宋朝的財政歲收急遽增加，說明了一〇八六年左右中國財政收入的短暫高峰，如頁七十九的圖2-8所示。然而與此同時，宋朝初年領結形網絡逐漸形成並醞釀出反對變法的不滿情緒。

建設國家的菁英同盟，並未強大到足以撼動深入地方既得利益的大量宋朝中央菁英。許多政治家反對這項改革，認為地方菁英家族只是與國家競相提供各種服務，宗親機構是保護家族利益的最有效方式。另外，政治家也憂心一個更強大的國家會威脅到他們的家族利益，因為國力強化會透過稅收增加他們的個人成本[88]。

後來，王安石求退、皇帝駕崩之後，反對派的領袖完全廢除了新政。不久，北宋的國力顯著衰微，並於一一二七年為女真人擊潰而覆滅。

宋朝之後，國力仍然衰微不堪。隨著中央菁英愈來愈趨向地方導向，在政治上，中央集權的國力強化改革變得愈來愈不可行，不過，政府仍時而嘗試改進其徵稅方式。明朝中葉，一位強而有力的內閣首輔開始推行一種稱為「一條鞭」的新法，藉由合併勞工稅與土地稅來簡化稅收，但是，一條鞭法分權地方的施行方式，被地方菁英與其在國家政府中的代表結盟延誤了——這項政策花了一百多年的時間才得以推行至全國各地，直至明朝滅亡時仍功敗垂成。

清朝的國力衰微

十七世紀中葉的滿族征服帶來了一個新的菁英階層，也就是「滿州八旗」。八旗是滿族在征戰中出現的獨特軍事組織，由一個緊密交織的菁英網絡所組成[89]。清初的統治者實現了帝制中國晚期某種程度非比尋常的中央集權，並強制施行了好些政策，包括：削減仕紳階層的權力與特權、藉由攤丁入畝的稅制改革來簡化徵稅，以及劃分中央與地方歲收。這說明了十七世紀後期國家歲收短暫激增的現象。

然而，這股強化國家的推動力並未持續下去。隨著八旗兵的逐漸積弱不振以及滿族的日益腐敗無能，晚清的皇帝愈來愈倚賴文官機構，而這些機構皆由短視近利的仕紳階層所組成。由於官僚政治的反對，清政府在二百六十七年的統治期間並未進行任何地籍調查，僅倚賴明朝晚期的紀錄，或由省級與地方各級官員偶爾進行的微小修訂[90]。結果就是，清朝的歲收跟不上第一次鴉片戰爭之後的人口快速增長，以及內憂外患交互夾擊的腳步。

最終，當地方軍隊於一九一一年宣布獨立時，清政府已然千瘡百孔，無力維繫一個完整的國家了。

國家形態

菁英的社會域也形塑出具備國家形態特性的兩種關係。第一種是關於統治者與中央菁英之間的關係，第二種則涉及國家與社會的關係。不同歷史階段的國家社會關係，代表了中國國家發展歷程中不同的均衡模式。

統治者與菁英的關係

許多人都以為專制君主政體統治了中國數千年，但與這項普遍認知相反的是，事實上，中國的統治者有很長一段時間在中央菁英面前是處於弱勢的一方。中古中國的貴族階層有效地制衡了君主的權力，從漢朝滅亡到唐朝開國，中國的帝王一直與占有舉足輕重地位的貴族世家分享權力——統治者利用貴族的社會資本來治理社會[91]。

在唐朝，貴族階層使其權力得以制度化。官方的正式家譜不但確立了帝國最顯赫的氏族、指引貴族的婚姻選擇，更提供了皇帝一份可從中挑選官僚的家族名單。這些由國家官員編纂的家譜，始終將皇族的地位排在最顯赫的貴族世家之後[92]，於是盛怒之下，唐朝的皇帝遂明令禁止最顯赫的氏族通婚，但此舉只是讓後者更受追捧[93]。

可見，唐代貴族的凝聚力制衡了統治者的權力。舉例來說，宰相之職在這個時期得到擢升。事實上，宰相的職位最初只是皇帝的一群非正式顧問，其後，由機要大臣中遴選出來。八世紀初，宰相一職成為可與君權抗衡的一個正式政府機關[94]。唐朝貴族彼此之間的緊密聯繫和地理集中度，便於他們採取對抗帝王的集體行動並協調合作[95]。官方歷史即記載了多次的政變行動，其中有些還成功了[96]。在我的中國帝王資料集中，安祿山之亂後登基的十二位皇帝就有五位經政變推翻而退位[97]。

中古中國貴族階層的滅亡，改變了統治者與中央菁英之間的關係。若說唐朝皇帝是眾望所歸、地位平等的領導者，那麼宋朝之後的統治者已開始處於統治中央菁英的支配地位了。這種「君主專制政體」的崛起，標示了中國歷史上的一個分水嶺[98]。

宋朝皇帝藉著擴大科舉考試來選拔官僚，填補了唐朝之後遺留下來的權力真空。身為地主的菁英家族雖占有人力資本的優勢，但參加科舉的考生人數眾多，過程競爭激烈而且結果不確定性高。即使是最有權勢的家族，也只能努力以確保每一代中能有一位子弟獲得公職[99]。其中，「殿試」（皇帝在面試之後給予表現最優異的考生們排名）的創立，進一步強化了君主在選拔官員上的個人權威[100]。

從星形網絡過渡到領結形網絡的轉變，標記出宋朝中央菁英的分裂傾向——美國漢學家郝若貝觀察到宋朝「菁英世系之間的凝聚力減弱」[101]。面對一群各有異心的菁英，皇帝遂採用「分而治之」的策略來掌控官僚機構。舉例來說，宋朝皇帝將「樞密院」與「兵部」分開，以分散軍事的控制權；前者維持君主對軍務的控制，後者則是一個由文官控制的機構，負責軍事決策的制定[102]。宰相在唐朝時擁有集中的行政權力，但宋朝的統治者藉著將宰相的職權劃分成三個行政部門，重組了官僚機構的最高層級[103]。之後，明朝皇帝進一步鞏固了他們的絕對權力。一三八〇年，明朝開國皇帝廢除了中央政府包括宰相在內的整個高層，將權力牢固地集中在自己手中[104]，再將各部門置於其直接監督之下[105]。

中國的專制化（autocratization）在清朝發展至最高點。「軍機處」成立於十七世紀晚期，其後更演變成處理朝廷軍政機要的常設部門，將其權力範圍擴大至帝國政策的所有領域；這個顧問班底向君王提供私人建議，維持其為君王提供「星室法庭」（star chamber）或「私人顧問團」（kitchen cabinet）的服務。當中的成員絕大多數是滿人，且往往來自皇帝最親密的親友圈[106]。

統治者如何結束他們的統治，是統治者與菁英之間關係的一項指標[107]。在此，我依據的是我所蒐集的一個原始資料集，囊括了從西元前二二一年到西元一九一二年之間所有的中國帝王[108]。在所有的二百八十二位中國帝王之中，有一半是平靜地駕崩，另外一半則是非自然地離世，而在這些非自然離世的案例當中，大約有半數是遭到菁英罷黜（被謀殺、被推翻、被迫退位、或是被迫自盡）[109]。

圖2-10顯示皇帝遭菁英罷黜機率的移動平均值。宋朝之後的皇帝遭到罷黜的機率顯著降低，表示統治者已然加強了掌控菁英的權力。統治者在位時間的趨勢，與國家實力（見頁七十九圖2-8）的趨勢形成了明顯對比，如該圖所示，國家實力中的財政能力在宋朝時期開始下滑。

中國在後宋時期達到了顯著的「政治持久度」（political durability）。次頁圖2-11的上圖標繪出中國、歐洲和伊斯蘭世界統治者在位時間的移動平均值[110]。中國的統治者就跟歐洲的統治者一

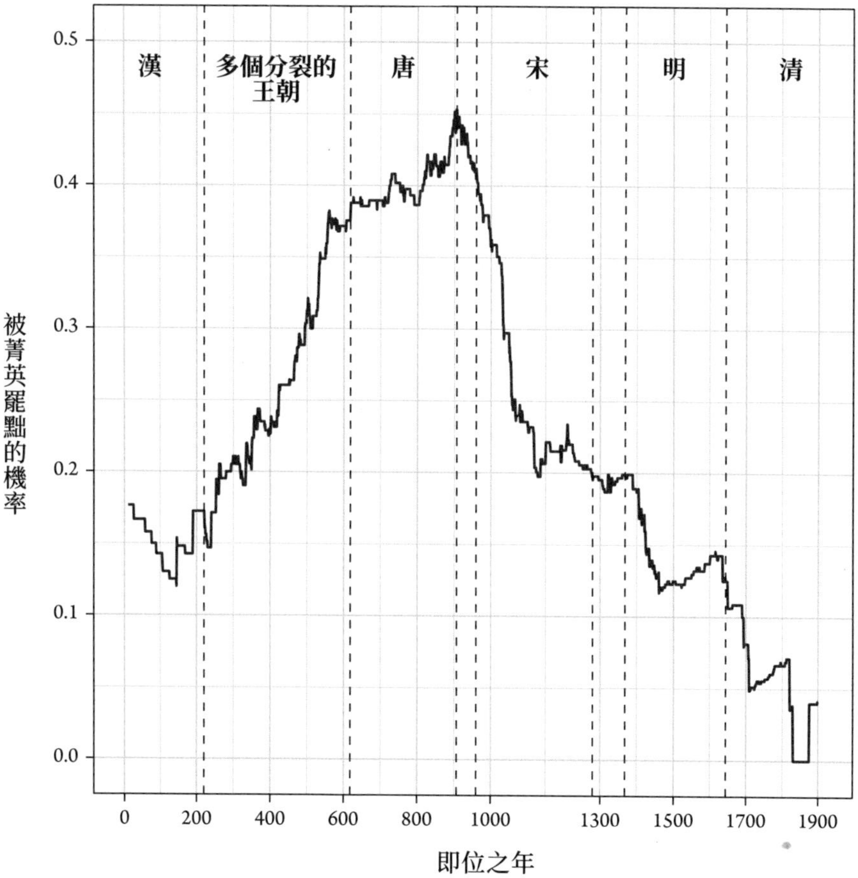

圖 2-10：統治者被菁英罷黜的機率（0–1900 年）

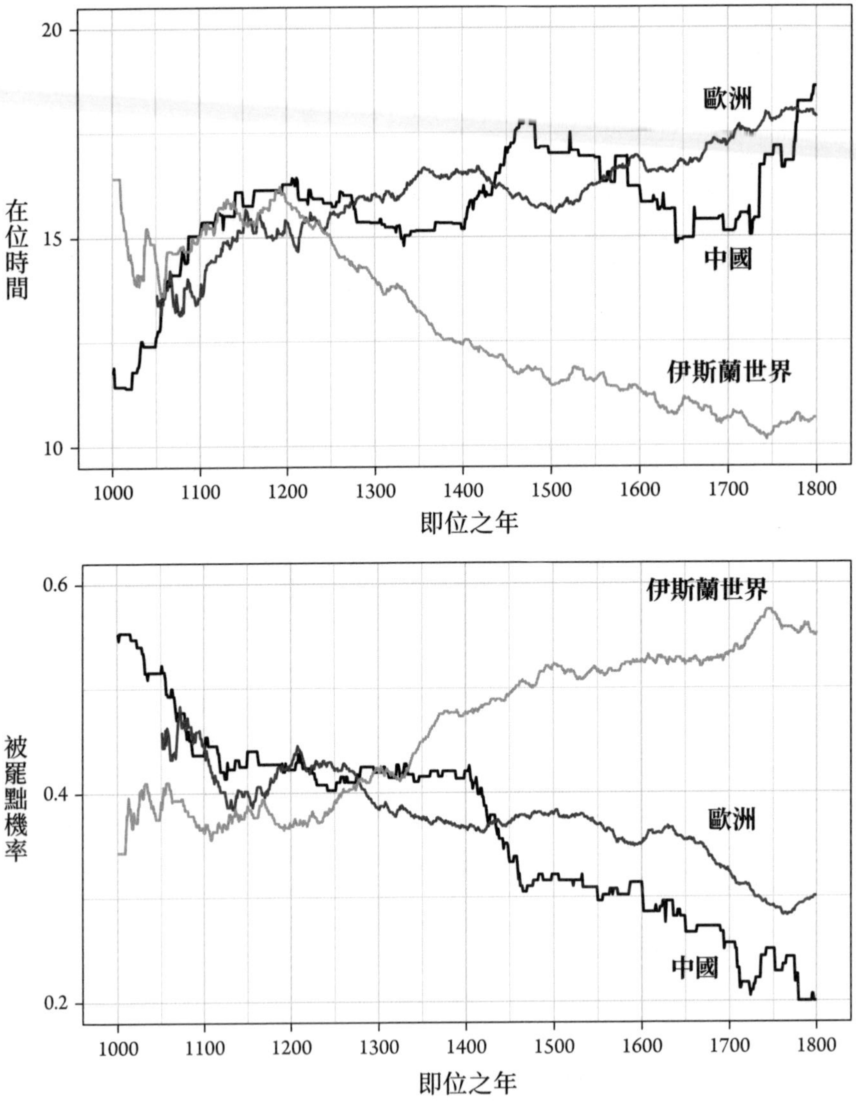

圖 2-11：統治者在中國、歐洲和伊斯蘭世界的存續比較（1000–1800 年）

樣穩固，兩者皆優於伊斯蘭世界的統治者。圖2-11的下圖則標繪出中國、歐洲和伊斯蘭世界的統治者被罷黜、廢除王位機率的移動平均值。對於中國的帝王來說，這個機率在十七世紀後下降至不到三十％；對於歐洲的帝后來說，這個機率直到十九世紀仍維持在三十％左右；而對於伊斯蘭的統治者來說，這個機率在十八世紀達到了將近六十％。中國國家發展的這個階段，可被解讀為統治者以國家實力為代價、一心追求個人權力與存續的一段歷史。

國家與社會的關係

菁英的社會域也與國家、社會關係的消長有關，而唐朝的做法代表了國家對社會的直接統治。數百年來的分裂與戰亂，使大唐帝國承接了大量的公有土地，於是，政府採用所謂的「均田制」，將國有土地劃分成家戶大小的土地，分配予佃農以換取稅收、勞役以及兵役等服務[111]。佃戶在屆臨退休年齡時，再將土地歸還給國家[112]。

到了唐朝中葉，隨著土地私有化逐漸取代均田制，國家也調整了它的財政制度以維持對社會的控制。兩稅法確立了各級政府間財政收支的縱向劃分：中央政府授予地方當局相當的自主權來管理各自的財政事務，但相對要求它們根據雙方協商所得結果，事先安排上繳的稅額。這樣的安排等於正式承認了各道的首長有權分配固定比例的地方稅收，以滿足地方的需要，並確保中央政府亦可從各州獲取固定收入，同時中央政府也藉此穩固了從直接稅收而來的定期收益[113]。另外，藉由人事制度的控制——首都的菁英每隔三、四年，就必須在中央官職與地方官職之間輪調一次

[114]，使得中央政府也進一步加強了對財政的控制。

然而在唐宋變革之後，我們觀察到美國歷史學家韓明士所稱的「國家的撤退」（retreat of the state）或「國家權力的萎縮」（shrinkage of state power）[115]，亦即：政治行動與談判的中心從中央政府轉移到地方社會。在某些情況下，中央政府甚至故意將責任轉嫁給非政府的行為者以及／或者整個市場[116]。在其他情況下，國家雖然試圖但無法維持控制權，使得非國家的行為者擔負起國家原本寧可壟斷的角色。舉例來說，私有民兵在南宋初期如雨後春筍般大量出現，雖然國家有時會給予鼓勵支持，但大多時候僅是寬容默許，只是為了彌補官方軍隊在對抗女真入侵與地方盜匪時的軟弱表現[117]。

當菁英們將關注焦點從中央政治轉移到地方社會時，他們開始面對各種挑戰，而這些挑戰與保有或擴展其財富與權力有關。自十一世紀起，他們開始轉而求助私有秩序機構，其中最成功的就是「宗親組織」。以託管為基礎的宗親組織有富裕的成員會捐地，遂成為占主導地位的社會組織，這類託管組織會持有每名成員總財富的一小部分，再以這些財富所產生的收入提供有需要的成員食物、衣物、葬禮、婚禮以及最重要的教育資金。世系的每個分支都被期望捐出已故成員所擁有的一小部分耕地，如此一來，世系的土地會隨著時間推移而不斷累積、擴大[118]。

於是，**「中央菁英」轉變為「地方菁英」的重新定位，從根本上改變了他們如何詮釋自身相對於國家的社會角色**。韓國歷史學者李錫熙（Sukhee Lee）將宋朝及宋朝之後的國家與菁英關係描述為「一種心照不宣但經過談判的協議」[119]。在這種達成協議的關係中，菁英家族與國家合作，因為他們無法承擔脫離國家的後果，與此同時這樣的連結有助於保護他們的地方利益[120]。國家認可家族的官職地位，對於維護其經濟利益與地方聲譽有著重要的戰略意義[121]。在宋明時期，國家將自身視為地方社會的參與者（以及照顧者），而不只是統治者[122]。

國家與社會的關係在清朝的太平天國之亂時再度轉變。私有民兵的迅速成長，很快地打破了國家與社會之間的權力平衡[123]。自主程度愈來愈高的社會組織，開始威脅到國家對暴力的壟斷[124]並接管了地方的行政職能，諸如稅收[125]。地方仕紳菁英滲透到新成立的清朝軍隊之中，是壓垮大清帝國的最後一根稻草，爾後，在接下來的半個世紀，軍閥主義支配了中國的政治，一直到共產黨再次統一這個國家。

均衡的持久度

中國國家發展的三個階段，代表了三種均衡。這三種均衡的持久性各不相同，並反映了中國統治者在面對「個人存續」與「國家實力」的兩難時，必須做出的一種根本性的權衡取捨。

在第一種均衡「寡頭政治下的富國強兵」（六一八至九〇七年）中，統治者以犧牲個人權力為代價，享有強大的國家能力，而中央菁英亦受益於一個中央集權的強大國家所提供的國家級保護。這種均衡持續了將近三個世紀，直到九世紀末的氣候衝擊引發了黃巢之亂，從而消滅了貴族階層並摧毀了星形網絡。

第二種均衡「夥伴關係下的太平盛世」（九六〇至一八四〇年）始於中央的權力真空，從而為宋朝的帝王提供了藉由制度性變革（科舉考試）來重塑菁英社會域的機會。在這第二階段，帝王以犧牲國力為代價，利用分裂、地方化的菁英建立起君主專制的政體。國家將供應地方公共財的職能下放給地方世系組織，「國家與社會的夥伴關係」為這種均衡造就了非比尋常的持久性，持續了將近一千年之久。

第三種均衡「軍閥主義下的亡國敗將」（一八四〇至一九一一年）始於鴉片戰爭時西方國家的入侵，中央政府失去了保護其公民免於暴力侵害的能力。在太平天國之亂期間，中央政府先是容忍私有民兵的存在，其後又失去了對他們的控制。另外科舉考試的廢除，更切斷了中英菁英與日益獨立的社會力量之間的聯繫。當被仕紳菁英滲透的地方軍隊宣告獨立時，王朝的統治遂於一九一一年落幕。這最後的一種均衡僅持續了數十年。

小結

從七世紀到二十世紀，中國與歐洲的國家發展路線可說是大相逕庭。在歐洲，羅馬帝國滅亡之後出現了大量的小王國，地方菁英控制了地方社會的各個層面，統治者無法直接統治他們的整個領土[126]，因此，統治者授予地方菁英封建頭銜，以換取他們在稅收與軍事上的合作[127]，甚至成立議會以蒐集地方社會的資訊，因為中央政府過於孱弱以至於無法控制地方社會[128]。這種夥伴關係持續了整個中世紀，直到戰爭因為軍事科技的進步而變得更加昂貴[129]；於是，國家從封建領主取得並集中他們的權力，成立專業的官僚機構與常備軍隊[130]。國家也將「公民議會」（citizen assembly）制度化，並賦予愈來愈多來自商業階層的代表們更大的權力[131]。歐洲國家遂同時兼顧了持久性與國力，成為現代民主政體的民族國家（nation-state）。

相較之下，中國剛開始是一個中央集權的國家。暴力衝突並未造就中國成為一個國家，反而摧毀了它集中於中央的社會網絡。中國的統治者藉由吸收地方菁英進入官僚機構，重塑了菁英的社會域，如此一來，統治者雖得以掌控這些地方菁英，但中國的財政實力卻也開始日漸衰退。即便是在十一世紀中國面臨來自北方的生存威脅之際，處於地方化菁英社會域中的菁英們，仍選擇不去增強國力，寧可求助於他們的世系組織。這些社會組織與國家協商並建立起一種夥伴關係，成為其後近千年中國的國家與社會關係之特點。

撰寫有關中國建國過程的社會科學家們，並未特別重視國家與社會之間的這種長期夥伴關係。這種夥伴關係儘管弱化了國家的財政實力，卻產生了高度的政治持久性與良好治理（good governance）。只是在十九世紀下半葉，中國的中央政府開始失去對社會的掌控，而西歐的民族國家卻蓄勢待發、全速前進，加劇了東西方的政治分歧。

第二篇

寡頭政治下的富國強兵

第三章　唐朝的富國強兵

巨星誕生

當中唐政治家楊炎於七二七年出生時，中國正值帝國統治的黃金時期之一——唐朝。建立於六一八年的大唐帝國，達到了中國歷史上幾乎無與倫比的政治與文化成就巔峰，占有遼闊的領土以及將近四分之一的世界經濟總量[1]，是由經濟、政治、文化緊密連結的亞洲世界中心。

唐朝的商人在古老的「絲路」上建立起與外界的貿易往來，富饒南方的眾多天然港口則十分便於對外貿易的進行；為數眾多的貿易仍然往東流向韓國與日本，但與東南亞、印度以及波斯灣（Persian Gulf）沿海地區的大量商業活動也蓬勃興起[2]。這一時期，受到中國文化與制度影響最深遠的日本，也形塑出它的國家格局、法律與制度、藝術、文學、書寫文字等結構[3]。此外，唐朝文人創作出中國偉大的抒情傳統中最佳的詩作，且至今仍然是中國最負盛名的文學體裁[4]。

但是隨著楊炎的成長，帝國開始顯現出危機即將發生的跡象。在唐朝統治者從前朝所承接的「土地國有制」下，每一對夫妻在他們的工作年限內都能享有國家授予土地的權利[5]。然而，國有土地的數量逐漸落後於人口增長的速度，以致許多最後並未獲得任何土地的人成了佃農或勞工，但有些人卻累積了財產並建立起「莊園」（great estate）。

土地私有化的趨勢，逐漸對建立於土地公有制上的財政與軍事制度造成了威脅。國家在每戶擁有相同數量土地的前提假設下，向每戶徵收固定數量的農產品與勞役。然而，隨著土地不平等的加劇，以致無土地者仍須繳納與擁有莊園者相同數量的農產品與勞役。此外，由於大規模遷移，許多居民並未被本該授予他們土地的所在地計入，課稅基礎（tax base）因而縮減、變小。

土地公有制的崩毀導致自給自足的「府兵制」亦日漸式微。唐朝初期，世代相傳的府兵會被分配到一塊土地以供應自己的糧餉軍費，且被免除大部分的賦稅與勞役。但是過了幾代之後，這些士兵就變賣了他們的土地、遠走他鄉，國家只好開始依賴僱傭兵，使其財政壓力更是雪上加霜。

西元七七九年，楊炎被任命為宰相，也就是帝國最高級別的行政官。他上任後不久，向皇帝提出了「兩稅法」的財政改革，將單一稅改為基於財產持有來計算的累計稅，並在每年的夏季與秋季徵收兩次（因此得「兩稅」之名）。這項改革形塑了中國接下來七世紀的財政體系，直到十六世紀改行一條鞭法（將在第六章討論）為止。

兩稅法改革的最大謎題在於，儘管有錢有勢者（也就是實施這項改革的人）其納稅負擔增加了，卻幾乎沒有人表示反對——事實上，一百四十一位大臣要員中，只有三位公開表示反對。唐德宗（七七九至八〇五年）十分熱切於推行這項可以大幅增加稅收總額的改革，因此立刻採納了楊炎的建議。到了次年二月，兩稅法已然推行於全國各地[6]。與後世若干遭受拖延阻撓、爭辯不休的財政改革相比之下，兩稅法的成功就像變魔術般不可思議。

※

在本章中，我將檢視唐朝的政治並探討這一時期國力強大的社會基礎。運用第一章中所闡述的理論，我將證明形成星形網絡的唐朝菁英是一個泛容性的利益團體，他們願意為增強國力付出代價，因為他們的私人利益與國家利益是一致的。然而，強大的國力必須以犧牲皇帝的權力與存續為代價。基本上，在整個帝制時期，唐朝君王承受菁英政變的風險最大。

本章的內容概述如下：首先，簡要討論影響唐朝政治與社會的兩個較早朝代，亦即秦朝與漢朝；接著，概述唐朝政治，特別著重在中古中國的貴族以及唐朝的財政與軍事制度；再者，檢視中唐危機，尤其是安祿山之亂以及這場叛亂如何削弱國家的控制，以及，檢視晚唐時期兩稅法改革的細節，這項改革對於唐朝能從危機中恢復過來並重新控制國家，著實功不可沒。最後，則會討論唐朝的滅亡及其如何改變中國國家發展的軌跡。

唐朝之前

唐朝承繼了前朝「秦朝」（西元前二二一至前二〇六年）與「漢朝」（西元前二〇二年至西

元二二〇年）的重要遺產。秦朝一統中國並重塑了中國的政治與社會，漢朝則鞏固了帝制統治並留下了數項為中國後來發展帶來深遠影響的制度印記。

秦朝的統一

經過多年戰亂後，秦朝終於統一了中國。在周朝後期（西元前一〇四六至前二二一年），君主國家對其領土的控制力量已然減弱；在戰國時期（西元前四七五至前二二一年），周朝貴族各個家族建立起獨立王國並相互征戰廝殺。戰爭迫使王國擴大軍隊的規模，於是，這些王國逐漸將提供兵役的對象，從貴族擴大到部分的一般平民。

商鞅（西元前三九〇至前三三八年）是秦國朝中的一位改革家，進行了一系列幫助大秦擊敗他國、統一天下的改革[7]。為了建立一支由中央控管的軍隊，商鞅用「土地」獎勵在軍中服役的秦國農民，他們的家庭可以持有並在這些土地上耕作。城邦（city-state）本是戰國前主要的政治單位，隨著龐大軍隊的興起而逐漸被廢棄。戰敗的城邦被征服者吞併，而這些征服者又將土地重新分配給自己的人民，以換取人民的兵役與稅收服務[8]。隨著城邦逐漸沒落消失，以城邦為根據地的古老貴族失去了在國家秩序中原本的核心地位，也失去了在軍隊中的聲譽，因此，國家逐漸由單一獨裁者取代貴族遂行統治之職。而這位統治者的執法官遂將農民登記在冊，以動員他們為國家服務並向其徵稅，以支持統治者的軍事野心[9]。

在商鞅的改革下，秦國將以往稱為「縣」的軍區轉變成地方文官政府的基礎，統治者可以直接任命官員並指派他們到縣任職。最終，整個秦國被劃分為眾多個縣，從而使「普遍徵兵制」（亦即郡縣徵兵制）成為國家行政機構的基礎[10]。從貴族統治的城邦到中央管理的縣，這項轉變標記了中國從「封建國家」過渡到「官僚國家」的歷程。在封建國家中，比如中世紀的歐洲與秦朝之前的中國，統治者將部分領土的有限主權委派給諸侯封臣以換取兵役與稅收[11]。在官僚國家中，比如現代化之前的歐洲與秦朝之後的中國，統治者透過配備了委派專業官員的行政系統，直接管理他的國土[12]。

秦朝統一中國開啟了一項持久的模式，從西元一年到一九〇〇年，單一的政治威權統治了中國一千多年[13]。而在此之際，歐洲卻呈現政治分裂的狀態[14]。

研究人員提出了幾項機制來解釋歐亞大陸兩端政治分裂的差異。其中一個學派強調「人口多樣化」的重要性，例如，學者奎姆魯・阿什拉夫（Quamrul Ashraf）與奧德・嘉樂（Oded Galor）檢視歐洲比中國更豐富的基因多樣性如何驅動了政治分裂[15]。與此相對，秦朝標準化漢字，這在整個中國歷史上一直是一股穩定、統一的力量[16]。其他人則聚焦於「地理學」上，如美國生物地理學家賈德・戴蒙（Jared Diamond）深具開創性地指出，比起歐亞大陸其他地區，諸如山巒屏障、茂密森林以及崎嶇地形等「破碎的陸地」阻礙了歐洲大帝國的發展[17]。俄裔美國學者彼得・圖爾欽（Peter Turchin）與其共同研究者指出，緊鄰歐亞草原的位置，有利於亞洲以「超社會」（ultrasocial）特徵進化並以大規模國家崛起，作為一種防禦的回應[18]。

除此之外不久前，學者費爾南德斯－維拉韋德（Fernández-Villaverde）與其共同研究者進一步闡述了戴蒙的「破碎的陸地」假設，指出由於歐洲山脈的位置使其得以保存數個大小相同、各具特色的地理中心，可以為未來的歐洲國家提供核心。

然而反觀中國，卻是由長江與黃河之間的一片遼闊平原所主宰。此外，他們也認為中國擁有這片豐饒多產土地的主要核心區域（以華北平原的形式存在）以及歐洲缺乏這樣的優勢，亦說明了中國政治統一與歐洲政治分裂的原因[19]。

漢朝的制度

隨後的漢朝維持了中國的統一，並留下了幾項重要的制度遺產。首先，隨著外部威脅減弱，漢朝在西元三一年廢除了普遍徵兵制。為了取代接受動員的農民，兵役開始由非漢族的部落人民與囚犯，或其他彪悍之眾來提供服務；部落人民特別擅長於邊境的戰爭形態，其他人則是從內陸被運送到帝國邊境的主要軍事行動區。帝國內部這種「廢除軍備」（demilitarization）的做法，阻礙了可能反抗帝國的地方勢力建立，但也導致了游牧民族征服並統治中土的模式反覆出現[20]，以致後來的王朝不是採用僱傭兵、就是採用世襲的駐軍，直到最後一個帝國在一九一一年滅亡之後，普遍徵兵制才重新出現。

其次，漢朝進一步為最初由秦朝所建立的「皇權」提供了正當性。皇帝不僅身兼最高統治者、最高法官、最高祭司之職，更是政治範疇中天命的化身。國家以天子為中心，向外擴散開來：每個為國服務的人都是他的僕從，完全奉他的旨意去擔任公職，因此，四海之內皆是王臣，普天之下皆是王土。這一主張合理化了國家對公共土地的所有權，以及對鐵、鹽的壟斷[21]。

最後，「儒學的勝利」創造出一個屬於士大夫的階層。這個詞經常被用來描述漢朝在智識上的發展以及武則天採行招募儒生進入官僚機構的政策。這些士大夫從而累積了政治與經濟力量，成為中古中國的貴族[22]。

漢朝滅亡後，中國陷入將近三百年之久的政治分裂局面，這也是中國歷史上最長的一段分裂時期[23]。數個游牧民族建立的王國占據了北方之域，而漢族政權則分裂了南方各地，直到隋朝（五八一至六一八年）於六世紀後期再度統一中國。

唐朝初期的體制

唐朝（六一八至九〇七年）及其短命的前朝（隋朝）重新統一了國家，而這兩個朝代的治理結構，都承繼自漢化游牧民族所建立的王國。這些王國在五、六世紀時分布於華北平原，然而在中古中國，統治的菁英卻展現出最高程度的延續性。漢朝時在中國北方興起的一小群貴族氏族，藉由緊密聯姻的連結而建立起強大的區域基礎[24]——從三世紀到十世紀的這段期間，這些權勢強大的家族不斷輪流登上皇帝的寶座。

接續了北周（五五七至五八一年）的隋朝，其開國者楊堅就像統治北周的家族一樣，也是來自西北地區的貴族。另外，包括了獨孤氏（楊堅之妻的家族）與李氏家族（未來的唐朝皇室）的這一小群權勢家族，也全都藉由錯綜複雜的聯姻關係讓彼此緊密相連，與北周的皇室亦是如此。接替隋朝的唐朝，不過就是將王位轉移給這群緊密聯繫家族之中的另一個家族而已[25]。

倘若未對貴族管理有透徹的理解，任何對中古中國的政治分析都是不完整的；貴族的緊密聯姻與近乎壟斷的權力，構成了對君主權力的強力監控。許多唐朝皇帝以思想開明與遵從臣民聞名，這是有充分理由的，因為雖然貴族的核心男性成員聚集在首都，但他們的根據地卻遍布了整個帝國——因為「內婚制」從而創造出一套分散全國的聯姻網絡。國家（而非地方）政治成了貴族競相爭奪的焦點，他們在中央彼此爭奪權力，並且有強化中央政府以保護家族利益的強烈動機。以上這些，就是大唐建國的關鍵。

貴族統治與君主政體

中古中國的上層階級，不但占據國家的社會、智識以及經濟生活的最高階層，更擔任許多政府的公職[26]。三世紀到七世紀時的「九品中正制度」，其依靠地方對「官僚進用」的建議以幫助權勢強大的家族得以延續[27]。擔任官職很快就成了地位崇高的標誌，因此，只有擔任公職的高官之子，其獲取高官厚祿的機會最大。到了四世紀初，官僚進用成了根據家族層級來任命官職的一種體制[28]，套句當代人的說法就是：「上品無寒門，下品無世族。[29]」

到了唐朝，貴族世家形成了一個深受限制的聯姻圈子，除了靠家世出身之外，一般人不得其門而入[30]，這對王室的統治地位來說，此種緊密交織的家族網絡如同是一種如坐針氈的威脅[31]。

六三二年，唐太宗（六二六至六四九年）下令調查大唐帝國中最顯赫氏族的家譜，結果看到博陵（今河北省的一個縣）崔氏的世系竟然排名在第一等首位，而皇帝自己的氏族卻只被排在第三等時，不禁勃然大怒[32]。之後太宗之子唐高宗（六四九至六八三年）更禁止一群最顯赫的家族通婚（也就是所謂的「禁婚家」），試圖打壓他們的結盟與威望。然而，這道禁令卻產生了適得其反的效果，讓這些名門望族的聲望更加如日中天[33]。

貴族階層的凝聚力也限制了君主的權力。唐朝初年，唐太宗建立起被稱為「宰相」的非正式顧問群，以三個中央部門的首長為主，此三部門即：中書省、門下省、尚書省。七二三年，張說這位家譜世系可回溯至漢朝的貴族宰相，說服唐玄宗把宰相之職明定為正式的政府機關，擁有單獨的預算與官印，自此，行政權力遂逐漸集中於宰相手中[34]。

唐朝皇帝素以仁政著稱，即便是殺了自己的兩個兄弟並逼迫自己的父王退位、心狠手辣的唐太宗仍是樂於採納建言的開明統治者，並以這種開明的形象而為人所銘記。但正如英國漢學家杜希德（Denis Crispin Twitchett）指出，這樣的聲譽或許是因為唐朝帝王「深受一群權勢強大貴族的既得利益所縛，他們幾乎遍布了整個施政部門的高層。[35]」

官僚體制

唐朝延續了隋朝的中央政府結構，三個主導政府的中央部門為三省，包括：負責制定政策的門下省、提供建言的中書省，以及作為主要行政機構的尚書省[36]。在尚書省下設有六部，包括：

吏部、民部、禮部、兵部、刑部、工部[37]。這三個省共享官僚權力，為唐朝初期常見的強大君主之利益服務。到了中唐時期，門下省與中書省合併成單一機構，成為「中書門下省」，是負責制定政策與起草法規的機構，尚書省則單純成了政府的行政部門。這種由貴族聯合起來推動的重組，開啟了宰相得以行使近乎獨裁專斷權力的便利之門[38]。

初唐的政府十分勤儉務實。六五七年時，政府只僱用了一萬三千四百六十五位高級官員來管控大約五千萬人民，許多例行的政府事務都交託給經過挑選的納稅人，他們則把這些事務當成勞役來執行[39]。在唐朝前半葉，「道」（province）只是一種劃分國土的方便之法，同時作為定期檢查的單位，並無設置固定的行政長官或行政機構，也並未在中央政府與它們之下的州、縣單位之間扮演溝通協調的中介角色[40]。而在縣級以下，就沒有任何配置官僚成員的行政系統了，「縣令」只能倚靠「屬吏」（多為當地人來擔任）以及村里的次級官僚行政機構，其中，最重要的行政管理者就是「里正」，他們負責為登記名冊提供數據資料、分配土地、督導農作的施行和納稅[41]。

始於隋朝，其後在唐朝發揚光大的科舉制度（可說是帝制中國最偉大的官僚創新），最先涉及等級與筆試是在五九五年[42]。在唐朝，科舉只能培養出一批大概只占整個官僚機構十％的菁英官員，平均每年只有十多名及第者[43]；事實上直到唐朝末年，絕大多數的這些官員都是來自古老的貴族世家[44]。

知名的中國史學家陳寅恪認為，中國歷史上唯一的女皇帝武則天（六九〇至七〇五年）藉由擴大「科舉考試」在統治階層中引入新的社會元素，以培養對其新政權的支持力量[45]，但是，幾乎沒有證據支持這項論點。在她統治的巔峰時期，有十年沒有舉辦過科舉考試，之後每年平均也只有十八位考生被授予進士的功名[46]。在整個唐朝，絕大多數官員都是透過世襲特權獲得官位，這使得貴族階層成功地維持了自身的政治地位。話雖如此，即便尚未發展成熟，科舉的引進仍開啟了之後任人唯賢的官僚選拔制度，對帝制中國的後續演變帶來深遠的影響[47]。

公共土地所有制與單一稅

經過長達三個世紀的分裂，由於戰亂與大規模南遷，北方游牧民族建立起的王國控制了大量的土地[48]。在四八六年，北魏政權（三八六至五三四年）開始實行「均田制」，將國有土地分成家戶大小的地塊給農民，以換取帝國建設工程的稅收與勞役服務[49]。

唐朝承繼了均田制，每一對已婚夫妻在工作生涯（或更確切地說，在納稅期間）都有權獲得國家授予的土地[50]，而家庭則有義務納稅並提供勞役服務，以換取國家授予這些土地。徵稅的基本單位是個別的成年男性，通常是一家之主[51]。歷史文獻常以三個主要組成部分的名稱——租、庸、調，來提及初唐的稅制，其組合起來就是「租庸調制」：「租」以糧食、「庸」以徭役、「調」以布匹繳納[52]。這些負債是固定的，且並未將實際的財富或收入納入考量，因為理論上來說，所有土地的持有皆與家戶大小成正比，因此也應該按這樣的比例來課稅[53]。

府兵制

唐朝也承襲了北魏的軍事制度。北魏在北方疆界上的軍事單位成員是來自備受敬重的部族，並由貴族軍官領軍，這些由世襲兵士所組成的菁英單位，透過「部族」與「擬部族」（pseudotribal）的紐帶，與他們的指揮官聯繫[54]。

唐朝根據北魏的理念，亦即每個軍事單位皆以地方為基地，從而建立起自己的府兵。唐軍由六百個團部組成，每一個團部管控八百到一千兩百人。這些單位遍布全國，大約有三分之二位於距離首都一百七十英里的範圍內[55]。為了確保中央的控制權，每個地方軍事將領的任期都不超過四年，以防止他們與官兵發展出緊密連結與情誼[56]。地方單位會定期將士兵輪調到首都服役，中央政府可以仰賴這些自給自足的地方單位作為現成且可靠的勞動力來源，同時由於這些地方單位單獨來看都太小，尚不足以對王朝構成任何威脅[57]。

這些士兵最初都是從富裕的大地主家族中遴選出來，這些家族有能力負擔得起一位成年男性全心投入軍事訓練。唐朝初期，府兵被列入特別的軍事名冊中，且大多免除課稅及勞役；每一名士兵都會分配到一塊土地，他或他的家人及農奴都可以在這塊土地上工作[58]。士兵們自行提供並維護武器裝備與口糧給養[59]，讓部隊得以在不需耗費國家預算的情況下，達到近乎專業的品質。府兵單位亦為地方治安提供勞動力，同時邊境的軍隊也是從府兵中調來的，與非漢族的僱傭兵一起服役[60]。但是到後來，富裕的地主家族成員開始逃避兵役，使得府兵不得不招募貧窮、農民家庭的男性，以達到員額要求。隨著兵役的名聲大不如前，首都的精銳中央軍和邊境的外國僱傭兵逐漸取代了府兵，到了七四九年，府兵便不再被徵召到首都或邊境服役了[61]。

唐代中期的危機

經過一個多世紀的太平盛世，七五五年的安祿山之亂幾乎摧毀了唐朝[62]，將中央集權、富裕穩定、幅員遼闊的大唐帝國變成了搖搖欲墜、動盪不安、四分五裂的將亡之國[63]。

在發生叛亂的這段時期，國家放棄了早期對土地所有權制定的規範與管控的努力，使得人口登記制度陷入徹底混亂。同時，中央政府主要的收入來源也被切斷，這些來源，如今由各別的軍事將領所掌控。然而，安祿山之亂是一場區域性的叛亂，並未危及大唐的政治核心，也就是貴族階層，因此，在唐朝政府平定叛亂之後，中央的貴族階層重新集中並掌控了權力。唐朝的星形網絡維持完好無缺，並為晚唐的財政改革鋪下了康莊大道。

安祿山之亂

安祿山（七〇五至七五七年）本是一名半土耳其、半粟特（Soghdian）血統的職業軍事將領，七四〇年代，他被擢升為范陽節度使，負責防禦滿州邊境地區[64]。七五五年時，安祿山起兵叛變，並在兩個月內率領約二十萬驍勇善戰的兵力，經河北南下，拿下了大唐的東都洛陽，節節進逼首都長安[65]。唐玄宗（七一三至七五六年）連夜帶著幾個心腹與心愛的寵妃楊貴妃倉皇出逃，往西南方翻山越嶺地逃入四川。唐玄宗的逃亡與楊貴妃的神祕死亡，至今仍是中國歷史上最知名的事件之一。這場叛亂甚至到安祿山死後仍尚未被平定，直至七六三年才終於平息下來。

歷史學家對安祿山之亂提出了三種解釋。首先，有些人聚焦於安祿山及其眾多追隨部屬的非漢族血統出身，並指出這些少數民族只在表面上受到中國文化的影響，事實上完全深受征服與掠奪的欲望所驅使；而這個觀點的擁護者將安祿山描述成「從內部進行的外部入侵」[66]。中國歷史學家陳寅恪在這個種族衝突的主題上，變化出更為複雜的觀點：八世紀初以來，大量非漢族人湧入河北，開啟了在東北地區「野蠻化」社會的過程；到了七四〇年代，這項過程已然如火如荼，以致於朝廷必須任命一位「野蠻人」，也就是安祿山，作為對河北與東北地區保有控制權的唯一方法。因此，陳寅恪的詮釋，是將種族因素擴展至安祿山及其部屬以外的整個地區人口上[67]。

第二種解釋專注在唐朝中心（西北地區）與河北（東北地區）之間的中心與外圍緊繃局勢上。根據加拿大漢學家蒲立本（E. G. Pulleyblank）的解釋，朝廷對河北的差別待遇疏離了這個地區，終於導致叛亂的發生。根據這一理論，安祿山的出現即代表了地區的意見、觀點與利益[68]。

最後，持菁英衝突觀點的人，將這場叛亂解釋為「邊緣化群體」對「統治階層」的挑戰。舉例來說，學者彼得森（C. A. Peterson）指出，軍事指揮結構逐漸被那些幾乎不能被視為唐朝統治菁英的成員們所控制，是根本的潛在之因。「職業軍人、地方性的偏狹觀點，而且往往出身卑微，」彼得森認為，「他們形成了一個與一般官僚機構截然不同的團體。」朝廷與邊境指揮官之間的社會與文化隔閡，使一名強大的指揮官得以獲取軍官同僚的支持，並向與他們關係疏離的朝廷宣戰[69]。

種族、地區、菁英，這三項因素是相互重疊的，例如，可能是因為唐朝中央政府與東北地區節度使之間的分歧相互強化，使得他們對彼此之間的衝突堅不妥協、亦不讓步；而一名非漢族、被邊緣化的軍事菁英剛好掌控了東北邊境地區，遠離大唐帝國的政治與文化中心。與我主要的論點一致的是，東北地區的節度使是一群嵌入地方利益的菁英聯盟，他們不屬於首都的貴族階層——另一個涵蓋全國範圍的利益聯盟。安祿山之亂所代表的，並非是這個區域性團體企圖奪取中央權力的一項嘗試，而更像是它能夠獲取地方自治權的一種象徵。

這場叛亂使得大唐帝國元氣大傷，其所帶來的最重大、深遠影響，就是中央失去了對地方的控制權。帝國為了平定叛亂，不惜將「藩鎮制度」擴展至全國各地，從而形成一種新層級的地方行政機構。不像舊的州，這些「道」往往是足以威脅中央政權的獨立單位；在北方，有些地區甚至擁兵自重。被招撫的叛軍降將控制了河北的數個鎮，並保持著半自治的狀態——不向中央繳納稅收、任命自己的官員、提出世襲繼承權的要求。這些雖是極端的例子，但各地對於地方自治權與各邦自主政策（particularism）的主張確實日漸強硬。

在叛亂中勉強倖存下來的中央政府，為了維持帝國的完整性，只得把相當程度的自治權下放給各地的藩鎮[70]。

人口登記戶數減少

這場安祿山之亂，標記了新階段土地問題的開端，讓整套仰賴土地使用權與稅收的複雜登記制度毀於一旦。正如圖 3-1 所示，登記在冊的家戶數量，從七五五年的將近九百萬戶驟降至七六〇年的不到兩百萬戶，然而這項驚人的縮減並不代表人口減少，而是顯示中央政府能夠管控的範圍縮減了。話雖如此，但叛亂的確導致了大區域的人口減少，並進一步加速了北方的人口遷移

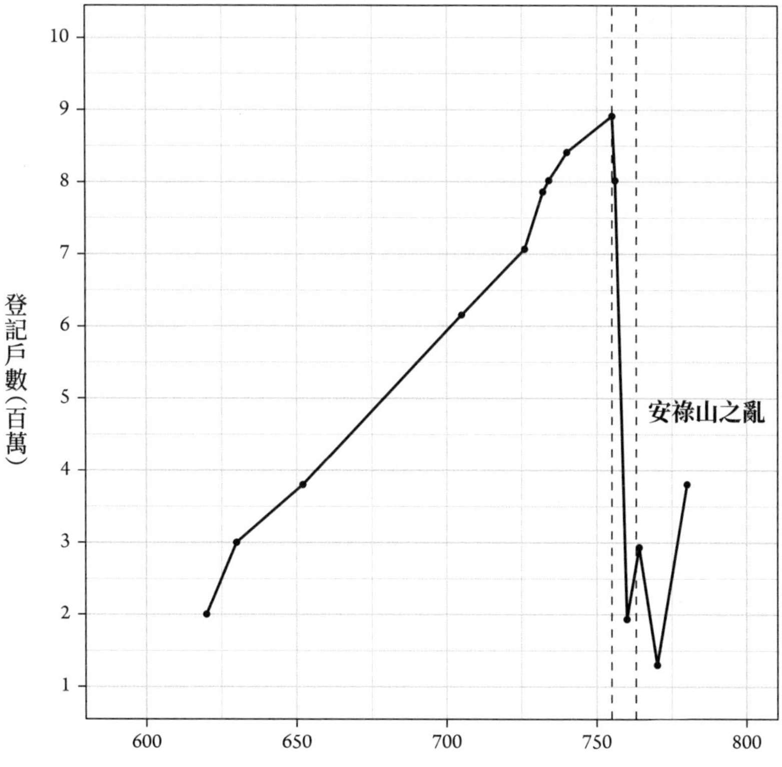

圖 3-1：登記戶數（620–780 年）

資料來源：Li（2002, 37, 153）

[71]。當人口登記制度與土地分配不再有效，以及大規模的人口減少與人口遷移時，便摧毀了租庸調稅制的整個基礎[72]。

莊園出現與直接稅收的衰退

莊園雖然也在土地公有制之下，但莊園的所有權卻局限在某些特定族群的手中——皇親國戚、名門望族、權貴世家以及高官顯爵，這些人的地位，使他們有權擁有大量的田宅財產。此外，佛道宗教團體也享有諸如此類的特權與資格[73]。

安祿山之亂後，由於政府無法再進行有效查核，加上大面積農地的騰出空置，使得莊園的建蓋一時之間十分盛行。各種權貴顯要都成了莊園主，其中最主要的不是貴族成員，就是職業官僚[74]，例如，八〇九年時，西北地區的節度使嚴礪被彈劾並被查出擁有至少一百二十二處莊園地產[75]。他們占用因各種原因逃離家園的農民所遺留下來的空地，用以建蓋他們的莊園。有時，這些有權有勢的人乾脆把小地主們驅趕走[76]，再僱用被剝奪了財產的農民作為佃農或勞工在他們的莊園中工作[77]。這些擁有大量土地的莊園，遂成了農村經濟的普遍特徵。

農民逃離他們的家園，然後在閒置的土地上安頓下來，但是他們的戶籍並不在這些土地上，於是，地方稅務紀錄也被摧毀殆盡。到了七六三年，政府無法再重新實施原本中央高度集權的制度，也失去了對河北與河南大部分地區的有效控制，這些地區遂落入曾為叛軍的節度使手中，成了半自治的地方陣營。大唐帝國有超過二十五到三十%的人口逃離了中央的控制，從而導致了巨大的稅收損失[78]。

南方的長江、淮河流域（尤其是江南地區）晉升至全新且關鍵性的重要地位。由於中央對其他地區的控制有限，人口與生產力不斷增長的江南地區遂成了大唐主要的稅收來源[79]，同時，政府也開始迫切地尋找新的收入來源。七五八年，政府遵循漢朝傳統，對鹽的銷售徵收了「專賣稅」。向政府買鹽、再繳納專賣稅給政府的鹽商，將這項稅金轉嫁給消費者，作為大幅上漲的部分零售價格，換言之，政府間接地徵收了這類稅[80]。從七七〇到七八〇年，在不反對節度使直接徵稅，但又繞過他們運作的情況下，鹽的專賣供應了中央政府大約一半的稅收[81]。然而，在比以往任何時候更需採取管理行動的這個時期，總稅收的水準卻急遽下降[82]。

兩稅法改革

七七九年中，唐德宗在重振唐朝榮耀的萬眾期待下登基。這位三十多歲的新皇帝野心勃勃地推行更強而有力的政策，試圖解決國家不穩定的財政狀況並重申其帝國的控制權[83]。於是，在同年下半年，他任命楊炎（一位以財政創新為人所知的地方官員）擔任宰相[84]。

改革政策

楊炎的兩稅法改革，將以土地公有制為基礎的單一稅制，轉變為承認私有財產的累進稅制。

政府會評估每個家戶的規模與財產並據此制定「戶稅」，不再區分家庭成員是該地區的本地人還是來自其他地方的移居者。同時，政府也以七七九年的所有耕地為基礎，在夏秋兩季徵收「地稅」——夏季對種小麥的土地徵稅，秋季則可以對種黍稷的土地徵稅，如此一來，每塊土地每年只會被徵一次的稅[85]。

另外，這項改革廢除了唐朝早期徵收的所有雜稅[86]，換言之，每個人只需繳納「戶稅」與「地稅」這兩項基本稅收，而這兩者皆是基於對個人的財產與產能之評估來徵收，且是在他們最有能力繳納時一起徵收[87]。

這項改革也建立起各層級政府之間的財政劃分與分工。中央不再自認對地方財政單位擁有任何的直接控管權，以換取固定與規律的收入作為回報。州級單位的稅收可分為三部分：留州（留在地方使用）、送使（繳納給諸道）和上供（上繳中央）[88]。這項安排不僅讓中央與地方之間的稅收分享得以制度化，更將一部分原本被節度使壟斷的直接稅收轉移給中央[89]。

這項改革進行不久就獲得了立竿見影的成效。七八〇年，光是從這套新制度所徵收而來的稅收，就超過了前一年從所有來源徵收而來的稅收[90]。改革振興了中央政府常設的財政機關，國家收入直接進入政府的國庫，而非由宦官掌控的宮中金庫。

改革成功的結構性原因

歷史學家將兩稅法改革的空前成功，歸功於兩項已然在進行中的結構性改變。首先，正如英國漢學家杜希德指出，這項改革「在本質上更偏向於現有徵稅方法的國有化與統一，而非革命性的新方案。[91]」事實上，自武則天時代（六九〇至七〇五年）以來，戶稅與地稅即已存在，並開始提供補充「租庸調」來源之外的可觀稅收[92]。清朝初期開始為家戶分類，而家戶的類別代表了官員對一個地區的財富、財產、個別家戶規模的粗略評估，戶稅的稅率因家戶類別而異，較富裕的家戶會被徵收較高的稅率[93]。

再者，第二項結構性的改變包括了商業化、經濟貨幣化以及農業生產力的提升，皆為兩稅法的改革提供了社會經濟的先決條件。唐朝中期，帝國經歷了安祿山之亂後正值休養生息之際，商業經濟開始強勁復甦。與此同時，由於金屬供應增加以及鑄造技術進步，人們也開始較常在市鎮使用錢幣；大唐錢幣的使用，甚至普及至距離帝國中心甚為遙遠的新疆。誠然在內陸地區，人民仍以實物形式來納稅，但在江淮流域，大部分的稅金已使用貨幣形式來繳納了。經濟重心從北方轉移到長江流域，也使得以貨幣支付的改革更容易推動[94]。此外，唐朝的農業生產力也提高了，北方與南方都開始實行農作物的輪作：黃河流域種植黍稷與小麥，兩年三熟甚至一年兩熟；長江流域種植稻米，一年兩熟或三熟。在夏秋兩季，農作物可以在不同的土地上收成，使得每年徵收兩次稅金的做法變得可行[95]。

菁英利益與改革成功

然而，社會經濟的轉變無法解釋改革過程如此平順的原因。改革的成功，更重要的，是要歸功於這項改革廣受菁英階層的支持。在唐德宗在位期間，一百四十一位大臣要員中只有三位公開表示反對這項改革[96]。其中一位就是劉晏，但他反對改革是出於與楊炎的私人恩怨，而非個人的政策偏好；事實上，劉晏本身就是一位改革者，早期曾倡議兩稅法改革中的若干部分[97]。另外兩位反對者是陸贄與齊抗，他們一直到改革施行了至少十四年之後才提出異議，且反對的意見主要與改革的實施方式有關[98]。

為什麼絕大多數本身擁有大片田產的政治菁英，會支持（或至少默許）一項對他們來說納稅負擔更為沉重的改革？這並不是因為改革會使私人土地所有權合法化，事實上，政治菁英在改革前即已擁有私人莊園了[99]。

有關制定重新分配政策的潛在動機，其中的一項經典解釋是：隨著社會不平等程度增加，中間選民（位於偏左派與偏右派政策中間位置的人）更可能是窮人，也更可能支持向富人徵收較高的稅率[100]。這項理論須以一套多數主義的民主體制為前提，如此一來，在體制中的窮人仍能影響決策，然而反觀在八世紀的中國，只有權貴者才能決定稅率。

除此之外，近來的一項創新理論，強調的反而是大規模外部戰爭的影響。學者肯尼斯・謝夫（Kenneth Scheve）與大衛・斯塔薩瓦格認為，在外部戰爭發生時及其發生之後，國家會開始向富人徵稅以補償窮人在戰爭中所做的犧牲（例如，服兵役）。他們指出，如果現有的國家政策將富人置於享有特權的地位，那麼就應該徵收累進稅來匡正這種不平衡的現象[101]。然而，這項理論也取決於一套民主體制，在其中，人們相信國家給予富人特權的優待，因此對公平補償的要求遂被轉化為公共政策的採行。但我們無法確定在貴族居支配地位的中國，這種要求（如果確實存在）能如何轉化為公共政策來施行。

因此，為了理解改革成功的原因，我們必須聚焦於使改革成功的這群政治菁英，也就是唐朝的貴族階層。安祿山之亂儘管深具破壞性，不過仍屬於地區性的叛亂，並未對唐朝星形網絡的核心造成威脅。美國漢學家姜士彬分析了這段時期的宰相之家庭背景，發現他們出身貴族世系的比例，從唐朝上半葉（六一八至七五五年）的五十六・四％上升至唐朝下半葉（七五六至九〇六年）的六十二・三％[102]。

整個大唐時期，貴族世系的男性核心成員全都聚集於首都長安與洛陽，以及連結這兩座城市的廊道——一條數天之中即可往返的狹長地帶。中國歷史學者毛漢光將這種趨勢稱為「唐朝文官氏族的集中化」[103]；美國歷史學者譚凱指出，擔任公職或許是一個家庭離鄉背井、在異鄉重新安頓下來的最常見原因[104]。這些首都菁英極可能世世代代都擔任官職，四分之三的首都菁英，以及超過半數聚集於兩都廊道地帶的菁英，都承襲了擔任公職的傳統：在最近的五個世代中，至少有三個世代擔任官職。在這些官員當中，來自首都者更有機會擔任位高權重的顯要官職，而道級菁英通常會在距離家鄉不遠處任職[105]。因此，首都菁英形成了一個緊密且高度排外的聯姻網絡。

基本上，唐朝官僚的進用與升遷，在很大程度上取決於「恩庇關係」與「血統譜系」。貴族聯姻網絡創造了社會資本，促成家族之間恩庇關係的交換。同時，這套網絡還可充當一種雙重保險政策：兩個貴族世系之間的婚姻，可以讓下一代獲得來自雙方的高貴血統譜系，如此一來，貴族氏族即可利用社會關係來讓他們的子孫獲得進用與升遷。在晚唐時期，貴族幾乎壟斷了中央政府所有最高層的職位[106]。這些首都菁英也會被輪調到帝國各地，擔任所有最高層的道級、州級，以及縣級職務；等到他們在三、四年後返回首都，這些輪調經歷對於建立首都中心與外圍地區之間的連結極有助益[107]。由「首都互動」與「地區輪調」所促成的聯姻網絡，遂形成了一種殖民地般的關係——位於首都的名門望族，透過聯姻與位於各道的眾多地方望族建立起連結（請回顧第二章的圖2-5），使得唐朝貴族的宗親網絡呈現出高度的分散性，類似一種星形網絡[108]。

這些官員的宗親網絡在地理範圍上所具備的分散特性，激勵他們強化中央政府——即使他們不得不繳納更多的稅金。這是因為中央政府利用這樣的經濟規模，可以大幅降低服務廣大地區的邊際成本。與強化國力有關的巨大效能獲益，使得菁英們寧可繳納更多的稅，以便利用國家所提供的、涵蓋全國範圍之服務。總的來說，由於星形網絡讓貴族們追求自利的動機趨於一致，進而願意建立廣大的結盟以支持財政改革。

主權者的兩難

然而，晚唐的帝王們是以犧牲個人權力與存續為代價，以換取重獲國家實力的成功，因為緊密連結的貴族階層逐漸對君王造成了威脅。不妨回顧第二章的圖2-10，即呈現出唐朝的統治者遭菁英罷黜的機率最高。唐朝貴族彼此之間的緊密聯繫和地理集中度，便於他們採取對抗帝王的集體行動並有利於協調合作。官方歷史即記載了多次的政變行動，其中有些成功，有些失敗[109]。在我的中國帝王資料集中，安祿山之亂後登基的十二位皇帝，就有五位被政變推翻而退位[110]。

晚唐時期，手掌兵權的宦官往往處於政變的最前線。府兵制的瓦解促使皇帝只好倚賴由宦官指揮、駐守於長安以西的「神策軍」來保護皇宮的安全[111]。然而，這些宦官很快就收編了神策軍，並反過頭來利用這支軍隊作為發動政變、廢立皇帝的工具[112]。

星辰殞落

然而，唐朝菁英的星形網絡使他們容易遭受某種特定類型的威脅。政治的中央集權，也讓政治的爭執與異議全都集中到了中央。在八七〇年代中期，長期的嚴寒與乾燥天氣導致群眾叛亂爆發[113]，八八〇年，黃巢集結叛軍軍力攻下首都長安，並且占領這座城市長達兩年之久[114]。

黃巢占領長安的這段期間，對唐朝首都及其所代表的政治秩序造成了毀滅性的影響。居統治地位的貴族階層，其子孫後代仍為國家官僚菁英的成員，絕大多數定居於兩座首都城市和毗鄰的廊道地帶。八八〇年代，這個區域被摧毀殆盡，居民幾乎全被屠殺，也連帶重挫了大批世代定居此地的菁英要員[115]。雖然我們無法得知占領期間共有多少人被殺害，但可以確定的是，長安突然被黃巢的軍隊攻陷之前，許多世居長安的菁英沒能逃離這座城市。叛軍殺光了京城中所有能作詩的人[116]以及幾位現任與前任宰相都還來不及逃離，就被叛軍捉拿並殺害了。許多在這十年中倖存下來的菁英（他們之所以能存活大多是因為京城淪陷時，他們正在外圍各道地區任職）也在隨後二十年肅清異己的政治整頓中喪生[117]。

當賊軍攻占京城之際，當時最重要的詩人之一韋莊正好上京趕考，遂將這場悲慘的浩劫栩栩如生地呈現於他知名的長篇敘事樂府詩〈秦婦吟〉中，將其描寫為「一個燒殺擄掠、啖食人肉、鄙夫充朝廷諸郎、血泥埋公卿屍骨的故事。[118]」

黃巢之亂終結了中古中國的貴族統治和星形網絡。曾為黃巢叛軍、後被招降並授予節度使的朱溫，在此時建立了他自己的後梁（九〇七至九二三年）王朝，也是在唐朝滅亡（九〇七年）之後至宋朝建立（九六〇年）之前的這段時期、一連串統治中國北方的短命王朝之中的第一個政權[119]。中國歷史自此進入了一個新的時代。

第四章　轉折點——唐宋變革

從星星到領結

大約在第一個千年邁入第二個千年之際，中國的社會面貌產生了急遽的變化：中世紀的統治階層消失了。從十世紀中葉開始，一個新的官僚階層開始大放異彩，使得早期獨尊貴族的風氣逐漸相形失色。與壟斷高官尊爵的中世紀貴族不同的是，這群新的官僚是來自廣大的仕紳階層，僅將公職視為眾多職業的選擇之一。

中世紀貴族階層的消亡，標誌了中國歷史上最重要的分水嶺之一：大批的地方菁英仕紳家族如雨後春筍般湧現，取代了以往的統治階層。這些新興的仕紳家族全力於鞏固地方的權力基礎，僅將追求仕途視為偶一為之、保持現有地位的方式之一；同時，他們寧可與地方大族聯姻，也不再群聚於首都地區。另外，他們對地方事務投注更多的興趣與精力，也往往求助於他們的世系組織（而非國家）以尋求保護與公義。他們會直接、公開地與地方或中央政府談判協商，以保護自己在地方上的利益。話雖如此，他們仍然會仰賴國家來「合法化」自己的聲望與地位。

中國菁英從「全國性的貴族階層」變成「鬆散的地方仕紳網絡」，而這項轉變從根本上改變了國家與社會的關係。這種菁英轉型形成價值、制度以及社會結構的匯聚，造就了整個帝國晚期大體的樣貌；仕紳菁英與國家的夥伴關係，從底層強化了帝制中國在第二個千年長治久安的基礎。與此同時，君主的權力也在這個時期顯著提升。中世紀的皇帝是來自眾多貴族世家中的一個家族，並且受限於貴族利益之考量，然而宋朝之後的皇帝，卻可以對臣僚行使絕對的權力。

除了這種菁英的轉型，「唐宋變革」還呈現了其他眾多深具特色的改變，包括：絕對君主政體的興起、貨幣化與城市化的商業革命、人口南移的結構性改變、農業生產力水準的提高、印刷機的廣泛使用以及新儒學的興起[1]。這個轉換期是如此重要，以致於歷史學家通常將中國的帝制時代分成兩個時期：從漢朝（西元前二〇二年至西元二二〇年）到唐朝（六一八至九〇六年）的帝國初期，以及宋朝（九六〇至一二一六年）到清朝（一六四四至一九一一年）的帝國後期[2]。

※

自從日本史學家內藤湖南首次在一九二〇年代提出「唐宋變革」一詞之後，爭論始終集中於兩個方面。第一個方面的爭論是關於它**何時發生**——歷史學家提出的論點從中唐時期延伸到南宋時期；第二個方面的爭論是關於它**為何發生**——最常見的答案集中於特定的統治者、事件、制度和地緣政治等因素上。在本章中，我有系統地檢視了唐宋變革時**發生了什麼**、**何時發生**，**以及為何發生**。我蒐集了一個原始的資料集，包括唐宋時期四千多名要員以及他們四萬多名家親的傳記資料。我的發現，是利用迄今最全面且充分的數據資料，為這些爭論闡明了新的觀點。

簡言之，我將唐宋變革描繪為菁英的社會域從「星形網絡」變成「領結形網絡」的轉型。在變革之前，位於首都的中央菁英透過宗親關係連結起許多重疊的外圍地區，同時彼此連結，組成深具凝聚力，類似星形的國家層級結盟。唐宋變革之後，每位中央菁英皆透過宗親關係連結一組獨立的外圍地區，但並未彼此連結，因此，中央菁英分裂成為領結形網絡。

那麼，為什麼唐末至宋初會發生這項變革呢？我發現，九世紀時一段特別嚴寒的時期引發了大規模暴力衝突事件，從而摧毀了中世紀的貴族階層。於是，宋朝初期的皇帝遂以擴大科舉考試來填補此一權力真空，而競爭激烈的科舉考試阻止了新的貴族階層出現。這些發現具備了重要意涵，因為唐宋變革為國家發展開闢出一條新的道路。

本章的內容概述如下：首先，介紹了我為本章所蒐集的數據資料；其次，討論了唐宋變革時所發生的事件，以及檢視了唐宋變革發生的時間與原因；最後，則討論了在唐宋變革之後，一種新的國家與社會關係模式如何開始成形。

關於唐宋菁英數據資料的注意事項

美國漢學家姜士彬與郝若貝率先利用傳記的數據資料，來探討唐宋時期宏觀層面的社會變遷[3]。近年來美國歷史學者們如韓明士、柏文莉、包弼德和譚凱延續了這項傳統，並擴大了數據蒐集的地理範圍與時間範疇[4]。我的研究，也立基於這項傳統，但同時做出了一項重要的改進。

以往各方的研究意見紛紜，原因之一，就是因為各自以不同的菁英樣本為基礎。舉例來說，美國漢學家韓明士研究的對象是福州（江西省）的菁英，但這群菁英的組成混合了國家層級的官員和地方層級的菁英，因此他得出的結論是：菁英的聯姻網絡在北宋與南宋之間的時期逐漸地方化[5]。與此相對，美國歷史學者柏文莉研究了宰相的家族，發現他們一直以中央政府的官職為重心，並在兩宋皆保有跨區域的聯姻網絡[6]。

我使用一貫的標準來蒐集整個唐宋時期的數據資料，我的樣本包括了所有在中央政府擔任侍郎等級或以上官職的要員。利用這項標準，我確認了唐朝的二千二百八十六名官員，以及宋朝的一千九百零四名官員[7]，這些官員全為男性，平均二十七歲展開仕途，直到六十五歲為止。另外，運用和闡述第二章研究內容的相同方法，我也蒐集了這些官員的宗親網絡相關資訊[8]。我蒐集了二百四十六名唐朝官員的宗親網絡之中五千三百六十七人的相關資訊，以及五百四十二位宋朝官員的宗親網絡之中三萬六千七百九十人的相關資訊。

數據資料缺失是一個嚴重的問題，尤其是在唐朝，但顯赫人物的顯要家親更可能被記載下來，因此，我們應該將「樣本網絡」視為具備了真實網絡的指標性而非代表性，不過更重要的是，解讀結果時必須謹慎。

唐宋變革：發生了什麼事？

歷史學家對於唐宋變革時所發生的事，比之對於何時（或是為何）發生要更有共識得多。總的來說，唐宋變革涉及了：帶來更高度的城市化與貨幣化之社會經濟轉型、人口從北方轉移到南方、政治遴選（political selection）從「恩庇關係」到「任人唯賢」的制度改變、菁英從以國家導向的貴族階級轉變為以地方為基礎的仕紳階級、菁英從中央往周邊分散、中央政治菁英的分裂，以及絕對君權的崛起。

結構性的改變

在唐朝，國際貿易透過絲路與海上航線大幅擴展，同時伴隨著貿易興起的金融交易需求則促成了貨幣革命。到了七五五年，唐朝政府建蓋了十一座造幣廠和九十九座鑄幣爐[9]；宋朝也經歷過以紙幣、銀票，其他形式的紙質信用憑證，來補充笨重銅錢串的革命[10]。

私人莊園的興起，促進了新的農業技術與長途貿易的發展，南方農業廣泛採用的水稻移植栽培法，生產出相當可觀的餘糧[11]，尤其是長江流域的南方地帶，遠比北方地區來得更為豐饒多產。另外，市場的專門化在唐朝下半葉達到了最高度的發展，諸如水果、茶葉、糖等非糧食作物的生產，成了重要的經濟活動[12]。這場商業革命使得行銷網絡在特定地區大幅延伸，深入農村地帶和城市中心的發展與擴展[13]。到了十一世紀末，宋朝已有三分之二的國家稅收是來自對非農業部分的課稅，尤其是貨物稅的徵收[14]。根據最近的若干估算，宋朝時的中國可能是世界上最富裕的國家，人均國內生產總值甚至比當時的英國高出二十%[15]。

西元八〇〇到一二〇〇年間，中國的人口結構也發生了變化。在八世紀中，居住在南方的家庭不到半數；到了一二〇〇年，已有超過七十%的家庭定居於南方[16]。圖4-1顯示了從西元零年到一二〇〇年間的戶數統計。我利用美

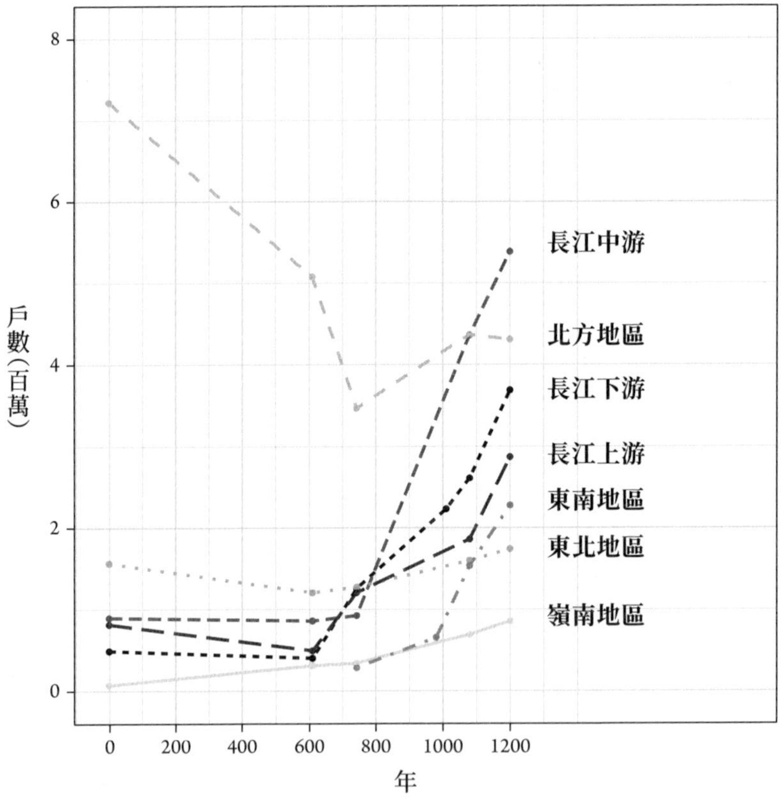

圖 4-1：按地區劃分的戶數（0–1200 年）

資料來源：Hartwell（1982, 369）

國人類學家暨漢學家施堅雅（G. William Skinner）的「宏觀區域」（macroregion）[17]方式來劃分中國，可看出一種此消彼長的趨勢：北方地區的家戶數量持續下滑，而長江中下游的戶數卻在八〇〇到一二〇〇年間增加了一倍以上[18]。

政治遴選

隋朝的皇帝在七世紀初創立了科舉制度，但在宋朝之前，通過科舉考試取得功名者，僅占所有任官者的六至十六%[19]，同時這些通過科考者，大多來自世代為官的顯赫世家大族或地方名門望族[20]。宋朝自九七七年起開始大幅增加取士數量，授予功名者高達數百人而非數十人，其每年平均授予的功名數量，從前三個世紀的大約三十名、成長到九九七至一二七二年間的一百九十二名；與兩個世紀前僅有數萬人參加州試的情況相比，十三世紀初應試的考生通常都有數十萬人之多[21]。

宋朝的開國皇帝對科舉制度進行了一系列的變革，使其成為宋朝政治文化的主要特徵。這些變革包括：增加授予的功名數量；除了原本禮部的省試之外，增加了「州試」與「殿試」，共分為三級；統一明定考試程序，以確保筆試的匿名性以及評分的最大公正性；制定州試的配額制，以控制通過州試的考生往京城流動的數量。這些調整使得應考人數遽增，考試的競爭程度也愈來愈激烈。

十一世紀時出現了「官學制度」，以教育國家未來的官僚。隨著十一世紀的另外兩項變革，亦即建立三年一次的科考時間表，以及選定「進士」作為通過考試的唯一功名，自此，科舉考試所呈現的制度形式，遂奠定了它在下一個千年所具備的特徵[22]。

歷史學者小愛德華・A・克拉克與何炳棣認為，科舉考試促進了社會流動性（social mobility）[23]。舉例來說，克拉克發現一一四九年與一二五六年時，超過半數及第的進士，其父祖三代中並未有人擔任過一官半職[24]，但關注地方歷史而非國家名單的學者修正了這項觀點。例如，歷史學者韓明士指出，因為應試名冊僅提供了應試考生直系父祖長輩的資料，並未記載旁系親屬（伯叔姑舅父、伯叔姑舅公、上一代的表親們）所擔任的官職。韓明士藉由檢視福州（江西）的一個地方性樣本，確認了少數家族一直在科舉考試中占有主要地位，並描繪出一幅流動性較低的宋朝社會風貌[25]。

儘管這項爭辯很重要，但克拉克與何炳棣所描繪的全貌仍然相當精準。從唐朝到宋朝，中國的政治遴選機制產生了根本性的變革。相對於唐朝的貴族階層只要出身於氏族大姓就可以獲取官職，宋朝的仕紳階層必須相互競爭才能進入官僚體系。美國歷史學家約翰・查菲（John Chaffee）指出應試考生的人數在北宋時期保持相對穩定——十一世紀初有兩萬到三萬名參加州試，一個世紀之後約有二萬九千名，但是他估計到了十三世紀中的南宋時期，至少有四十萬名考生參加應試[26]。

科舉考試也為中國社會帶來一種「任人唯賢」的風氣。學者柏文莉研究了宋朝作家撰寫的頌詞，並指出這段時期中社會風氣對世系血統的興趣日減、對科舉考試成功的重視日增。她認為，氏族大姓曾經足以確保年輕男性仕途順遂、年輕女性締結良緣，但是到了宋朝，情況已然大不相同。在宋朝，誠然家族關係仍是重要的社會與政治資產，但古老的血統譜系不再是獲取政治影響力的必要條件，甚至逐漸失去了它們的社會威望，取而代之的，是個人對其家族命運潛在影響的全新認知——他可以「藉由進士及第來光宗耀祖。」[27]

菁英的策略

在社會層面上，唐宋變革涉及了中國社會政治菁英的性質與組成的轉變。十二世紀的南宋學者鄭樵（一一〇四至一一六二年）簡明扼要地描述了它的本質：「自隋唐而上，官有簿狀（記載官員的先祖官職），家有譜系。官之選舉，必由於簿狀，家之婚姻，必由於譜系……然則自五代（九〇七至九六〇年）以來，取士不問家世，婚姻不問閥閱。」[28]

我借用美國漢學家韓明士的比喻，並利用兩個假設的家族來說明從唐朝到宋朝所發生的變化[29]。第一個家族在恩庇體制下，致力於為盡可能多的子弟安插官職，並幫助他們扶搖直上、官運亨通。為了達成這些目標，與已在官僚體制中占有一席之地、可提供恩庇關係的有力菁英人士建立聯繫，似乎是最有效的策略。

第二個家族並無獲取官職或讓成員在官場上盡可能高升之意，因為科舉考試的結果無法確定，這個家族只想確保偶爾有些成員能獲取官職，如此一來就能維持家族的合法特權與社會聲望。對這個家族來說，最好的根基就是保持雄厚的家產，並與地方上其他權貴家族建立緊密的社會關係。「堅實的財產基礎」與「穩固的地方菁英社會網絡關係」，將有助於家族即便在無人擔任官職時，仍可保有地方上的地位與基礎，讓後代子弟得以藉此重獲官職。擔任官職儘管重要，但家族無法保證每個子孫都能獲得一官半職，同時還有許多其他（有些甚至更好）的財富來源，所以「多樣化」家族成員所承擔的義務並予以分頭進行，是十分合理可行的：有些子弟被送去應考、有些被送去經商、有些或許從軍或是帶領地方民兵，有些則接受訓練以管理家產。因此，利用聯姻的方式來建立更為緊密的地方關係，對第二個家族來說極有助益。反觀與相距遙遠的顯赫家族聯姻並無特別的價值，畢竟遠水救不了近火，遠方的支持對於在地的家族來說，可能用處不大。

第一個家族代表了唐朝的貴族世系。由於擔任官職是家族地位的唯一、最重要的決定性因素，與其他中央菁英聯姻結盟遂成了他們保護家族權力與地位的策略。第二個家族則代表了宋朝的仕紳家族，一方面由於競爭激烈的科舉考試無法確保子弟都能獲取官職，另一方面則由於商業化使得職業選擇愈來愈多樣，因此，累積雄厚家產、深耕地方權勢望族的支持網絡以建立地方權力基礎，就成為他們的首要策略。

菁英的空間分布

菁英階層居住模式的改變，也是他們從唐朝到宋朝策略轉變的一部分。從五世紀末起，北方貴族世家對京城的官職與社會生活的參與度愈來愈高；這個過程在六世紀開始加速，到了初唐時期，許多出身貴族世族的人們永久遷往毗鄰長安與洛陽兩都的地區[30]。美國歷史學者伊沛霞提供了一個經濟學上的解釋：四八五年推行的土地公有制（均田制），使得保持或擴大土地的集中持有變得愈來愈困難，從而削弱了家族在地方的基礎[31]。隨著土地公有制的衰退，接近首都的恩庇網絡成了遷居至中心地帶的主因。幾乎所有九世紀的宰相與大臣官吏都是來自首都的家族，有權勢的政治家往往從中干預以提拔自己宗親網絡中的成員、女婿、外甥、姪兒等人[32]。

宋代菁英的居住模式發生了巨大的改變。曾經集中於首都廊道地帶的權貴家族，如今分散在全國各地，主要有以下三個原因：

首先，誠如前述，一旦一個家族不再全心為其子弟謀求仕途，定居在首都就失去了吸引力。其次，在宋朝時，由於一個家族仍希望其子弟有機會進入官僚機構，因此地方官學的成立，以及私塾、

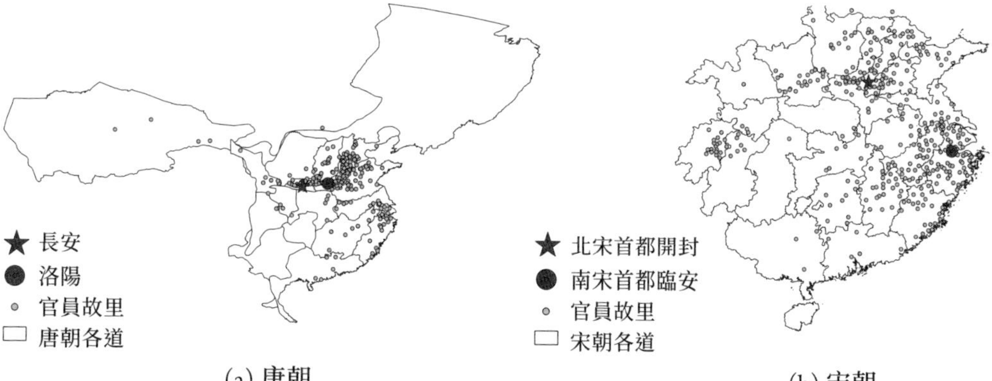

(a) 唐朝　　(b) 宋朝

圖 4-2：唐宋大臣的故里位置

資料來源：作者的數據資料蒐集

書院的空前擴展，讓家族沒有必要為了教育目的而舉家搬遷至首都[33]。最後，首都地區以外的城鎮與市場網絡之成長，給予這些家族除了擔任公職之外、更深具吸引力的替代性選項；八世紀末時，土地公有制的廢除（參見第三章）使得家族得以將經濟財富轉移至土地持有與家族的長期發展上。

前頁圖4-2將唐朝與宋朝菁英的居住模式並列，以說明菁英分散的趨勢。唐朝大多數的大臣要員都聚集在長安與洛陽兩都地區，而宋朝則是分散於全國各地。

菁英的社會域

隨著政治菁英分散於全國各地，並選擇與地方家族而非跨區域性質的聯姻，他們的社會域遂從星形網絡（單一中心連結各個地區）轉變成領結形網絡（每個中心節點只連接自己的團體）。美國漢學家韓明士對宋朝福州鎮的研究，發現聯姻大多發生在單一個縣中。聯姻家族的宅邸會聚集在顯赫菁英家族附近，這些群聚就是宋朝近距離聯姻模式的有力實證[34]。

如上所述，市場與城市的擴展、菁英職業選擇的改變、地方官學與書院的成立，都是促成宋朝菁英社會網絡地方化的因素。此外，另一個制度上的原因則是科舉考試。為了防堵名聲不佳的應試者，宋朝皇帝要求地方知名菁英在考生參加初試之前為他們擔保[35]，因此，科舉制度強化了仕紳與知名地方鄰里締結婚約的策略。根據韓明士所研究的一群科舉成功的考生樣本，他指出，通過科舉考試的人較可能透過聯姻與一群穩固的菁英仕紳家系建立起關係[36]；韓明士提供的證據顯示，獲得當地知名人士的擔保的確可以發揮過濾作用，排除或至少阻擋掉那些與地方菁英毫無關係的人[37]。

為了比較，我重製了第二章中的兩幅圖——圖2-5說明晚唐大臣要員的宗親網絡（七七九至八〇五年），以及圖2-6說明宋初主要官員的宗親網絡（九九七至一〇二二年）。此外，我補充了第三張圖，顯示宋朝中葉神宗時期（一〇六七至一〇八五年）主要官員的宗親網絡。在這三張圖中，較大的節點代表主要官員，較小的節點代表他們的家屬親戚，邊緣則代表了他們的宗親關係。在次頁圖4-3中將跨越了三個世紀的這三張圖並列出來，顯示出隨著主要官員分散至全國各地，中心節點也呈現出分散的態勢。從唐朝到宋朝的一項顯著變化，就是從星形網絡（一個中心與外圍相連）演變成領結形網絡（多個中心與多個團體相連）。利用我在第二章中介紹的指標，宋朝官員的平均標準地方化得分是唐朝官員的兩倍以上（亦即宋朝的地方化程度更高）[38]。

菁英分化與君主權力

隨著政治菁英選擇與近鄰聯姻的情況漸增，除非他們住得很近，否則也愈來愈不可能存在於彼此的宗親網絡之中，**而這樣的趨勢改變了政治菁英之間的聯姻網絡**。唐朝的中央菁英嵌入緊密連結的聯姻網絡，在這樣的網絡中，幾乎所有人都被連結在一起；反觀宋朝的中央菁英網絡，則是處於四分五裂的狀態。

頁一三六的圖4-4描繪出唐宋時期主要官員之間的聯姻網絡。從第二章圖2-5重製的圖a，顯示

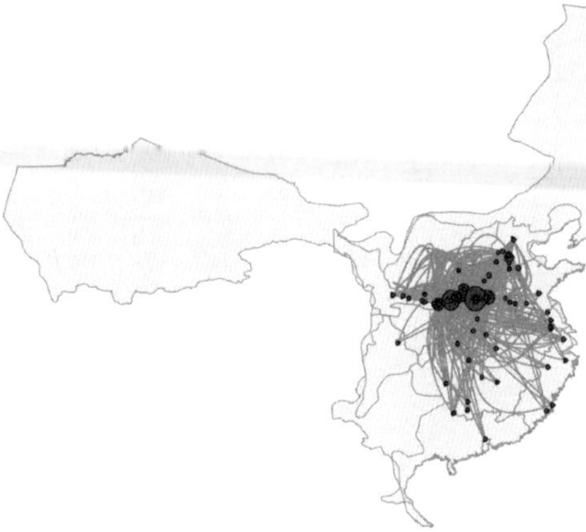

(a) 晚唐的菁英社會域（779–805年）

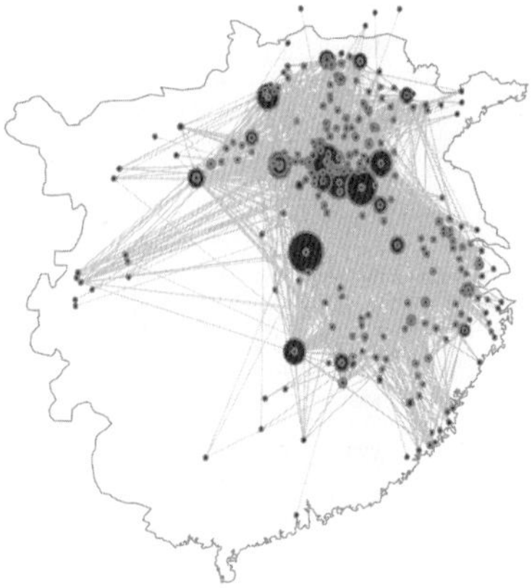

(b) 宋初的菁英社會域
（997–1022年）

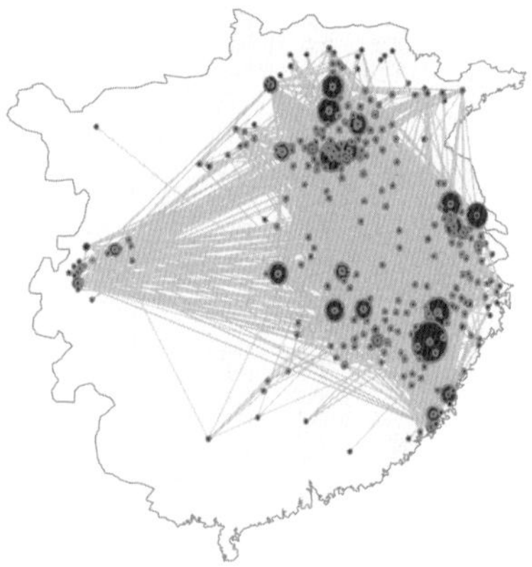

(c) 宋朝中葉的菁英社會域
（1067–1085年）

圖 4-3：唐宋時期主要官員的宗親網絡

資料來源：作者的數據資料蒐集

出唐代貴族家庭之間的聯姻網絡；圖b與圖c說明了北宋時期的聯姻網絡，而圖d與e說明了南宋時期的狀況。在每幅圖中，一個節點（圓圈）代表了一位大臣要員，一條連線（直線）則代表了一門婚姻關係[39]。一位官員擁有的聯姻關係愈多，節點就愈大。

這些網絡的比較，讓我們得出兩個主要的結論：首先，所有的宋朝網絡都比唐朝的聯姻網絡更為破碎、分化。每個宋朝網絡的密度，都不及唐朝網絡密度的一半[40]。我將計算分化的技術細節放到附錄B中[41]，但這些圖清楚顯示了宋朝網絡中的眾多「團體」以及眾多相互之間並無聯繫的官員。其次，這種分化趨勢延續了整個宋朝時期。從十一世紀初（圖b）到十三世紀中（圖e），分化的程度並未顯著改變。

北宋時期菁英結構的分化，促成了絕對君權的興起——根據美國漢學家保羅・史密斯（Paul Smith）的說法，北宋見證了「君權凌駕於臣下」的強化[42]。在這段時期，帝王們藉由兩種方式來強化其權力。首先，他們分化了官僚體系，例如，宋朝皇帝們設立了一個可親自掌控的樞密院，例行事務被送往文官掌控的兵部，但重大決策權則保留予樞密院，以重申帝王對軍務的控制權[43]。其次，藉由重組最高層級的官僚機構以鞏固權力，宋朝皇帝強化了他們的控制。他們將每項政策各個不同層面的問題分派給不同的官僚機構去處理，如此一來，每個機構都無法在任何政策範疇中做出決定。

正如保羅・史密斯指出，尚書省、門下省、中書省，這三省自漢朝之後就一直是最高層級的政府機構，然而到了八世紀，三省之間的功能區別已然變得模糊，遂導致其後中書省與門下省合

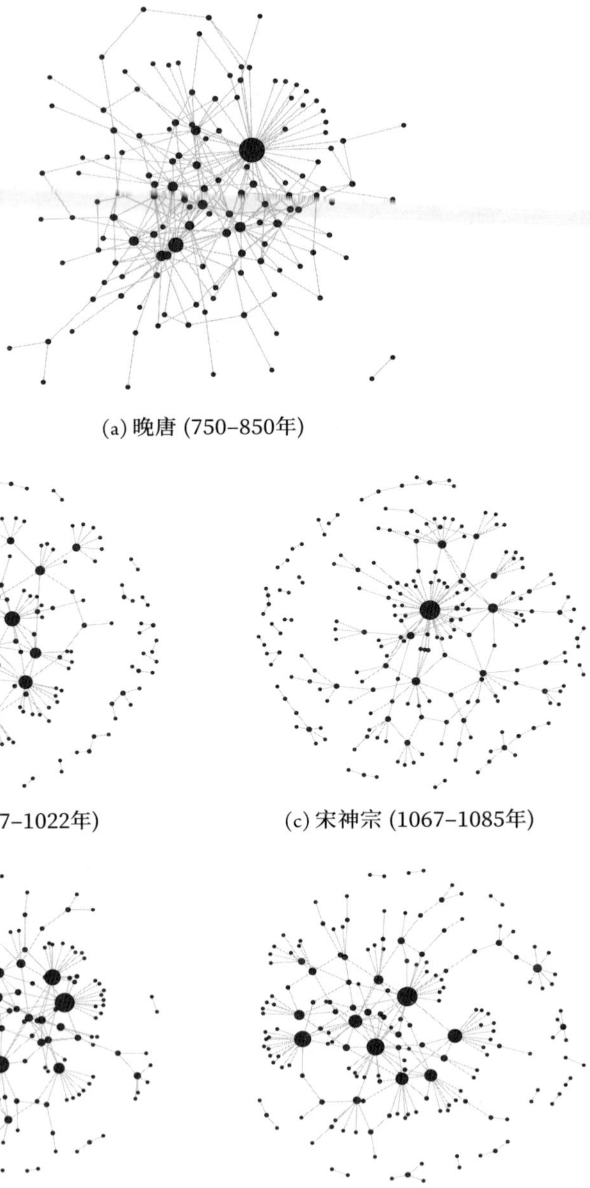

(a) 晚唐 (750–850年)

(b) 宋真宗 (997–1022年)

(c) 宋神宗 (1067–1085年)

(d) 宋寧宗 (1194–1224年)

(e) 宋理宗 (1224–1264年)

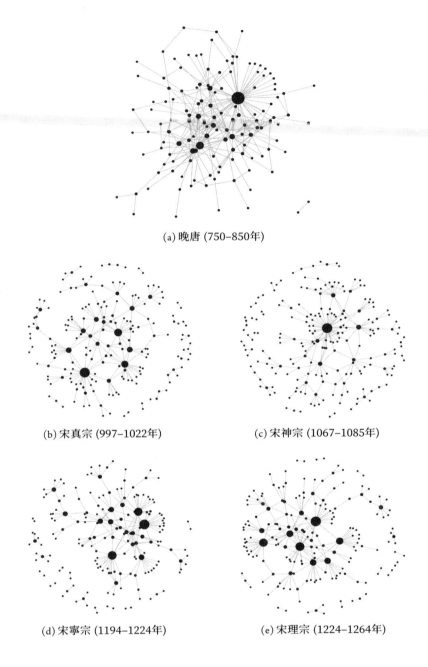

圖 4-4：唐宋時期主要官員的聯姻網絡

資料來源：作者的數據資料蒐集

併為中書門下省，並多半由一位宰相執掌，其下分列處理政事的單位，複製並取代了尚書省下的六部。到了宋初，中書門下省掌控了除「諫議」之外的所有文官事務，與樞密院並列為文武兩大政務機構。

宋初的皇帝將原本統一的文官職權分成三個獨立部分，視三省為打破中書門下省及其宰相集權的方式；一〇八二年中進行了一項新的行政改制，恢復以往的三省，但其整體權力受到了削減。新三省不再分別負責特定的議題，而是共同負責每個議題的不同範疇：中書省負責考慮、審議，門下省負責研究政策選項，而六部之首的尚書省則負責執行最終的決策。除了最不尋常的狀況外，每個省都被要求只能去履行並熟記自身的職能[44]。

自宋朝即開始分裂的政治菁英，對統治者所造成的威脅降低了。這個論點與第二章中的圖2-10是一致的，該圖顯示了自宋朝之後的皇帝被菁英罷黜的機率顯著降低。

唐宋變革：何時以及為何發生？

歷史學家對於唐宋變革發生的「時間」與「原因」意見紛紜，因此在這一段，我扼要地檢視他們相互爭辯的論點並利用我的數據資料來判定這些爭論。我的研究結果顯示出，唐宋變革發生在晚唐時期，當時的氣候衝擊引發了一場群眾叛亂，從而摧毀了中古中國的貴族階層。

七世紀末的武則天

中國歷史學家陳寅恪認為，從「古老貴族階層」演變成「科舉取士而來的新統治階層」的這項轉變，發生於大約七世紀末武則天統治時期。陳寅恪指出，唐朝開國時的統治階層是西北地區的貴族，其後與東北地區的氏族大姓結合。武則天（六二四至七〇五年）這位打破男性繼承制的女性君主，並不屬於初唐時的統治階層。根據陳寅恪的說法，武則天在掌權之後，便以一群科舉考試中選拔出來的「官僚新貴」取代了貴族階層[45]。

然而，陳寅恪的菁英競爭論點有個問題，就是他將貴族階層與科舉進用的官僚新貴視為兩群不同的菁英，但是實際上大部分貴族都往科舉考試靠攏。在十一世紀印刷術普及之前，只有富人與出身良好者才有辦法取得科舉考試用書的管道[46]，因此，絕大多數的成功應試者都是來自氏族大姓。

八世紀中葉的安祿山之亂

英國漢學家杜希德對於唐宋變革的說明，反倒是強調八世紀中葉安祿山之亂後所實施的制度與政治創新。他認為，土地公有制（即均田制）的崩毀和商業管制的鬆綁，創造出有利於持有土地與商業資源的新菁英發展環境。叛亂之後，中央政府也成立了道級的財政機構以利用這些商業利潤，而這些機構寧可選擇有才能者而非貴族後裔，並開始招募商賈子弟——這為菁英「新貴」

提供了前所未有的大好機會得以進入官場，並且假以時日，還可獲取政治影響力[47]。

然而，杜希德的論點低估了古老貴族菁英承受制度與社會結構改變的能力。根據美國漢學家姜士彬所言，在安祿山之亂後，唐朝宰相大多仍然出身於貴族世家[48]。

九世紀末的黃巢之亂

在日本歷史學者內藤湖南深具創見的著作中，他認為唐朝標誌了貴族政府的時代結束，而宋朝標誌了獨裁統治的時代開始，晚唐與五代（九〇七至九六〇年）則為兩者之間的過渡時期[49]。然而，內藤並未明言變革為何會發生在這個時期。

美國歷史學者姜士彬分析了唐宋時期多位宰相的家族背景，顯示超過半數的唐朝宰相來自氏族大姓，而相較之下，在宋朝的第一個世紀中，四十位宰相中僅有一位是來自氏族大姓[50]。他根據這項觀察所得出的結論是：「古老的寡頭政治在唐朝滅亡後，遭受了巨大的挫敗。[51]」

「巨大的挫敗」為何？九世紀中有好幾年是中國歷史上最寒冷的時期（可重新檢視圖2-2），而漫漫無期的乾旱更讓嚴寒的天氣雪上加霜，從而導致了發生於中國核心地帶的飢荒[52]。八七五年，科舉落榜的考生兼私鹽販子黃巢，召集了數千名的追隨者並加入了全國各地的多起叛亂，到了八八一年，黃巢的軍隊占領了京城洛陽與長安。藉由研究氏族大姓的墓誌銘，美國歷史學者譚凱指出黃巢之亂對於集中在首都一帶的大家族來說是一場災難。在黃巢占據京城的兩年間，他的叛軍幾乎將當地居民殲滅殆盡，其中包括了大部分的貴族世家[53]。

十二世紀初從北宋到南宋

最後，有些學者認為北宋與南宋的過渡期發生在十二世紀初。在一篇深具開創性的文章中，美國漢學家郝若貝對於唐宋變革的重視程度，尚不若他對南北宋之間變化的重視。他認為在北宋，「職業菁英」（professional elite）專職於政府服務，並致力於世世代代位居高職；在南宋，「地方菁英」（local elite）根植其權力於地方社會，並「僅將仕途視為眾多職業選擇之一」[54]。

另一位美國漢學家韓明士研究福州（江西省）的一個地方樣本並指出，郝若貝所說的北宋「職業菁英」相關的社會行為——定居首都、不分地域的聯姻、在政府中永續留任的情形，在南宋時期消失了。韓明士得出的結論是，北宋的菁英家族奉行著追求高官顯爵的「國家」或「官僚」策略，並建立跨區域的聯姻網絡，而南宋的菁英家族則遵循著致力於地方聯姻並鞏固地方權力基礎的「地方主義者」（localist）策略[55]。

有些後續的研究對韓明士的論點提出了質疑。專注於研究一百三十三位南北宋宰相的美國學者柏文莉，揭示了兩宋之間的連貫性大於變化性，因此她認為，婚姻的地理分布主要是政治地位的作用，兩宋的高階官員比同時期的低階官員更可能與外地的家族聯姻。她主張，南宋地方聯姻的發生率較高，可歸因於此一時期有更多平民婚姻被記載了下來[56]。

韓國歷史學者李錫熙對明州（浙江省）的研究，也顯示了菁英聯姻模式在兩宋時期是驚人的連貫性，而非變化性。他認為兩宋時期菁英家族的聯姻包括了地方與非地方的混合關係；在兩宋時期，大約有半數的菁英聯姻屬於同一個縣之中的家族，而有三分之一則是屬於跨州的家族聯姻[57]。

數據會說話

我運用全面性的數據資料來檢視唐宋變革何時發生，**因為發生的時機有助於我們了解發生的原因**。先前的研究顯示，我們必須利用一致的唐宋菁英樣本才能取得準確的比較結果，因此，我的數據資料包括了唐宋時期所有的國家級大臣要員——聚焦於六個世紀以來的高層菁英，讓我得以探究他們在一段漫長時期之中的變化與連貫性。

我檢視了文獻中所強調的三項指標。首先，我計算這些要員經由科舉考試而進入官僚機構的比例，這個百分比將反映出科舉考試對於官僚進用制度的重要性。其次，我計算經由科舉考試**並且**來自貴族世家的要員進入官僚機構的比例，以確定貴族利用科舉考試來延續其權力的程度（正如先前的研究所發現）。最後，我檢視這些要員的聯姻模式；我利用標準地方化得分（如第二章中所述）來評量菁英宗親網絡的地方化程度，並用這項評量的結果來探討美國漢學家韓明士所稱的，聯姻策略中的「地方主義者」之轉變。

次頁圖4-5顯示了經由科舉考試而進入官僚機構的要員比例（以淺色陰影標示），以及經由科舉考試**並且**來自貴族世家而進入官僚機構的要員比例（以深色陰影標示）。我按照這些官員就任侍郎等級或以上官職的年分來為他們分組。

該圖顯示在整個唐朝時期，通過科舉考試而被進用的要員比例從未超過五十%，而大部分通過科考獲得進用的官僚人員也都是來自貴族世家，表示貴族階層的確利用了科舉考試並從中獲益。

相反地，在宋朝時期，通過科考獲得進用的要員比例幾乎都超過五十%，甚至宋朝末年時更高達近八十%；同時，大部分通過科考獲得進用的官僚人員皆非貴族世系。儘管七

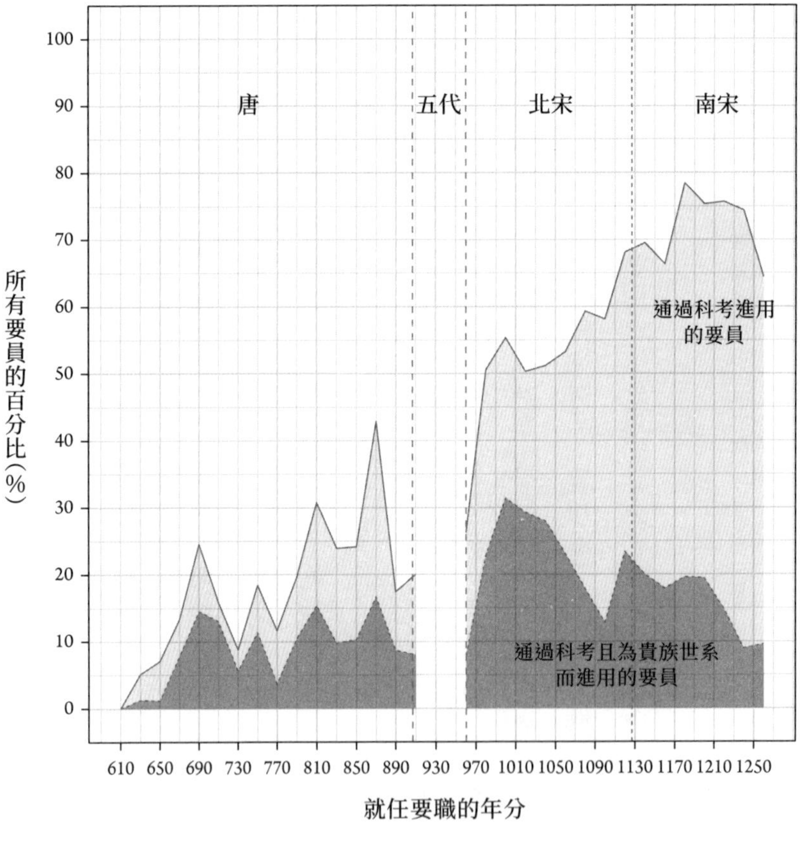

圖 4-5：唐宋要員的官僚進用

資料來源：作者的數據資料蒐集

世紀末與八世紀中時發生了若干變化，其中，應與武則天的在位統治以及安祿山之亂的後續動盪有關，但真正的「結構性劇變」（structural break）是發生在晚唐時期：科舉考試的普及以及仕紳階層的興起，這些最顯著的增長都發生在唐末與宋初之交。

接下來，我檢視了菁英的聯姻模式。圖4-6顯示了要員大臣的宗親網絡從唐朝到宋朝的地方化得分（信賴區間〔confidence interval〕為九十五%）。別忘了，得分愈高，宗親網絡的地方化程度也愈高。唐朝時的這項得分小於〇・一，且愈往末期得分愈低；相反地，宋朝時的這項得

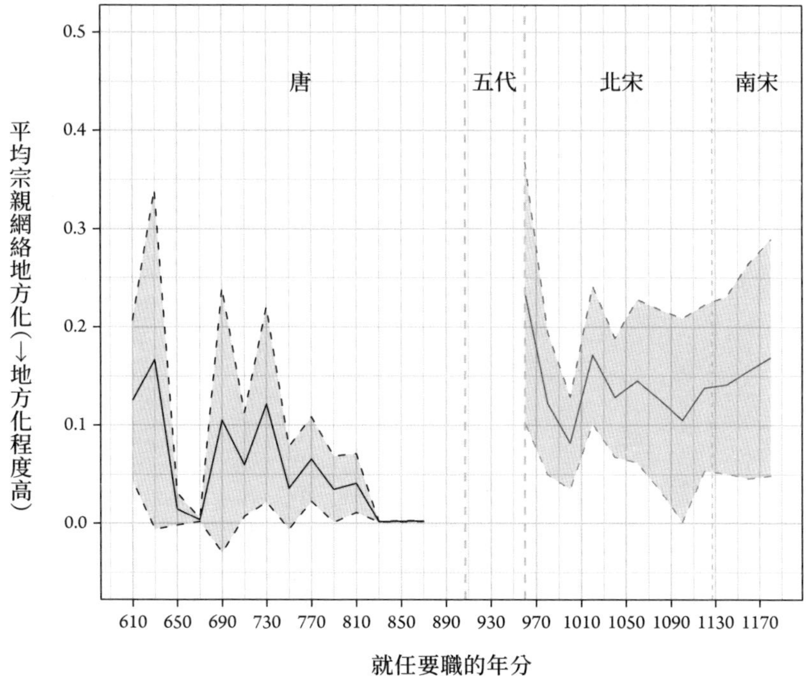

圖 4-6：唐宋要員的宗親網絡

資料來源：作者的數據資料蒐集

分變高了，並在整個宋朝時期都維持在〇・一以上。這項數字再次印證了唐宋之交所發生的結構性劇變模式。

簡言之，我的發現指出中國歷史上的菁英轉型發生於十世紀，涉及了中世紀貴族的沒落、賢能政治的興起，以及菁英宗親網絡的地方化。這個時間點支持了內藤湖南、姜士彬以及譚凱所提出的論點。此外，氣候衝擊引發了晚唐時期的群眾叛亂，從而摧毀了國家級的貴族階層並造成權力真空；宋初的皇帝遂乘機擴大科舉考試，以便進用地方仕紳階級的菁英人才。這項策略旨在效力於君主的利益，因為正如美國歷史學者小愛德華・A・克拉克與旅美華裔史學家何炳棣所指出的，科舉考試提升了社會流動性，並阻止新貴族階層的興起。唐宋之交的菁英轉型，不但標誌了中國政治發展的新時代，更開創出國家與社會關係的新模式。

國家與社會關係的新模式

貴族階層的衰亡和仕紳階層的興起，改變了中國國家與社會相互連結的方式。如果唐朝國家與社會關係的特徵是國家主導的直接統治，那麼宋朝國家與社會關係的特徵就是國家促成的夥伴關係——深耕地方的菁英不僅會與國家談判協議，也會與其共同合作。這種夥伴關係成了一種自我強化的均衡，有助於帝國統治在下一個千年保持非比尋常的長治久安。

科舉考試在形塑國家與社會的夥伴關係上，扮演了至關緊要的角色。正如美國歷史學者包弼德指出，在宋朝，科舉考試從進用文官的制度，轉變成允許地方菁英享有屬於相對同質的一群社會菁英之特權。當既有仕紳家族的大部分子弟既未通過科舉考試、亦未獲取一官半職時，他們需要一種新的機制來證明他們仍然屬於菁英階層。而科舉制度為全國各地的仕紳階層提供了一項普遍的機制，教育下一代何謂「文人」（literati），使其家族在地方菁英中得以永存，並控制菁英的成員資格[58]。因此，科舉考試創造了一條國家合法化的管道，以及一個保持領結形網絡的賢能政治迷思。

為了世世代代保持菁英地位，地方的仕紳家族創立了一種新型態的組織。一〇五〇年，北宋政治家范仲淹設立了第一個以信託為基礎的族系。范氏宗族中的顯貴成員捐贈了一千多畝（大約九十座足球場大小）的義田。出租田產的年度租金，為范氏族人及其子孫提供了固定的支持：每日均等的糧食補助、年度的冬衣、住房的供給、子弟的教育、科舉應試考生的財政支持，以及婚喪費用，並由一名指定的氏族成員擔任土地信託捐贈、收入和補助金分配的管理者。這樣的信託旨在維繫「永久性」，信託的產業是不可轉讓的[59]。

范氏族系的傳承被證明極其成功，族系人數從一〇五〇年的九十人增加到一一三九年的兩百多人，到了一二一〇年，甚至成長到「成千上百人」。由於信託在北宋其餘地區幾乎不需要額外的土地[60]，因此以信託為基礎的族系在中國南方逐漸如雨後春筍般湧現，成為自十二世紀末以來大型宗族組織的典範[61]。

這類世系組織，有助於保障仕紳家族以統一的宗親團體形態永久存續下來。憑藉著根深蒂固的地方權力基礎以及從地方利益出發的實際考量，宋朝以後的仕紳菁英成了美國漢學家韓明士所說的「地方擁護者」（local advocates）：他們直接並公開地干預地方與中央官員的政務，以影響地方事件與政府行動的進程[62]。儘管如此，仕紳階層仍然有賴國家之助，無法脫離它的羽翼。韓國歷史學者李錫熙指出，與國家保持緊密連結、而非脫離它而獨立，可為仕紳階層帶來聲譽威信並維護他們在地方的顯赫地位——有些家族偶爾會獲取一官半職，讓他們得以享有免稅與免除勞役等特權[63]。

這種與國家共治的夥伴關係先是在宋朝出現，其後又在元朝發揚光大，因為當時的仕紳菁英不得不與異族政權合作並達成協議[64]，而這樣的夥伴關係最終在明清時鞏固確立，並成為帝制中國持久統治的一項關鍵要素。

第三篇

夥伴關係下的太平盛世

第五章　宋朝的領結形網絡崛起

一個充滿矛盾的朝代

當後周（九五一至九六〇年）的殿前都點檢（編按：禁軍統帥之一）趙匡胤，於九六〇年從一位七歲的兒皇帝手中篡奪王位時，幾乎沒有任何跡象顯示他的新宋朝，會比唐朝之後統治中國的任何短命朝代來得長久[1]。

唐朝政權在九世紀最後幾十年的崩毀，釋放出大規模的叛亂、軍閥主義，以及領土分裂的力量，迎來「五代十國」時期（九〇七至九六〇年）半個世紀的政治分裂與社會動盪[2]。趙匡胤及其繼任者統一了帝國，把軍事將領置於文官的控制之下，擴大了科舉考試制度，並創造出澳洲漢學家伊懋可（Mark Elvin）所稱的「經濟革命」（economic revolution）[3]。日本歷史學家內藤湖南開創性的見解，指出宋朝標誌了中國「近代」（modern age）的開始，與中古時期截然不同[4]。至今，中國人仍然驚嘆於卷軸畫作「清明上河圖」中所描繪的宋朝首都其充滿活力的經濟與社會生活。

宋朝的國家、社會、經濟正在快速改變，新的均衡只能經由長期的適應與調整來建立，在這個過程中突顯了至少三點的矛盾。

第一點矛盾是：權勢強大的君主與深耕地方的菁英並存。一方面，宋朝的統治者對官僚機構有相當強大的權力；反觀唐朝的統治者深受貴族的利益所束縛，而宋朝的統治者卻對他們親自欽點的官員行使近乎絕對的控制權。但另一方面，宋朝時興起的地方菁英不但深耕地方，更試圖阻止國家對地方的侵擾。這群地方菁英藉由新創設的世系組織與中央政府協商合作，並代表統治者來治理地方事務——以美國歷史社會學家麥可・曼恩（Michael Mann）的術語來說，宋朝擁有強大的至高專制力、薄弱的基礎建設力[5]。

第二點矛盾是：官僚體系中的恩庇關係與任人唯賢的進用方式並存。宋初的皇帝擴大了科舉考試規模，並開始在每一輪考試中授予數百個功名。這些考試不但匿名且競爭激烈，只有最聰穎機敏者（且不一定是人脈關係最佳者）方能通過層層關卡。然而，宋朝皇帝也授予某些高官可直接任命他們選定的兒孫或姪甥擔任公職以「保護」其家族權利。在宋初的任何時期，這些「官二代」始終占了官僚機構中半數的員額，而經由科舉獲取功名的士大夫則填補了其餘的官職。

發生在宋朝轉變過程當中的**最後一點矛盾**，**就是成功與失敗交融**。在宋朝，政府的稅收（包括按人均計算以及占國民收入比例）達到整個帝國時期的最高水準（請重新檢視第二章中的圖2-8與圖2-9）：在十九世紀前的中國歷史中，中央政府的預算來自「非農業的稅收」首度等同，甚至超越了來自農業的稅收[6]；儘管如此，宋朝在軍事方面還是出了名的不堪一擊。雖然北宋可藉由每年進貢党項西夏與契丹遼國來維持最低限度的和平，但最終仍被女真金國擊潰並南渡；其後，南宋又被蒙古帝國吞併。事實上，宋朝菁英試圖藉由推行全國徵兵制來強化軍事力量，類似歐洲的建國過程[7]，但由於政治家的強力反對，這項努力失敗了。

※

我們可以用「社會中的國家」觀點來解釋這些矛盾。遵循第一章所展開的理論框架，我認為理解宋朝政治的關鍵，就在於新興的士大夫。他們在整個宋朝時期變得愈來愈強大，他們的社會域、聯盟策略和政治動機，有助於幫助我們確認這一時期獨具的基本矛盾與衝突。

唐朝貴族滅亡後，一群經由科舉考試被進用的賢能菁英開始掌權，這些士大夫保持著地方化的社會網絡並代表著地方的利益，同時與經由家族恩庇關係獲取官職的菁英競爭對抗。以恩庇關係為基礎的菁英藉由祖先的特權來延續影響力，並將權力傳給他們的後代；他們的行為類似唐朝的貴族——建立跨區域的聯姻，並且代表國家的利益。以恩庇關係為基礎的菁英支持國家採取積極舉措，比如，徵收更高的稅率並成立國家級軍隊。與此相對，科舉進用的士大夫則試圖藉由維持薄弱的國力以保護其地方利益。

宋朝依靠恩庇關係擔任官職的菁英組成了聯盟，支持一項強化國力的重要改革——王安石變法。這項改革的初步實施成功增加了宋朝的政府稅收，這在中國歷史上可說史無前例，但是，由於地方利益主導著中央政府，使得改革最終還是失敗了，士大夫遂轉而倚賴私有秩序組織。在宋朝，以信託為基礎的世系組織慢慢崛起，取代了其他社會組織並占據了中國社會下一個千年的舞臺，與此同時，「主權者的兩難」也以驚人的方式呈現。儘管地方化的士大夫侵損了皇帝強化國家的努力，但他們的分裂卻使皇帝得以對其分而治之。宋朝見證了強大國力的終結以及君主專制的開始。

本章的內容概述如下：首先，簡介宋初的國家概況，著重於統治者與其官僚體系、財政制度，以及軍事制度之間的關係；其次，討論兩種類型的宋朝菁英——「依賴恩庇關係為基礎的職業菁英」以及「新興的士大夫階層」；接著，以王安石變法作為案例研究，以檢視這兩種類型的菁英對理想的國家實力有何不同偏好。利用我所蒐集的、有關這一時期主要官員的原始資料內容，我說明了較之地方聯姻的士大夫階層，在全國跨區聯姻的職業菁英更可能支持強化國力的改革變法。最後，探討王安石變法之後的宋朝其國家與社會，分別發生了什麼樣的變化，並總結宋朝及其後的主要趨勢。

宋朝初年

大宋帝國建立在兩大歷史包袱上。第一個包袱，是唐朝滅亡後長達半個世紀的割據、分裂、混亂局面。宋朝開國者所面臨的主要挑戰，就是重新將權力從各地的節度使與藩鎮手中奪回，同時重建中央集權的國家官僚機構[8]。第二個包袱，是大唐盛世的遙遠回憶。唐朝基本的治國理念，有助於宋朝開國者利用唐朝的遺產並渴望複製它的成功模式，恢復大唐的昔日榮光。

宋朝皇帝

宋朝的開始，與其說是一場盛會，不如說是一聲嗚咽[9]。宋朝開國皇帝趙匡胤並非經由一場偉大的征服或史詩般的奮鬥來建立他的王朝，而是一樁隱密鬼祟的宮廷政變[10]，為此，後續的宋朝皇帝們也都煞費苦心地確保自己不會成為類似陰謀的受害者[11]。

即位不到一年，趙匡胤利用一次私下宴請將軍們的機會，說服他們以軍事將領的職位換取舒適優渥的閒職，這場眾所周知的酒宴即「杯酒釋兵權」的典故由來[12]。接下來，他創設了一個文職官署「樞密院」並賦予其最高的軍事管理職責，讓指揮層級愈來愈隸屬於中央集權的監督與控制之下；對於他在這方面的堅定決心，被保留下來的描述如下：「朕今選儒臣幹事者百餘，分治大藩，縱皆貪濁，亦未及武臣一人也。[13]」這個過程花了數十年才完成。趙匡胤的胞弟在他之後繼位，終於廢除了剩餘軍事將領的領土管轄權，並以中央直接管控的文官取代了他們[14]。

宋朝開國者決定以「中央集權控制」而非「軍事自治」的選擇，往往以「重文輕武」這句話來描述，甚至有時被舉證為宋朝公認的軍事積弱之根源[15]。然而，宋朝對軍事的緊密掌控穩固了歷代的皇位，並開創了中國政治的新格局[16]。

宋朝的帝王都是在位相當長久的年輕人或中年人，但皆為成年人。不像前朝，宋朝沒有年齡幼小的皇帝、沒有被宦官毒害的皇帝、沒有被武將暗殺的皇帝，也沒有被妻舅連襟罷黜的皇帝。

除了建立以文官來掌控軍隊的制度，宋朝的君主也藉由分裂官僚機構的做法來穩固他們的地位。

在宋朝的官僚機構中，最高層的兩個官署是「樞密院」與「中書門下省」。一〇八二年之後，宋神宗（一〇六七至一〇八五年）重組中書門下省，並將其分為三個部門：中書省、門下省、尚書省[17]。宋朝的一位重要政治家李清臣曾言：「神宗皇帝晚年設置三司，分置大臣職權，使其相互監督。此為高瞻遠矚之計。[18]」樞密院執掌軍事政策的制定並直接對皇帝負責，而皇帝掌持著這項權力且不願輕易分享——即便與宰相亦是如此[19]。

在十一世紀的第二個十年，宋朝皇帝恢復設立「御史臺」作為官僚機構的「監察者」[20]；御史臺的設立有雙重的目的。首先，御史臺可以獨立蒐集情報資訊，讓皇帝得知國家情勢；其次，可以監督官僚機構並肅正官員綱紀。換言之，「御史」即為君主的「耳目」[21]，皇帝更利用御史臺來限制宰相的權力。一〇五五年，御史趙抃即告誡宋仁宗（九九七至一〇二二年），御史臺是對宰相權力的唯一有效制衡，如果御史臺無法運作，「陛下將不知民怨、亦不聞苦聲，終究危及自身地位。[22]」這些制度上的框架，使皇帝的地位遠高於他的官員之上；皇帝的權力與安全不僅穩固了，他與大臣之間的社會距離也拉遠了[23]。正如日本歷史學者內藤湖南深具開創性的主張指出，宋朝制定了帝制中國晚期「君主專政」的特點[24]。

官僚體系

宋朝標誌了中國從「寡頭統治」到「官僚統治」的轉變。宋朝的第二位皇帝宋太宗（九七六至九九七年）在九七七年的科舉考試中，大幅增加了取士的功名數量。從其時起至宋朝末年，科舉考試平均每年皆授予一百九十二個功名，一套精心設計的制度架構遂被發展出來，以配合擴大的科舉體制[25]。

美國歷史學者約翰・查菲列出了宋太宗決定擴大科舉考試背後的三個動機。首先，隨著對中國南方的征服大業幾近完成，宋朝面臨了為日益龐大的官僚機構分派官員的挑戰；其次，顯赫的貴族世家大多消失了，因此，沒有任何菁英團體準備好能繼承政府的官職；再者，面對政府近來的軍事統治歷史，加上宋太宗自己對契丹遼國的戰爭失利（使得他疏離了自己的將軍們），於是他利用科舉考試來控制將軍的權力，以及占主導地位的軍事菁英[26]。

從長遠來看，科舉考試制度被證明成果斐然。藉由將學習塑造成通往權力的主要途徑，宋朝皇帝成功導引了能量並贏得地主菁英的效忠，從而為宋朝提供了持久的支持基礎。根據學者約翰・查菲的估算，北宋末年學校與考試共涉及約二十萬名文人的參與；到了南宋中葉，估計有四十萬名考生在這個比北宋小得多的帝國中，參加三年一度的科舉考試；在東南地區經濟最發達、最有文化的各州，通常有二到七％的成年男性參加考試[27]。

但中國的官僚機構所配置的官員，並非全是這些受過教育的人士。耶穌會傳教士用「文人」這個詞來泛稱帝制中國受過教育的統治菁英。這個詞強調了這些官員是經由準備科舉考試而習得的共同「讀寫文化」（literate culture），與歐洲耶穌會士們的母國中多為半文盲貴族的情況形成了鮮明對比。

在宋朝，許多官員，尤其是在軍事官僚機構中階級較低者，從未參加科舉考試，且幾乎不識字。根據南宋的一項估計，所有政府官員中大約有三千位平民，而在這群人之中只有四十%，大約一千兩百名通過科舉考試並且有高度的讀寫能力[28]；他們擔任的是政府高層的行政文職和道級要職[29]。

根據同一份研究估算，五十七%的官員是透過「蔭」的特權進入官僚機構任職。「蔭」意味著「庇護、掩護或保護」。宋朝的保護特權制度賦予一定等級以上的官員可以指定子孫、兄弟、姪甥（或者在某些情況下，甚至是無親屬關係者）獲得「保護」的權利。這些接受保護者可繞過科舉考試，直接獲得品秩，讓他們具備了競爭官職的資格[30]。

毫無疑問，賄賂與作弊在考試中普遍且常見，於是，宋朝的統治者發明了「盲評分」（blind grading）的做法，以防止權勢強大的官員影響評分的過程。從九九二年起，殿試試卷上開始加蓋封條以彌封考生的姓名，而考慮到主考官可能會認出考生的筆跡而導致評分不公，又有了由書吏先行謄抄所有試卷，再給主考官評分的防弊措施[31]。另外，一旦被官僚機構進用，每名官員都有他們對應的「品秩」，而品秩決定了，舉例來說，他在正式朝會中可以站在哪裡、他可以穿什麼顏色的官服、他的葬禮規模，以及他所享有的「蔭」特權[32]。

我們沒有足夠的資訊來評估官僚機構中的升遷制度如何運作，但美國歷史學者蔡涵墨（Charles Hartman）認為，宋朝官員的仕途是由「保證背書」（sponsored endorsement）和「績效考核」（performance evaluation）所決定。每隔幾年，官員們就得向「審官院」提交文件，這些文件包括了他們現在與過去的職位以及升遷的任命狀、自傳、年度考核，以及必要時的推薦信函[33]。然而，大多數學者都對這些考核系統的施行成效深感質疑[34]，因為，來自顯貴官員的背書與支持依舊是十分關鍵的因素。美國歷史學者蔡涵墨的結論是：任何晉升至州級（在道以下的層級）以上的宋朝官員，若非天縱英才、即為皇親國戚[35]。

財政制度

若說君主政體與官僚體系反映了宋朝對前半世紀的戰事與混亂的回應，那麼財政制度，可說是建立於另一項前朝遺留下來的建樹上。宋朝皇帝承繼了唐朝先人所施行的基本財政架構，並延續了晚唐以來擴增商業稅收的趨勢。

宋朝的稅收制度是以唐朝在七八〇年開始推行的兩稅法（參見第三章）為基礎。其中，約占年度農業稅收四分之三的秋季稅收，雖然會根據地區不同而調整，但大約是在第九個月與來年的第二個月之間徵收。這項稅收會根據每「畝」（〇．一五英畝）種植穀物或稻米（在東南方）的預期產量來估算出特定數量的稻穀作物，或是稻穀再加上銀錢。至於夏季稅收，則是根據所有耕地（包括菜園與果園）的預期產量來估算出需繳納的銀錢，但也經常以絲綢或小麥來交換，而這項稅收是在第五個月與第九個月之間徵收。夏稅與秋稅加總起來，就是以實物形式償付政府稅收的主要來源[36]。

宋朝延續了從唐朝開始的土地私有化趨勢。曾經普及的「普天之下莫非王土」的觀念，已然被悄悄湮沒。在宋朝，即便是在政府土地上耕作的佃農，也可根據自身權利對這片土地提出合法的要求，亦即：可以買賣的要求。到了宋朝，土地已成為估算賦稅與勞務的主要依據[37]。

為了徵收這兩項土地稅，政府根據耕地的產能將其區分為稅率不同的三或四類，簡言之，總的原則是，上述一年兩次所繳納的稅款，不得超過總收成產量的十分之一或十五分之一。儘管各地稅率差異極大，這項原則仍普遍地被遵守著，某些地區的稅率甚至低至總收成產量的二十分之一或三十分之一[38]。除了兩項土地稅之外，政府還徵收了各式各樣的補充稅、雜稅，以及附加稅，比如，用以負擔運輸稅金與貨物成本的運輸費[39]。

除了土地稅，宋朝也徵收「身丁稅」，而這個稅金與每個家戶中二十到五十九歲成年男性的人數成正比。身丁稅通常以銀錢或稻米支付，但偶爾也會以小麥、絹絲、鹽等其他物品支付。不過政府為符合廢棄這類稅收的長期趨勢，只在東南方與南方徵收此稅[40]。

然而，傳統的土地稅與人頭稅無法跟上政府不斷增長的財政需求。為了滿足駐紮於資源貧脊北方疆界的駐軍所需糧餉、裝備、補給等需求，國家不得不深入挖掘它的商業與農業經濟以尋找稅收來源，並將這個時期的中國轉變為美國漢學家保羅・史密斯所稱的「永久戰時經濟」（perpetual wartime economy）[41]或中國歷史學者劉光臨所稱的「財政國家」（fiscal state）[42]。帝國軍隊的人數從九七〇年的十九萬三千人成長到世紀之交的超過三十五萬人，以及一〇二〇年的四十三萬二千人左右；到了一〇三〇年代末以及一〇四〇年代初，與西北地區党項西夏的征戰以及與契丹遼國不穩定的關係，幾乎使這個數字倍增，達到八十二萬六千人。供應這種規模的軍隊所需之龐大成本，使得軍隊人數在接下來的二十年中不得不進行刪減，但在一〇六〇年代中，總數仍然保持在六十六萬三千人[43]。

因此，政府必須增加稅收，這意味著它必須努力從非農業的稅收來源（比如，專賣制度與商業稅）徵收更多的稅，其結果，就是宋朝最驚人的發展之一：在十九世紀前的中國歷史上，中央政府預算中的非農業稅收首度等同，甚至超過了農業稅收[44]。

人口快速地往南方擴展、農業方面的技術創新，以及貿易網絡遍及全國的發展，使得向商業課稅比之以往更為可行；同時，南方與東南方的沿海城市也成了主要的造船與國際貿易中心。快速的城市化以及商家企業的成長，為大宋帝國提供了許多機會，使其得以發揮企業家般的巧妙獨創性[45]。

商業稅的兩個基本組成要素是：（一）對被運輸商品徵收的「過稅」，以及（二）對被交易商品徵收「住稅」；後者有時會在貿易商從生產商處購買商品時徵收，而這些稅款必須在稅務所繳納[46]。宋朝初年（十世紀中葉），在農村集鎮與集市中設置了兩千多處的「徵稅中心」，以徵收商品零售價格三％的住稅和二％的過稅；到了十一世紀中葉，這個來源的稅收增加了五倍[47]。

宋朝政府的稅收在十一世紀中葉至後期達到巔峰，或可說創下了中國歷史上的新高。比較一〇六四年與一五七八年的政府稅收可看出，雖然農業來源的稅收幾乎完全相同，但在非農業來源的稅收上，宋朝竟是明朝（一三六八至一六四四年）的九倍之多。明清時期的政府徵收國民收入的二至五％作為稅收[48]，十九世紀的歐洲國家則徵收四至六％，至於宋朝，儘管用來估計的是更為脆弱的數據，但這個數字應落在十三%，甚至高達二十四%之間[49]。

軍事制度

宋朝確立了「重文輕武」的鐵則，其最高軍事機關樞密院所雇用的文官比例，與日俱增——宋朝開國皇帝在位期間，樞密院的高級官員中有四名是文官、六名是武將；第二位皇帝在位時，有二十一名文官、十四名武將；到了第三位皇帝在位時，兩者的平衡已轉移成二十九名文官、十四名武將[50]。

北宋的正規軍是「禁軍」，原為皇帝的侍衛親軍，而負責指揮的將領會被臨時任命去統率不同單位的禁軍，因此往往都是在兵與帥互不熟悉的情況下合作。這項做法雖可避免將領發展出效忠他們的私人武力，從而降低對皇帝的威脅，但也大幅削弱了禁軍的戰鬥力。禁軍本為駐守首都開封的中央軍，並輪流駐守各道以加強邊境地區的邊防；其後，愈來愈多由道招募的禁軍被部署在各地，尤其在北方疆界地區。這些由各道招募的禁軍並未駐守於首都，而是輪流駐守於各道[51]。除了禁軍，北宋還設有州軍、地方民兵、邊防部落兵、地方部隊、弓兵作為後備兵力[52]。

漢朝廢除普遍兵役之後，中國就從未全面施行徵兵制（參見第三章）。宋朝運用的是志願兵與新兵，尤其會在災禍橫生之年招募軍隊。因為在這些苦難的日子，自然災難使農民無以為生，而兵役可以是防止赤貧者與無業者叛變或起義的有效安全閥。另外，宋朝政府也鼓勵軍眷子弟跟隨他們父兄的腳步從軍[53]。

被招募進軍隊的士兵會被要求在臉上或手臂刺上隸屬部隊的番號，以防止他們逃兵。軍官與士兵各有許多不同的薪俸等級以及幾種特定類型的津貼，然而，大部分士兵的津貼都極少，使他們很難單靠自己的薪俸維生[54]。軍旅生涯遠不如文官仕途般享有盛名，文官大多經由科舉入仕並位高權重，而武官則大多繼承軍銜等級，占據較為不重要的邊緣職位，由此可見，這兩群人之間的社會距離極大[55]。

宋朝的建國，與草原國家的形成過程同時發生。十至十三世紀亞洲內陸國家治國方略的快速演變，讓北方邊界的國家扶持起強大的軍隊。這項優勢抵銷了農業中國相較之下更為龐大的財富與人口，使得宋朝無法在中國主導的世界秩序中心占據至高無上的地位，而降低至眾多國家的東南亞體系之中一個平等參與者的地位[56]。

相對於游牧政權，宋朝始終有一個軍事上的弱點，就是戰馬短缺、騎兵落後。唐朝中葉，漢族政權失去了西北方的馬匹產區，因此在宋朝，士兵必須與西北方的少數民族進行交易才能取得馬匹。然而，許多馬兒並不適合作為戰時的坐騎使用。在北宋時，往往有三十到四十%的騎兵並未配有坐騎；到了南宋時，騎兵的比例又更少了——這是宋朝戰事失利的一個重要原因[57]。

一〇〇五年，宋朝政府與契丹遼國簽訂了《澶淵之盟》，協定大宋每年輸遼歲幣，並承認契丹對「燕雲十六州」的控制權；這片地區是指長城以南的一大片領土，東起今日的山西大同、經過今日的北京並延伸至沿海地區。此外，西北方的党項西夏也控制著黃河彎道內的鄂爾多斯地區，與今日的河西走廊（又稱甘肅走廊）。一一二七年後，女真金國更控制了淮河以北的所有領土。宋朝未能重申對這些地區的控制權，一直是漢族自尊心受損的源頭，也是國內政治的推動力[58]。

北方與西北方邊境的紛擾不安，需要大量常備軍駐守防禦。北宋在大部分的時候，國家須從六千萬總人口中籌措資金來擔負一百萬名常備軍的開銷，軍餉、補給，以及軍備的軍事開支，經常消耗掉絕大部分的國家預算[59]。至於公開征戰的敵對時期，比如一〇四〇年代與党項西夏的戰爭，不但造成了巨大的政府財政赤字與經濟不穩定，更釋放出攪亂政治權勢團體的國內壓力[60]。

王安石變法前的菁英社會域

宋朝官僚體制中，高階菁英的同質性一點也不高。誠如前述，宋朝初期是一個過渡階段，許多菁英藉由恩庇關係獲得官職，但還有愈來愈多的菁英是經由科舉考試而被進用。恩庇體制提供了一項「世襲」的慣例，將特權授予名門望族的子弟，比如，擁護開國皇帝的核心成員後代。這些「世襲」菁英類似唐朝的貴族，認為擔任官職是唯一的職涯選擇，並積極與其他名門貴族建立跨區域的聯姻。

然而，愈來愈多的官員是經由科舉取士而進入官僚體制。誠如我在第四章中所述，這些家族了解仕途的不確定性，僅將從官視為子弟的數種職業選擇之一，因此，與其跟相距遙遠的權勢家族聯姻，他們寧可建立地方聯姻網絡，藉此鞏固家族在地方的權力基礎。

我建構了一組原始的資料集，其中包括了宋神宗統治時期（一〇六七至一〇八五年）所有大臣要員（侍郎等級或以上）的生平與網絡資料。我利用這組資料集來探討一個世代的宋朝菁英所發展出來的社會關係，並分析宋神宗時王安石變法期間的政治活動。

北宋的官僚體系有三十級，上至宰相、下至縣吏[61]。宋朝皇帝會指定侍郎等級或以上的官員為「諫議大夫」，他們可以身著紫袍（威望的象徵）並上朝與皇帝議事、商討政策問題[62]。另外，我從中國學者李之亮其統整的宋神宗時代官員名單中，確認出一百三十七名大臣要員[63]，包括了宰相、中書省等各部門首長，以及皇帝的主要顧問[64]，全為漢族男性且來自擁有土地的菁英家族。根據一〇六七年的資料，這些大臣要員平均五十一歲，其中有超過三分之二（七十％）是經由科舉考試進用，其餘的官職則是經由繼承而來[65]。平均來說，他們在一〇四七年展開自己的政治生涯——比宋神宗掌權更早了二十年，平均的官僚品秩是部長等級。利用第二章中所闡述的相同方法，我繪製出這些官員的宗親網絡，並對他們的每一位家族親屬成員所在位置進行了地理編碼。

對這組資料集的分析，顯示出與廣泛論述一致的簡單模式：如果一名官員之父是經由科舉考試（而非經由繼承方式）擔任官職，這名官員擁有地方化宗親網絡的可能性就會更高[66]，但這並不是說，每一位其父親通過科舉考試的官員，都擁有地方化的宗親網絡。王安石的父親是經由科舉考試而走上仕途，但王安石的宗親網絡之地理位置卻分散各地（我稍後會加以說明），換言之，這是一種或然率的關係。

王安石變法

來自邊境的威脅頻傳和軍備的不斷耗竭，使得宋朝的財政狀況持續處於緊繃狀態。一〇六五年，國防開支已然耗盡國家歲收的八十％以上，導致政府首度出現了財政赤字[67]，同時，從市集上招募來的年老、無經驗的士兵都是流浪貧民，並不適合上戰場保家衛國。

一〇六九年，宋神宗推出新政，採納了內閣成員王安石的意見，即後來所稱的「王安石變法」。這個變法新政確立了「富國強兵」的目標[68]，其理念是擴大國家權力範圍以藉此強化國家對市場經濟的參與，從而創造盈餘來滿足國家的財政與軍事需求[69]。

新政內容

新政主要的政策如下[70]：

・**方田均稅法：**這項措施旨在藉由一系列地籍調查的進行，使各地方與地主的納稅負擔趨於均等。在過去，許多地方與權貴家族為了逃稅，都少報了他們真正持有的土地數量[71]。根據地籍調查結果顯示，高達三千四百七十萬英畝是多出來的新增土地，占全國總土地面積的五十四％[72]。這些先前未被課稅土地的發現，將部分納稅負擔從無權無勢的地主轉移到持有大量土地的官戶身上。

・**保甲法：**變法之前，由於國家只能仰賴一支既無效能、亦無戰鬥力的僱傭兵，地方層級的村里遂自動自發地組成了各種防禦組織以加強地方的安全；久而久之，有些私有團體就成了由地方菁英控制的私人軍隊。變法改革創設了正式的軍事組織（保甲），其中，每十戶組成一「小保」，每五保組成一「大保」，每十大保再組成一「都保」。這項防衛組織是強制加入，類似徵兵制，而皇帝最終的用意，是讓保甲部隊也能輪調成為國家軍隊[73]。一〇七五年，一個中央的官僚機構開始掌控保甲組織；到了一〇七六年，保甲名冊上的男丁人數已達六百九十萬名，幾乎占了全國半數的家戶[74]。

- **青苗法**：這項政策創立了一套國家經營的「農村放貸體系」，旨在打破私人放貸的壟斷。往昔，農村地主壟斷了農業的借貸、放債收取高額利息[75]，而改革者利用國營的糧倉，在糧穀價格低時購入、價格高或遭逢天災時轉售，又將這些備糧轉換成流動的借貸資金，讓農民可在春季借貸、夏秋歸還。此外，政府還確立了規則以保護借款人，使其免受不公的官方操控。取代地主與私人放債者為青苗法的主要立意，一方面國家可以抽取原本讓地方菁英得以中飽私囊的利息，另一方面則可為農民提供低利的貸款[76]。
- **募役法**：這項政策對所有擁有財產、想免除政府職役的家戶徵收一種被稱為「助役錢」的稅金[77]。在施行這項政策前，每一戶都必須負擔政府的職役，舉例來說，傳達敕令文書的跑腿、簿記、糧倉工人或是地方巡警。往昔，許多家戶可依法豁免，比如官戶或城鎮居民；或是依照慣例被豁免，比如地方權貴家族，其權勢足以影響政府官吏給予他們實際的豁免權[78]。而這項改革，則是要求所有符合職役資格的家戶，必須繳付一項根據其財富等級估算出來的稅金才能免除這些職役。

這些政策成功地增加了宋朝政府的稅收，也成了宋神宗討伐党項西夏的命脈。儘管宋夏戰爭（一〇八一至一〇八三年）造成了巨大的財力損失與人員傷亡，新政仍然為政府帶來了充足的稅收，足以讓國庫滿盈至下一位皇帝的統治時期[79]。另外，全國人口都被組織成保甲防衛單位，相當於一套毋須耗費國家額外成本的徵兵制度，同時，保甲制度也改變了地方菁英掌控村里層級防衛事務的常態[80]。

宋神宗與王安石都是國家的建設者：在面對外侮時，他們的反應就是要強化國力。對王安石來說，這項做法與他的家族利益不謀而合，他在一〇五六年所寫的一封信中宣稱：「我入仕的目的是為照顧我的家親。[81]」在另一封寫給他的朋友王逢原的信中，他說道：「夫君子之於學也，固有志於天下矣……身猶屬於命，天下之治，其可以不屬於命乎？[82]」王安石認為國與家利益一致的觀點，充分體現於他寫給官員馬運判的一封信中：「富其家者資之國，富其國者資之天下，欲富天下，則資之天地。[83]」

反對陣營

然而，許多政治家反對這項變法，他們將變法視為國家與地方菁英家族爭利，以便提供各種服務。例如：司馬光、蘇洵、蘇轍、鄭俠都堅持富者是地方社會的支柱、資本（土地與信貸）

的提供者，也是人民的安全保障，所以當國家給他們的負擔最小時，社會與經濟的運作最為理想[84]。至於應該由誰來提供安全保障，御史王巖叟認為，變法前的制度是建立在堅實穩固的共同基礎上，在這項基礎上，「應當門戶」在被差為役期間，皆由地方菁英出物出力為助才得以為繼。然而，在新政的改革措施下，國家雇用者將會取代「鄉閭篤實之編民」[85]。對王巖叟、司馬光、張方平、劉摯和楊繪來說，只有在地方擁有家產的富人才值得信任[86]。同理，御史鄧潤甫奏述：「舊制下……鄰里鄉親皆為耳目。」並指責「以保甲來取代私有民兵，破壞了原本建立於人際關係上的自然防禦與監督網絡，導致地方失去自衛的能力」[87]。觀文殿學士馮京亦質疑王安石的國家軍隊之說：「義勇已有指揮使，指揮使即其鄉里豪傑。今復作保甲，令何人為大保長？[88]」

反對改革者將「宗親團體」視為保護其家族利益的最有效方式，認為國力的強化將藉由增加稅收的額外成本而威脅到家族利益。反對黨的領袖之一司馬光在宋神宗前與王安石所展開的激烈辯論中即強而有力地指出了這一點：「天地所生財貨百物，不在民則在官。[89]」范鎮在呈給皇帝的奏折中，也說：「今田甚曠，民甚稀，賦斂甚重，國用甚不足者，正由兵多故也……夫取兵於民則民稀，民稀則田曠，田曠則賦役重……寓兵於民則民稠，民稠則田辟，田辟則賦役輕則民心固。[90]」

王安石稱這些控制地方民兵與放債收利的菁英家族為「兼併之徒」——脅迫、掠奪成性的權貴，剝削壓榨百姓並篡奪把持國家的財政特權[91]。同為新政改革者的呂惠卿認為，新政之所以進展緩慢，正是因為「能輕易讓他人為其說項的高官權貴與兼併之徒之間」[92]的結黨營私。歷史學家一致認為，王安石變法時期的核心衝突點，在於「以國家為導向的菁英」和「以分享共同地方利益之團體聯盟為基礎的非正式團體」兩者之間的權力鬥爭[93]。正如日本歷史學家宮崎市定所說，許多宋代士大夫在他們對國家體制的忠誠與對家族經濟的忠誠之間搖擺，但最終，他們還是倒向了追隨經濟利益的一方，變得腐敗貪污、自私利己[94]。

變法失敗

在宋朝這類君主專制的政權中，統治者有權力訂定充滿私心的計畫，從而影響政策結果。然而，領導權的轉換可能會對政策與政策結果帶來重大改變[95]。誠然一位建設國家的領導者出現，有助於在菁英之間形成建設國家的聯盟，但一旦這樣一位領導者死亡，也會讓菁英們難以繼續致力於建設國家的計畫。

一〇七四年，中國北方的長期乾旱導致成千上萬名難民湧入首都尋求救濟與庇護。改革的批評者讓宋神宗相信，這場災難是上天對新政的懲罰，王安石別無選擇，只好辭職[96]。一〇八五年宋神宗駕崩之後，在皇太后的支持下，反對黨的領導者徹底廢除了變法改革[97]。

量化分析

現在，我以新蒐集的資料集來系統性地檢視，為什麼有些政治家支持這項改革？又為什麼有些政治家反對這項改革[98]？我想探究每位政治家對強化國力的支持，是否為其宗親網絡地理分布規模的一項遞增函數。

政治家的態度十分兩極化。如圖5-1的圖a所示，六十三位表態的政治家中，三十四位（五十四%）始終支持改革，二十四位（三十八%）始終反對改革，另有五位則是支持部分的改革政策、反對其他的改革政策[99]。

至於政治家的職涯軌跡（career trajectory）則表明了宋神宗試圖制衡兩大陣營。圖5-1中的圖b顯示，在宋神宗統治下的大部分時期，支持者與反對者的平均官僚位階並無顯著差異，這表示皇帝對支持者與反對者的拔擢，大體上來說並無二致。正如吏部尚書曾公亮建議皇帝之言：「且要異論相攪，即各不敢為非。[100]」

另外，我也在地圖上詳細繪製出

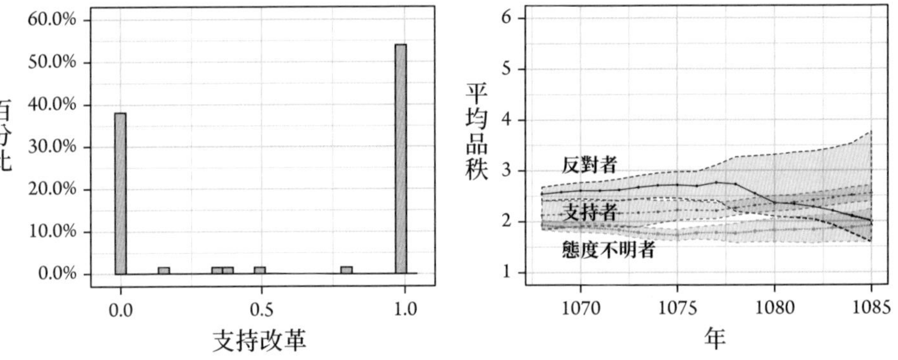

(a) 對於新政的態度　　(b) 職涯軌跡

圖 5-1：王安石變法時期的主要政治家

說明：圖 a 的直方圖顯示了政治家對國家強化改革的政策態度：1 代表支持，0 代表反對。圖 b 顯示政治家平均的官僚品秩（信賴區間爲 95%），根據他們在整個改革期間的態度來分組；Y 軸則是從 1（侍郎等級）到 6（宰相）。

這些政治家的宗親網絡如何分布。圖5-2即以兩個例子來說明。圖a顯示王安石的宗親所分布的位置，圖b則顯示了呂公著的宗親所分布的位置。王安石（改革派領袖）的宗親網絡分散於全國各地，而呂公著（反對派領袖之一）的宗親網絡則相對地方化[101]。

利用迴歸分析，我可以用量化的方式來評估政治家對增強國力的支持度，及其宗親網絡的地理分布規模之間的關係。我的假設是：**政治家的宗親網絡愈分散，就愈可能支持變法改革，而我的統計分析則為這項假設提供了強而有力的支持**。改革的支持者往往擁有地理位置分散的宗親網絡，而反對者往往擁有地理位置集中的宗親網絡。在對各種替代因素加以控制

(a) 王安石（改革領袖）　　(b) 呂公著（反對領袖）

圖 5-2：兩位政治家的宗親網絡

說明：大圓圈代表這些官員（王安石與呂公著）的所在位置，小圓點表示它們宗親的所在位置，直線則描繪出他們之間的親屬關係。王安石的標準地方化分數是 0.003，呂公著是 0.333，表示他比王安石的地方化程度高了十倍。

之後，包括家鄉特性、網絡向心性（network centrality）、宗親團體規模、子女數量、派系關係、理念學派、外部與內部威脅、地勢崎嶇程度、家族科舉史，以及家族遷徙移居，這項關係仍然保持一致、並未改變[102]。

宋朝皇帝的兩難

王安石變法是宋朝歷史上的一個分水嶺。變法失敗後，宋朝核心政治圈的「派系化」發展愈演愈烈。宋朝皇帝以國家實力為代價換取個人權力，成了菁英分裂對立的最大受益者。正如中國宋史學者劉子健所說：「官僚之間的權力鬥爭愈激烈，他們倚賴皇帝的支持、落入皇帝身邊之人和宮廷中人的圈套、蓄意設計，或為情勢所迫地助長專制政體的可能性就愈高。[103]」

在王安石變法期間，宋神宗將改革者與反對者玩弄於股掌之間，讓他們在朝廷上針鋒相對。「儘管皇帝並未真的懷疑王（安石）的忠誠，」劉子健推測，「但他可能擔心若是賦予王太多權力，可能會引發其他主要官員開始對他不忠。[104]」新政實施多年來，皇帝一直把堅定反對王安石的文彥博留在身邊且重用其為樞密使，並把王安石對於文彥博的諸多微詞置之不理[105]。

宋神宗對其他反對黨的大將也採用了同樣的策略，比如富弼與司馬光。儘管富弼反對變法，宋神宗仍把這位老臣留在首都直到一〇七二年，因為他認為富弼「背負天下眾望。[106]」與此同時，雖然司馬光對變法措施的各方面皆毫不妥協、堅不讓步，他始終是神宗的親信知交——或許在智識層面上，司馬光比王安石更能貼近神宗的想法。因此，神宗在一〇六七年十月時即曾對呂公著說：「朕以司馬光道德學問，欲常在左右，非以其言不當也（因為他們都同意司馬光與王安石一樣不切實際）。[107]」皇帝相信把批評者與反對者留在身邊，將可「廣開聰明」[108]。

由此可見，政治派系成了宋朝政治的一項顯著特徵。雖然宋朝之前的朝代也有政治派系的存在，但宋朝的派系政治不僅歷久不衰，甚至更緊密地融入了宋朝的政治結構中[109]，而這樣的菁英分化幫助君主鞏固了他的權力——北宋的皇帝在重大決策上仍會徵詢宰相們的意見，南宋的皇帝則已然完全確立了個人至上的統治。南宋的第二位皇帝孝宗（一一六二至一一八九年）在愈來愈廣泛的眾多事務上繞過官僚機構和他的宰相們，親自行使決策的權力，例如，早在一一六三年，宋孝宗便親自控制了他的政府。當時朝廷在戰事決策上的搖擺不定，讓他無視尚書省與樞密院兩位宰相的意見，暗中命令他的大將進攻金國[110]。

變法之後的社會發展

北宋國力提升的變法改革失敗，加上其後被女真金國擊潰，強化了唐朝之後國家與社會的關係。隨著宋朝的臣民與官員大規模南遷，十二、十三世紀的官僚菁英被吸收到地方世系等更廣泛的社會階層中。這些地方世系僅將政府的服務視為各式各樣的流動策略之一，家族與地方團體成了比中央集權的官僚國家更適當的「焦點」——菁英開始將他們的精力與資產集中於世系組織的投資，並利用這些組織來抵抗向下流動的壓力。

由血緣關係組成的地方社會變得愈來愈排外，因為嵌入這些歸屬團體的地方菁英主張他們的地方利益，同時與中央政府協商談判，從而加劇了現有的社會分裂。與這種改變方向一致的新意識形態（新儒學）闡述了一種個人與國家之間如何連結的新概念，逐漸形成帝國時代晚期自覺程度愈來愈高漲的地方仕紳意識形態基礎。

從國家到社會的權力轉移

美國歷史學者韓明士將北宋到南宋的變化描述為「國家撤退」或「國力萎縮」[111]，最近更將其描述為「權力向下的淨轉移」（net shift of power downward）[112]。總之，王安石變法失敗後，許多政治行動與談判協商的所在，已從中央政府轉移到地方社會，而這項轉變呈現於三個方面。

首先，中央政府蓄意將責任轉移給非政府的行為者或整個市場。例如，對鹽與茶行之有年的壟斷專賣，不再由國家直接生產與銷售，而是轉為採用許可證的「商人中介制度」（merchant-mediated system）[113]。

其次，國家未能保有對社會各個方面的控制權，使得非國家的行為者承擔起國家原本希望壟斷或禁止的角色。舉例來說，國家將北宋晚期與南宋時期的私人報紙印刷業者視為非法，但這些報紙藉著為官員與百姓補充或取代官方的首都公報，以及其他資訊管道而蓬勃發展[114]。對國家來說，更具威脅性的另一個例子是南宋初期時，如雨後春筍般在各地湧現的私有民兵。這些民兵有時是在國家的鼓勵下成立，但更多時候，國家只是為了因應官兵無法對抗女真入侵，又必須維持地方秩序的目的而容忍他們的存在[115]。

最後，由於缺乏興趣、意願或資金，國家只能退讓，停止國家長久以來所做的事，讓私有團體與市場來填補這個空缺。舉例來說，南宋時期，政府救濟策略的失敗刺激了私有替代組織，例如「社倉」或「私人義倉」的發展和興起[116]。

正如韓明士所言，國家這三項新的趨勢：責任下放、無效地嘗試控制和蓄意退出，吸引了來自商業市場、地方豪強和仕紳菁英的私有替代方案產生[117]。

由諸如朱熹的南宋知識分子領袖所提出的地方建設方案，直接複製了王安石變法中的國家主導機構。王安石試圖規劃一套全國性的官學體系，朱熹則建議成立地方性的私人書院[118]；王安石推行由國家掌控的「保甲法」，朱熹則提出「鄉約」，一種自願社區組織，同樣以相互監督與告誡的方式來維持地方秩序[119]；王安石創立了一套國家經營的農村放貸體系，朱熹則代之以社倉的私人自願借貸方案[120]。

北宋初年，地方仕紳菁英透過他們與國家的關係（尤其是以科舉與官職）來定義自己，然而到了南宋中葉，他們已安居於南方州縣、深耕地方，且多為自我認可的菁英，不再以功名或官職來定義自己，而是以教育與考試參與，以及新的橫向社會網絡（大多在某個特定地區）來定義自己的身分認同[121]。

沃土只留自家耕

當菁英把焦點從中央政治轉移到地方社會，並試圖保持且擴大他們的財富與權力時，他們開始面臨三種新的挑戰。首先，土地已經脫離政府控制且落入無數私人團體之手。十一世紀時，家族擁有大部分這種主要的財富形式，但由於兒子們往往會在他們的父親過世後分割家產，為此極少有家族的家產能在兩、三代之後仍然保持完整無缺。其次，誠然在上一個千年中，政治菁英享有官職的世襲特權，但自十世紀起，他們的子弟和其他地方權貴世家的子弟，皆面臨了更加激烈的官職競爭[122]。再者，宋朝中央政府愈來愈無意願、無能力為地方的公共計畫提供資金，亦無法抵禦外侮與內亂。王安石強化國力的變法失敗，對菁英們傳達的訊息是：向國家尋求援助已不再是一個可行的選項。十一世紀時，中國的菁英開始轉向私有秩序組織來因應這些挑戰。

宗親機構是最成功的私有秩序組織。雖然宗親組織在明清時期才發展成熟（稍後將在第七章詳細介紹），但它們基本的組織形式（以信託為基礎的族系）是源自於宋朝時期。

以信託為基礎的族系並未立即成為私有秩序機構的主要型態，反之，村社、佛教寺院、大眾化的宗教廟宇在宋朝更為常見。原本由這些機構團體來運作的儀式與經濟功能，例如：維護祖墳、祭祖、借貸，以及保存家產，後來皆由宗族世系加以接管[123]。

這些村里層級的機構和宗教組織，比之宗族世系組織更是無所不包。舉例來說，村社就是一種業務範圍極為廣泛的地區性機構，積極地指導全村的公共事務；這種會社通常為整個村莊提供服務，但有時也會包括兩個或更多個較小的自然村（natural village），或是較大自然村的一部分。村社讓村民產生共同的社區意識——一種在特定地域基於共同祭拜、居住、工作、防禦所產生的意識。這種情感是長期以來由居民多方面的關係所培養出來，因為這些居民都會輪流提供協助並管理這些事務。在對地方福祉與安全產生共同關注的形塑下，這些社區（小村落、村莊、甚至城市鄰里）的成員共同參與了對神祇的公開祭拜，並建構起相互扶持的義務[124]。

然而，以信託為基礎的宗族世系則是基於共同的血統傳承，事實證明它們比上述那些競爭組織更有效率，因為這些血濃於水的成員更擅於協調他們的集體行動與問題。不過宗族世系是排外的，他們並不歡迎來自其他宗親團體的成員。

宋朝之後，隨著土地私有制度逐漸鞏固，世系組織在中國社會形成了主導的優勢地位，地方仕紳菁英也得以世世代代累積大量的資本財富。由於公務職位提供的收入遠高於其他職業[125]，仕紳菁英遂展開了一種資本再生、利潤豐厚的循環——從人力資本（教育）到物質資本（土地），這樣的循環維繫了世系組織，使其得以掌控地方社會長達數千年之久。

可磋商的規則

唐朝滅亡後出現了一種新型態的國家與社會關係，繼北宋時國家激進主義（state activism）的最終失敗，以及地方文人菁英勢力的擴展之後，逐漸被鞏固、強化。北宋的滅亡及後續激進政策的廢除，並未在地方社會造成權力真空，而是開創出相對開放的磋商空間，一種被稱為「公私兩便」的原則逐漸在南宋時期形成——在公利與私利之間取得平衡，從道德角度上視兩者為平等，這項概念暗示了兩者之間的磋商過程。[126]

在地方事務上，南宋政府會徵求、聽取、反映地方領導者的意見，極為彈性地利用私營業者的運作達成官方目的；正如韓國歷史學者李錫熙對明州的案例研究所示，地方家族獲准經營國有啤酒廠，以換取一部分的利潤。公私兩便的原則，被視為所有良好政策的前提。[127]

新的意識形態

在這時期，一種新的意識形態出現，證明了新秩序的合理性。正如美國漢學家包弼德所述，宋朝時期出現了「對事物秩序的重新概念化（reconceptualization），這些秩序意味著過去與現在、宇宙與人類事務、國家與社會、文化與道德的關係，它們直到十七世紀才從根本上受到挑戰。[128]」

這場智識運動被稱為「新儒學」，領導人包括程頤（一〇三三至一一〇七年）與朱熹（一一三〇至一二〇〇年）。藉由主張個人的社會價值應為其人類道德修養的一項功能，新儒學改變了傳統儒學。**這種新的道德哲學，將探究的焦點從如何使政治權力以道德方式運作的問題上，轉移到個人如何培養自身道德判斷力的問題上。**因此，新儒學對於眾多渴望擔任領導職的文人具有特別的吸引力，他們希望能負責任地行事，但無法預期能合理地獲取功名或官職。[129]

小結

在本章我檢視了宋朝的社會轉變如何導致政治轉變。從唐朝貴族轉變成宋朝仕紳，為國家與社會關係創造出一股新的動力。北宋時期，地方化的士大夫與半世襲的「遺贈」菁英並存，而地方化菁英的反對，是王安石致力興國卻變法失敗的重要原因。國家激進主義失敗之後，北宋被女真金國擊潰，基於夥伴關係的國家與社會互動模式得到了鞏固。儘管中國菁英仍然倚賴國家的認可與合法化，但他們日益頻繁地在地方事務上扮演主導角色，並公開地與國家磋商以保護、促進地方利益。中國菁英並未求助於國家，而是創設了宗族世系組織來保護他們的財產、組織防禦工事，並為其子女的教育提供資金。新儒學這種新的意識形態，為這些運動提供了道德的正當理由，並促進了它們在接下來七個世紀的發展。

歷史學家往往使用「宋元明過渡典範」（Song-Yuan-Ming transition paradigm）來理解宋朝在中國帝制歷史中的地位[130]。宋朝與它之前的朝代截然不同的特點是：菁英採取更具地方考量的策略、君主擁有更不受官員束縛的權力，以及社會獨立於國家之外自治程度更高。自宋朝起，中國的皇帝開始以國家實力為代價，一心一意地追求個人權力與存續。

元朝短暫的異族統治更進一步強化了菁英地方化的趨勢。在宋朝，國家官員與地方菁英基本上都是來自同一階級、讀的是同一套書，歸屬的學術網絡互有重疊，並參與同樣的科舉考試。然而在元朝，幾乎所有的高階官員都是少數民族，與菁英截然不同：他們分別來自不同民族。此外，在元朝大半時期中，科舉作為進用官員的功能已然蕩然無存，這對菁英的本質產生了深遠的影響。以實際層面來說，文人菁英被剝奪了一項他們賴以掌控自身命運的重要工具，以更具象徵意義的層面來說，他們失去了一套官方認可的機制，無法再經由這套機制來定義他們的群體身分認同[131]。在下一章，我們將討論社會變革的發展如何在宋朝萌芽、元朝發揚光大，並延續至明朝依舊方興未艾。

第六章　明朝的太平盛世

明朝的曙光乍現

一五七二年，張居正成為中國的首輔——皇帝的「首席助理」。張居正有一位祖先加入了抗元起義（一二七九至一三六八年）並在明朝（一三六八至一六四四年）開國皇帝朱元璋手下從軍[1]，其結果，張居正的家族被指派為「軍戶」，被要求每一代都要派出一名男性服役[2]。

明朝到了張居正時期，由於薪餉極低、勞役繁重，軍隊品質每況愈下；在一五〇〇年代初期，八十到九十％的部隊已然擅離駐防、棄守而逃[3]，軍官們的威望一落千丈。與此相對，通過激烈科舉考試的官員們充滿優越感，自認高人一等[4]。由於張居正出身軍戶，每一代只有一名男性可以參加科舉考試[5]，不過他的家族在前兩代所推出的應試者皆名落孫山[6]。

張居正在十一歲時通過第一級的科舉考試，是他所在的行政區中最年輕的一位考生；到了二十二歲時，他就已經考上進士，也就是科舉考試中最高的功名，於是，他成了翰林院的學士。翰林院是帝國中最負盛名的學術機構，亦為訓練未來首輔的所在[7]。

張居正就要治理的大明帝國，此時已然形勢堪憂，尤其在軍事和經濟方面更是一團混亂。一四四九年，大明帝國被蒙古人打敗、明英宗在土木堡被俘，對菁英們來說這些事情仍然記憶鮮明、歷歷在目。一五〇〇年代末期，大明帝國的東南沿海仍飽受以日本為大本營的海盜侵擾，北方則遭受俺答與其他蒙古首領帶頭作亂與劫掠騷擾[8]。

明朝軍隊「既無法滅敵，亦無能自衛。[9]」雪上加霜的是，明朝的開國皇帝禁止了宋代發展起來的市場經濟和私人商賈從事海外貿易[10]。在明初的財政體系中，國家收入又恢復成極度依賴農業來源；到了張居正時期，財政體系「瀕臨破產」、「國庫空虛」[11]。

於是，張居正大權在握之後執行了一連串的改革，包括：引進官員的績效評估制度、推行全國土地調查、制訂財政改革。類似十一世紀的王安石變法（參見第五章），張居正的改革旨在「富國強兵」[12]。他所提倡的措施中，影響最深遠的一項就是稱為「一條鞭法」的新徵稅法——將「勞役稅」與「地稅」結合成單一項以白銀合併支付的稅款[13]。一條鞭的構想可以回溯至一五三一年，但實際執行卻一直到張居正執政之後才開始。

從張居正於一五七二年就任首輔開始，直到一五八二年他去世為止的這段期間，標誌了明朝的「最後一線光芒」[14]。在他去世時，北京糧倉的存糧已足夠京城吃上九年，南京（南都）金庫也同樣儲存了兩百五十萬兩的白銀，甚至廣西、浙江、四川三省國庫都平均存有十五萬到八十萬兩白銀[15]。倘若沒有這些儲備金，沒有任何軍事行動能在張居正之後的二十年間進行[16]，因此，張居正的改革被譽為是「為大明續命五十年」[17]。然而，就在張居正的喪禮過後六個月，他的政策全部被重新檢視並廢除，支持張居正的朝臣不是被罷官、就是被彈劾；他的做法所引發的反彈是如此強烈，以致於一五八〇年代時，曾經疏於執行張居正所訂定土地測量方案的那些地方官員，反而被稱讚為「正直之士」[18]。明神宗萬曆帝革除了張居正三個兒子的文官職銜，兩年後，又下令抄沒其家產充公[19]。張居正的長子在嚴刑逼供後自縊身亡[20]，張居正最重要的改革「一條鞭法」，即使在明朝末年也「從未被完全貫徹執行」[21]。

※

如果中國的國家發展可以被詮釋為統治者犧牲國家實力，以追求個人權力的歷史，那麼這種權衡取捨的例子，再沒有比明朝更鮮明的了。明朝鞏固並強化了一種始於宋朝的國家與社會新均衡狀態，在這種我稱之為「夥伴關係下的太平盛世」的均衡下，統治者對分裂的菁英階層建立起絕對統治，菁英們也接受了專制的君主，因為反抗一位渴望權力的皇帝所需的集體行動代價高昂。然而，他們並不希望國家對社會施加嚴密控制，並反對任何企圖強化國家實力的嘗試。為此，他們寧可建立宗族世系組織以鞏固自己在地方的權力基礎，並與國家磋商談判以保護自己的地方利益。

張居正的改革，尤其是一條鞭法，提供了分析明朝菁英行為的有利角度。我運用了第一章中所闡述的理論，主張擁有地方化宗親網絡的政治菁英（亦即大多數的明朝政治家）扮演了地方利益的代表角色，並影響中央決策以保護其親屬的經濟利益與自主權。因此，「一條鞭法」花了一百多年才被整個帝國採用，一點也不令人感到驚訝。在本章我會闡述在中央政府之中擁有愈多政治代表的地方，愈有可能阻礙一條鞭法的實施。

本章的內容概述如下：首先，簡介明朝政府的概況，接著檢視張居正的改革，並介紹我的實證分析，最後總結主要結論，並為下一章提出問題。

明朝的政治機構

明朝大多數的政府機構承繼了前朝（包括唐、宋、元）的某些特性，但又發展出自身的鮮明特點[22]。明朝的官僚機構集結了源自宋朝的趨勢之大成——宋朝的皇帝是至高無上的專制君主，將治國重任交託給經由競爭激烈的科舉考試所選拔出來的學者[23]。在宋明時期，經由科舉考試出身的官員主導政府的權力達到前所未有的程度，無論是世襲貴族與軍官皆無法挑戰其地位，不過宮中的太監有時卻可以藉由他們與皇帝的親密關係想盡辦法做到這一點[24]。

君主專制政體

一三八〇年是明朝政府架構演進的一個主要轉捩點。在這一年年初，明朝開國皇帝明太祖朱元璋（洪武帝）廢除了整個高層的中央政府，牢牢地將權力緊握在自己手上[25]。他認為政府將太多權力集中在宰相手中，因此，他解散了中書省與內閣，並免除、審問或處決了這些單位的高官，包括兩位宰相以及所有其他行政官員[26]。皇帝將六部（吏部、民部、禮部、兵部、刑部和工部）皆置於他的直接督管之下[27]；在他晚年時，甚至多次要求後代子孫對任何膽敢提議重新任命宰相者，處以死刑[28]。

這樣專制獨裁的君主政體，對於明朝的治理產生了錯綜複雜的深遠影響。剛開始，所有事務不論多麼瑣碎都必須提報給皇帝，讓皇帝來做最後的定奪。據記載，在一段為期八天的期間內，這位開國皇帝收到了一千六百六十份奏疏，討論了三千三百九十一個問題[29]。朱元璋駕崩之後，大明帝國就因為缺乏強而有力的統治者而無法有效地運作。由於後續繼位皇帝的能力與意願強弱不定，當君主專制政體下的君王過於年幼無知、單純愚鈍或疏於職守以致於無法行使皇權時，只能由他人來代勞[30]。明太祖之後的大部分皇帝都耽於個人逸樂，例如，明神宗萬曆皇帝就長達數十年不上早朝[31]。

明朝皇帝在紫禁城內閣設置「首輔」的私人職務，處理日常例行的大量奏疏[32]，而這些首輔都是學有所成的文人，在科舉考試中名列前茅並經翰林院培育出來的菁英[33]。他們的責任僅限於將皇帝的宣告與詔書撰寫潤飾成優雅的散文體，但他們從未被視為真正的決策者[34]。

擔任首輔的人其早年生涯大多都在翰林院中渡過，而非擔任行政管理的現職，且由於他們經常與有影響力的宮中太監密切合作，以致他們與官場中其他官員的關係往往並不和睦[35]。各部尚書與侍郎幾乎都在首都與各省擁有豐富的行政經驗，對他們來說，首輔缺乏宮廷之外的根基[36]。首輔被視為皇權的象徵與工具，而非行政或官僚的利益，因此，首輔往往發現自己扮演著調解者的角色，既不為與太監更親近的皇帝所親信，亦不為官僚人員所信賴。不論是往哪個方向，他們能發揮的任何影響力都不是來自他們在體制中所扮演的角色，而是完全來自他們的性格力量[37]。即便是明朝最強而有力的首輔張居正，在體制內也只能運用極其有限的權力來推動他的改革。

官僚體制

整個明朝的官僚體制構成了「當時全世界最龐大的上層社會結構」[38]，在這個時期，從國家稅收中獲取薪餉的文官人數，大約從五千人增加到二萬四千人[39]。每位官員的地位都是由其「品秩」來表示，從一（最高）到九（最低），每一個品秩又進一步被分成「上」和「下」兩級，例如，尚書被分為二品上級，縣令則是七品上級[40]。

儘管明朝的官僚化（bureaucratization）程度在全世界名列前茅，但由於帝國人口眾多，每一萬人中只能分配到四名吏員為其服務[41]；這些吏員分布於一千一百三十八個縣衙中，每一位在一千三百平方英里的管轄範圍中管理了平均九萬人[42]。官吏編制規模小的主要原因是「稅收標準低」（將在下一個小節中討論），而稅收水準低落，也意味著明朝官員的俸祿並不高。政府開始以俸米來支付官員，但之後，俸米的比例逐步下降，剩餘的部分則以其他商品支付，比如錢鈔（實際價值幾乎降為零）、絲、棉、白銀。官員們不斷抱怨無法以這樣的俸祿維生，明朝的官史甚至如此驚嘆：「自古官俸之薄，未有若此者。」官員的俸祿被減薪的幅度，估計為一四三四年時名義價值的四%[43]。首都官員幾乎沒收到薪俸，而且被調到省級職位時也沒有任何交通津貼，因此，除了借貸上任外別無他法[44]。由於所有地方政府機構都處於人手不足、官俸過低的狀態，以致行政職能也未充分發揮[45]，隨之而來的，就是猖獗無度的官員貪腐現象叢生[46]。

在明朝，男性可以透過以下兩種常規途徑之一求得官職：（一）從基層小吏擢升；（二）從科舉考試進用。一四四〇年代初期之後，通過科舉考試是確保仕途順遂、步步高升的唯一途徑[47]，而到了一四六七年，所有品秩從一到七的文官都享有「保障」一個兒子或孫子的權利，也就是：這些子孫皆自動符合優先入學就讀與直接擔任公職的資格。一四六七年，這項特權僅限於貴族與品秩最高的中央政府官員（品秩一到三）[48]；但正如在宋朝，貴族群體從來不是影響明朝政府的一項因素。歷代明朝皇帝共任命了二十一位「公」、一百零二位「侯」、一百三十八位「伯」；這些三等爵位幾乎都是為表彰軍功而封爵，但這些爵位只有不到一半是世襲而來，其餘的也只有少數能延續三代以上[49]。

雖然明朝官員的官俸極低，但可以享有各種特權與免稅優惠，例如，有科舉功名者及其直系親屬不僅毋須納稅，亦不必被徵召去服勞役；官員們根據品秩不同，可以騎馬或乘轎（這是一般平民不得享有的特權）；如果品秩一到三級的官員犯了法，幾乎都不會被告，倘若沒有皇帝下令，沒有人能對他們採取任何行動。而未經皇帝明確許可，也不得對任何品秩五級或以上的中央官員或省級官員進行審判；未經朝廷批准，小吏亦不得被判刑定罪。因此，許多高官即便犯下一般平民會被嚴懲的重罪，也只會受到輕罰[50]。

財政體系

澳洲漢學家伊懋可發現，十四世紀時中國經濟衰退——宋朝蓬勃發展的中世紀「經濟變革」現象並未在明朝繼續發展下去[51]，而學者將中國經濟的衰退歸咎於明朝統治者的「抑商政策」。

明朝的開國皇帝將唐宋變革時期所發展出來的市場經濟，縮減至最低程度（即便並未根除），並恢復到過去理想化的自給自足農村經濟。為了實現這項目標，皇帝制定的財政政策是建立於下列基礎：回歸人民以實物納稅、募役、自給自足的軍屯、以實物而非銀錢來支付官俸與軍餉。除此之外，一三七四年，皇帝禁止了海外貿易，只允許與那些對中國納貢的外國統治者進行嚴格管制的貿易[52]。

明朝統治者在經濟上改弦易轍的原因仍不可考。有些人援引了意識形態之說，認為開國皇帝決心根除被他視為源自蒙古習俗的有害影響，並恢復「儒家經典」中備受尊崇的農業社會制度與價值觀[53]。但另一個更可信的原因，或許是由於明朝統治者利用「反市場措施」來遏制南方商業菁英日益強大的經濟與政治力量。相較於在元朝末年內戰中較未遭受戰事蹂躪的長江下游地區（江南），北部與西部各省的人口流失則相對嚴重[54]；其他地區所遭受的損害，更突顯出江南在全國經濟中顯著重要的地位。明朝開國皇帝建都南京的決定，即反映出這個經濟現實：鞏固其統治、建立軍事與政治控制權的資源，只有江南地區才能提供[55]。

一開始在皇帝的開國大業中，也計畫尋求江南地方菁英的合作。他在一三七一年所制定的稅收制度中，指定由每個縣中最富有的地主擔任「糧長」，負責收繳稅糧並將其運送至首都。然而到了一三九〇年代，皇帝逐漸相信江南菁英（無論是政府官員或一般平民）都已經強大到足以對他的統治造成威脅了。

一三九七年發生了一樁關鍵性的重大事件。當時，江南菁英在科舉考試中拿下了榜單上所有的進士名額[56]。明太祖得知南方人獨占鰲頭的情況後勃然大怒，不但將主考官處死，更下令再舉辦一次會試，並添補了一份全為北方人的錄取名單[57]，其後，他更制定「解額制度」，進一步限制來自江南地區的考生人數[58]。

憂心於南方菁英不斷增長的經濟與政治力量，皇帝隨後即對數千名官員整肅異己，並將許多江南大地主的財產沒收充公。到了明太祖統治結束時，已有超過半數的江南耕地被沒收為國有[59]。明初的抑商政策加上對江南菁英的財富掠奪，不但摧毀了江南地區原本欣欣向榮的市場經濟，更阻礙了自宋朝以來幾乎不曾中斷的商業與城市發展[60]。

最後，大明帝國的稅收回歸到來自農業，以實物償付的「田賦」為主[61]。田賦沿襲自唐朝的兩稅法，根據產量來評估（參見第三章），「夏稅」與「秋糧」會在每個季節收成之後徵收[62]。另外，明朝推行「固定稅額」，也就是平均不超過農業產出的六・一二%[63]。

一三七七年，明太祖派遣官員巡視地方的營業稅收站並訂定地方的稅額；一三八五年，他下令在戶部官署豎立刻有各省、州稅額的石碑。一三九三年，田賦收入達到三千兩百七十八萬九千九百擔（約為四十億磅）的脫殼糧穀，緊接著皇帝隨即宣布，按地區配額徵稅是一項不成文法。其後，明宣宗（一四二五至一四三五年）將全國總配額調降了三百萬擔，減成二千七百萬擔（約為三十六億磅），並在接下來的兩百年內維持不變[64]。

低標準的稅賦似乎符合了儒官對於「最低限度治理」（minimal governing）的理想，但所產生的稅收卻無法跟上大明帝國在三大方面不斷增加的支出腳步。首先，皇親國戚，亦即皇帝的後代子孫，全都可以從國家財源中領取俸祿[65]——一五六二年，國家歲收的五分之一全被挪為皇親國戚之用[66]，且他們的人數逐代暴增。根據耶穌會葡萄牙籍傳教士謝務祿（Alvaro Semedo）的預估，到了一六二〇年代，他們的總數約達六萬人；現代學者更估計，到了明朝末年，國家的薪餉名冊上的皇親國戚已達十萬名[67]。

其次，依照「普天之下莫非王土」的觀念，明朝的制度並未區分國家的收入與皇帝的個人收入，也並未區分政府的支出與皇帝的個人支出[68]。因此，奢華浮誇的宮廷支出、過度高昂的採購計畫、對皇帝的寵臣親信與皇親貴族的土地贈與，再加上宦官內臣的不當作為，全都導致了巨大的花費[69]。此外，以國家歲收為生的宮廷宦官人數增長了百倍，從一三六九年的六十名，增加到明朝末年的七萬名[70]；在明朝的最後幾十年中，還包括了妃子、僕役等大約九千名的宮女[71]。

最後，軍隊是第三大不斷增長的支出領域，也是政府資金的最大支出項目。明朝的開國皇帝是個出身赤貧的孤兒，他堅持自己的軍隊不能成為民間納稅人的負擔。為了履行這項承諾，朱元璋沿襲了元朝的做法，在元末兵荒馬亂中被廢棄的土地，以及從蒙古貴族及東南方大地主處沒收充公的土地上進行屯田[72]——政府將這些田地移交給軍隊，即通常被稱為「衛所」的制度。軍

「衛」的每個「所」都有自己的屯田，每名士兵會分到五十畝田（大約兩個網球場大小）[73]。這些部隊被期望發揮兼職農民與兼職士兵的雙重功能，並生產足夠的糧食來供應整個軍隊[74]。然而到了一五〇〇年代，屯田逐漸被廢棄或恢復成實際上的私人所有，因為軍官與士兵棄守了駐防，大地主遂將這些田地納為私有財產[75]，朝廷只好改為發放年度的軍事津貼。在整個一五〇〇年代，北京定期支付給軍隊的費用即超過國家四分之三的年度稅收[76]。

每個縣都必須擔負估算稅收並向其縣民徵稅的重責大任[77]，然而根據「迴避制度」的規定，縣令不得任職於本籍，且經常被派往「方言難解、風俗陌生」之地[78]，等到他開始熟悉地方、進入狀況之後，往往又要被調派他處了。此外，地方官員也受到法令規範不得擅入農村地區，目的在於盡可能減少對農村秩序的干擾[79]。有鑒於此，縣令必須仰賴地方社區的「里甲」制度來徵稅。一里（社區）轄一百一十戶，其中，最富裕的十戶被指定為里長，其餘的一百戶則被分為十甲（街坊），十戶為一甲。每名里長與十名甲首都必須服務一年，甲首的職務也會互相輪換[80]。

里長收齊田賦之後，交給從富有家戶中選出的糧長。每名糧長代表幾個里，並負責每年將大約一萬蒲式耳（約三十五萬公升）的稅糧送至縣令處、直接送往首都，或送到某處的國家糧倉——全國各地皆有這類糧倉[81]。

軍事制度

軍隊是明朝政府人事中最大的組成部分，從一三九二年的一萬六千四百八十九名官（衛）以及一百一十九萬八千四百四十二名常設的正規兵，成長到明朝最後數十年的十萬名軍官與四百萬名士兵[82]。

明朝開國皇帝在一三八〇年廢除宰相制度的同時也重整了軍制，以防止讓任何一位將領或指揮使的掌控權力超過國家一小部分的戰鬥力[83]。另外。他將樞密院分成五個彼此平行、同等地位的「五軍都督府」，每一府皆被賦予掌管各省部分地區都司，以及駐紮於首都周邊部分軍衛的統轄權。新的衛所制度構成了整個帝國的基本軍事單位，男性可以藉由「繼承」[84]或通過「武舉考試」（類似影響力甚鉅的科舉考試）來擔任軍職[85]。大部分的衛所都設置成自給自足的組織，靠屯田來供應其所需的糧食，但是沿著長城防線駐紮的部隊周邊土地並不適合農耕，因此，明朝政府重新採用了宋朝的一項巧妙做法：利用國家對鹽的分銷壟斷[86]。

到了一四〇〇年代中葉，隨著政府開始以有償方式從平民與工匠家戶中招募志願者從軍，衛所制也逐漸衰沒。到了十五世紀末，在亟需積極防禦的情況下，例如，在一五〇〇年代末期保衛國家免受以日本為大本營的海盜侵擾，以及北方蒙古劫掠者的突襲，募兵制已成為標準的施行做法[87]。

張居正的改革

一五七二年，張居正的掌權可謂恰逢其時[88]——與蒙古首領俺答議和以及海盜侵擾等外患逐漸減少，使得明朝政府終有餘裕將注意力轉向本身的內憂[89]。於是，在大內總管宦官馮保與明神宗生母李太后的支持下，張居正不費吹灰之力地影響了他以前的學生，也就是九歲登基即位的萬曆皇帝[90]。自此，從一五七二年到一五八二年，張居正便不斷試圖改進自明朝開國以來從未更動過的治理結構。

官員考核制度

張居正改革的出發點是要讓官僚機構能為國效力，在他當權期間，其行政治理的核心即為「考成法」，也就是：規定執行政令的時限、追究逾期未辦理的官員責任，並在升降任免的決策中優先考量績效而非資歷[91]。「蓋天下之事，」張居正在提出他的改革時寫道，「不難於立法，而難於法之必行。[92]」這項新的措施，讓張居正能監督官僚效率，並導向漸趨中央集權的治理方針[93]。

中國歷史學家黃仁宇對張居正執政的第一個十年所下的結論是：「帝國官僚機構的效率達到巔峰，」同時，他的治理能「媲美通常只在新朝建立之後才能得見的承平景象。[94]」

清丈土地

在「財政混亂」的時期就任[95]，張居正的改革旨在支撐公共財政。自從明朝建國時進行第一次土地丈量以來，隨著有權勢者愈來愈擅於隱匿自己的財產，全國上報的耕地總面積也愈來愈少

[96]，其結果，造成政府徵稅困難，而這樣的稅負不均不僅導致民怨，甚至引發地方叛亂。張居正斷定有功名者享有的「賦稅優免」是關鍵所在，因為不符合優免資格的人，會從他們與某位享有優免的士大夫之關係中尋求「投靠」[97]。張居正將這種情況描述為「富者田連阡陌，坐享兼併之利，無公家絲粒之需；貧者雖無立錐之地，而稅額如故。[98]」

於是，張居正試圖藉由進行一項全國性的地籍調查來找出被隱匿的財產，從而平衡貧富之間的稅收負擔[99]。一五七七年底，北京下令地方官員「清丈全國土地」。地主必須公布調查結果，如果他們有佃戶，必須與佃戶一起丈量這些財產，同時，還必須向國家申請發放新的田契。其後，佃戶必須根據稅冊上登記的地主名下之土地數量來支付租金，而這是一項可達相互監督之效的程序。眾多專職書吏被雇用來進行調查，費用則由數年前下令保留在地方的稅收所支付[100]，但是，地籍調查從未完成——張居正死後兩個月，這項調查便因飽受批評而中斷了[101]。

歷史學家對於張居正這項土地清丈措施的成效仍然頗有爭議，其中，美國明史研究學者馬丁・黑德拉（Martin Heijdra）肯定他在製作土地持有的詳細地圖上極為成功，包括知名的《魚鱗圖冊》，地方行政官員運用這些地圖為後代子孫樹立了準確度的新標準[102]。可取得的地方證據也證實了黑德拉的看法，根據山西調查的官方紀錄，調查人員發現以鄭景芳（Zheng Jingfang）為首的一群人隱匿了總計五十一萬八千兩百畝（相當於七萬四千一百三十一英畝）的地產，最後政府將其收回作為應稅土地。此外，某縣新登記的土地被課以全額稅率，大幅減輕了誠實納稅者的負擔，畢竟以往他們必須繳納額外的稅金來彌補區域配額的不足[103]。

與此相對，中國歷史學者黃仁宇對土地清丈並不以為然，因為這項調查從未被貫徹執行。他援引來自河南、山東、浙江各地的證據，認為這些彙報上來的都是老舊或捏造的數據[104]。

儘管如此，大多數歷史學家都認為土地清丈在各地方取得了一定程度的成功。因為即便黃仁宇也承認，「考慮到所有的因素，（張居正）土地清丈也不是沒有效果。在一些州縣，一五八一年的報告用作新稅收的基礎……失敗主要是就全國的意義而言。[105]」馬丁・黑德拉更進一步認為，新的土地數據雖並未上報中央政府，但仍然保留在各省並作為清朝所有數據資料的基礎[106]。

一條鞭法

要了解一條鞭法的改革，我們得先了解它試圖解決的是哪些問題。除了繳納田賦，明朝人民還得為國家承擔勞役；這些勞役從繁重的義務（比如皂隸、驛傳）到更平常的差事（比如門子、守衛、跑腿、轎夫、廚子、號兵、船夫、巡欄、獄卒、馬廄的馬夫、倉庫的庫子、運河閘門的閘夫、文書助理）都有[107]。然而，這些義務往往不僅是勞役，因為其中還包括了物資的貢獻與處理，以及一些小額金錢支付，使得這些義務成了一種被稱為「役」的稅收形式[108]。

田賦是按每畝田地來徵收，勞役則是計丁派役。每一戶會根據其成年男子數目與家產，被地方的「里」要求承應勞役。明朝初年，所有家戶都被分成上、中、下三等，以便據此來分配差徭[109]，而每年都有一個「甲」（十戶）必須應召服役[110]。

明朝初年，勞役輕且範圍有限，然而到了十五世紀，對物資與勞務的需求顯著擴大。之所以會如此，是由於田賦稅額並未增高，各級政府的額外開銷必須藉由勞役來折抵。舉例來說，當政府無法支付官員薪俸時，就允許官員從一般平民中徵用皂隸，並可以用這些皂隸的差役來折支白銀；十五世紀時，稅收通常是以這樣的方式來制定[111]。由此可見，當政府的發展愈來愈複雜、富有家庭也愈來愈有能力規避他們應付的那一份財政負擔時，以往一個村中的十戶人家在里長的帶領下、自行決定誰應該分攤多少國家的運作開支的體制，已然無法存續下去[112]。

▼賦役合併

一條鞭法是旨在均等稅負的一套財政改革措施。正如中國歷史學者黃仁宇所強調，「普遍與統一」是「一條鞭法改革的目標。[113]」它代表了政府試圖將各種支付役的款項併入賦的眾多努力，而田賦將根據土地所有權進行估算，並直接由國家統一以白銀的形式徵收[114]。換句話說，一條鞭法將以往分開的役（對家戶徵收）與賦（對田地徵收）合併為單一的累進稅，完全根據土地所有權來徵稅並以白銀繳納[115]。

▼累進稅制與統一徵稅

一條鞭法的改革試圖達成以下三項主要目標：

第一，藉由「量化」來簡化徵稅流程。在改革前，「賦」主要以實物形式繳納，地方里長與糧長負責估算、徵收，並將稅款運送給政府。由於各地對糧穀、糧草、棉花、靛青染料、麻類植物、芝麻等眾多商品採用的折換率不盡相同，使得合併帳目成了一項不可能的任務[116]。同理，

「役」包括的類別也是多不勝數，不可能平均分配並記錄每個家戶的貢獻。到了十五世紀初，海外白銀的湧入使得以白銀支付稅款的方式更加普及，為一條鞭法改革的簡化徵稅提供了助力，並使帳目的合併結算變得可行[117]。

第二，實行全國性的統一稅率。改革前，地方的里長負責估算並分配賦役，且往往使用不同的公式，而一條鞭法以「土地持有」為單一基礎，將稅負平均分配予所有納稅人民。「改革的目的，」黃仁宇認為，「是將差徭分派到絕大多數納稅人頭上，結果形成的統一稅率很低，以至於富戶發現它不值得逃避，而真正的窮人也不會受到太大的損害。[118]」

第三，一條鞭法的改革藉由兩個方法讓稅賦更公平。首先，它基本上是以土地所有權為基礎的一種累進稅，所以擁有較少土地的人所繳納的稅率自然低於擁有較多土地的人[119]。再者，一條鞭法將稅收的估算、徵納、解運的權力，從里長與糧長（里中最富有的地主）手中轉移出來，集中交由官府來承辦。根據中國社會經濟史學家梁方仲所述，過去大地主往往會賄賂里長，或直接操縱稅收的分配以推卸責任[120]，而這項改革旨在將有權有勢的地主角色，從這項流程中切割出來。

▼地方採行曠日費時

「一條鞭」這個詞最早是在一五三一年，於明世宗嘉靖帝的一份上書中出現[121]，但那時北京整體來說傾向於維持現狀，官僚們將任何重大革新皆視為非正統之舉[122]。一條鞭法被提出三十七年之後，直到一五六八年才被採行，而且主要是在地方層級，完全仰賴那些對課稅過程深感挫折的地方官員來執行[123]。

表 6-1：一條鞭法在各省分的執行時間表

1531 年	御史傅漢臣對明英宗上書建議實施一條鞭法
1568-1631 年	江西省在大部分州中施行一條鞭法
1569-1628 年	南直隸省在大部分州中施行一條鞭法
1570-1615 年	山東省在大部分州中施行一條鞭法
1570-1622 年	浙江省在大部分州中施行一條鞭法
1571-1616 年	北直隸省在大部分州中施行一條鞭法
1572-1630 年	河南省在大部分州中施行一條鞭法
1573-1622 年	廣西省在大部分州中施行一條鞭法
1575-1580 年	福建省在大部分州中施行一條鞭法
1576-1605 年	湖廣省在大部分州中開始施行一條鞭法
1577-1636 年	廣東省在大部分州中施行一條鞭法
1581-1598 年	山西省在大部分州中施行一條鞭法
1584-1610 年	貴州省在大部分州中施行一條鞭法
1587 年	四川省在大部分州中施行一條鞭法
1587 年	雲南省在大部分州中施行一條鞭法
1589 年	甘肅省在大部分州中施行一條鞭法
1589-1599 年	陝西省在大部分州中施行一條鞭法

中國社會經濟史學家梁方仲在他深具創見的《一條鞭法編年史》一文中，運用從官方歷史到地方志等一千多個資料來源，記錄了三百三十五樁涉及一條鞭法改革的事件[124]，這些事件包括了一五三一年至一六三七年間發生在省級（占六・二七％）、州級（占十八・八一％）或縣級（七十四・九三％）的政策建議、試行、實施公告、政策修訂，以及報導紀事。表6-1即總結了梁方仲的資料數據，著重在每個省的實施狀況，可以發現，一條鞭法從被提出到在全國各地實施，歷時一百多年。

圖6-1以學者梁方仲的數據資

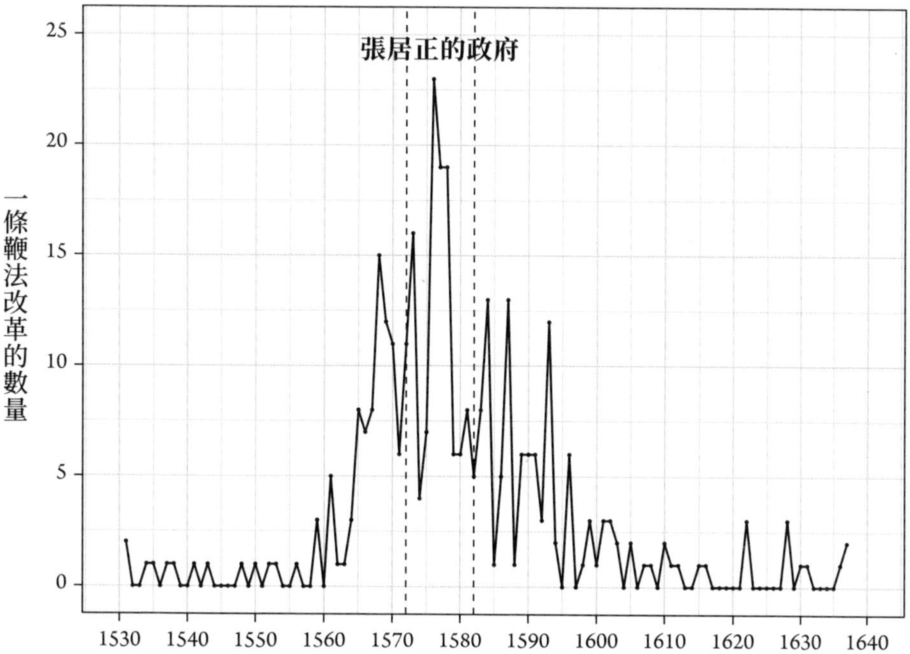

圖 6-1：地方實施一條鞭法改革的數量（1531–1637 年）

資料來源：梁方仲（1989, 485–555）

料繪製出地方推行一條鞭法改革的數量（在所有層級），顯示張居正政府在一五七二至一五八二年所取得的實質進展：幾乎有半數的地方在這段時期內施行改革。

雖然張居正並非一條鞭法的創始者，但他的其他改革，諸如「考評制度」和「土地清丈」，皆提供了促成一條鞭法改革的架構與數據資料。另外，他也將改革的實施集中於中央，以往這些施行是以一種「不協調」的方式在各地方中施行[125]。

張居正從未提議創設或廢除任何一項官職[126]，因為身為首輔的他，並無權力可以這麼做[127]，因此，他藉著操縱人事關係來規避體制限制，從而實施他所建議的改革措施。透過宦官馮保，他與皇太后保持著密切聯繫，並運用他的影響力去控制皇帝[128]。另外，他也會給在帝國行政機構中擔任要職的副手們寫長篇信函，敦促他們支持他所贊成的建議。身為皇帝的首席輔佐者，張居正代表皇帝草擬本章，批准他所呈奏的法令政策。在他的信中，他會以勸誘、規勸、抱怨，以及溫和的訓斥來達成他的目的。有時，他會預先告知收信者的下一次任務或是晉升，讓他們明白，他們的加官進祿之途掌控在他手中[129]。

不得人心的張居正

居於權力巔峰時期的張居正，宛如成了「全國公敵」[130]——官員們懼怕又厭惡他的考核制度，因為這項制度要求他們在時限內完成特定的目標；地主們對他的土地清丈調查與一條鞭法的改革也深感不滿，這如同堵住了他們以往享有的稅收漏洞。一五七七年，在張居正的父親去世後，對張居正的攻擊與批評達到了頂點。根據朝法儀規要求他必須辭官並在家服喪二十七個月[131]，但無論是出於張居正自己的建議還是萬曆帝的默許，這位十四歲的皇帝以一紙皇令，陳述張居正的襄助不可或缺並免除他的丁憂守制，回應了張居正守喪停職的請求。然而，這項決定在朝中引起軒然大波，官員們紛紛上奏請求讓張居正停職[132]。這些對他日益高漲的反對聲浪，反而激發了張居正的心理變化，不但堅定了他的改革決心、更加速了多項改革的腳步[133]。

歷史學家傾向於認為，反對張居正的陣營是由地方仕紳與他們在朝中的代表所組成。學者哈利・米勒（Harry Miller）將明朝的這種緊繃局勢描述為一個主權的問題：決策權應該來自國家還是仕紳[134]？宋朝發生了「地方主義轉向」（localist turn）之後[135]，米勒認為，中國仕紳「繼續求取功名，但主要將其視為構成地方重要性的一個因素，而非終生為國家服務的基礎。[136]」事實上，地方仕紳也發展出一連串的社區領導與服務：改進灌溉系統的設計、提供飢荒救濟、組織地方民兵、督導宗教生活等。有些項目他們會與地方政府合作，但在大部分情況下，他們仍為主要的推動者[137]，然而，張居正「正是那個確保仕紳會為國家效力而非國家為其效力的人。[138]」

中國歷史學家黃仁宇也歸咎地方仕紳是阻撓張居正改革之因[139]。他指出，地方仕紳與他們在朝中的代表共謀，是阻礙改革的最有效方法：「一旦不滿，他們就會故意拖欠不交賦稅，或藉由有影響力的人士向地方行政官員施壓。[140]」

一五七四年，山東省東阿縣縣長白棟在他的轄區採行一條鞭法，按照每畝（六千平方英呎）0.011兩（相當於二〇一九年的一美元）來徵收固定的賦稅，外加每畝0.0092兩的役稅，該縣的每名成年男子也根據估定，每年被徵收 0.13 兩。對於華北來說，這樣的稅率並不算太低但手續相當簡單。第一年的施行後，之前遁逃遷移的一萬一千戶又重新歸籍，因此張居正讚賞白棟的功績，但由於「地方不滿」導致白棟被一位監察御史彈劾，而該案最終在張居正介入了解之後才得以結案[141]。

在明朝，許多地方官員在執行新政策之前，都會謹慎地與轄區內的菁英取得某種程度的共識，而這樣的做法即韓國歷史學家李錫熙所稱的「公私兩便」[142]——這是一種涉及國家與社會之間的協商過程。大約一六〇九年時，山東省汶上縣縣令在下列縣志中寫到的觀察，解釋了該地賦稅文冊的不合理性：「乃薦紳先生各執所見，弗思潤澤，紛紛之議，幾聚訟矣。[143]」當然，各地亦不乏盡責的地方官員，並未向有權有勢的仕紳屈服，且堅持頑強反擊，然而，這類的英雄行徑鮮少得到回報，這些善盡職責的地方官反而往往必須做出相當大的自我犧牲[144]。

學者梁方仲檢視了江西省實施一條鞭法的延遲狀況，並確定地方利益團體與政府官員之間的結盟是主要的罪魁禍首。一五五六年，時任江西巡撫蔡克廉倡議施行一條鞭法，但為「官員及地主」所阻，因此，該省直至一五六八年才開始實施一條鞭法[145]。

大體而言，美國漢學家列文森（Joseph Levenson）與弗朗茨・舒曼（Franz Schurmann）對地主的「寄生本質」建立了理論。以他們的觀點來看，私人對國家利益的侵占是無法阻擋的，因為很難期望中國的「地主官員」會支持官僚體制來打壓他們自身的利益。「因此，」他們寫道，「隨之而來的是土地集中、私人利益的不祥增長，威脅著試圖以理想方式來粉碎私人利益的國家。然而，國家的官僚機構中所配置的人員，正是最該受到控制的那些人。[146]」

在一封私人信函中，張居正用兩個他最愛的字「公」與「私」來描述這個問題，以他所體現的公眾精神來對比所有反對他的人所代表的背信自私。「計私害而忘公利，」他寫道，「遂失此機會，故僕以為不唯不忠，蓋亦不智甚矣。[147]」

維持現狀的地方

然而，與張居正的譴責相反的是，這些官員們其實非常聰明——他們對改革的反對是一種經過深思熟慮的作為。保護其家族利益的最佳做法，就是阻礙所有中央集權與普遍徵稅的改革措施，因此，這些地主仕紳與他們在朝中的代表，試圖否決張居正的強國改革。

在本節中，我轉向數據資料來探究張居正改革的政治局勢。利用一條鞭法實施的時間與區域差異，我證明了代表愈多（以一個州所產生的中央要員數量來衡量）與該州愈慢採行一條鞭法有關。我的分析與上述提及的質化證據一致，並指出代表其地方網絡利益的政治家擁有維持現狀的強烈動機。

地方採行一條鞭法的時間表

「結果變數」（outcome variable）是一個州採行一條鞭法所耗費的年分，而這項分析的數據是來自中國社會經濟史學者梁方仲的《一條鞭法編年史》[148]，該資料列出了改革的年分、所在地，以及關於來源的一些簡短註記、內容、以及涉及的人員。順帶一提，研究明朝的歷史學家長久以來，皆將梁方仲的一條鞭法著作視為權威之作[149]。據我所知，《一條鞭法編年史》提供了各地方實施一條鞭法的最詳盡、最全面性的時間表[150]。

因此，我運用梁方仲的數據來確定各州是在哪一年實施一條鞭法的改革。因變數是該年與一五三一年（改革首度被提出的那一年）之間的差距。圖6-2（圖a）顯示了各州實施一條鞭法所耗費的年數[151]。

地方利益的朝廷代表

「自變數」（independent variable）是在萬曆年間（一五七三至一六二〇年）各州所產生的中央要員數量。我把重點放在萬曆年間，是因為在該時期一條鞭法正於全國各地如火如荼地展開。根據梁方仲所記錄的二百五十九個實施事件中，就有二百件（七十七・二%）發生於萬曆年間。

運用我在第二章中說明的定義，中央要員的品級為侍郎（三品下級）或以上。類似宋朝，明朝從一品上級到三品下級品秩的官職即被視為高官[152]。我從各種檔案與當代的資料來源中取得一份清單，列出了這類官職以及在一五七三至一六二〇年間擔任這些官職的五百零三名官員[153]。另外，我從《中國歷代人物傳記資料庫》中蒐集到這五百零三名官員的個人資訊，比如他們的本籍[154]。圖6-2（圖b）即呈現出他們本籍所在地的空間分布。

我也蒐集了這些官員的宗親網絡數據資料，並採行了符合第二章所述的標準：個人三代之內的宗親網絡，包括建立在血緣或婚姻關係上的家屬親戚。然而，明朝與宋朝不同的是，宋朝官員的墓誌銘在《全宋文》中記載得相當完整，但明朝官員的婚姻資訊較無系統性的紀錄。我查閱了大量的素材，從家譜紀錄到地方志，並設法取得六十五位明朝官員的家屬親戚一千五百人的資訊[155]。由於數據資料缺失的問題嚴重，我在解讀這些結果時也特別謹慎。

簡單的描述性統計顯示，從宋朝到明朝，大臣要員的家族親屬網絡地方化程度相當明顯，明朝官員的平均標準地方化分數是宋朝官員的四倍[156]，可見菁英地方化的趨勢始於宋朝，但確立於明朝。結果顯示，明朝官員是一個分裂程度更高的團體。次頁圖6-3

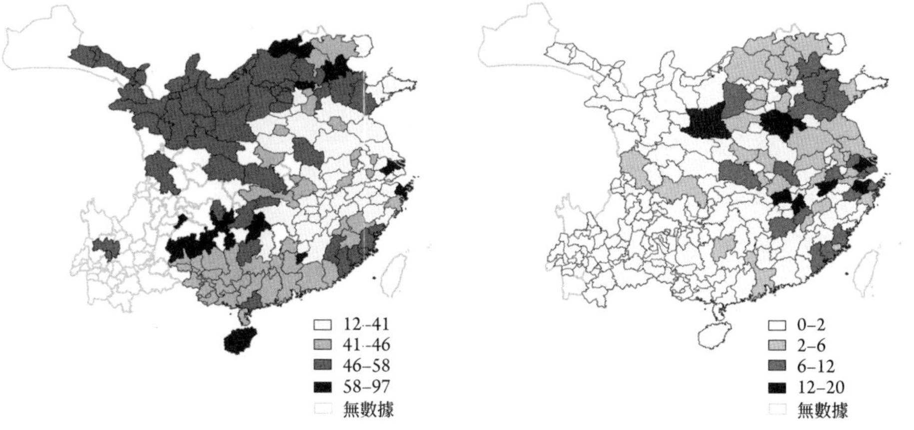

(a) 實施一條鞭法所耗費的年數　　(b) 各州的中央要員人數（1573–1620年）

圖 6-2：一條鞭法的實施以及在朝中的各州代表

資料來源：梁方仲 (1989, 485–555) 和作者的數據蒐集

說明了明朝大臣要員的社會網絡：每個「社群」中間的較大節點代表一位要員，周圍較小的節點代表家親成員，線條則代表了來自血緣或婚姻的宗親關係。除了少數例外，大部分的要員都未與其他要員以宗親關係產生連結；明朝官員的聯姻網絡密度僅為宋朝官員的三十分之一。[157]

推遲改革的地方

我的統計分析顯示，一個州只要在朝廷中多出一位要員代表，其採行一條鞭法的可能性就降低了七・七到十一・六％。當我控制了省的固定效應（fixed effects），包括：各省的領導與政策、地理、

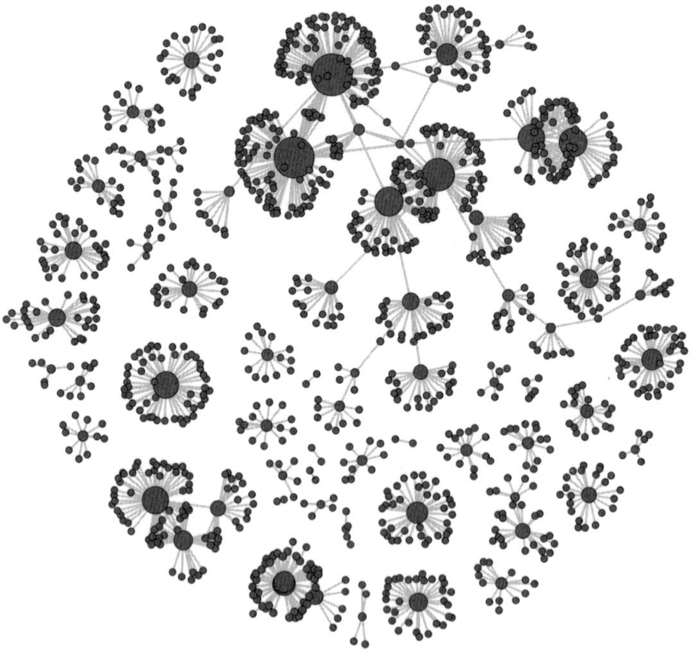

圖 6-3：明朝要員及其家族親屬的社會網絡（1573–1620 年）

氣候、土質、文化、歷史時，與我的發現結果是一致的[158]：在朝中的代表有助於地方延遲採行一條鞭法的新政。

為什麼有些州可以將好幾位代表送入朝廷，其他州則無法這麼做？正如我稍早所述，在明朝，配額決定了每個地區有多少考生可以參加科舉考試。由於通過科舉考試幾乎是通往仕途、擔任官職的唯一保證，中央官僚機構中各地區代表的強弱程度，明顯反映出各地方在科舉考試中的表現。對明朝官員與科舉考生的數據統計分析指出，每一州的每一百名進士中，即有三・四人會成為政府要員[159]。

綜上所述，我的統計分析指出，明初設立的地區配額決定了科舉應試的人數，從而影響到通過科舉考試的考生人數，以及這些考生日後成為朝中要員的人數，於是，來自各州的要員人數又影響到一條鞭法的改革步伐：**某一州所產生的要員人數愈多，該州實施改革的步伐就愈慢**。

小結

在本章，我以張居正改革的例子，尤其是一條鞭法，來說明明帝國晚期的政治家們代表著地方利益且只願保持國家現狀，而非增強國家實力，因此，他們阻礙那些旨在將財政體系集中於中央的改革。延續宋朝以來的趨勢，明朝統治階層的菁英愈來愈深植於地方社會網絡，從而影響他們在中央朝政的決策。同時，皇帝也加強了對政府各部門與軍隊的控制，並建立起絕對的君主專制。專制的政體與分裂的菁英逐漸形成且並存，而在此之際，國力仍舊積弱不振。

一六四〇年，大約在張居正死後六十年，明朝的最後一位統治者崇禎皇帝為張居正徹底平反，恢復了他作為改革英雄的名聲[160]，但為時已晚——四年之後，李自成的叛軍攻入北京城，崇禎自縊[161]，明朝滅亡。

然而，儘管財政疲軟、經濟衰微、軍力孱弱，明朝仍然延續了將近三百年之久。是什麼因素維繫了它的統治？要知道答案，我們必須超越官僚體系、稅收制度、統治者，檢視從底層支撐帝國的社會結構，而這將會是下一章的重點。

第七章　私有秩序機構的發展

承諾問題與世系組織

十一世紀之後，中國菁英開始阻撓國家建設，他們抗拒全國性的地籍調查、反對軍事集權、並且拖延財政統一。結果是，帝制中國末期面臨了財政赤字與軍事無能的困境，地方政府只能提供最低限度的公共財與服務，國家軍隊也僅能自保。

然而在西方國家入侵之前，帝制中國末期是一個異常穩定的時期，內憂外患的威脅皆逐漸消退。明朝（一三六八至一六四四年）與清朝（一六四四至一九一一年）這兩個朝代，都延續了將近三百年之久；一種新的社會秩序對這個時期政治與社會的穩定局勢貢獻良多，而這種新社會秩序的出現，又有賴於菁英們的社會合作。

在本章，我檢視了中國菁英如何在帝國晚期仰賴社會合作以提供保護與服務；地方化的菁英可以仰賴社會合作而非國家，來提供他們基本的保護與服務，從而利用其所帶來的巨大效能並從中獲益。然而，當合作需要集體行動、個人又有強烈的卸責動機時，就會產生「承諾問題」

（commitment problems）。所謂的承諾問題，指的是菁英成員必須做出貢獻，包括提供防禦保衛、修路、助學等，而這個問題不僅會發生在同一個世代中，也會發生在「跨世代」之間：年長的世代投資在年輕世代的教育上，年輕世代遂被期望要在未來擔負起保護年長者的責任。因此，菁英們面臨了一個組織問題：社會合作產生了效能的獲益，但承諾問題又使菁英們無法從中得利。於是，中國菁英發明了世系組織與世系結盟的私有秩序機構，以三種方式來幫助他們克服這樣的承諾問題。首先，透過敬拜共同的祖先，世系組織從精神層面上將屬於同一血統的族群團結在一起；其次，藉由編纂家譜，世系組織可以酬報值得信賴的成員並排除坐享其成者；最後，透過聯姻，世系的結盟有助於在世系之間交換「彼此的人質」。

固守個人所屬的世系並對其做出貢獻，這樣長期的回報遠大於短期的欺騙與卸責之舉。因此，世系組織與世系結盟可使成員在「事前」對其他成員做出可靠的承諾，「事後」亦不會欺騙或逃避責任。

※

在討論私有秩序機構的發展時，我借鑑了其他兩個領域的見解。第一個領域是經濟學，新古典經濟學認為市場是有效的，但新制度經濟學（new institutional economics）則認為，當市場的行為者談成並執行合約時，可能會產生可觀的成本——也就是英國經濟學家羅納德・寇斯（Ronald Coase）所稱的「交易成本」（transaction cost）[1]。為了降低成本，經濟的行為者遂發明了諸如公司之類的機構，使交易轉變成內部化[2]。另外，政治經濟學的研究亦顯示，當社會團體導致交易成本產生時，國家機構也會隨之形成[3]。舉例來說，美國經濟學者阿夫納・格雷夫證明了強大氏族無法相互合作的結果，導致中世紀地中海的商業強國熱內亞（Genoese）共和國興起；其後，熱那亞政府幫忙協調社會團體，並達成了政治秩序與經濟成長的目的[4]。我將人們設計機構以降低交易成本的概念，納入我的想法中，但我所描述的故事提供了另一種因果關係——雖然在歐洲，國家機構是由於缺乏社會團結而產生，但我證明了在中國，社會團結的出現是由於國家無力降低交易成本。

第二個領域是人類學，尤其是對於家庭是一種動態現象的覺察。舉例來說，南非人類學家梅耶・弗特斯（Meyer Fortes）強調了研究家庭「發展週期各階段」的重要性，因為「發展因素為家庭組織所固有」[5]。其後，某些經濟學家，尤其是保羅・薩繆森（Paul Samuelson）和彼得・戴蒙德（Peter Diamond），將這項見解形式化為「世代交疊模式」（overlapping generations model）[6]。這類模型的最簡單版本，考慮的是「無限期經濟」（infinite-horizon economy）的「離散時間模式」（discrete-time model），由存活於兩個時期然後死亡的個體所組成。每個時期都有一個新的世代誕生，因此不論在哪個時期，人口僅由兩個世代所組成，亦即出生在這一時期剛開始時的人（現在的「年輕人」）以及出生在前一時期剛開始的人（現在的「老人」），而「老人」所做出的決定會影響「年輕人」的資本積累[7]。我以這項見解為基礎，將世系組織概念化為一種制度機制，旨在解決「年老」與「年輕」世代之間的緊綳關係。

本章的內容概述如下：首先，列舉出中國菁英在帝國晚期所面臨的不確定性，包括競爭激烈的科舉考試、家族財產的分配、公共財的供給匱乏、政府的干預，以及暴力衝突；其次，討論他們所面對的承諾問題，促使他們倚賴社會合作來解決這些不確定性；再來，運用我所匯編蒐集的原始資料集，並提供若干經驗證據，檢視世系組織與世系結盟如何幫助中國菁英克服他們的承諾問題。最後，討論私有秩序機構對中國長期政治與經濟發展的影響與意涵。

菁英面對諸多的不確定性

中國貴族衰沒之後，一個新的菁英階層興起，也就是仕紳階級。為了永續他們的財富、權勢和社會地位，這些新的菁英必須面對眾多的不確定性，包括：競爭激烈的科舉考試制度、將家產分配給所有兒子的繼承制度、國家所提供的公共財與服務匱乏、政府干預，以及暴力衝突等。

競爭激烈的科舉考試制度

自宋朝以來，新的菁英必須參加競爭激烈的科舉考試才能踏上仕途。科舉考試開放給各種社會背景的所有男性參加，根據旅美華裔史學者何炳棣的估計，從一四六二至一八九二年，平均有四十二・九％的進士出身為平民[8]。由此可見，即使是全國最為顯赫的家族，也無法避免向下流動，因為後來的子嗣很難維持每一代都有人通過科舉考試、取得功名。正如中國古諺所言：「君子之澤，五世而斬。[9]」也就是說，獲取進士功名極具挑戰性。在明朝，參加縣級考試的考生中，只有〇・〇一六％能成為進士；在清代，由於人口快速成長，這個機率又更低了[10]。

例如，在整個明朝時期，只有兩個家族連續五代出了進士[11]；至於在清朝，安徽省桐城的張氏六代以來，每一代都至少出了一名進士[12]。第一位一舉成名的是張英（一六三七至一七〇八年），擔任禮部尚書；張英的兒子張廷玉（一六七二至一七五五年）在三朝皇帝下擔任首輔，也是清朝最有權勢的政治家[13]。但即便是在如此顯赫優秀的家族，在接下來的六個世代，張英的直系後裔任官的比例也從八十三・三％下降為十九・四％，取得功名者的比例，更從百分之百下降為三十％[14]。

長子繼承權不復存在

自唐代以來，所有男性繼承人（包括合法和非合法繼承人）皆可平分家產的這項做法，也加強了向下流動的現象[15]。雖然一位男子只能娶一名妻子，但只要他負擔得起，卻可以納許多妾——根據美國歷史學者伊佩霞估計，宋朝大約有三分之一的菁英家庭都曾納過一名妾[16]。

福建省建陽的翁氏家譜就記載了一個例子，顯示一個家族所持有的土地如何在四代中大幅減少。曾祖父翁萬成（Weng Wancheng）置了一千二百八十畝的田產並留給了他的四個兒子，每個兒子分得三百二十畝；其中一個兒子柏壽（Boshou）有兩個兒子，每人分得一百六十畝，而這一百六十畝又被柏壽的三個孫子瓜分，每人分得五十三畝[17]。

由於科舉制度的高度競爭性，以及財富因繼承不斷地被瓜分，任何一個家族都不可能長久保有政府與教育的高階地位[18]。如果翁氏的世系按照這樣的速度不斷分產，直到第五代，這些子孫的家庭會發現他們連自耕農的生活都難以維持，更遑論靠田租的收入維生了[19]。

貧瘠的公共財與公共服務

由於稅率極低，帝國政府只能在地方層級維持最低程度的行政職能，並提供極為貧瘠的公共財與服務。中國歷史學家黃仁宇對明朝縣級官府的描述如下：「管轄範圍約五百到一千平方英哩，治理人口從三萬到二十五萬不等，縣令之下僅設有三名具備官職身分的正式人員：縣丞、典史、主簿。」[20]然而在清朝，人口的激增使得最低限度的地方治理成了更嚴重的問題；清朝政府的縣級行政單位比漢朝（西元前二〇六年至西元二二〇年）時還少，但後者的人口與領土比前者要少得多[21]。美國歷史學者曾小萍（Madeleine Zelin）估計，中國在清初有一千三百六十個縣，但若要符合帝國統治初期通行的人口與行政單位的比例，則需要增加到大約八千五百個行政單位[22]。為了提供足夠的縣級單位以確保帝國能有效控制地方人口，單單為了縣級政府的運作，清朝就得撥出二千五百五十萬兩以上的白銀（相當於二〇一九年時的七億五千兩百萬美元）[23]。

舉例來說，自宋朝以來，地方政府就把灌溉的責任委派給地方菁英。根據中國歷史學者鄭振滿對福建省海澄縣的考察，該灌溉系統始建於宋朝，但維護不善；到了明朝初年，縣令下令地方仕紳籌措資金以修復被洪水摧毀的灌溉系統；時隔二十七年之後，新上任的縣令又再度下令地方仕紳重新修繕該灌溉系統[24]。鄭振滿認為，自明朝以來，地方政府沒有任何資金能用於諸如灌溉之類的地方公共建設上。明朝中葉前，地方政府還可以徵召家戶應役，但自一條鞭法改革之後（參見第六章），地方政府無法再徵收役稅，只能「鼓勵」仕紳家族捐錢，或是乾脆直接把工作委派給地方仕紳[25]。

政府干預

菁英必須處理旨在滲透地方社會的偶發性政府政策，這些政策通常是在每個朝代初期時即被加以制定並推行，因為在一開始時皇帝仍滿懷雄心壯志，且帝國政府在改朝換代的暴力衝突與遷徙移居之後，掌控了更多的資源（例如土地）。舉例來說，在明朝初年，開國皇帝將所有人口區分為民、軍、匠等世襲的職業戶籍，並建立起一套勞役系統，可以徵召所有的成年男子為政府服役[26]。在清朝初期，為了解決地方政府的赤字問題，第三位皇帝雍正（一七二二至一七三五年）下令「火耗歸公」[27]，授權各省官員得以對所有要上繳國庫的固定田賦與丁稅，徵收固定比例的附加費；這項附加費會被保留在原來徵收的各省，以作為地方官吏的「養廉銀」，實則即為補貼官俸之意[28]。

這些政策不但提升了菁英們的成本，更為他們的家族內部關係帶來相當大的不確定性。舉例來說，明朝的戶籍制度是世襲的，政府嚴禁家戶分籍，這意味著對一個軍戶來說，不論後代是在一個家庭中一起生活，還是分別在多個家庭與經濟單位生活，他們都必須共同確保有一名軍士在職[29]。按照規定，國家官員可以接受銀錢支付以替代兵役，再用這筆費用去聘僱傭兵，但非正式的做法，可能是軍戶自行聘僱傭兵來履行他們的義務[30]。不過，隨著後代子孫人數不斷增長，所有家戶愈來愈難以共同決定誰該出錢聘僱傭兵，甚至更難決定該由誰來擔任這名傭兵。

暴力衝突

美國歷史學者裴宜理寫道：「沒有任何國家比中國擁有更歷久不衰，或是更多彩多姿的叛亂與革命史。」在一〇〇〇年至一八〇〇年間，中國有超過六十五%的軍事衝突屬於內亂[31]。中國農民生活在僅能勉強維持溫飽的水準上，英國經濟史學家理察・陶尼（Richard Tawney）將這種情況比喻為「一個人始終站在深及脖子的水中，因此即便只是一道小小的漣漪，也足以淹死他。[32]」與此同時，外來氣候的衝擊（例如：氣候嚴寒或久旱不雨）更是農民起義反叛的重要催化劑[33]。群眾叛亂對地方傳統的地主菁英們構成了嚴重的財產與生命威脅，因為「重新分配」的激進需求是農民暴動的一大訴求，清朝時的太平叛軍中一首廣為傳唱的歌謠，即證明了這一點[34]：

「百萬身家欠我錢，
不窮不富任耕田，
無食無穿跟我去，
窮餓老天保爾安。」

當附近的農民拿起武器暴動時，地方菁英或許可以尋求國家的保護，但是，國家往往會優先保衛它的首都城池，「而把農村地區讓給敵軍」[35]。自宋朝以來，大部分中央政府都將駐軍設置在主要城市中心或其附近區域，大明帝國更在全國遍設數百座駐防要塞；地方菁英可以暫時聚集到這些「有城牆的安全避風港」以避開農民暴動，但是當他們返回家園時，就會發現這些農村中的房舍都被付之一炬、掠奪一空了[36]。

社會合作與承諾問題

面對這些不確定性以及一個只能維持最低治理程度的國家，中國菁英遂轉而尋求社會合作。他們在世系組織內分工，讓每一個世代都有一位男性成員可以專心勤學苦讀以參加科舉考試。他們蓄積由所有世系成員共同擁有的資產，並期望富裕的成員可以在遺囑中交代若干捐贈給共同的田產；他們組織起地方社會、動員世系力量，並付錢給農民進行修路、築防護堤、修繕水壩。一旦有個光耀門楣的子孫通過科舉考試、取得功名官職，他們自然會期望他能影響政府政策來保護地方利益；而當他們遇上叛軍盜匪時，便往山裡撤退，修築要塞並組成民兵。

誠然社會合作可能為菁英帶來顯著的效益獲利，但它也要求個人建立起互惠互利的交換關係，必須能承諾履行其約定的義務，才能維持這樣的合作模式。舉例來說，不同世代的人必須相互承諾，在上一代年長者投資下一代年輕人之後，這些年輕人必須回過頭來照顧年長者。這個承諾問題的出現是因為交換是連續性的：在報酬（quid）與現況（quo）的交換條件之間，會流逝大量的時間[37]。

另外，承諾問題也可能在同步交換時出現，舉例來說，林家與黃家可能原本合意共同修堤，但林家後來又決定收手坐享其成，讓黃家來收拾殘局；黃家「事前」就預料到林家「事後」會有這種行為，發現最好一開始就別跟林家合作。由此可知，集體行動所產生的問題可能會對社會合作造成阻礙[38]。

人力資本的共同投資

準備應試需要集體的努力，因為即使是富裕的家族，也無法負擔所有的子弟把所有的時間都花在勤學苦讀上。他們通常從六、七歲還年幼無知時就開始準備應試，被要求背誦儒家典籍[39]；平均來說，一個人大概要花上三十年不間斷的學習，才可能成功通過最後一個階段的考試、取得進士的功名[40]。

由此可見，一個家族通常要花上好幾代時間，才能培養出一個能參加科舉考試的子弟——美國社會史學者白蒂對安徽桐城的顯赫家族之研究，即證明了這種世代相傳的努力。張氏家族的先祖明初才遷徙到桐城，以農民克勤克儉的美德，逐漸累積起家產。張英的第四代先祖張鵬為家族的財富奠下了堅實的基礎，張鵬的獨子張木（一五二〇至一五五六年）承繼了他父親的完整家產。張木積聚了更多的家產，而且他只有兩個兒子，因此家產對半分配之後就傳承了下來，他的長子張淳（一五四〇至一六一二年）因此得以全心投入準備參加科舉考試；一五六八年，張淳的努力有了回報，他成為家族中首位取得進士功名的子弟。在此之際，張淳的弟弟張漸則留守家園，負責照看他們家族的田產[41]。

張淳得以專心苦讀、準備科舉考試，是因為他繼承了父親遺留下來的一大筆財產，而且又有他的弟弟幫忙打理照料這些家產。他取得官職之後，「這筆財富（來自擔任官職）的一大部分又直接流回到田產土地上。[42]」於是，張氏家族開始了獲利豐厚的投資循環：從物質資本（土地）到人力資本，然後再回到物質資本。到了一七四七年，張氏家族已經擁有二百九十畝（約當四十四英畝）的祭田；到了一八二〇年代，甚至高達五百八十八畝。這些土地在十八世紀被大量購入，當時張氏一脈如日中天，張英與其子張廷玉皆是聲名顯赫的政治家[43]。

張氏家族的資本累積模式，遵循了一般世代交疊模式的運作。次頁圖7-1中，T1這一代的年輕祖先開始累積資源；到了T2這一代，中年祖先將資源轉移給家族中的年輕成員；而當這些年輕成員逐漸邁入中年（T3這一代），就輪到他們來扶持那些養育他們的父執輩，同時還要培育下一個新的世代。隨著家庭與時並進地不斷自我繁殖，世代間的資源轉移也不斷地進行下去（T4這一代以及其後的世代）[44]。

為了維持這種資本累積的循環，每個年輕的世代都必須承諾會返家照料家務；如果較年長的世代預料到年輕世代不會返家，年長者就不會承諾要投資在年輕者身上，那麼循環就會被打破。

張氏家族的這項循環，在張廷玉（張家最成功的子弟）之後就被打破了。美國學者白蒂注意到，「張廷玉的子孫似乎比他兄弟的子孫花了更多時間待在京城或從事官職，可能更快染上世俗惡習而腐敗。[45]」

財產的集體所有權

為了避免因繼承過程中的週期性分割而導致土地所有權逐漸分散，自北宋以來的中國菁英建立了一種世系財產，以不可分割的信託形式被永久地共同持有[46]。世系財產主要包括了宗族的田產，但也包括了房舍、放貸資本、灌溉系統；在商業區，宗族世系也共同擁有工業與商業財產，比如店鋪。這種宗族世系的財產，在明清時期開始大規模地發展。每一代都會將一部分的資產指定為「祭田」，捐贈給世系組織作為集體利益之用；世系利用來自祭田的收入去購買香燭、酒食等供品作為祭祖之用。

一三九二年，當福建省建陽人周子原為三個

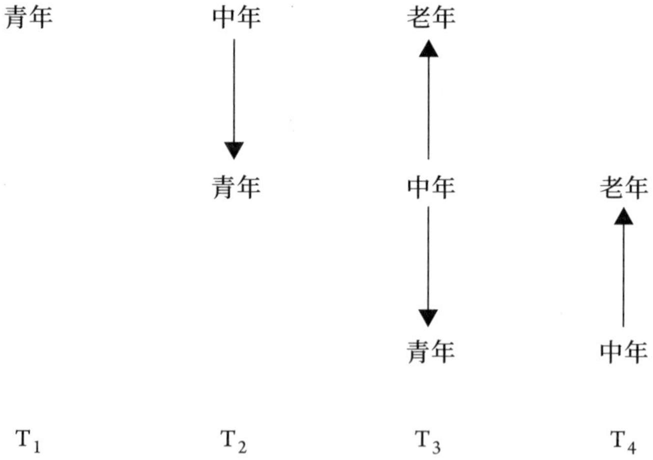

圖 7-1：世代交疊與資本累積

兒子分家時，曾告訴他的親友，他立了祭田作為先廟、先塋烝嘗、忌日之需，三房可以輪流用祭田的收入以供祀事[47]。

世系的支族可以繼續對共同財產進行集體投資，如此一來，每個支族都可以分到一份共同的財產，類似企業組織[48]。例如，根據福建省浦城的詹氏家譜記載，詹氏在一八六五年建蓋了家族祠堂，並在同年稍晚的時候，詹氏的八名子孫每人捐出了五銀元購入一座園圃，每年可帶來八千的租金，詹氏宗族即可利用這項收入來支付祠堂所產生的開銷[49]。

來自世系財產的收入，主要是用在祭祖、興學和地方的公共建設上[50]。到了清末，某些地區由世系組織所持有的土地比例，已經相當於甚至大於私人擁有的土地了[51]。但是，世系的若干分支也可能會推卸責任，不願為他們的共同財產做出貢獻，尤其是在世系內部存在明顯經濟不平等的情況下。福建省浦城的王氏宗族文獻記載：「財富減少時，有些分支會蓬勃發展、有些則會財源枯竭……仍然跟以前一樣貧窮，甚至規避或拖欠當年應繳的稅款，不再祭祀或清理山上的墳墓。[52]」

地方公共財與地方服務

隨著明清兩朝地方財政狀況惡化，世系組織與世系結盟在組織、管理地方公共建設上，扮演了重要的角色[53]。這些社會組織不僅貢獻財力與人力資源，更與帝國合作互助。政府官員十分歡迎這些社會團體所提供的支持，因為他們大幅減輕了國家在維護公共建設上的財政與官僚機構的負擔。宗族世系的參與，也有助於避免涉及大量公帑時必然會發生的管理不善問題[54]，例如，明朝中葉的一條鞭法改革之後，地方政府往往將徵收作為公共建設之用的款項撥為他用，地方官遂將維護灌溉系統等職責委派給宗族世系組織。

晉江縣志記載，明朝中葉時，縣令命林、黃、蘇、鄭四姓管修堤岸[55]，而這些宗族世系，也會在公共建設完成之後負責管理的工作；莆田縣志記載，地方水庫本由政府管理，但其後由鄒、曾，以及徐姓宗族在一六〇二年接管[56]。除此之外，宗族世系也會提供使地方百姓受益的公共財與地方服務，例如，桐城縣的張氏一族即在一七五八年率先成立義倉，在糧食歉收時救濟窮人[57]；一七六七年，方氏捐田給縣府以資助寒士參加科舉考試的開銷；一七九七年，姚氏宗族也做過類似的捐贈[58]。

地方公共財與地方服務的提供，必須仰賴共同的行動。在這些基礎設施的建設完成之後，菁英們必須解決另一個共同行動的問題：資源共享。每個家族都想多利用這些資源，因為即使他們不這麼做，別的家族也會這麼做[59]——這就是美國生態學家加勒特・哈丁（Garrett Hardin）所稱的「公地悲劇」（tragedy of the commons）[60]。

福建省漳州的一份世系文獻說明了這種兩難：「長久以來，我們一直依靠湖塘灌溉稻田以及遮蔭祖墳的林木。我們的祖先投入心力與時間來築塘種樹……然而，他們的某些後代子孫卻把湖塘當成私產，並且砍伐林木。」

抵制國家政策的推行

社會合作也有助於菁英抵制國家的干預。一名世系成員擔任官職後，該世系與整個地方，往往會期待這名光宗耀祖的子弟能代表他們與當局交涉協商。在清初，桐城縣最為人所知的地方發言人就是姚氏宗族的姚文然（一六二一至一六七八年），他也是張氏家族的姻親。姚文然本為進士，後在致仕前升任左都御史[61]。

姚文然榮歸故里後的十年之中，大部分時間都花在干預地方的行政事務上。雖然為他撰寫家族傳記的人堅稱他從未為個人的私利行事，但也承認「每當發生任何對地方有利或有害之事時，他都會以信件往來，直到他得到他所要求的結果為止。[62]」例如，他反對並成功地制止了該縣勞役配額的增加；他推遲了一項新法規的執行，該法規旨在廢止取得功名者家庭成員可享有的勞役優免權。除此之外，他也阻擋了中央政府意欲執行一項新的地籍調查、以取得準確賦役登記的嘗試[63]。姚文然與他的推官兄弟姚文烈（一六一六至一六六五年）聯手廢止了一項將為里長帶來更沉重財務負擔的新政[64]。

姚文然於一六七八年辭世之後，張英接下了他的棒子。身為禮部尚書，張英是桐城菁英中最德高望重的一位。當張英在京城時，他收到來自家鄉親友的投訴與要求，有關各種給地方鄰里造成負擔的政策。一六八〇年，他說服任職安徽巡撫的友人廢除了這些政策[65]。

由此可證，地方的顯赫家族會為了整個地方的利益而進行干預，旨在防止社會動盪與對立。正如美國社會史學者白蒂的觀察，在「明末社會動亂」之後，地方菁英「必須找出更微妙、表面上看起來更利他的方式來保護他們自己的利益。」「解決之道，」白蒂認為，「就是堅定地回歸在財政事務上直接干預當局的早期傳統，雖然表面上看起來是為了整個縣的利益著想；但倘若他們的行為也讓自己及其家族受益，也絕非巧合。[66]」

然而，地方菁英成功捍衛地方利益的這項事實，使得人手不足的當局幾乎不可能做到確保財政管理的公平性[67]。舉例來說，清朝政府在二百六十七年的統治期間，從未能完成任何全國性的地籍調查[68]。

除了抵制額外的負擔，地方鄰里也必須分攤現有的賦役。例如在明朝，軍戶負責在每一代中派出一名男丁參軍。通常，家族後裔中會有一名成員親自履行這項軍事責任，而他的親屬則為此支付他報酬。加拿大漢學家宋怡明發現，在福建省許多世系會透過「分支進行年度輪替」來管理支付這筆報酬的責任，話雖如此他注意到：「這項安排並非全然穩當，有人可能在輪到他時推卸責任、不願支付適當報酬；總是會有這樣的風險存在。[69]」卸責是團體中較富裕成員特別關心的問題，因為大家會期望他們能補足因此而短缺的金錢差額[70]。

共同防禦

菁英也仰賴社會合作來保護他們免遭叛軍、盜匪，有時甚至是鄰人的傷害。他們會在遠離戰亂衝突地區的親戚家中避難、在山區建蓋保衛的要塞，或直接以私人民兵來對抗叛軍。舉例來說，在一場群眾叛亂中，如果政府無法提供充分保護，地方菁英可以「徵召」他們的氏族來提供臨時的避難所、高築要塞，或是組成私人民兵。

美國漢學家羅威廉（William Rowe）詳細描述了氏族的民兵如何在湖北省麻城縣運作。在元朝末年的「紅巾之亂」中，他描述「大批麻城地主驚慌失措、警覺危險，紛紛上山築起防禦工事，固守到叛亂平息為止。[71]」世系是組成防禦的重要空間與社會組織，羅威廉指出：「世系意識或許是麻城人的個人身分認同中最基本的要素。」世系透過民兵的管理來監督共同防禦[72]，結果，許多要塞都是屬於世系宗族所有，像是余家的雲龍堡和夏家的石牆堡[73]。然而，並非所有氏族都能意識到其集體的身分認同；在群眾叛亂時，有些菁英成員會自己湧入城市避難，把他們可憐的親人留在戰亂的家園[74]。

世系組織與世系結盟

在帝國末期時，中國菁英面臨了一項組織的問題：他們必須規劃出讓他們得以彼此信賴、相互承諾的機構，如此一來才能充分從社會合作中獲益。這類機構必須讓個人在其自然團體（例如氏族）中彼此承諾，進而促成這些群體之間的相互承諾。

在反覆的互動過程中，個人可能會基於「聲譽機制」（reputation mechanism）而做出承諾。如果有人卸責或欺瞞，地方鄰里可能就不再與他們合作。雖然這項機制在維持合作方面確實發揮了作用，但卻無法支持有效的合作水準，因為在可得資訊不對稱的情況下，並不總是能強制執行聲譽機制。如果一個氏族分支眾多，而且分支之間的緊密連結隨著世代而逐漸消逝，那麼即使是在同一世系族群當中，資訊不對稱的問題也可能相當嚴重。

在某種程度上，中國菁英可以仰賴法律制度，藉由懲處不良行為來組織社會合作，但是，一個只有三名公僕的縣府，根本無法處理隨著人口增長而產生的社會問題[75]。因此，菁英遂轉而求助私有秩序機構[76]，利用「祭祖」與「家譜」將同一血統世系的成員結合在一起，把他們所屬的自然團體加以制度化，同時也藉由「聯姻」來強化這些自然團體之間的聯繫。

祭祖

宋朝之前，只有貴族可以立祠祭祖。在這一時期，諸如程頤與朱熹的新儒家為世系組織的發展提供了思想體系的前提。程頤倡議取消貴族與平民之間祭祖行為的區別，並放寬平民可祭祀幾代祖先的限制；朱熹則建議在宅邸的正室中設立祠堂以供奉、祭祀四代先祖，並指示必須以祭田來負擔祠堂祭祖的開銷[77]。

這項新儒家的儀式雖然從未正式形之以法，卻成了一項尊崇血統、團結世系的重要倫理依據，並促成了宋朝之後世系組織的普及與發展。明朝時儘管官府禁止祭拜四代以上的祖先，但實際上仍十分常見，因為這樣的做法極有助於長期擴展並維繫世系組織[78]。

祭拜共同的先祖，可從精神層面上將來自同一血緣族群的個體緊密地聯繫在一起，而從物質層面來說，與祭祖儀式相關的活動與資產也與族群密不可分。子孫們通常會共同繼承各式各樣的祭田，而這些祭田即可確保世系成員可繼續他們的共同活動，如此一來，即使私人家產經由繼承而遭到分割，也不致影響他們的祭祖活動[79]。如果某個世系團體的分支未參與祠堂的建造，那麼該分支的成員就會喪失承傳這條血脈的權利；換言之，只有投資者與後來的股東才能參與祭祖與祭田的管理事務[80]。

因此，祭祖給予世系成員動機，激勵他們為共同利益與財富做出貢獻。祭祖儀式也會藉由阻止那些坐享其成者繼承世系財產的方式，來對他們施以懲罰。例如，在桐城的張氏家族中，張廷玉的子孫待在京城的時間比待在桐城老家的時間還多，因此對祭祖活動貢獻的心力也沒有他們的堂兄弟多。對於張廷玉的後代為何在家族各個分支中取得功名的表現最差，美國學者白蒂的揣測是：「由於他們無法參與張氏共同家產的管理，因此也沒有機會享有其所賦予的額外津貼與社會地位。[81]」

家譜

除了共同祭祖，另一個維繫世系凝聚力的方法就是編纂家譜紀錄。家譜需遵循標準範本格式來製作，開頭會先敘述該氏族的起源與歷史、成員隨時間的增長情況，以及成員的定居與遷徙模式。另外，家譜中包括了宗族財產、祠堂、祖墳的描述與記載，氏族中傑出成員的傳記，曾以各種方式被表揚的男女名冊；有時，還有氏族成員所撰寫的學術著作、氏族的規範訓誡以及皇帝敕封[82]。這類紀錄的編纂與修訂費用，由世系成員按其持有土地的面積大小比例來捐贈資助[83]。

這些家譜以兩種方式促成世系的共同行動。首先，藉由紀錄氏族個別成員的成就與貢獻，家譜為成員提供了「選擇性誘因」（selective incentive）[84]，從而對氏族的共同利益與財富做出貢獻[85]。其次，藉由蒐集並廣為流布世系成員的資訊，家譜有助於克服資訊不對稱的問題並促成集體的強制執行。例如，桐城的張氏宗族即要求所有成員仔細保存出生、死亡、婚姻等紀錄，並在每年祭祖時向氏族長報告。各分支的族長得定期蒐集成員的所有必要資訊，並且每三年將這些資訊送交給宗祠的負責人，以便讓他們對家譜紀錄進行每三十年一次的重大修訂；同樣的，宗族世系財產的管理者也要定期提供收支的帳目[86]。

聯姻

雖然中國菁英建立宗祠並編纂家譜來加強世系的凝聚力，但有些合作需要跨世系的集體行動。如前所述，灌溉系統的修築與維護，往往需涉及多個宗族世系的大規模合作。另外，集體防禦以抵抗來自外患或內亂的嚴重暴力威脅，同樣需要數個宗族世系的共同合作。於是，中國菁英利用聯姻的手段來交換「彼此的人質」[87]，形成跨世系的社會網絡。

例如，姚氏與張氏，這兩個桐城最顯赫的世系在十七世紀初開始聯姻，並持續到十九世紀末[88]。這兩個世系在十七、十八世紀的聯姻是如此地緊密，以致於一七四二年時，一位御史甚至宣稱，這兩大家族幾乎占了全國一半的仕紳人數[89]。張英的六個兒子中，有三個娶了姚家的女兒；到了下一代，張姚的聯姻比例增加至七十一％。雖然在那之後，這項比例逐漸下降至第四代的四十三%以及第五代的三十%[90]。

地方望族之間的聯姻對於他們在朝廷中的代表也有幫助，因為這些關係很容易轉換成宮廷政治的聯盟。一六二〇年代，一大批桐城的官員都成了東林黨人[91]；張廷玉在一七二六年成為首輔，並旋即成了新成立的軍機處當中的關鍵人物，運用他的特權地位有計畫地促進他自己的家族以及聯姻家族的利益，尤其是藉由為他們取得官職的方式。到了一七四二年，他們在朝中擔任的官職之多已經到了顯而易見的程度，以致於御史劉統勳上了一份奏疏給皇帝以示抗議，張廷玉也被警告要更加謹慎行事[92]。

來自量化數據的證據

綜上所述，菁英有動機去強化他們的世系以滿足下列需求：（一）持續並共同投資人力資本；（二）資產的共同所有權；（三）地方公共財與服務；（四）抵制國家權力的入侵與干預；（五）抵禦暴力衝突。現在，我將這些見解運用於為本研究所建立的一個新資料集，從而評估這項敘述的含義。雖然我缺乏檢測這些含義的必要數據，但本節提供了經驗證據來支持這項討論的兩點關鍵含義。

首先，如果世系組織讓中國菁英得以彼此信賴、相互承諾，世系成員可以共同投資年輕世代的人力資本，那麼在控制經濟發展水準的情況下，地方科舉考試的成功與世系組織的數量之間應該存在著「正相關」（positive correlation）。在此，因果的箭頭是雙向的：隨著世系組織的增加，世系成員也更可能將物質資本轉化為人力資本，再從人力資本轉化為物質資本，從而維持世系組織。再者，如果世系組織發展為抵禦暴力衝突的共同防禦機制，一個地區的暴力程度與世系組織的數量之間也應該存在著正相關。

量化分析的目標是補充歷史學家透過案例研究所提供的豐富、質化證據，這些敘述與量化的研究結果皆指出重要的實證模式，幫助我們理解私有秩序機構如何在帝國晚期出現並得以維繫下去。

數據資料

▼世系組織

關鍵結果變數是「世系組織的數量」，這個數字測量了一八〇一至一八五〇年間一個縣中獨特世系組織的數量。我利用王鶴鳴的《中國家譜總目》來確認每個縣的世系組織[93]。上海古籍出版社的王鶴鳴與他的團隊花了八年時間，為大約五萬一千兩百本家譜與紀錄進行編目，這些家譜紀錄來自地方與國家檔案館及圖書館、私人館藏和海外收藏等所有已知來源[94]，涵蓋的時間範圍則從第一個千禧年末到現在的印刷名冊[95]；該目錄是迄今為止已知最完整的中國家譜名冊[96]。

我將整部印刷名冊數位化，並利用「中國歷史地理信息系統」的經緯度，根據每一本家譜所紀錄的所在地對其進行地理編碼[97]——據我所知，這類的地理編碼是這類研究中的首例[98]。

在王鶴鳴的名冊中，每一個條目都記錄了一個氏族的家譜，包括它的編纂年分。一個氏族可能會有許多條目，例如，太原市的李氏宗族在一七〇一年編纂了它的第一本家譜（條目一），隨後又於一七五四年（條目二）與一八〇二年（條目三）更新，所以共有三部家譜，每一條目也包括了該族的姓氏以及目前（在編纂當時）所在地的資訊。

我相信家譜的數據資料為記錄帝制中國的世系組織提供了最有系統、最可利用的代理物，即便它可能不甚完美，還是會有測量誤差等數據問題存在，例如：家譜的編纂容易受到印刷材料的可用性、不斷變化的經濟大環境，以及遷徙移居模式的影響，因此，我接下來的迴歸分析將藉由控制各種地理與歷史的變數、以及州級的固定效應來解釋這些潛在的干擾因素。此外，菁英們可能也會發現在暴力衝突發生期間很難進行家譜的編纂工作，而且這些家譜逃過戰亂倖存下來、甚至被編目的可能性也較低，而這種「倖存偏差」（survival bias）也將導致我的估計出現向下偏差的狀況，從而降低我找出暴力衝突與世系組織數量之間存在正相關的可能性。

在一八〇一至一八五〇年間，共有二千九百八十八部家譜被編纂成冊。假設一個獨特的姓氏與經緯度的組合可以標識一個世系組織，我識別出這段期間全中國有二千零九十六個獨特的世系組織存在；當然，這些組織並不包括一八〇一至一八五〇年間存在於中國的所有世系組織，但它們是當時最強大的氏族。次頁圖7-2即顯示了這些世系組織以其姓氏所呈現的空間分布[99]。

我之所以選擇分析一八〇一至一八五〇年，是因為這段期間正是西方國家入侵與太平天國起義之前的最後半個世紀，當時中國各地的世系組織數量遽增，代表了古老政權的末期以及該時期世系發展的最終結果。我選擇五十年的時間是因為一個強大的氏族如果打算編纂家譜，那麼五十年的作業時間已經夠長了；在其他條件不變的情況下，這類家譜通常大約每五十年會修訂一次[100]。

▼科舉考試的成功

為了衡量科舉考試的成功，我利用了一八〇一年前清朝各縣中的進士人數，這項數據資料來自中國歷代人物傳記資料庫，包括：明清時期每一位進士的姓名、應試年分，以及本籍所在地的地理編碼[101]。該資料庫是從官方紀錄中蒐集這些資料——由於進士是在科舉考試中取得最高功名者，以往的研究皆以其人數來量化特定所在地的歷史人力資本[102]。

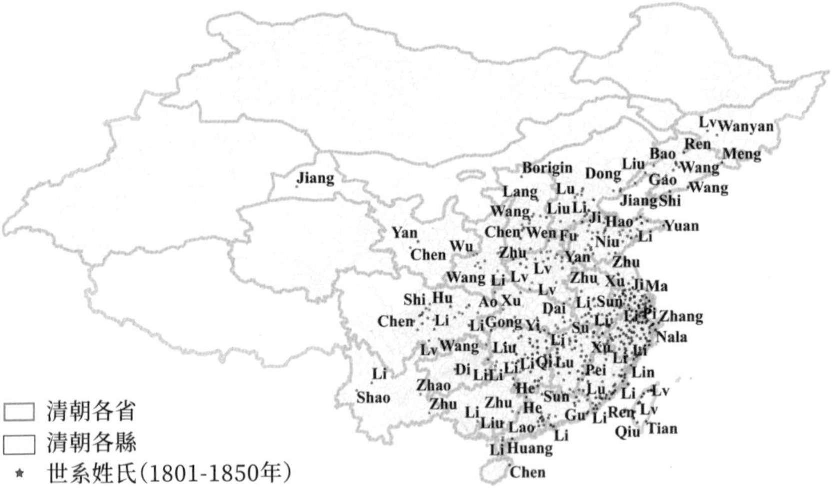

圖 7-2：世系姓氏的空間分布（1801–1850 年）

從一六四四至一八〇〇年間，共有一萬四千六百二十五人取得進士功名[103]。我分析了這個時期，讓考試成功的變數在日期上早於世系組織的變數，使我得以檢視過去科舉考試的成功如何促成世系組織的發展。

科舉考試的成功取決於人口數量以及政府規定各縣官學的配額，該項配額決定了可以進入地方官學就讀以及參加初級考試的學子人數[104]。清初時由皇帝所決定的配額，一直沿用到太平天國之亂[105]；在控制了各縣的人口密度與官學配額的情況下，實證結果如後文所述。

▼暴力衝突

我利用「暴力衝突數量」，亦即一六四四至一八〇〇年間任何衝突中的交戰次數，來評量一個縣的暴力衝突程度，而這項數據資料來自南京軍事學院所編著的《歷史戰爭目錄》[106]。在一六四四至一八〇〇年間，有三百七十二場交戰與發生在清朝境內的二百一十七場戰爭有關[107]，其中更有超過七十%的交戰是發生在國內叛軍與帝國政府之間[108]。

調查結果

頁二三三圖7-3顯示的分布圖（帶有迴歸線〔fit line〕及其九十五%的信賴區間）指出「世系組織數量」與「進士人數」，以及「世系組織數量與衝突數量」之間的正相關[109]。利用迴歸分析，我找出了類似的模式[110]：平均來說，五十多名進士與一個以上的世系組織有關。同理，衝突也與世系組織呈正相關；每多增加一場交戰，也與多增加將近一個世系組織有關。

綜上所述，清朝通過科舉考試進士人數較多、以及暴力衝突數量較多的縣，其世系組織與世系活動也較多。這種關聯性的證據與我們之前的敘述是一致的，亦即：帝制中國晚期的菁英使他們的世系組織制度化，以因應競爭激烈的科舉考試和暴力衝突程度升高所帶來的種種不確定性。

國家與社會的夥伴關係、持久與繁榮

德國社會學家馬克斯・韋伯將國家定義為「一個人類社群團體，在特定領土內（成功地）宣稱**對合法使用武力的壟斷**。[111]」然而，國家對暴力的壟斷無法被視為理所當然之舉。在帝制中國晚期，諸如世系之類的私有組織開始對暴力衝突的手段獲得掌控，包括：修築要塞與高牆圈圍的村落以及成立民兵；世系組織也參與各式各樣的活動，並在其中與政府合作、交涉磋商。

國家與社會的夥伴關係，有助於說明帝制中國的一項核心悖論：儘管財政實力與軍事力量日漸衰退，它卻享有異常持久的統治地位。宋朝之後，社會組織填補了一個積弱不振的國家所留下來的這處空缺——世系機構幫助地方菁英克服集體行動與協調問題，並提供公共財與服務。同時，地方菁英仍然仰賴國家賦予其合法性，使他們不致於漂離主流、變成獨立個體。當國家無法維護堤壩時，只能由地方世系承擔起這些任務；當叛軍到來時，政府軍只能保衛城市，世系只得在地方武裝起來。**帝國統治在面對內亂與外患的挑戰時仍可維持不墜，不是因為國家強大，而是**

因為社會力量的介入。

然而，伴隨長期政治穩定而來的是經濟成本。學者羅伯特・貝茨認為，在私人強制的情況下，貧窮會成為和平的代價，而暴力則是繁榮的代價；出於對忌妒的恐懼，他解釋：「人們可能會藉著貧窮生活的選擇來提升他們的福利。」[112]在做出投資決策時，中國的菁英家族面對兩項基本的兩難困境。首先，他們不得不以繁榮來換取和平；如果他們想致富，就必須投資於安全，又或者，如果他們想維持和平，就必須保持貧窮。其次，他們無法專職於經濟生產，因為他們必須將一大部分的資源分配在防禦保衛上。因此，中國的菁英家族無法利用專業化之益，也就是被英國經濟學家亞當・史密斯視為現代經濟成長的關鍵

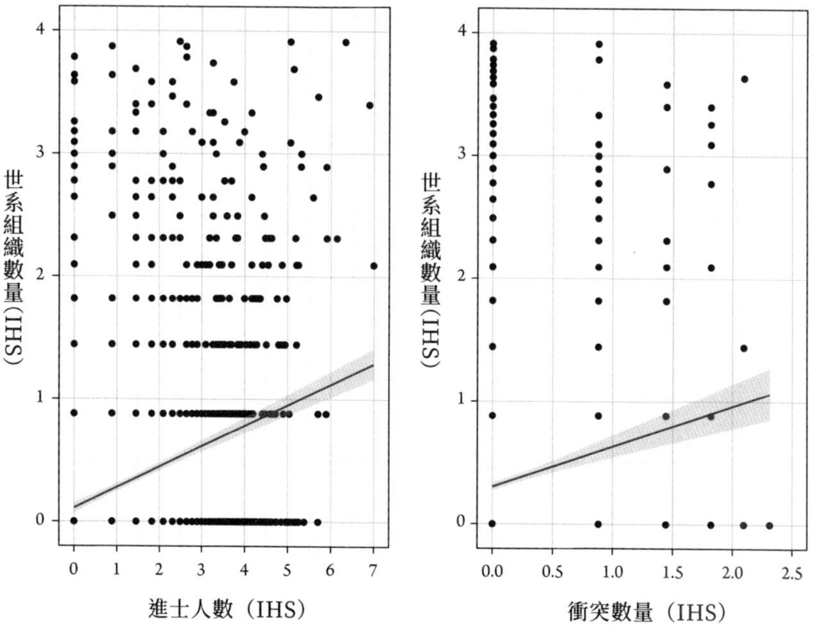

圖 7-3：科舉成功、暴力衝突，以及世系組織的散布圖 (Scatter Plot)

[113]。結果就是，整體社會皆無法受益於分工，因為每個家族都必須多工[114]。

不同於中國，在歐洲出現了一種不同類型的社會合作。由於宗教禁止同族結婚、收養、一夫多妻制、納妾、離婚、再婚[115]，因此歐洲的家族從未成長到像中國家族那麼大[116]。美國學者約瑟夫・亨里奇（Joseph Henrich）認為，中世紀教會解散大家庭之舉，為歐洲的政治與經濟現代化奠下了基礎[117]。美國學者阿夫納・格雷夫則認為，宗親團體的式微以及核心家庭的興起，迫使歐洲人開始尋找解決衝突與合作問題的新方法，也促使人們聯合起來形成企業；這些企業是自願自發、以利益為基礎、自我治理、有意創設的永久性聯盟，提供保護網、保障財產權益、提供公共財、支持市場、扶持創新與訓練，至於安全保障則由國家來提供。格雷夫將歐洲「最長的後羅馬經濟成長時期」歸功於企業的興起，並觀察到「企業與核心家庭構成了歐洲獨特的市場、政治、知識制度基礎的一項顯著特徵。[118]」

然而在中國，三代以上同堂的大家庭主宰了社會。在一八〇〇年代中葉之前的帝國晚期，國家權力與世系力量之間的平衡仍然存在。雖然世系組織與結盟經歷快速發展，並成為地方治理與防禦不可或缺的一環，但它們的力量尚不足以對國家權力造成威脅。在這個時期，國家雖將部分職能授予世系組織執行，且尚能掌控它們——由此可見，國家與世系組織之間維持著一種夥伴關係。下一章中，我將討論西方國家入侵與太平天國之亂如何傾覆這種平衡關係，同時終結國家對社會力量的控制。

第四篇

軍閥主義下的亡國敗將

第八章 清朝的國力衰微

漫長且曲折的王朝

清軍於一六四四年六月六日攻入北京，擁立他們的六歲小皇帝登基即位，京城裡的居民則被滿族士兵嚇到不敢反抗，束手就擒。不過兩個月前，以李自成為首的叛軍才洗劫了這座城市，將明朝最後一位皇帝拉下王位的寶座（隨後自縊身亡）。李自成坐上王位才一個月，正率領他的士兵與殘存的明朝軍隊作戰，殊不知後者已向滿族軍隊求援。

原本散居於長城以北的滿州部族，僅僅過了兩個世代，就透過征服與合併部落結盟建立起一個強大的國家。滿族建立清朝之後，旋即揮兵南下，征服了長城以南的領土並統治了中國近三百年之久。

滿族菁英緊密嵌入「八旗制度化」的網絡中——所謂的「八旗」是滿族動員和組織軍力的獨特方式。滿族大獲全勝之後，開始將他們的菁英結構與八旗制度運用在清朝的政府行政架構上。清初的中央集權程度之高，在宋朝之後的帝制中國晚期中極其罕見；在十八世紀「滿清盛世」的皇帝們強制執行了削減仕紳權力與特權的政策，合併賦役以簡化徵稅，並劃分中央與地方的財政收入。在此之際，大清帝國更將觸角延伸至中亞與西藏，達到唯有蒙古帝國（一二七九至一三六八年）可與之匹敵的領土控制水準。

清初的皇帝是建國者，但他們繞過文官機構來達成強化中央政府的目的，倚賴內廷密摺的制度直接與官員溝通、進用非經科舉取士的官員，在治國上勤奮異常並極為長壽，然而，以上這些都沒能延續下去。隨著八旗的日漸墮落衰微和滿清的日益腐敗無能，清末的統治者愈來愈倚賴由短視近利的漢人仕紳所組成的文官機構，以致清朝同樣無法擺脫它無可避免的命運，也就是——它的前朝曾經歷過的財政與軍事衰敗的命運。

十九世紀中葉是清朝歷史、亦是中國歷史的轉折點。第一次鴉片戰爭（一八三九至一八四二年）戰敗後，清朝政府被迫將絕大部分的財政收入用在軍事國防上，引發了前所未有的財政危機。同時，在十九世紀中葉，「小冰河期」的酷寒氣候達到顛峰，為中國西南地區帶來了嚴重飢荒。一八五〇年爆發了太平天國之亂，叛軍旋即占領了全國最富裕地區，進一步切斷了政府的收入來源。由於清朝的兩支常備軍（「八旗」與「綠營」）對吸食鴉片比打仗更感興趣，皇帝只好不甚情願地讓地方菁英組成他們自己的民兵，最終在這些民兵相助下，清朝在一八六九年擊敗了太平軍以及其他叛軍。但皇帝的生存策略重塑了中國菁英的社會域：地方私人軍隊在太平天國之亂時如雨後春筍般湧現，世系組織經歷了帝國時期最高的成長水準，地方菁英在地方治理上占盡了優勢。

藉由賦予地方菁英顯著的領導地位，清朝政府在太平天國之亂時認可地方菁英進行地方治理，卻也從而傾覆了權力的平衡，自此，地方菁英開始正式參與地方防禦與行政治理事務。清朝在甲午戰爭（一八九四至一八九五年）中慘敗之後開始編練「新軍」，希望能建立一支西式的現代化軍隊。然而，新軍逐漸落入地方菁英的掌控中，仕紳領導者遂成了掌控稅收與軍務的地方強權，他們之中還有許多人被選入新的省級議會中。一九〇五年，科舉制度的廢除切斷了清朝中央與地方菁英之間的最後連結；一九一一年，由地方仕紳領導人掌控的軍事團體宣布獨立，清朝滅亡，中國歷經千年的帝國統治也隨之畫下句點。

※

在本章，我將討論中國最後一個王朝——清朝（一六四四至一九一一年）的國家衰亡與失敗。我先簡要地介紹滿清盛世，檢視清朝與滿族的源起、八旗軍與綠營軍等軍事制度，以及財政制度。我將重點放在這一時期的三大中央集權機構：軍機處、內廷奏摺、內務府。清初皇帝利用這些機構來推行財政新制，包括「攤丁入畝」和「火耗歸公」，雖然初期的成功有賴皇帝繞過文官機構來行事，但這項做法無法持之以恆，以致於後代的皇帝仍然轉為依賴官僚機構。清朝的財政狀況在十八世紀末開始每況愈下。

接著，我檢視了大清帝國的衰亡。外患與內亂使政府的財政狀況更加緊繃，地方菁英在太平天國起義期間，以及之後被賦予了極高的自主性與權力；地方世系組織的形成與發展，不但威脅到中央政府對暴力的壟斷，更傾覆了中央權力與地方仕紳勢力原本的平衡狀態。接著，當清政府廢除科舉制度時，不論國家與地方菁英之間原本殘留著什麼樣的連結，也都被就此切斷、蕩然無存。中國菁英的社會域，從「領結形網絡」轉變成為「環形網絡」。

至於我的實證分析，關注於地方菁英如何因應太平天國之亂。以家譜紀錄來代表地方菁英的集體行動，我顯示了在太平天國之亂中經歷較多交戰的縣，在叛亂之後的菁英集體行動也顯著增多；對於私人提供安全保障的重要性被再次強調，最終更導致了國家的失敗。我分析了一九一一年宣布脫離大清帝國獨立的地方軍事團體之地理編碼數據，並發現太平天國起義之後的菁英集體行動與地方軍事團體宣布獨立之間，存在顯著的正相關。

本章的內容概述如下：首先，介紹清朝的源起以及清初的政治，接著檢視了清朝中葉國家財政與軍事力量的停滯與衰微，並討論大清帝國如何在鴉片戰爭與太平天國之亂後，喪失了它對暴力的壟斷。其次，利用原始資料集來呈現實證分析的結果，該資料集是關於太平天國之亂時期與其後的菁英集體行動，以及這些行動與清朝滅亡的關係。最後，討論這些調查結果的廣泛含義並作出結論。

滿清盛世

「漫長的十八世紀」在中國被譽為「盛世」（prosperous age），在西方則被稱為「盛清」

（High Qing）[1]。這段時期以充滿活力的統治者、不斷增長的收入，以及不斷擴張的領土所為人稱道。

滿清的源起

一六三六年，滿族人建立了清朝。「滿族」之名在此時首度出現，與一個統一國家的成立，同時發生[2]。滿族原被稱為女真，是十二世紀金朝建立者的後裔；數世紀以來，他們一直定居於現在俄羅斯濱海邊疆區，以及中國黑龍江省的森林與河流沿岸地區[3]。明朝藉由地方駐軍來管理女真族的領地，並授予女真部落首領封地來確保其忠誠[4]。

一六一六年，努爾哈赤統一了所有的女真部落，並自封為「後金國」的「明汗」，並發表了「七大恨」誓師，公開反對明朝的統治。其後，努爾哈赤遷都至明朝的舊都瀋陽，他的第八個兒子皇太極（一五九二至一六四三年）也在瀋陽建立了清朝[5]。

滿州八旗

八旗，是滿族所有機構中最知名，也是滿族成功的關鍵[6]。作為軍事與行政機構的八旗，其起源可追溯至女真族進行大規模狩獵的方法。滿族領導者將八旗體制當成一種傘狀組織，藉此監督軍隊的動員以及相關人口的管理，包括：滿族人、蒙古人、已適應邊疆文化的中國人，以及朝鮮人[7]。對於滿族人來說「軍隊就是社會」[8]，同時八旗成員的身分是與生俱來的。換言之，八旗是一種尚武社會的階級制度，是一種獨有、排他的世襲社會團體，區別的特點就是「軍人」這項共同的職業[9]。

八旗最初只有黃、白、紅、藍四旗，後來又在四旗上鑲紅邊而擴充成八旗（紅旗則鑲白邊）。其後，又按民族進一步細分：蒙古八旗、漢軍八旗，以及最原始的滿州八旗。一六四二年，「八旗」體制完全成形，由二十四旗組成，其中滿州的八旗地位又高於蒙古及漢族八旗[10]。

八旗子弟都必須服兵役，每名兵丁入伍後會分配到一大片耕地。雖然八旗兵本身不需繳納土地稅，故毋須親自耕種，但其家人可以自行耕種或租給農奴耕種[11]。八旗是「從出生到死亡」的機構，負責管理滿族人口的出生、死亡、婚姻、收養、遷徙、就業[12]，同時八旗也是滿州貴族（包括：可汗、親王、都統）的重要權力基礎，而這些人幾乎將八旗視為私有財產[13]。

滿族征服中國後，也實行了類似的旗地持有制度[14]，但成效不彰。要維持日益貧困、人口卻愈來愈多的八旗生計，遂成了清朝財政的最大挑戰之一。

綠營

除了八旗兵，大清帝國還有第二支正規軍，也就是「綠營兵」。這支軍隊是由漢兵組成，人數大約是八旗兵的三倍[15]。綠營兵最初的兵源是招降的明軍，後來又招募了一般漢人[16]。綠營軍的大量兵力使其得以分布在農村地區，發揮巡守防禦、平息地方動亂、監督漕運等功能。相較之下，八旗兵多駐守於城市[17]。

財政制度

清政府沿用了之前明朝的整個稅收結構，並在接下來的兩個世紀中幾乎無甚更動[18]。其中，土地稅收占了政府稅收總額的七十％以上[19]，其通常由兩個部分組成：（一）地丁合一，以及（二）漕糧。一七一二年，康熙皇帝（一六六四至一七二二年）將丁稅固定在前一年的基準上，自此成為定額[20]，接著從大約從一七二五年開始，丁稅又併入了田賦中一起徵收，即所謂的「攤丁入畝」[21]。除了以銀錢支付的田賦外，大部分地方的地主也必須支付漕糧給政府，到了清末，這項穀物稅同樣折成了銀錢支付[22]。傳統稅收還包括了鹽稅和關稅，僅各占政府總稅收的十二％與七％[23]。由此可見，十九世紀中葉前，清朝極度倚賴「直接稅」（direct tax，尤其是田賦）。

徵收田賦需要準確的土地登記紀錄。滿族統治中國後，清朝的第一位皇帝就下令以明末的稅額作為估定田賦與丁稅的依據，並以明末改革者張居正（見第六章）所推行的地籍調查紀錄作為土地登記的基礎[24]。因此在接下來的兩個世紀中，滿清依據明末的紀錄、從未執行任何地籍調查，僅由各省或地方官員偶爾進行小幅度的修正[25]。

中央集權的成果

滿清盛世十分幸運地出現了三位才德兼備、勤勞長壽的統治者，年號分別為康熙（一六六四至一七二二年）、雍正（一七二二至一七三五年），和乾隆（一七三五至一七九六年），其中兩位甚至分別統治了六十年之久[26]。與明朝統治者不同的是，這些清初的皇帝都嵌入了深具凝聚力的全國性菁英網絡中，而這樣的網絡是在征服中土之前以及征服期間所形成，並在八旗中被加以制度化。

在征服中國之前，女真部落的主要氏族即已廣泛通婚，這有助於讓他們保持良好的關係並形成緊密的社會網絡[27]。滿族的統治者授予各氏族族長八旗中的領導地位，並藉此方式來鞏固上述的社會網絡。這些氏族的領導者一起組成了清朝的貴族階層，其中包括了努爾哈赤後裔愛新覺羅一族的成員，以及其他主要氏族的成員。這些貴族被授予世襲頭銜，其中最知名的一個頭銜就是「鐵帽子王」，授予為努爾哈赤及清朝開國皇帝皇太極立下汗馬功勞的非皇族人士[28]。

康熙皇帝七歲登基之後，娶了他的輔政大臣之女，而他的姊妹也嫁給另一位輔政大臣之子。正如美國漢學家史景遷（Jonathan Spence）指出「他們有許多人終其一生都與康熙皇帝保持十分緊密的關係，並為他提供了一個跨滿族世系血脈的支持者網絡。[29]」

藉由聯姻所打造出來的菁英網絡遍布全國，讓清初的統治者得以制定強化君權的改革並鞏固中央政府機構，而毋須擔憂菁英起而反抗。清政權在它的第一個世紀中，即為其中央施政引入了三項重大新制：軍機處、內廷奏摺和內務府。這三項新制皆運作於常規的官僚機構之外，所配置的人員也都由皇帝個人委派，而非通過科舉考試取得功名者。

以下我們將依序討論這三項新制：

▼軍機處

清朝在中央施政方面所引進的新制中，最引人注目的一項就是軍機處。軍機處成立於康熙年間，剛開始只是一個非正式的軍務諮詢委員會，到了雍正時，這個非正式的機構演變成設置在宮廷之中的一個永久性樞密院，其權力範圍甚至囊括了帝國政策的所有領域。然而，軍機處從未被正式納入帝國的官僚結構中，而是保持著類似皇帝專屬的「星室法庭」或「私人顧問團」，為皇帝提供私人建議。雖然偶爾會有某位特別受皇帝信任的漢族大臣加入，但基本上，軍機處的成員幾乎是清一色的滿族人，主要成員往往來自皇帝最親密的親友圈中[30]。

▼內廷奏摺

「溝通管理」決定了君王控制其遼闊領域的能力。清初的數十年間皆仿照明朝的先例，來自個別官員的「題本」經由各司其職的部門轉呈給皇帝，隨由首輔及負責該項事務的辦公室來歸檔保存。然而，隨著軍機處的成立，一種獨立、特殊的溝通類別被創造了出來，稱之為「密摺」或「內廷奏摺」。這些奏摺會直接送至內廷讓皇帝馬上審閱並先行諮詢軍機處的意見，然後才往下送至首輔與負責該項事務的各部，徵求他們的意見或採取行動。這些內廷奏摺並未取代例行的奏摺，只是用於需要立刻處理的最緊急事項。一般來說，絕大多數的奏摺仍屬於定期上呈的例行奏摺，例如，關於天氣、收成、糧食儲備、一般刑事案件，以及公共建設維護。軍機處將被授權可上呈內廷奏摺的官員人數嚴格限制在一百人以下，其中包括了六部的尚書與侍郎、各省巡撫、總督、高階軍官，以及少數經過挑選的官員[31]。

皇帝會用他的硃砂筆（硃砂色是一種專供君主使用的顏色）批示這些內廷奏摺，與他的官員以這種私下溝通的方式，不受拘束地交流彼此的想法與意見。密摺是皇帝得以與特定官員建立信任關係的主要方式。例如，在雍正皇帝的御批中，有一份即展現出他對田文鏡（他最信任的官員之一）的關愛[32]：

> 當於溫暖室中安居靜攝，加意調養，須待平復如初，方可出戶行動。即遇元旦朝賀之期，亦不必勉強從事（叩拜儀文），敬君盡禮不在叩拜儀文上論定，但遵防行。縱令無知之輩妄生訾議，有朕為卿作主也，何妨？

另外，皇帝也會用奏摺來抨擊他們認為無效率、不適任、無能、腐敗等種種問題。下列乾隆對一份省級官員所上呈奏摺的潦草批示，即為一經典範例[33]：

> 爾任（刑）部尚屬奮勉，自到省以來，即相沿模稜頹廢之錮習，可惡至極……爾耗時奏覆封還朕諭，竟無一字實言！大負朕恩，忘恩背信！

另外，雍正皇帝利用這項溝通管道來推動他的財政改革——火耗歸公。這項改革允許各省官員對所有須上繳中央政府的固定田賦與丁稅，徵收固定比例的「附加稅」（火耗），且這項附加稅可留在該省，作為官員加薪與「公費基金」之用，來執行某些行政職責以及造福地方的建設。美國歷史學者曾小萍認為，內廷奏摺是雍正能成功執行改革的關鍵，因為這項祕密管道讓皇帝能夠繞過文官機構，直接對地方官員下達命令[34]。

▼內務府

清朝也成立專為皇帝服務的內務府，管理皇帝在全國各地的各種私人財務利益。這個部門所配置的人員皆為奴僕，遵循著深植於女真文化中的私人奴役模式[35]。藉由將皇家私庫與國庫分開的做法，內務府的設立對於內廷與外廷的明確區分影響甚鉅[36]。

清朝財政與軍事的式微

即便是在滿清盛世，清政府的人均財政能力也已開始下滑。中國人口從十七世紀中葉至十九世紀中葉增至三倍：從一億到一億五千萬人口，成長到四億一千萬人口[37]。根據英國人口學家馬爾薩斯的邏輯，傳統的解釋會把人口成長歸咎為清朝經濟與財政衰退的罪魁禍首[38]，然而最近的研究顯示，儘管人口急遽增長，中國在十八世紀中葉至十九世紀間的實際個人收入仍保持著相當穩定的水準[39]。這表示，如果中國政府能調整其財政政策，就能向更多人民徵稅，然而由於清朝的稅收結構是以土地為基礎，無法利用不斷增長的人口來增加稅收。根據中國經濟史學者孫傳煒的估算，清政府在一六八五年的稅收足以讓九．六%的中國人口得到溫飽，但這項百分比在一七二四年掉到七．七%，一七五三年掉到五．四%，到了一八四八年更掉到二．三%[40]。在此之際，清朝的軍隊也開始每況愈下。雖然身配長劍、腰帶匕首的八旗子弟在清初時跟他們同時代的日本武士一樣令人畏懼，但在十九世紀，他們的形象已轉變成近乎滑稽、懶惰無能的模樣[41]。

停滯的稅收

清朝雖然人口急遽增加且領土大幅擴張，但財政稅收卻每況愈下，主要原因在於政府沒能更新從明朝承繼下來的土地紀錄，以及土地登記

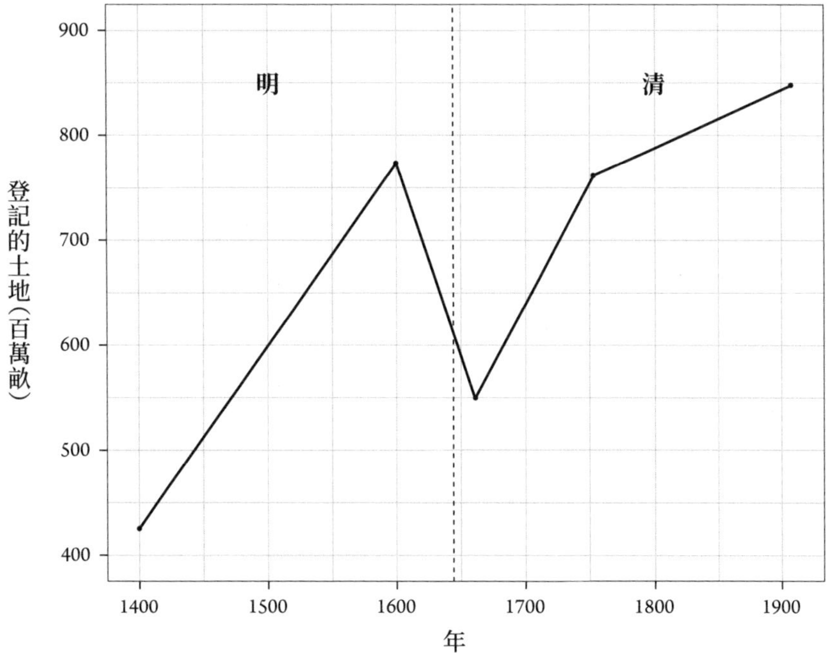

圖 8-1：明清時期登記的土地

工具。這些工具包括了三項文件：第一項是《魚鱗圖冊》，描述了明初所調查的每一塊土地的大小、邊界、等級、土地所有人；第二項是《黃冊》，包含了每一家戶的人數及其年齡、性別、職業等資訊，甚至詳載了該戶持有的土地及其所負擔的田賦與丁稅；第三項是《賦役全書》，以張居正所推行的全國地籍調查為基礎（參見第六章）[42]。

前頁圖8-1根據中國經濟史學家王業鍵的估算，說明了明清時期的土地登記數量[43]。雖然清朝的領土版圖與總人口數都比明朝來得廣而多，但直到十九世紀前，清朝時期所登記的土地數量並未超越明朝在一六〇〇年的水準。

停滯的土地登記導致了停滯的稅收。清朝土地賦稅的計算公式為：**土地稅額＝登記的土地面積 x 稅率**，稅率則按土地的肥沃程度與地形狀況來分類[44]。因此，一個行政地區（區、州、省）可以徵得的稅收總額即為它所登記的土地面積以及稅率的函數，總額即構成了該地區的稅額。整個清朝時期的稅額幾乎未經修訂、無甚變動[45]，又由於田賦占了絕大部分的清政府稅收，固定的土地稅額即代表了政府的「固定稅收」以及「固定預算」。

保守的官僚政治

為何土地稅在兩百多年間並未顯著增加？學者給出了幾個解釋。例如，中國經濟史學者孫傳煒把焦點放在「地理因素」上，他認為中國的統治者無法在廣大疆域中密切監督官僚，為官僚製造了剝削納稅人的機會，而為了防止過度剝削，清政府必須保持低稅[46]。相較之下，中國史學者張泰蘇更強調「意識形態」，他認為，清朝菁英見證了明朝在群眾叛亂中覆亡，故發展並證明了一種意識形態的正當性，亦即最低限度的國家干預（尤其是低田賦）可避免遭受相同的命運[47]。近年來，經濟史學者馬德斌與賈里德・魯賓（Jared Rubin）則轉向「政治機構」的解釋——利用委託—代理模式（principal-agent model），他們認為中國統治者不受法治約束，亦無法不去掠奪他們的徵稅代理人（以及群眾），他們可能會發現最佳方式是勉強接受一種低稅收的均衡狀態，同時允許官員保留不受監管的額外稅收[48]。

以上這些說明皆指出，大清帝國選擇不加稅的可能原因。然而，歷史證據顯示清朝其實曾經嘗試過加稅，卻失敗了。例如，在康熙初年，清政府宣布增加勞務稅額，但這項倡議遭到權勢強大的官員反對，最後無疾而終。大約在同一時期，清政府也試圖執行新的地籍調查以取得正確的土地登記資料，但這個構想同樣被官員們擋了下來[49]。

而這項證據與我的整體論點一致，也就是說，帝國晚期的政治菁英已地方化且無意於增強中央的實力。就像前朝一樣，清朝的官僚機構也希望維持現狀，儘管清朝皇帝很幸運地擁有滿州貴族所組成的菁英集中結構，但仍必須仰賴漢族文官來治理一個漢族占大多數人口的帝國。滿清入關不久後，即根據明朝模式重組了政府機構，設立首輔之職以及由漢族文官所組成的翰林院。清朝統治者試圖維持民族的「公平性」，故幾乎在每個層級的中央官僚機構中，都設有雙重職位：各部有滿人尚書和漢人尚書、兩位滿人侍郎和兩位漢人侍郎，以此類推[50]。然而，漢人在駕馭經書典籍和撰寫科舉考試所需的優美文字上，顯然占盡優勢——根據美國漢學家歐立德的計算，清朝一百零八名殿試狀元中只有一名是旗人（蒙古人），而且沒有任何旗人獲得榜眼的名次[51]。漢人官員遂逐漸成為官僚體系中的「權力菁英」（power elite），滿族菁英則被貶為「名譽菁英」（prestige elite）的象徵性職位[52]。當遇上危機發生時（比如內亂），清朝統治者更可能任命漢族菁英為巡撫[53]。

中國的文官機構一直將「輕徭薄稅」奉為萬靈丹，地方社區也交口稱譽成功降低地方稅額的官員。為了贏得地方人士（尤其是地方仕紳）的尊敬與支持，所有官員不論層級高低，都致力於不讓其轄區內的登記土地增多[54]。整個帝國的官員們都將康熙在一七一二年所頒定的「滋生人丁永不加賦」詮釋為「永不加任何賦稅」，並將其應用於田賦上，尤其是從一七二五年左右開始實施的攤丁入畝[55]。雖然地籍調查時不時就會被提出討論，但官僚機構的反對使其成為「在政治上不受歡迎」的提案[56]。

在土地登記並未增加的情況下，增加稅收的唯一方法就是提高稅率。為了避免引發民怨及反抗，皇帝通常會下令定出一個讓政府與人民都滿意的稅率，並指示縣令先就田賦附加稅的徵收事宜與地方協商，務使百姓也能接受這項額外的費用[57]。有鑒於仕紳的社會影響力，他們的建議與合作對縣令能否執行其公務至關緊要，而他們與官場的密切聯繫，更讓他們得以求助於大臣高官來駁回縣令的決策，甚至彈劾縣令（參見第七章）[58]。不過，地方仕紳往往享有稅率優惠，因此他們在官僚機構中的代表也沒有任何動機去提高現行的稅額。

開支增加

儘管稅收停滯不前，但清政府仍需照顧不斷成長的八旗人口。朝廷與八旗之間的約定是，國家照料所有旗兵及其家庭的物質需求，以換取他們為國家冒生命危險的意願。滿清入關後不久，每名旗人的家戶都獲得一塊土地，旨在為其提供永久的收入來源。另外，旗兵還會收到以銀兩與糧穀支付的月俸[59]。然而，不過二十年的時間，八旗的經濟秩序就開始崩毀——由於殘酷虐待，中國農奴紛紛逃離他們的滿族主人，而滿人既無時間、亦無精力去仔細管理自己的田產，因此，旗地很快就被棄置並回到了漢人手中，更由於旗人被禁止在八旗體系或國家官僚體制外謀求生計，到了十八世紀中葉，他們已經以遊手好閒、寄生蟲般的生活而臭名遠播了[60]。

從清初開始，軍事費用始終是國家最大筆的開支，消耗了國家預算的五十到六十％（或甚至到七十％），這筆開支大多花在八旗兵與綠營兵身上；在八旗服役是一種世襲的特權，但隨著時間推移，依靠八旗謀生的人數無可避免地持續增長。旗地體系的失敗，意味著不斷增加的旗人人口之福祉生計，成了完全落在國家身上的一項財政負擔。到了十八世紀中葉，為八旗支出的開銷幾乎使清朝財政陷入癱瘓[61]——清朝每年要花上大約二千八百萬到三千萬兩（約為二〇一九年的二十五億美元）來支撐它的軍事建置[62]，而花在八旗與綠營兩軍上的錢，大約有四十％用於前者、六十％用於後者[63]。

根據學者陳峰的另一組估算顯示，京城與各省合併起來的軍事開支從一七三〇年前的二千萬兩，增加至一七三五年之後的二千七百萬兩[64]，這代表著大約有二十一至二十五％的年度預算，相當於一千四百萬兩的開支，會用於維持所有八旗人口的生計[65]。八旗人口在失去他們的土地之後成了十九世紀最貧窮的階級之一，使得這個群體的道德與士氣也迅速惡化、低落不振[66]。

其後，清朝將四分之三的財政儲備金用於鎮壓始於一七九六年的白蓮教之亂後，其財政狀況再也沒能完全恢復元氣了[67]。

晚清

對中國在一八〇〇年代中葉之前的國家與社會關係，最佳的描述是一種「舊政權」（ancien régime）的均衡，或是我所稱的「夥伴關係下的太平盛世」：帝國政府與仕紳階層共同治理，提供公共財並保護地方鄰里。仕紳在地方治理上的主導地位愈來愈重要，但儘管程度各異，他們仍然不得不仰賴中央集權的君主制國家來支持他們的階級地位與特權，而這種國家與社會的夥伴關係，正是帝國統治長治久安的關鍵。

十九世紀中葉是中國國家與社會關係的轉捩點。英國在第一次鴉片戰爭（一八三九至一八四二年）戰勝中國以及從而衍生的《南京條約》（一八四二年），大幅提升了清政府對外防禦的成本，更使其無法控制地方世系組織的發展。在太平天國之亂（一八五〇至一八六四年）期間，政府不情願地將地方防禦的職能委派予地方菁英，此舉不僅傾覆了國家與社會之間的權力平衡，地方菁英也開始在地方政府與防禦方面占盡上風，從而形成一股推翻清朝的離心力。

第一次鴉片戰爭

《南京條約》迫使清政府賠款二千一百萬兩白銀給英國，並讓出五個通商口岸（例如上海）的控制權[68]，而這筆鉅額賠償金引發了一場「前所未有的財政危機」[69]。

於是，清政府制定了新稅，其負擔主要落在地方菁英身上[70]。新的商業稅收大部分來自鹽稅，而鹽的貿易則由地主菁英主導[71]。另外，雖然新的農村稅是對整個村莊而非對個人徵收，但傳統上，地方菁英會被促請暫時預付稅款，但村民並不總是會償還他們[72]。

更重要的是，軍事上的敗績大幅貶低了菁英眼中帝國政府的生存能力，甚至是到了「中國作為一個主權國家的純粹存在深受威脅」的程度[73]。因此，仕紳領袖開始撻伐政府的政治、經濟，以及軍事弱點，同時鼓吹「自強」運動[74]。

太平天國之亂

雪上加霜的是，北半球在十九世紀中葉經歷了歷史上最寒冷的幾年（請重新檢視第二章的圖2-2），中國西南地區發生了飢荒[75]，以洪秀全為首的太平叛軍在一八五〇年集結了起來。洪秀全是一名參加科舉考試屢次落榜的學校教師，深信自己是耶穌的幼弟。一八五三年，這股叛軍攻下了江蘇省的南京市，並將太平天國的國都定鼎於此。在太平天國鼎盛時期，太平軍甚至控制了長江下游五省中近乎兩百個縣——中國史學家何炳棣將太平天國之亂稱為「世界史上規模最大的內戰」[76]。

地主菁英們的財產與性命深受太平叛軍的威脅，許多叛軍都是農民，在無力耕種或維持下去時失去了他們的田地。舉例來說，當叛軍在一八五一年攻下廣西省永安市，他們「派出大批軍隊查抄逃犯的家並扣押他們的糧倉、牲口、鹽油，連衣物也不放過。[77]」在一次搜捕行動中，大約有兩千名叛軍出動並沒收了兩個富裕家庭的財產，花了「五天五夜時間將這些家庭累積的財物列出清單並運走。[78]」

太平天國領導者試圖達成徹底的土地重新分配[79]，雖然這項改革最終失敗了，但為太平軍所控制地區內的佃戶，已然拒絕向地主繳納地租並且燒毀租約，有時甚至將他們的地主毆打至死[80]。至於在太平軍控制範圍之外的地區，一波又一波的難民在周圍縣城的居民中引發了恐慌：「關於南京發生的暴行，種種謠言在農村地區不斷蔓延開來……光是有四名長髮叛軍在鄰近市鎮出現，就引發群眾恐慌地逃竄，使得二十七人在這場意外中被踩死。[81]」

地方軍事化

到了十九世紀中葉，大清帝國由於內憂外患齊至，面臨了「財政崩潰」的危機[82]。清軍（八旗兵與綠營軍）的軍餉總是晚發，軍隊戰鬥狀態也不佳[83]，此外，軍中的腐敗貪污之風亦十分盛行[84]。絕望之下，咸豐皇帝（一八五〇至一八六一年）只好勉強同意讓地方菁英成立私有民兵來維護地方治安，這時，傳統的世系組織在組織、資助以及領導民兵上扮演了關鍵角色（參見第七章）。舉例來說，在湖南的一個縣，地方捐款就占了民兵開支的將近九十%[85]。地方菁英在不受清政府監督的情況下管理民兵的財政事務，而且帶領這些民兵的幾乎都是族長[86]。為了動員氏族成員加入民兵，族長必須依賴他的宗族世系關係，而民兵也往往以組成它的主要氏族來命名[87]。

在士大夫曾國藩及其民兵（被稱為「湘軍」）之助下，大清帝國終於在一八六九年平定了太平天國之亂及其他大規模叛亂[88]——這次勝利為清政府帶來一段穩定與改革的時期[89]。的確，打敗太平天國讓清朝又多存活了四十年。一八四九至一八八五年間，清政府的稅收從四千三百萬兩成長到七千七百萬兩（相當於二〇一九年的十三億美元到二十三億美元），其中有一大部分是來自海關的關稅[90]。誠然這項稅收的成長開始讓大清帝國得以回應國內外接踵而至的新挑戰，但仍不足夠[91]，以致國家被迫減少其傳統非軍事公共財的供應[92]。在十八世紀中葉，清政府將年度預算的十一％以上用於公共建設，包括修築新的水壩和堤防[93]，但是到了一八九一年，僅剩三％的年度預算被撥作公共建設之用[94]。

同時，皇帝尋求個人的存續，是以國家對社會的控制為代價（主權者的兩難）。藉由賦予地方菁英重要的領導者地位，清政府在太平天國之亂期間支持他們進行地方治理，終於打破了兩者之間的權力平衡[95]，至此，地方菁英正式涉入了地方防禦與行政事務。根據美國漢學家孔飛力的看法，政治權力從朝廷官員轉移至地方菁英身上的這項改變，導致了「傳統國家的崩解」[96]，而美國漢學家杜贊奇將這種現象稱為「國家內捲化」，亦即中央政府愈來愈依賴地方菁英（藉由世系組織）來履行地方治理的職能，但無法再掌控他們，從而使他們成為地方社會中一股毋須負責任的力量[97]。

辛亥革命

大清帝國在甲午戰爭（一八九四至一八九五年）戰敗之後開始編練新軍，希望根據西方標準創建一支訓練有素、裝備精良的現代化軍隊。然而，新軍的軍官與武器軍備，逐漸被吸收、納入了可回溯至叛亂時期興起的地區性軍隊組織中[98]。許多地方仕紳當選為新的省級立法機關成員，成為地方強權並取得稅收與軍事事務的控制權[99]。

一九〇五年，為了現代化中國的教育制度，清政府廢除了已有千年歷史的科舉制度[100]，從而切斷了愈來愈偏離清政府的地方菁英與國家之間的最後連結。領結形網絡的垂直聯繫斷裂了，中國的社會域惡化，終至演變成環形網絡。

武昌起義之後，中國各地的地方軍隊宣布獨立，加速了一九一一年的清朝滅亡。根據美國漢學家魏斐德所述：「辛亥革命可被視為一連串各省脫離帝國的事件，而每個主要省分皆由新軍部隊的軍官，或者當選為新省級立法機關成員的仕紳來領導。[101]」

魏斐德將大清帝國失敗的「深層」根源，歸咎於始於半個多世紀前權力平衡朝向地方菁英、遠離中央政府的長期轉變，他寫道[102]：「因此，舊秩序的垮臺正是始於一八五〇年代因應內憂外患的過程中，逐漸累積而至的高潮。過程中包括了地區軍隊的發展、農村管理階級的興起、仕紳在省級政府中的政治壁壘等……，王朝國家的滅亡，事實上是這一群在清朝統治最後半個世紀時出現的新菁英所為。」

量化評估

誠如前述，太平天國期間出現的暴力衝突，激發了地方菁英仰賴世系組織而非孱弱的中央政府來自保，而此舉傾覆了「國家實力」與「社會力量」之間的平衡：地方菁英逐漸偏離國家且愈來愈獨立，最終導致清朝在一九一一年覆亡。

在本節，我使用為本書蒐集的原始量化數據，針對十九世紀中葉太平天國之亂時的菁英集體行動進行深入分析，並證明了該時期的群眾戰鬥顯著增加了太平天國之亂後的菁英集體行動——以家譜的數量為代表。接著，我提供的證據顯示，重新強調私有秩序機構最終可能導致國家衰亡。我分析了一九一一年脫離清政府宣布獨立的地方決策，導致後太平天國時期菁英集體行動增加的程度；即便在考慮了各種不同的替代解釋之後，我仍找出了後太平天國時期菁英集體行動與宣布獨立之間高度且顯著的正相關。

太平天國之亂與地方菁英的集體行動

我從深入分析太平天國之亂開始。次頁圖8-2的上圖，顯示了十九世紀的群眾叛亂在一八五〇至一八六九年間達到高峰[103]，這段時期發生了二百三十次的群眾叛亂，其中將近六十％與太平天國有關（其餘則涉及其他的叛亂團體，比如捻軍）；太平天國之後，菁英集體行動也大幅增加（見次頁圖8-2的下圖）。

在此，我用家譜的數量來代表地方菁英的集體行動。家譜的數量從一八五〇年之前的不到一百本，增加到一八七〇年的將近兩百本。一八五〇年至一八六九年間大規模叛亂的激增，提供了一個可以比較叛亂前與叛亂後菁英集體行動的新實驗室。我將在一八五〇至一八六九年間並未經歷群眾叛亂的縣定義為「對照組」，並將在這段期間經歷過至少一次群眾叛亂交戰的縣定義為「實驗組」。我們的預期是，「對照組」中的菁英集體行動並未顯著改變，但在「實驗組」中卻顯著增加了[104]。

圖8-3標繪出對照組與實驗組

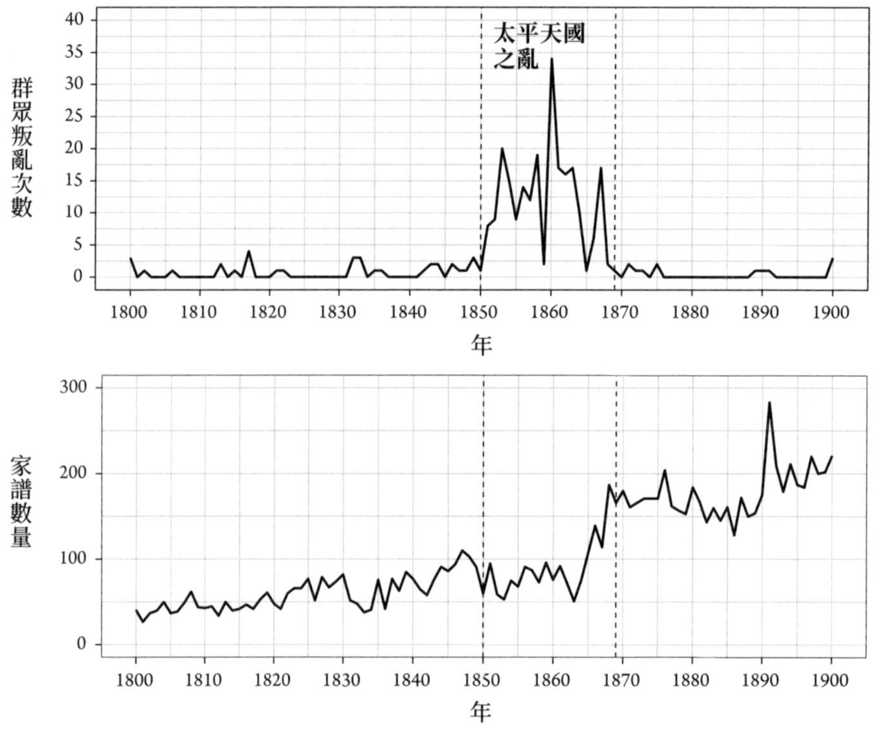

圖 8-2：群衆叛亂與菁英集體行動（1800–1900 年）

的平均家譜數量[105]：雖然在太平天國之亂前兩組的趨勢線相當類似，但在叛亂之後，實驗組的趨勢線斜率增加了二十五%（對照組的斜率增加幅度則小得多）。我的迴歸分析證實了這項發現，顯示出在太平之亂期間經歷過較多叛亂交戰的縣中，菁英集體行動呈現出正向的、極為顯著的改變[106]。係數估計顯示每多發生一場叛亂，家譜數量便增加了二十%[107]。

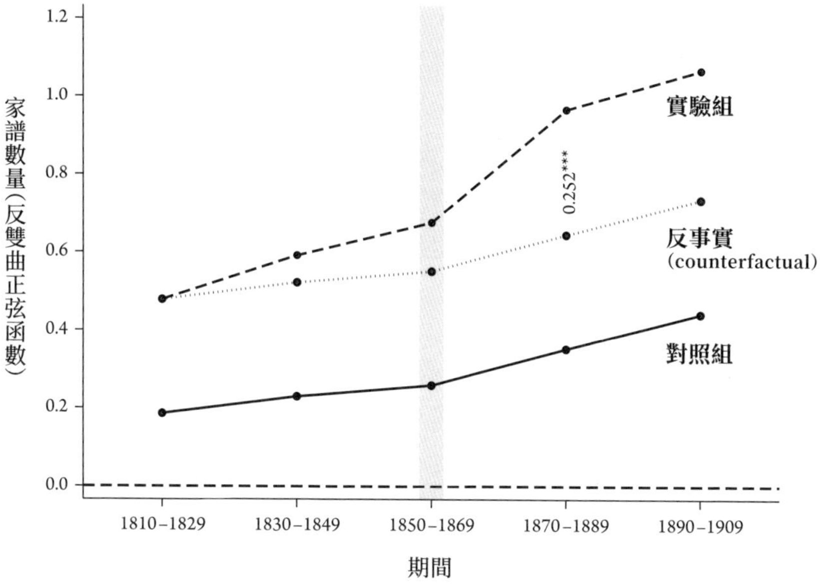

圖 8-3：太平天國之亂前後的世系活動趨勢

說明：該圖顯示了中國平均氏族活動的改變，以家譜數量的「反雙曲正弦函數」（IHS）代表在 1850-1869 年太平天國之亂期間至少經歷過一次群衆叛亂交戰的縣（實驗組）以及並未經歷過戰亂的縣（對照組），計算爲 ln(家譜數量 +(家譜數量 ^{2} +1)$^{1/2}$)。虛線（反事實）代表太平天國起義倘若從未發生的情況下，實驗組平均的菁英集體行動會如何產生。垂直的陰影代表 1850 年太平天國之亂的開始。

地方菁英集體行動與辛亥革命

另一項預測是，太平天國之亂後地方菁英集體行動的大幅增加以及私人民兵的形成，改變了大清帝國與地方菁英長期以來的權力平衡。這些菁英開始動員更多地方資源，同時強化地方的自治權。

我對一九一一年宣布脫離清廷獨立的每個菁英團體所在地進行了地理編碼，用以代表地方對清朝統治的反抗[108]。圖 8-4 即顯示了這些菁英革命團體的所在地，我用以創建出一個二元指標變數，亦即「宣布獨立」；如果一個縣界內有至少一個地方菁英團體宣布獨立，那麼這個變數即等於一。

根據我的迴歸分析指出，太平天國之亂後菁英集體行動程度較高的縣（即一八九〇至一九〇九年間的家譜數量較多），在一九一一

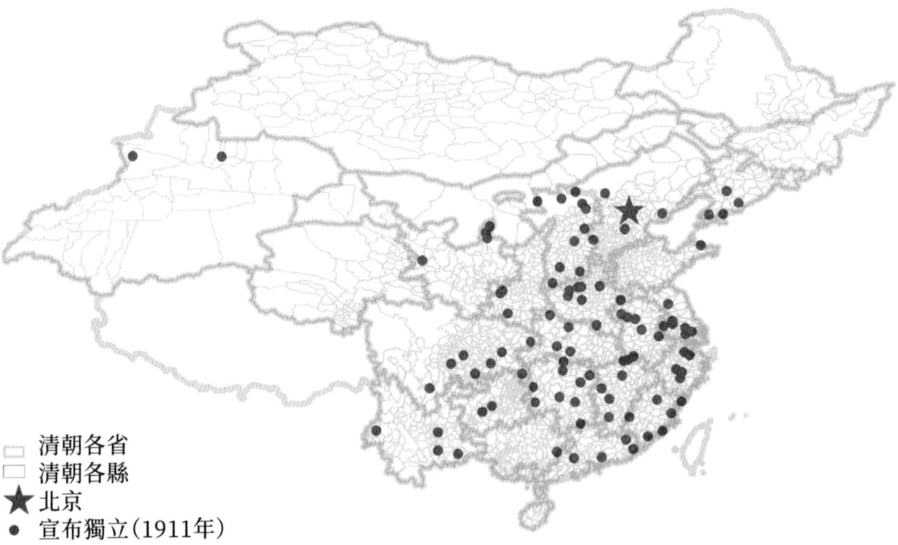

圖 8-4：宣布獨立（1911）

年宣布獨立的可能性較高[109]。中國學者白營與賈瑞雪認為，一旦科舉體制被廢除，科舉考試配額較高的縣更可能發生革命起義[110]，而這與我認為科舉廢除促進了環形網絡形成的論點是一致的。為了說明這項額外的因素，我將「科舉配額」納入了迴歸分析中[111]，其結果，與白營及賈瑞雪的論點一致，科舉配額的係數估計也是正向且極為顯著。整體來說，這些結果與我前述討論的含義一致，亦即：地方菁英集體行動的大幅增加最終導致了國家的覆亡。

小結

帝制中國滅亡的根本原因為何？或許，採用英國歷史學者勞倫斯・史東（Lawrence Stone）的術語來區分為「先決條件」（precondition）、「誘發因素」（precipitant）以及「觸發因素」（trigger），對我們的理解會有所幫助[112]。

先決條件——促成崩解的長期趨勢，就是帝國的逐漸衰敗。從宋朝到滿清盛世以來，國家與地方菁英的夥伴關係形成了一種均衡：代表國家的統治者，保有穩固的地位且不受分裂、本地化的菁英所威脅；嵌入地方社會網絡的菁英，亦享有不受國家約束的自主權，並利用他們的資源來永續其權力與聲譽。必要時，兩者會相互合作來控制農民並鎮壓群眾叛亂，但這樣的均衡只能維持最低限度的國家實力，無法強化國家。宋朝之後，中國的人均財政收入開始下降。儘管領土擴張、人口成長、商業發展，帝國仍無法對其人口與經濟徵稅，導致公共財供應不足和軍力衰微。

帝國統治得以延續，但國家的財政與軍事能力卻緩慢凋零。

如果中國可以隔絕外界的影響，這種**舊政權**的均衡可以持續得更長久，然而世界正在改變——頻繁的戰事、急遽增加的軍事開支、火藥技術的大量使用以及易於採用，在數百年的時間中共同演變並相互影響，促成西歐先進軍事技術的蓬勃發展[113]。在十九世紀，中國人敵不過英國的船堅砲利，包括：汽船、重砲、火箭、連發步槍等新式武器。雖然不知中國與西方何時會擦槍走火，但這注定是遲早將會發生的衝突。

至於兩項「誘發因素」是第一次鴉片戰爭與太平天國之亂，使得中國菁英幡然醒悟，無法再與國家保持夥伴的合作關係，因為國家已然過於孱弱。雖然有些菁英仍然希望藉由參與「自強」運動來實現帝國復辟，但大部分菁英已然轉而求助於他們私人的世系組織、放棄了國家。

然而，「觸發因素」是清朝的皇帝為了在內亂危機中存續下去，而決定將控制暴力的方式讓予地方仕紳團體。自唐朝以來的一千多年中，中國菁英一直深植於社會之中——不論是唐朝的星形貴族網絡，抑或是宋朝的領結形仕紳網絡，國家與社會始終藉由菁英網絡緊密交扣。然而在太平天國之亂時期，清朝的統治者重塑了菁英的社會域以謀求他們最大限度的個人存續，從而切斷了國家與社會的連結，最後，社會力量從國家的控制中掙脫，進而推翻了國家。

先前的統治者以國家實力為代價，換取個人的存續，清末的統治者則是放棄了長期的國家存續，以換取個人的存續。辛亥革命終結了統治中國近三百年的清朝，也為存續了數千年的帝制中國劃下了句點。

第五篇

結語

第九章　帝國的陰暗長影

當歷史遇上政治

中國的國家發展，是由具備國家社會關係特性的菁英網絡結構所形塑，而不是代議制機構或好戰分子的競爭。兩千年來，中國的統治者始終面臨著主權者的兩難——鞏固國家權力需要不同的菁英社會域。

當菁英身處地域遼闊且緊密相連的網絡中時，他們寧可選擇一個能保護自己廣泛利益的強大國家，但另一方面，菁英們的凝聚力也會對統治者的存續造成威脅。當菁英倚賴地方的權力基礎且彼此並未緊密聯繫時，他們反而會試圖從內部掏空中央政府，但同時，他們的內部分歧，也讓統治者得以讓競爭派系相互對立以確保個人的存續。在帝制中國的整個國家發展過程中，統治者既為菁英的社會域所縛，亦對其進行重塑（當他們有機會時），並在「國家實力」與「個人存續」之間做出權衡取捨。

國家發展的社會根源，讓中國走上一條截然不同但異常持久的道路，偏離了歐洲的標準範

例。當歐洲國家在現代提高了徵稅能力並愈來愈長治久安，中國則以國家實力為代價來換取持久的帝治。強調菁英社會結構的重要性，不但拓展我們對各種建國模式的理解，更挑戰歐洲經驗所產生的公認標準與智慧。舉例來說，與其說戰爭塑造了中國，還不如說它摧毀了中央集權的社會網絡並削弱了國家。

本書的主要目的是邁出一小步來創建一個框架，讓我們得以分析國家發展的其他替代途徑。借鑑自中國歷史，我提議將「菁英的社會域」作為衡量國家長期發展的一項新變數：短期來說，菁英的社會域造就了國家，但長期而言，國家也形塑了菁英的社會域。

※

有沒有可能我所說的、有關中國歷史上國家發展的一切都是正確的，但與世界其餘地區無關呢？源自中國過去的一項理論，能否照亮中國的現在？總的來說，中國歷史為我們帶來了哪些關於國家發展的洞察？

在最後一章，我將對非洲、拉丁美洲，以及中東的發展中國家作一番巡禮，並指出菁英社會域的三種理想類型（星形、領結形、環形）如何幫助我們理解世界其他地區的建國經驗。最後，我以帝國遺產如何對中國的現代國家建設帶來重大挑戰，以及中國歷史國家發展的各個面向如何幫助我們了解今日的國家建設等討論作結。

非洲邁向中央集權的艱辛道路

撒哈拉沙漠以南的非洲國家遇到許多與中國相同的挑戰，但由於地理與人口密度的差異，非洲的國家發展走上了一條截然不同的道路。

正如美國比較政治學者傑佛瑞・赫伯斯特（Jeffrey Herbst）指出，無論是殖民時期之前的國王、殖民地的總督，還是獨立時期的總統，非洲建國者所面臨的根本問題始終是「如何在人口稀少的廣闊領土上樹立權威」[1]。大部分的非洲國家都是始於類似環形網絡的結構，中心努力於連結並控制外圍。在殖民時期，歐洲殖民者依賴嵌入地方的傳統領導者（酋長）來進行統治，從而形成了領結形網絡，然而，其中央政府與地方酋邦之間的連結，比中國的家族連結要薄弱多了。

非洲獨立初期，有些國家出現了專制政權（尤其是由軍人領導的國家），這些政權中的菁英與社會斷開了連結並依靠武力來掌權，使他們又回到環形網絡的結構。近年來的民主化，讓酋長們成了國家政客與地方社會的中間人，從而提升了他們的權力，一種新的領結形網絡也應運而生。然而，這種領結形網絡的連結強度也因地理與人口分布而有所差異，在非洲國家之間的情況亦不盡相同。

前殖民時期

南非人類學家梅耶・弗特斯與英國人類學家伊凡・普里查（E. E. Evans-Pritchard）將早期

非洲社會區分為兩種政治體系。第一種是中央集權，在這種體系的社會中，基於財富、特權、地位的分裂，與權力及威信的分配相符；祖魯（Zulu）、恩瓜托（Ngwato）、本巴（Bemba）、班揚科爾（Banyankole）和凱德（Kede），都是這種**中央集權社會**的例子。第二種則缺乏中央集權的管理者，社會中沒有明顯的等級、地位或財富分歧；洛高里（Logoli）、塔倫西（Tallensi）和努爾（Nuer）則是這種**地方分權**的例子。在這些地方分權的社會中，即便是最大的政治單位，也只包括一個同質的小團體，當中的所有人都是透過宗親關係彼此連結在一起——村級以上沒有任何中央集權的政治組織，政治結構與宗親組織完全融為一體[2]。

基本上，大部分前殖民時期的非洲社會都屬於地方分權。美國人類學家喬治・默多克（George Murdock）根據世界上每個社會的政治階級組織來為其分等，並僅將十%前殖民時期撒哈拉沙漠以南的社會，歸類為中央集權社會[3]。在地方分權的社會，通常被稱為「酋長」的傳統領導者所擁有的權力，是憑藉著他與治理地方的社區之習慣模式所建立起來的聯繫，同時，該村莊也常以這些酋長的名字來命名。酋長的職位是世襲的，並由社區的「皇室」或「統治世系」所壟斷[4]。即使在撒哈拉沙漠以南非洲國家的中央集權體系中，中心也難以控制其外圍。

美國人類學家伊戈爾・科匹托夫（Igor Kopytoff）將前殖民政權的模式描述為一個核心與遠離中心、互不相連的「邊遠領域」：「核心，通常是最早完成政治整合的地區，繼續由中央管理機構直接統治；接著，是一個被緊密同化、具備政治整合依賴性的內區。而在內區之外，是一個相對安全的附庸政治圈……這個圈子與下一個納貢政體的圈子合併，使中央的政治聯繫變得緊綁。此外，中央的控制變得愈來愈僅具象徵性的意義。[5]」

這些邊遠領域可以輕易地逃離中央控制。在比利時人類學家簡・萬思那（Jan Vansina）對中非王國的描述中：「只要情況有利，省即可脫離王國。這發生在剛果、庫巴王國（Kuba kingdom）和隆達帝國（Lunda empire），每個統治者都遠在天邊……這些地方就獨立了。[6]」

美國比較政治學者傑佛瑞・赫伯斯特對前殖民時期非洲特性的描述，與環形網絡有著驚人的相似之處：「權力（相當寫實地）被想像成一連串從核心向外輻射的同心圓。[7]」他認為，由於在低人口密度的廣闊領土上擴展合法政權的成本極高，於是非洲領導者僅控制了一個政治核心。「因此，」他主張，「在政治核心之外，權力往往會隨著距離增加而減弱。[8]」

殖民時期

一八八〇年，歐洲國家開始在非洲建立起殖民地。殖民者的主要目標是以盡可能低廉的成本來開採非洲大陸的自然資源，他們倚賴（或創設）具備傳統統治權的中間層級之中介機構，以便用最低廉的成本來進行治理。

英國殖民官盧吉男爵（Sir Frederick Lugard）是非洲殖民主義的最重要實踐者，亦是將間接統治加以制度化的奉行者，證明了保留傳統的非洲統治體系以作為他所面對問題的實際解決之道，有著充分且正當的理由：「幅員如此遼闊、居民數百萬人的國家，英國政府再怎麼滴水不漏地治理也不足夠……因此，利用並改進現有的機構是一項當務之急。[9]」

歐洲殖民者將以前中央集權的王國分為各個酋邦，並強制施行酋長的等級制度，等級最高的酋長可直接回報殖民當局[10]。他們將酋長的權力加以標準化，試圖提升收入並維持秩序[11]。此外，他們也讓酋長對土地享有更高的控制權，以便強化殖民者在地方層級的控制權[12]。

先前的研究曾經詳盡比較法國的「直接統治」（direct rule）、英國的「間接統治」（indirect rule），以及比利時混合式的「半間接統治」（quasi-indirect rule）等相關政策。在法國的「直接統治」中，法國官員甚至填補了等級相當低的管理職缺；而在英國的「間接統治」中，則是由土著酋長來履行這些職責[13]。話雖如此，實際情況並沒有那麼簡單，英國比較政治學學者凱瑟琳・布恩（Catherine Boone）說明，賦予地方菁英的自治權，在帝國內部的差異往往比帝國之間的差異還大；她認為，殖民地的管理者會根據傳統治理結構在特定地區的階層體系，以及酋長是否被視為自願的盟友，從而改變他們的治理策略[14]。

無論如何，歐洲殖民者逐步將酋邦建立為本土治理的主要單位，從而形成一種領結形網絡——殖民當局與酋長合作治理，後者又透過社會組織來控制特定領地。正如英國非洲主義者和政治學家克里斯多福・克拉普漢（Christopher Clapham）指出，歐洲人確保酋長是「每個酋邦中特定家族的代表」並「在酋邦中創造出一群地方的恩庇者，他們各自擁有自己的侍從者。[15]」美國比較政治學學者喬爾・米格達爾則寫道，殖民者「將人民視為由酋長領導的社會組織成員」從而創造出「新的連結」，酋長則藉由部落組織「控制了物資、工作、暴力、防禦等關鍵資源。[16]」

然而，連接殖民政府與地方酋長的紐帶十分薄弱。有別於中國利用科舉考試來維繫領結形網絡，殖民強權主要是靠「恩庇」與「脅迫」的方式來維持統一，為此，殖民時期也埋下了持續衝突的種子。酋長的權力與人數快速擴張，使得敵對部落與派系之間的緊繃關係更形惡化。歐洲人將資源投注於建立，或者基於某些情況下恢復酋長在治理實體分裂的框架中之強大作用，其後又因獨立而為非洲土著社會控制權的分配帶來深遠影響[17]。

後殖民時期

去殖民化的浪潮，從一九五七年迦納（Ghana）獨立開始，如火如荼地展開。歐洲殖民者勉強維繫住的鬆散領結形網絡，逐漸崩塌成分散於非洲大陸各地的環形網絡，而之所以會如此，原因有二。

第一個原因，正如美國比較政治學者赫伯斯特指出，非洲在後殖民時期的和平，部分要歸功於《非洲統一組織憲章》（Charter of the Organization of African Unity），以致並未給非洲國家帶來必要的壓力，促使它們透過有效管理以及對社會的滲透度來活化國家稅收；對間接稅與非稅收入的倚賴度，即使並未切斷，也多少弱化了國家與社會之間的連結。新國家無力於控制酋長，而酋長仍保有自殖民時期以來的大部分權力與資源，尤其是土地[18]。

網絡型態改變的第二個原因，正如美國比較政治學學者羅伯特・貝茨所示，相當多的非洲新興獨立國家是由軍隊所統治；從一九七〇年代初期到一九八〇年代末期，在超過三十％的觀察中發現非洲國家元首出身軍隊[19]。這些軍事菁英與一般平民無甚聯繫，也鮮少代表他們所屬的部落。此外，非洲軍人也並未嘗試自行發展動員人口的方式，尤其是在農村地區[20]。

雖然非洲各地的民族主義領袖皆呼籲要罷免酋長，並將其權力轉移給民選政治家所監督的有效率、新成立的官僚機構，不過學者凱特・鮑德溫（Kate Baldwin）發現，許多取代酋長的努力都失敗了——在整個非洲都是由傳統領導者運作法院系統、分配土地，並組織地方的勞工群隊[21]。與殖民時代比較起來，非洲大陸社會從一九六〇年代至一九八〇年代的自主性愈來愈高漲，逐漸脫離國家的控制；到了一九八〇年代末期，後冷戰時期的「第三波」民主化浪潮席捲了整個非洲[22]。正如學者貝茨所言，從一九七〇年代初期至一九八〇年代中葉，「國家與年的配對觀察」（country-year observation）中有超過八十%的國家屬於無黨制或一黨制。但是到了一九九〇年代中葉，撒哈拉沙漠以南的非洲國家中，已有五十%是多黨制[23]。

學者凱特・鮑德溫認為，民主化強化了酋長的權力。民主選舉賦予全國性的政治家動機，激勵他們與選區中的酋長維持良好關係；酋長憑藉著自己在地方社區的傳統權威、社會網絡，以及長遠的眼界，可以幫助這些政治家執行發展計畫，進而幫助他們了解選民所需並贏得連任[24]。但是，鮑德溫也提醒我們，這些發展計畫都是以特定地域作為目標的計畫，通常被稱為攏絡選民的「政治恩惠」，而非全國性的公共財，因此，這類計畫的利益往往不成比例地偏袒著酋長的村莊或家園[25]。

非洲的民主化打造出一種新的領結形網絡，與過去殖民時期的網絡截然不同。如今，與民選政治家關係密切的是代表其地方利益的酋長，而非殖民者，然而，正如學者鮑德溫所示，這些連結仍然限於地方——政治家只與他們自己選區的酋長保持緊密聯繫。

在整個非洲大陸上，中央連結各地方的能力往往因地而異，而且有著顯著的差異。歐洲人在所謂的「瓜分非洲」（Scramble for Africa）時期任意劃定的國界，自非洲獨立以來大致未變。因此，非洲國家大小不同、形狀各異，中心與周邊地帶的人口分布不均。美國比較政治學學者赫伯斯特根據政治地理與人口分布，將國家分為三大類[26]。

第一類國家幅員遼闊，有些地區人口稠密，但這些地區相距甚遠、並不相連。若將赫伯斯特的分類應用於非洲大陸，剛果民主共和國（Democratic Republic of the Congo）即為這類國家的一例。人口稠密的小塊地區集中於首都金沙薩（Kinshasa）附近，亦遍布於廣袤的剛果大陸上。對於這類國家來說，中心要連結周邊地區會遭遇實際的難度與挑戰性。與此同時，大量遍布各地的偏遠族群可以用部族與文化之名動員起來，且足以與國家相抗衡[27]——中央與這些團體的關係近乎環形網絡的模式。

赫伯斯特將第二類國家歸類為「腹地」（hinterland）國家，舉例來說，查德（Chad）、馬利（Mali）、茅利塔尼亞（Mauritania）和尼日（Niger）的幅員異常遼闊，但中高人口密度的地區相對稀少，廣闊的腹地居民也極少。在腹地國家中，首都艱難地控制著廣大的領土，不過由於這些國家的人口集中於首都附近，政府緊鄰著一大部分的人口。茅利塔尼亞就是其中極端的一例，這個國家儘管幅員遼闊，但五十四%的人口都居住在城市地區[28]。

第三類的國家在某個地區擁有最高度集中的權力，而這個地區通常是在首都周圍，也是國家最容易統治的地區，而隨著距離首都愈來愈遠，人口密度也愈來愈低。貝南（Benin）、波紮那（Botswana）、布吉納法索（Burkina Faso）、中非共和國（Central African Republic）、厄利垂亞（Eritrea）、加彭（Gabon）、幾內亞（Guinea）、獅子山（Sierra Leone）和辛巴威（Zimbabwe）等小國，都屬於這類國家[29]。這些例子更近似以中心連結所有社會團體（亦位於中心）的星形網絡，且與中國的情況類似的是，這種星形結構易受針對中心的暴力衝突影響。學者赫伯斯特注意到，這些國家的首都全成了戰場：比索（Bissau）、布拉薩（Brazzaville）、自由城（Freetown）和馬塞魯（Maseru），都在一九九七至一九九九年間被摧毀殆盡，因為戰士很容易將目標對準權力中心[30]。

簡言之，環形與領結形網絡支配了非洲的國家發展，而非洲建國一直面臨的一項挑戰，就是：中心試圖連接與控制外圍地區。非洲的案例也為我的中國生成理論添加了細微差異。撒哈拉以南的非洲國家與人口密度極高的中國差異在於，分散的人口分布造成中央政府聯繫地方社會團體的成本極高；即使在非洲的殖民時期與後民主化時期出現了領結形網絡，中心與地方之間的連結仍比中國的連結薄弱得多。

專制且基礎建設薄弱的拉丁美洲國家

位在拉丁美洲的國家也被認為國力孱弱，用美國社會學米格爾・森特諾的話來說「它們無法主導社會」，他將大部分拉丁美洲國家歸類為「高度專制」但「基礎建設薄弱」，即使在進入二十世紀之後亦是如此。森特諾認為這些國家是專制的，因為國家菁英可以在不與公民社會協商的情況下做出決定；此外他也認為這些國家是孱弱的，因為它們無力去執行決定[31]。

學者森特諾追溯拉丁美洲的建國至殖民時期，並證明該地區與帝制中國的情況如出一轍：**戰爭大多發生於國家之內而非國家之間**[32]。他認為，這些內亂屬於「錯誤的戰爭」，因為它們強化（而非挑戰）現存的社會分歧[33]。另外，他也主張國外貸款的可取得性，防止了拉丁美洲落入強化歐洲國家的「脅迫—壓榨」（coercion-extraction）循環中。話雖如此，與其說戰爭造就出建立在「血與鐵」之上的國家，毋寧說戰爭讓拉丁美洲國家建立在「血與債」之上[34]。

拉丁美洲的殖民時期與後獨立時期，皆具有核心與外圍之間關係緊繃的特徵，而這種緊繃關係往往體現於「菁英—社會」或「中心—地方」的關係中，限制了拉丁美洲國家將觸角延伸至阿根廷社會學家吉列爾莫・歐唐奈（Guillermo O'Donnell）所稱「棕色地區」（brown spot）的能力，同時，這些地區的國家其存在感也較低[35]。

殖民統治下的領結形網絡

拉丁美洲的主權分裂由來已久，早在殖民計畫剛開始時，西班牙即認可了相當程度的區域多樣性與自治性，甚至提出一項將拉丁美洲大陸分成三個王國的計畫——墨西哥、秘魯，以及新格拉那達（Nueva Granada）。主權之爭不僅發生於各省與首都之間，更發生於「各省之內」的地區與市政府之間。殖民國家鮮少能控制帝國的大部分地區，墨西哥北部的大部分地區以及拉丁美洲大陸的南方地區，都超出了國家的控制範圍[36]。由西班牙國王卡洛斯三世（Charles III of Spain）在十八世紀中葉發起的「波旁改革」（Bourbon reforms）即試圖重新集中權力並增加國家收入。西班牙的波旁軍隊被成立並賦予更大的制度自治權，以因應來自英國、日益嚴重的外部威脅，然而，結果卻是軍隊脫離了社會、凌駕於國家之上[37]。

藉著將資源轉移到國家，這些改革也加劇了國家與教會之間的菁英分歧，並引發了在美洲殖民地出生的「克里奧爾人」（criollo）與西班牙出生的「半島人」（peninsulare）之間的菁英內鬥；後者從去地方化的治理以及增加西班牙移民的相關努力中獲益最豐[38]。

儘管卡洛斯三世致力改革，但進入十九世紀之後的拉丁美洲分裂更甚以往，整個美洲對於馬德里的強制命令與要求深感憤慨，波旁王朝的各個子單位都希望保護並擴大他們相對於中央權力的自治權。學者森特諾將殖民時期的拉丁美洲描述為領結形網絡，相當類似帝制晚期的中國（但聯繫較為薄弱）以及殖民時期的非洲：「帝國的每個地區都與中心相連，但各地區之間卻互不相連。[39]」

後殖民時期的分歧道路

拿破崙於一八〇八年入侵西班牙，為拉丁美洲的獨立點燃了火花，也帶來了機會——到了一八一〇年，獨立運動在美洲大陸各地如火如荼地展開[40]。獨立戰爭加劇了主權的衝突，因為叛軍與忠誠的政府都試圖取得資源以建立對特定地區的控制。各省可用資源的差異如實不虛地助長了「地方主義」（regionalism），往往讓較富裕地區（通常與首都聯繫緊密）不願加入那些要求他們分享財富的政治締約[41]。墨西哥的例子說明了這種整個拉丁美洲都存在的模式：美洲大陸基本上分解成「一連串由軍閥元首統治的總督轄地。[42]」正如在軍閥割據下的中國，拉丁美洲大陸也崩解成一種環形網絡。

美國政治學學者馬庫斯・庫茨（Marcus Kurtz）認為，中央政府在獨立時吸收地方菁英的能力，關鍵地決定了後來的建國努力是否成功。如果執政派系之外的菁英能夠達成有意義的整合並分享政治權力，正如他們在一八七六年之後的烏拉圭和智利的發展態勢，那麼體制的發展與國家能力的擴展指日可期。

然而，倘若中央當局與強勢的地區或地方菁英涇渭分明，或是中央政府仰賴各省強權或貪污公職人員的課稅權力，正如一八七六年前的烏拉圭以及秘魯，那麼政治的中央集權就會窒礙難行。換句話說，獨立時期的星形網絡會促成建國，而領結形或環形網絡則會對其造成阻礙。庫茨的邏輯與我的看法雷同，他認為當菁英被納入時，不論是透過「寡頭民主」形式的共同合作，抑或是透過專制官僚環境的強行要求，他們的「集體利益可以在國家內部組織成形，」甚至可以做出以長期回報為主的艱難選擇[43]。

美國政治科學學者希勒爾・蘇伊佛（Hillel Soifer）其關於後獨立時期建國的論點，也強調了核心與外圍的關係，並指出「政治地理」的本質至關緊要：在只有一個居主導地位的都市核心之國家，菁英對於為求國家發展而擴大中央權力的重要性所達成的共識，可產生主導性的影響。然而，當眾多區域中心各自掌控該區特有的政治經濟時，建立一個中央政府的管理機構以促成國家發展的做法不甚可行。蘇伊佛的論點與我對於地方菁英倚賴地方服務的主張類似，他也認為當多個都市中心存在時，菁英彼此之間會產生衝突，因為各個地區對於公共財都有不同的偏好與優先順位，同時，各地區擁有自給自足的經濟，可以自行生產充足的經濟產物以維持（甚至提升）地方的生活水準，毋須國家的整合協助[44]。

蘇伊佛主張，政治地理決定了國家建設的計畫是否會出現，並更進一步指出，菁英是否與多個地方有連結，將決定這類計畫是否會成功。他說明，「外來者」（outsider，從外地派遣來的官僚）對於中央政府的政策偏好往往比地方菁英更為敏感——外來者較依賴政府機構的合法性與權力，這種情況激勵他們去促成並提升國家在其社區中的存在感。從社區外部派遣來的國家代理人，其利益與建國者（而非被任命擔任行政職的地方菁英）的利益更為緊密且一致，因此，外來者更可能配合、甚至促成國家建設的努力；墨西哥與智利的情況便是如此，一八九五年後的秘魯也有此趨勢[45]。換句話說，嵌入星形網絡的菁英有增強國力的強烈動機。

此外，美國政治學學者塞巴斯汀・馬祖卡（Sebastian Mazzuca），也對於較接近領結形網絡的拉丁美洲國家進行了討論，認為這些例子往往展現出一種「領土穩定與國力衰微的獨特結合」[46]。在這些國家中，發展國家實力的阻礙，是中央政府主事者與外圍統治者達成互利協議的結果；後者並未在國家形成的過程中被消滅，反而獲得強化地方大本營的制度權力。馬祖卡比較了烏拉圭與布宜諾斯艾利斯（Buenos Aires）這個反事實的獨立政府。他指出，綜觀十九世紀，布宜諾斯艾利斯的經濟繁榮度與財政實力皆超越了烏拉圭，然而，在一八六〇年代初期，布宜諾斯艾利斯與一大片外圍地區合併，這片外圍地區被細分為由世襲領主所統治的眾多政治堡壘，而阿根廷即為領土合併的結果。在阿根廷，外圍地區的世襲統治不僅存續了下來，更透過權力分享的安排，在整個政治舞臺上方興未艾。結果，阿根廷發展成我所謂領結形網絡的國家，其恩庇紐帶連結了中央政府以及外圍地區；阿根廷就像是帝制時代末期的中國，儘管領土穩定，國力卻比烏拉圭孱弱得多，而這一點也暗示了，如果布宜諾斯艾利斯在一八六〇年代並未與安地斯各小國統一，它可能會變成什麼樣的國家[47]。

簡言之，拉丁美洲的國家發展從殖民時期的「領結形網絡」演變成後獨立時期的多種情勢，路徑的變化取決於中央政府是否在獨立時與地方社會建立起連結，以及核心與外圍達成的協議類型。如果中央政府從首都派遣官僚去管理地方，從而形成「星形網絡」，那麼國家建設就可能成功實現；如果中央政府將控制權委派給地方菁英或是倚賴恩庇網絡，從而形成領結形網絡，那麼國家領土或可保持穩定，但國家實力仍將持續衰微不振。

中東的部落與國家

中東是人類社會「原始」國家的搖籃。大約六千年前，美索不達米亞沖積平原出現了首批國家[48]，然而，實際環境為有效統治帶來了令人生畏的挑戰。丹麥東方學家派翠夏・克羅內（Patricia Crone）認為，對農民來說，除了新月沃土（Fertile Crescent）外，中東土地不是部分、就是全然無用，只適合季節性遷徙的畜牧業，但這類土地承載生物的能力有限，因此畜牧業的收益波動也極大[49]。

因此，除了肥沃的底格里斯河—幼發拉底河（Tigris-Euphrates River）流域外，中東很難發展出定居的農業社區。倫敦東方和非洲研究學院的教授休・甘迺迪（Hugh Kennedy）寫道，如今穆斯林世界的人文地理學，其決定性特徵就是在定居農業區附近的沙漠中「存在大量游牧民族或移牧民族」[50]。所見略同的克羅內亦指出：「游牧民族必然人口稀少、分布廣泛、貧窮匱乏，而且無法積累維持國家運作所需的穩定盈餘。[51]」

欲了解中東國家發展的關鍵在於其部落本質。藉著「為其社會政治組織系統性地利用宗親關係」，部落社會為國家提供了另一種組織形式[52]。當這些部落產生一種共同的目標感時，舉例來說，在對外征戰期間，部落的原始性質賦予它們一項凌駕於國家之上的巨大優勢[53]，不過，一旦缺乏共同使命的情況下，部落國家很快就會崩解成無數的社會團體[54]。

古典時期所維持的領結形網絡

部落衝突為穆罕默德（Muhammad）帶來統一阿拉伯世界、創立伊斯蘭教的機會。六二〇年，馬迪納（Yathrib，現在的麥地那〔Medina〕）的兩個異教徒部落之間的交戰愈演愈烈，以致於他們再也無法保護自己免受三個與他們一起共享綠洲的猶太部落攻擊，因此，他們請穆罕默德來仲裁他們的爭端。一方面，這些部落也同意為麥加的穆斯林提供避難所作為回報，於是，從麥加到馬迪納的穆斯林移民，在阿拉伯語中被稱為「希吉拉」（hijra），讓穆罕默德得以將他的追隨者統一成為一個「烏瑪」（umma，即社群之意）。這一事件鞏固了穆罕默德作為先知與立法者的聲譽，同時擔任了宗教與政治的領袖[55]。

穆罕默德的繼任者，藉由建立領結形網絡而延續了他的傳統。開創倭馬亞王朝（Umayyad Caliphate）的穆阿維亞一世（Muawiyah I）靠著阿拉伯部落來掌控權力，並要求部落代表駐居於他位於大馬士革（Damascus）的宮廷中，藉此保持他們的忠誠[56]，哈里發（caliph）則透過各地的部落酋長行使間接統治之實。六七〇年，所有的聚落都被分成四分之一或五分之一，具備了半人為的大型部落性質，可以組織成一支軍隊或一座城市；這些聚落單位的領導者就是部落酋長，他們組成了倭馬亞王朝時代的部落貴族（ashraf）。這些酋長在間接統治的體系中，擔任了統治者與被統治者之間的橋梁——他們在戰時指揮自己的單位，在平時也負責照看這些單位。他們的地位建立在雙重基礎上，亦即：他們在部落中的影響力以及當權者對他們的接受度[57]。

但是，阿拉伯社會的部落制度（tribalism）對哈里發盛世（High Caliphate）時期國家的中央集權造成了極大的阻礙。舉例來說，遜尼派（Sunni）的穆斯林承認倭馬亞王朝與阿拔斯王朝（Abbasid）的哈里發是「烏瑪」的合法領袖；相反地，什葉派（Shi'a）的穆斯林將穆罕默德的女婿阿里（Ali）視為他真正的繼任者，並拒絕承認倭馬亞王朝與阿拔斯王朝所有的哈里發[58]。九世紀至十世紀間，隨著政治統一的逐漸瓦解，不同的教派也建立了各自的王朝國家[59]。

哈里發盛世時期還引進了一種獨特的伊斯蘭制度——被稱為「馬木路克」（mamluk）的奴隸兵。根據丹麥學者克羅內所述，奴隸兵組成的軍隊最早出現於八〇〇至八二〇年間，先是在北非，然後是西班牙與埃及；到了九世紀中葉的阿拔斯王朝，奴隸軍隊開始變得普遍。馬木路克主要是被部落在中亞穆斯林邊界外俘虜的土耳其人，他們幾乎都被迫改信伊斯蘭教。馬木路克是「文化分離」（culturally dissociated）者，因為他們是與地方社會沒有連結的外來人；同時，馬木路克也是「個人依賴」者，因為他們基本上都是護衛特定指揮官的保鑣[60]。馬木路克負責收稅、維持秩序，以及掌控重要資源[61]。為了回報他們在軍事方面的服務，國家授予他們暫時的、非世襲的土地采邑，被稱為「伊克塔」（iqta）[62]。

學者麗莎・布萊德斯與艾瑞克・查尼（Eric Chaney）認為，馬木路克直接影響了伊斯蘭的國家與社會關係。歐洲統治者必須與封建領主協商以徵召軍隊來保衛他們的領土，而伊斯蘭統治者則藉著建立起技能高超的外族軍隊來繞過地方菁英——這些軍隊與社會並無聯繫且直接宣誓效忠蘇丹[63]。由此可見，缺乏國家與社會的聯繫，削弱了伊斯蘭菁英強化國力的動機。

鄂圖曼帝國統治下的分而治之

十二至十三世紀時，土耳其人與蒙古人的入侵在很大程度上動搖了阿拉伯人的統治。阿拉伯統治者在中央政府與地方社會之間建立的傳統連結斷裂了，領結形網絡崩解成土耳其人或蒙古人在頂端、阿拉伯人在底端的環形網絡[64]。

直到十四世紀，中東才在鄂圖曼帝國的統治下統一。由土耳其部落所建立的鄂圖曼帝國，在十四世紀至二十世紀初時統治了歐洲東南部、西亞，以及北非的大部分地區。鄂圖曼的蘇丹們與他們的阿拉伯前人一樣，面臨了一連串類似的挑戰：征服給他們帶來了原本自治的地方強權者，這些人必須融入體制並願意放棄至少部分收益給新的國家。隨著巴爾幹半島（Balkans）與阿拉伯領土陸續被征服，新的文化與宗教團體必須被納入、安頓、尊重，才能接受勸誘，繼而對帝國的福祉做出貢獻[65]。

美國社會學者凱倫・巴基（Karen Barkey）認為，鄂圖曼帝國為追求國家發展所走上的道路，雖與歐洲截然不同，卻與中國有著雷同之處，她稱之為「協議合併」（bargained incorporation）[66]。根據她的描述，鄂圖曼帝國始於中央集權的模式，透過任命官員進行直接控制。其後，經歷了中心—外圍混合控制的過渡時期，最終發展出透過地方顯要來間接控制的體系[67]。藉由領結形網絡的建立，鄂圖曼帝國的統治者逐漸統一了四分五裂的環形網絡。

鄂圖曼的國家發展期間，國家與社會之間的一種複雜協定，逐漸將所有潛在的自治菁英與組織併入國家之中。從十四世紀到十六世紀，鄂圖曼的統治皇族藉由提供協議、強迫移民、純粹脅迫等種種方式，形塑各種內部力量以達目的。不論採用何種手段，最終結果就是要讓所有潛在的地區菁英和共同團體只能與國家產生緊密聯繫，而無自治組織存在的自由。帝國核心地區巴爾幹半島與安納托利亞半島（Anatolia）在土地所有、稅收，以及其他財政政策上，或多或少都有統一的行政管理安排，但帝國的其餘部分，也就是外圍地區，接受的是間接的統治方式。國家藉由從外圍聯繫中心的方式來施加統治，此舉將菁英與普羅大眾區隔開來，讓菁英們全都向中央回報，但彼此之間無甚聯繫；正如領結形網絡，團體、社群與中心關係緊密，與彼此關係薄弱，而國家更藉由地區性職務輪調等做法來保持外圍地區的這項弱點。由「恩庇關係」與「商業貿易」所產生的社會政治與經濟連結，全都從外圍地區延伸擴展至中央政府，但由於外圍各地連結薄弱，社會組織解體遂成了鄂圖曼各省的常態[68]。

根據學者巴基所述，鄂圖曼帝國的統治者都是試圖實現中央集權的建國者，但他們的嘗試無可避免地激發了地方的反彈。巴基認為，鄂圖曼帝國利用一種「掮客風格」（brokerage style）的中央集權方式來鞏固其控制並牢牢掌握住外圍地區。例如，輪調國家所任命的官員以削弱緊密牢固的恩庇侍從關係（patron-client tie）——每當有盜匪形成，國家一方面會利用這些盜匪來鎮壓農民，一方面又與他們的首領展開談判，盜匪遂成了許多地方官員手中的潛在代理人，與此同時，國家仍然一如以往地榨取租金與貢品[69]。

如同採取「分而治之」策略來管理菁英的中國皇帝，鄂圖曼的蘇丹們也「讓不同團體彼此競爭以獲取國家獎勵，亦即維持一種國家控制下的社會競爭狀態。[70]」鄂圖曼帝國用以下這樣的方式來分裂菁英：讓地主對抗地主、地方首長對抗地方首長、總督對抗總督。在這種競爭的氛圍下，菁英無法團結起來採取一致的行動來對抗國家[71]。

鄂圖曼帝國與帝制中國之間有許多雷同之處。兩者都在領結形網絡架構下進行治理，雖都僅能維持程度差強人意的國家實力，卻都可以延續了異常持久的統治期——鄂圖曼帝國的統治持續了六百多年。伊斯蘭教的合法化角色固然重要[72]，但國家能對菁英分而治之並保持領結形的網絡架構，在維繫龐大帝國的運作上也發揮了至關緊要的作用。

如同中國，西歐國家的興起也讓鄂圖曼帝國開始轉攻為守、處於劣勢。一六九九年，鄂圖曼帝國簽訂了《卡洛維茨條約》（Treaty of Karlowitz），將匈牙利的控制權讓給了哈布斯堡王朝（Habsburg Empire）——這是帝國衰敗的一個重要跡象。同時，帝國的經濟狀況也惡化了；歐洲發現新大陸以及繞經非洲、直通亞洲富饒之地的海上航線，也削弱了穆斯林國家對主要貿易路線的控制權[73]。

鄂圖曼帝國在第一次世界大戰時成為德國的盟友。一九一六年，在英國的支持下爆發了「阿拉伯起義」（Arab Revolt），其後於一九一八年十月下旬，鄂圖曼帝國與協約國（Allies）簽訂了停戰協議。歐洲人迅速瓜分了鄂圖曼領土，阿拉伯人好不容易脫離土耳其而獨立，旋即又淪為歐洲人的殖民地[74]。

後殖民國家的變化

歐洲殖民的方式，對於曾為鄂圖曼帝國版圖的地區其後走上什麼樣的國家發展道路，具有決定性的影響。在歐洲人倚賴地方菁英的殖民地，會形成「領結形網絡」來連結殖民政府與地方菁英。與此相對，在殖民者仰賴自家管理者的殖民地，地方菁英則不會被納入體制而是脫離政府、形成自治，從而產生「環形網絡」。

這項差異，以美國政治學者麗莎・安德森（Lisa Anderson）對突尼西亞（Tunisia）與利比亞（Libya）的比較來描述，可說最為適切。兩者皆為半獨立的鄂圖曼省分，而這兩國國家形成的關鍵區別，在於法國與義大利殖民統治選擇維持或摧毀十九世紀發展起來的地方官僚行政機構；這些不同的做法形成了獨立之後不同的政治組織與社會結構[75]。

正如美國政治學者安德森所示，在突尼西亞，法國人（打著保護國的幌子）保留、強化，並擴展了地方政府的官僚行政機構，同時將地方菁英納入其中；在利比亞，義大利人以禁止地方居民參與的義大利體系取代了地方行政機構。安德森認為，在保護國統治的七十五年期間，突尼斯地方行政機構的官僚化程度不斷提高，進一步促成了脫離宗親組織的轉變。基礎廣闊的民族主義運動，以及地方領導層中專業而非個人屬性的重要性漸增，皆突顯了這一時期社會結構的改變程度，就像是個人的侍從主義（clientelism）屈服於政策掮客之下。在利比亞，前殖民政府的崩解也摧毀了隨之形成的侍從網絡。缺乏維繫這些恩庇網絡的穩定施政，終究導致這些網絡本身的崩解，並回歸到依賴原本的宗親關係作為這些腹地的主要組織原則[76]。

政治危機說明了突尼西亞與利比亞獨立後這些變化的重要性，這兩個事件都闡明了過去幾十年來，官僚政治發展與解體的社會結構意涵及影響。在突尼西亞，隨著地方菁英開始代表利益愈趨相同且一致的選區，侍從關係的個人代表模式（被描述為一開始對法國占領的回應）也增添了政策掮客的元素，並逐漸為其所取代。獨立強迫政府去承擔責任與義務，並鼓勵國家菁英透過恩庇關係來維繫他們自己以及他們的盟友。然而，由國家政策所扶植、以利益為考量基礎的選區，旋即要求擁有決策的代表權。

在利比亞，穩定地方治理的缺乏、宗親團體的復甦，以及回溯至義大利時期對官僚制度的普遍不信任，讓國家由僅依靠歐洲恩庇或軍事力量的主張者來統治；他們對官僚制度的態度是不感興趣、或甚至抱持敵意，同時對基礎廣泛的政治組織也深感懷疑[77]。

學者安德森的結論是，殖民統治時期所強制施行的社會結構，顯著地影響了新興獨立國家的發展。在這種情況下，突尼西亞（社會結構類似領結形網絡）一直享有穩定、獨立的公民治理，而利比亞（社會結構為環形網絡）在其三十年的獨立期間卻因行政腐敗、軍事接管、革命動亂而始終動盪不安[78]。

歷史不會重演，但總會有相似之處

從中國的過去所產生的理論，可否闡明中國的現在？中國在現代的國家建設肯定截然不同於過去的帝制。現代國家嵌入一個全球化程度更高的國際共同體中，也從而產生了向其他國家學習（並與之競爭）的壓力。同時，現代的統治者也必須建立一套能連結群眾的政治體系，因為群眾在政治上的意見與行動遠比過去要重要得多。諸如政黨之類的正式公共團體如雨後春筍般出現，並且在規範菁英行為上扮演了重要角色。另外，通訊與交通技術的發展，使得過去難以逾越的地理障礙也不再那麼讓人望之生畏。

或許還需要另一部專著才能確切地分析中國在一九一一年之後的國家建設[79]，但倘若我們相信過去就是未來的指引，那麼過去的帝制中國將為我們提供了重要線索，讓我們了解在現代建立一個中央集權的國家必須面對的若干挑戰。

一九二〇年代晚期，毛澤東成為中國共產黨的領導人之後，在推行新的政治秩序上，他也面臨了若干與帝制中國時期的統治者如出一轍的挑戰——仕紳階級主導著傳統的農村社會，農民往往也是以地主菁英為首的世系組織之中的成員。這些世系組織祭拜著共同的祖先，而且是跨越階級區分的組織，沒有土地的農民與他們的地主親戚都屬於同一氏族。這些氏族用它們的義田來扶持農民、支付他們的婚喪喜慶費用，此舉顯然大幅緩解了階級之間的緊繃關係[80]。

當毛澤東試圖利用土地改革來動員農民以對抗地主菁英時，他很快就了解到，中國農村的主要分歧在於氏族之間，而非氏族內部的階級之間。正如美國漢學家裴宜理在她對中國北方共產黨動員的調查中所示，傳統社會組織「跨越階級界線」以產生「抑制橫向階級認同」的社區紐帶[81]，也就是說，比起被富裕的親屬剝削，下層家庭更懼怕失去宗親關係的保護[82]。富裕的農民往往與貧窮的親戚共謀，隱瞞他們實際的土地所有權並延緩土地改革的腳步[83]。

例如，一九四二年，當共產黨在中國北方動員農民實施「減租減息政策」，一名叫姚黑子（Yao Hei-tzu）的佃戶說服該地區的其他佃戶不去參加這項運動，只因為村裡最大的地主是他的舅舅[84]；當共產黨領導人試圖將海陸豐地區的農民組織起來進行土地革命時，世系族長與社區領袖皆藉此機會與鄰近的對頭氏族算舊帳——農民捲起袖子、拿起武器不是為了對抗那些往往與他們有親屬關係的地主，而是為了捍衛地方與家庭的利益[85]。

一九二八年，毛澤東在一篇知名的文章〈井岡山的鬥爭〉中，表達了他對於動員農民的困難深感挫敗，他嘆道：「但是無論哪一縣，封建的家族組織十分普遍，多是一姓一個村子，或一姓幾個村子，非有一個比較長的時間，村子內階級分化不能完成，家族主義不能戰勝。[86]」

考慮到過去帝制中國所留下來的社會域的這項遺贈，任何意欲建立新政權的革命，都必須是美國政治與社會學者西達・斯科克波（Theda Skocpol）所稱的「社會革命」（social revolution），其涉及一個社會的國家與階級結構的基本轉變[87]。一項由上而下的改革，倘若僅僅施行政治變革、卻保留了傳統社會結構（此即國民黨的政策試圖實現的目標），只會重蹈覆轍，陷入帝國統治者掙扎了千年之久的兩難困境。

的確，正如美國漢學家裴宜理所見，共產黨成功的一項關鍵要素，就是它「重建地方社會」的計畫[88]。雖然土地改革在一九二〇年代的南方遭遇地方的強烈反彈，但是到了一九三〇年代共產黨進軍世系力量薄弱的北方之後，便開始取得了進展[89]。美國東亞研究學者馬克・塞爾登（Mark Selden）認為，共產主義政策是中國共產黨成功的關鍵，尤其是土地改革[90]——中國共產黨的土地改革始於一九三〇年代並持續至一九五〇年代，改變了自宋朝以來主宰中國國家社會關係的傳統社會秩序。改革之後，地主菁英幾乎消失殆盡，共產主義國家將全國土地都國有化了，這是自唐朝實施均田制以來的第一次，與此同時，以現有的村落組織為基礎設立了合作社[91]。新政權也在縣與村之間設立了一個新的政府級別——鎮（township）。與帝國王朝不同的是，共產主義國家能將中央的權力擴展至縣級以下的地方單位[92]。

因此，現代中國的國家建設改變了社會的基本構造，並為國家的經濟現代化鋪平了道路。工業化根據就業與居住區域將人們聚集分組，而非世系網絡，此舉對於黨國控制經濟生產的最小單位，極有助益[93]。除此之外，「市場化」進一步改變了英國歷史學者許慧文所稱的中國傳統蜂窩狀農村結構，促成人口的流動遷徙，並讓「國家的觸角」得以深入社會[94]。中國終於藉著走上一條國家富強並長久治理的發展新道路，克服了主權者的兩難。

我們可以從中國的國家發展歷史中，汲取到哪些現實世界的課題與教訓？二次世界大戰後，許多國家宣布脫離殖民列強獨立，並建立起自己的國家；這些新獨立的國家，幾乎都出現在如今所謂的開發中世界。然而，世界上許多最嚴重的問題，從貧困到愛滋病、從內戰到恐怖主義，皆不成比例地集中在這些新興國家，絕非巧合。誠然這些問題有其地理與社會根源，但其政治原因從理論上來說，皆為國力衰[95]，因此，國家建設已成為發展中世界面臨的首要之務[96]。

如今，這些發展中國家面臨了與中國過去相同的建國困境：一群具凝聚力的菁英可以採取集體行動來強化國家，也可以團結起來反抗統治者。世界銀行、國際貨幣基金組織等國際社會實施的許多政策干預措施，都強調官僚機構的強化與建設[97]。但是，中國的經驗說明，**國力衰微是一個社會問題，無法以官僚主義的方案來解決**。或許發展中國家的領導者需要**動機**來增強國家實力，因為這麼做可能會危及他們的個人存續；中國過去與現在的課題指出，國家建設應該超越強化官僚機構的狹隘焦點，方能使菁英社會結構可以與強大國家以及持久政權兼容並蓄。

如果歷史一如以往般地不會重演，但會像文章的押韻一樣——類似的事件還是會再度發生，那麼，我們必須深入理解社會如何運作，才能領會政治如何運作。

附錄A 第二章附錄

A-1 氣候變遷與暴力衝突

表 A-1：溫度異常與暴力衝突 – 普通最小平方法估計值

因變數	外部戰爭數量		群衆叛亂數量	
	(1)	(2)	(3)	(4)
溫度異常（°C）	18.987 *** (4.102)	13.931 *** (3.946)	-17.749 ** (7.131)	-11.541 * (6.263)
外部戰爭數量（滯後）		0.366 *** (0.064)		
群衆叛亂數量（滯後）				0.311 ** (0.125)
結果均值	11.597	11.632	8.304	8.326
結果標準偏差 (std dev)	14.183	14.212	18.454	18.500
觀察値	191	190	191	190
R^2	0.095	0.224	0.049	0.139

說明：估算方法是普通最小平方法（ordinary least squares, OLS）。分析單位是 10 年。欄（1）與欄（2）的因變數是外部戰爭交戰的數量，欄（3）與欄（4）的因變數是群衆叛亂戰役的數量。關注變數（Variable of interest）是溫度異常，定義爲溫度偏離 1851–1950 年的平均值。欄（2）與欄（4）包括了滯後因變數。括弧中是穩健的標準誤差；***、**、* 分別代表了 1%、5%、10% 的統計顯著水準。

A-2 計算社會分化

揭示社會網絡中社群結構的一個方法是根據「邊緣移除」。直覺的認知如下：如果兩組節點只是鬆散地相互連接，那麼移除它們之間的邊緣，將在被限定的網絡中產成要素，而社群會與被限定網絡中的那些要素一致。

以邊緣移除為基礎的方法，在關於哪些邊緣該被移除的選擇規則上會有所差異。我遵循格文與紐曼（2002）提出的算法，以連續移除高介數中心性（betweenness centrality）的邊緣所組成；這項中心度的度量法可測得邊緣作為不同群體間的聯繫程度，利用網絡節點之間的最短路徑數量來計算。格文－紐曼演算法的運算過程如下：

一、計算網絡中所有邊緣的介數，移除介數最高的邊緣。

二、重新計算受移除影響的所有邊緣之介數。

三、重複第二項步驟，直到沒有任何邊緣為止。

四、從生成的樹狀圖（藉由逐漸移除這些邊緣所產生的分層映射〔hierarchical mapping〕）中，挑選可最大化網絡模組值（modularity）的分割（partition）（其特徵為群集之內的密集連結以及群集之間的稀疏連結）。

該運算法提供了 C 個社群的分割（以 c=1，...，C 為索引），其中每個分割都包含了不同節點（官員）的一份 s_c。我於是用它來計算社會分化（SF）的程度，使用標準的賀芬達指數（Herfindahl-Hirschman index）：

$$SF = 1 - \sum_{c=1}^{C} s_c^2$$

該量測程度可被解釋為兩名隨機選擇的官員來自不同社群的機率。

表 A-2：中國的重大財政政策（西元前 221 年至西元 1911 年）

年代	朝代	政策名稱	編碼
西元前 216 年	秦	黔首自實田	1
西元前 202 年	西漢	財政皇室與政府分開	0
西元前 196 年	西漢	上記制度	1
西元前 120 年	西漢	鹽鐵官營	1
西元前 119 年	西漢	算緡	1
西元前 110 年	西漢	均輸法	1
西元前 110 年	西漢	平準法	1
西元前 98 年	西漢	酒專賣	1
西元前 81 年	西漢	廢除酒專賣	1
西元 39 年	東漢	度田令	1
西元 88 年	東漢	廢除鹽鐵官營	-1
西元 196 年	東漢	屯田制	1
西元 280 年	西晉	占田法	1
西元 280 年	西晉	戶調制	1
西元 321 年	東晉	估稅	1
西元 485 年	北魏	均田令	1

表 A-2：中國的重大財政政策（西元前 221 年至西元 1911 年）(續)

年代	朝代	政策名稱	編碼
西元 486 年	北魏	租調制	-1
西元 584 年	隋	均田制	1
西元 590 年	隋	兵農合一	1
西元 624 年	唐	均田令	1
西元 624 年	唐	租庸調	1
西元 758 年	唐	鹽專賣	1
西元 764 年	唐	酒專賣	1
西元 780 年	唐	廢除均田制	-1
西元 780 年	唐	廢除鹽專賣	-1
西元 780 年	唐	兩稅法	1
西元 782 年	唐	茶專賣	1
西元 960 年	北宋	兩稅	1
西元 960 年	北宋	鹽專賣	1
西元 960 年	北宋	茶專賣	1
西元 960 年	北宋	酒專賣	1
西元 960 年	北宋	礬專賣	1

表 A-2：中國的重大財政政策（西元前 221 年至西元 1911 年）（續）

年代	朝代	政策名稱	編碼
西元 964 年	北宋	集中財產權	1
西元 1005 年	北宋	改變茶專賣	-1
西元 1017 年	北宋	取消鹽專賣	-1
西元 1028 年	北宋	取消礬專賣	-1
西元 1059 年	北宋	廢止茶專賣	-1
西元 1069 年	北宋	青苗法	1
西元 1069 年	北宋	均輸法	1
西元 1070 年	北宋	免役法	1
西元 1071 年	北宋	方田均稅法	1
西元 1072 年	北宋	市易法	1
西元 1085 年	北宋	廢除青苗法	-1
西元 1085 年	北宋	廢除均輸法	-1
西元 1085 年	北宋	廢除免役法	-1
西元 1085 年	北宋	廢除市易法	-1
西元 1085 年	北宋	廢除方田均稅法	-1
西元 1236 年	元	鹽專賣	1

表 A-2：中國的重大財政政策（西元前 221 年至西元 1911 年）(續)

年代	朝代	政策名稱	編碼
西元 1368 年	明	屯田	1
西元 1368 年	明	鹽稅	-1
西元 1581 年	明	一條鞭法	1
西元 1644 年	清	正賦	-1
西元 1644 年	清	鹽課	-1
西元 1645 年	清	圈地令	-1
西元 1711 年	清	永不加賦	-1
西元 1724 年	清	火耗歸公	1
西元 1729 年	清	攤丁入畝	1

表 A-3：中國皇帝的退場方式（西元前 221 年至西元 1911 年）

原因	退場方式	發生次數	百分比
健康	自然死亡	152	53.90%
菁英	被菁英謀殺	34	12.09%
	被菁英罷黜	24	8.51%
	被菁英強迫退位	17	6.03%
	在菁英施壓下輕生	1	0.35%
	小計	**76**	**26.95%**
內戰	在內戰中被罷黜	20	7.09%
	在內戰中死亡	10	3.55%
	在內戰中輕生	1	0.35%
	遭遇內部威脅時被迫退位	1	0.35%
	小計	**32**	**11.34%**
對外戰爭	在對外戰爭中輕生	4	1.42%
	遭遇外部威脅時被迫退位	3	1.06%
	小計	**7**	**2.48%**

表 A-3：中國皇帝的退場方式（西元前 221 年至西元 1911 年）（續）

原因	退場方式	發生次數	百分比
家庭成員	被兒子謀殺	5	1.77%
	被妃妾謀殺	1	0.35%
	小計	**6**	**2.12%**
其他	服用長生不老仙丹中毒死亡	4	1.42%
	自願退位	4	1.42%
	意外死亡	1	0.35%
	小計	**9**	**3.19%**
	總計	**282**	**100%**

四畫・王　243

約、讕據、分關等，卷二至四世系。

上圖　美國猶他

014-2032［湖南平江］**王氏第十次續修族譜三卷首一卷**　王國賓纂修。1915年三槐堂木活字本，七册。書名據版心、目録、書衣題。書名頁題儲文閣梓。

先祖同上。卷首序、凡例、源流、誥軸、祭禮、家訓、家誡、遷徙、傳贊、墓誌銘、墓圖、契據等，卷一至三世系。

上圖　尋源姓氏　美國猶他

014-2033［湖南平江］**王氏族譜**　王甲春纂修。1921年三槐堂木活字本，三册。存卷首上、下。書名據書衣、書名頁、版心題。六修本。

先祖同上。存卷爲序、誥敕、源流考、祠圖墓記、傳記、契約等。

上圖　美國猶他

014-2034［湖南平江］**王氏族譜**　王德烝纂修。1934年三槐堂石印本，一册。存卷首一至二。書名據書衣、書名頁、版心題。目録題王氏十一修族譜。書名頁題平江儲文閣美東承印。十一修本。

先祖同上。存卷爲序、源流表、誥敕、各縣族別表、垂絲總表、祠圖、規訓、契據等。

上圖　美國猶他

014-2035［湖南醴陵］**醴陵南城王氏族譜**　（清）王添煥纂修。清道光元年（1821）植三堂木活字本，一册。存卷四至六。書名據版心題。

始遷祖安仲，字培厚，號植齋，明初自江西安福縣金田移居湖南醴陵縣。存卷爲齒録。

上圖　美國猶他

014-2036［湖南醴陵］**醴陵南城王氏續修族譜二十一卷首二卷**　（清）王紫春等纂修。清咸豐十年（1860）植三堂木活字本，十四册。書名據版心、書簽、卷端題。書名頁題王氏族譜。

先祖同上。卷首序、誥敕、家訓、族約、祭祀規戒、祀産等，卷一至二十一齒録。

上圖

014-2037［湖南醴陵］**醴陵南城王氏三修族譜**　纂修者不詳。清光緒間植三堂木活字本，二十二册。存卷首（殘）、卷一至三十、三十二至四十四。書名據版心、卷端題。

先祖同上。卷首序、誥敕、家訓、族約、祭祀規戒、祀産等，餘卷爲齒録、世系圖等。

上圖　美國猶他

014-2038［湖南醴陵］**醴陵南城王氏五修族譜**　王昌柱纂修。1995年植三堂鉛印本，八册。書名據封面題。

先祖同上。

湖南圖

014-2039［湖南醴陵］**醴南三都王氏族譜**　纂修者不詳。清光緒間興仁堂木活字本，二册。存卷二、五。書名據版心題。卷端題三都王氏族譜。佚名增補至民國初年。

始遷祖貴霖。卷二世系、卷五齒録。

上圖　美國猶他

014-2040［湖南醴陵］**醴西攸塢王氏五修族譜十二卷首一卷**　王業錞纂修。1943年三槐堂木活字本，十三册。書名據版心、書衣、卷端題。書名頁題王氏族譜。

始祖祐，字景叔，宋名相王旦之父。始遷祖夢熊，字見功，祐十七世孫，明天啟四年自湖南湘陰移居醴陵治西攸塢。卷首序、服制、祭禮，卷一至二祠圖、墓圖，卷三傳贊、志銘，卷四至五垂絲，卷六至十二齒録。

上圖

014-2041［湖南攸縣］**陂下市王氏重修族譜四卷**　（清）王賓三等纂修。清乾隆十六年（1751）三槐堂刻本，一册。書名據版心題。

始遷祖文卿，明初自江西安福縣移居攸縣北鄉陂下市。卷一序、村祠圖、詩文、傳記、家訓，卷二至四世系。

圖 A-1：《中國家譜總目》之一例

附錄B 第四章附錄

B-1 宋朝的社會分化

我先以宋真宗皇帝時期（九九七至一〇二二年）的大臣要員為例，解釋社群檢測如何運作。在次頁附錄圖B-1中，圖a顯示出要員之間的聯姻網絡，每個節點代表一名要員，每條線則代表了一段婚姻關係；圖b則顯示出利用格文—紐曼演算法所發現的社群，如此一來，我就能計算出整個宋朝時期要員群體的社會分化指數。次頁附錄圖B-2顯示了整個宋朝時期要員聯姻網絡的社會分化程度。首先，我按照所有的要員升任侍郎等級或更高職位的年分來為他們分組。接著，我利用格文—紐曼演算法來檢測每一組中的社群，並計算該組的社會分化分數。

回想前述說明曾經提及，社會分化分數是兩名隨機選擇的官員來自不同社群的機率（詳見附錄A-2）；分數愈高，網絡的分化程度也愈高。正如附錄圖B-2所示，宋朝的社會分化維持在相當高的水平上（〇・九左右），意味著朝中的大臣要員分化程度極高，而且這種現象穩定延續了整個宋朝時期。

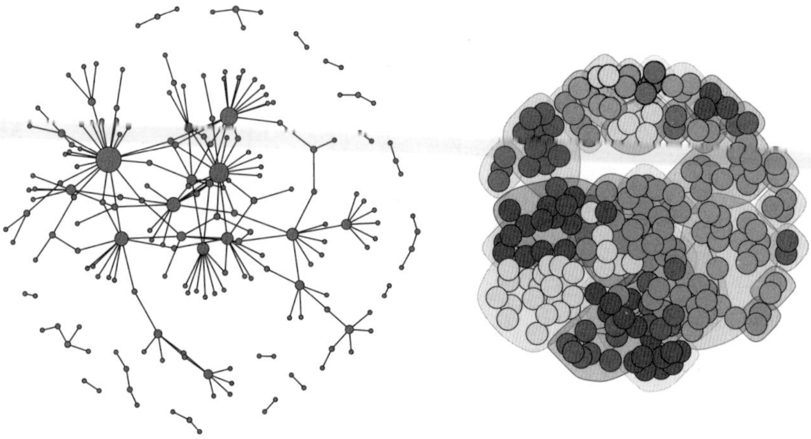

(a) 要員的聯姻網絡　　(b) 聯姻網絡中的社群

圖 B-1：宋真宗時期（997–1022 年）大臣要員的聯姻網絡與社群

資料來源：作者的數據資料蒐集

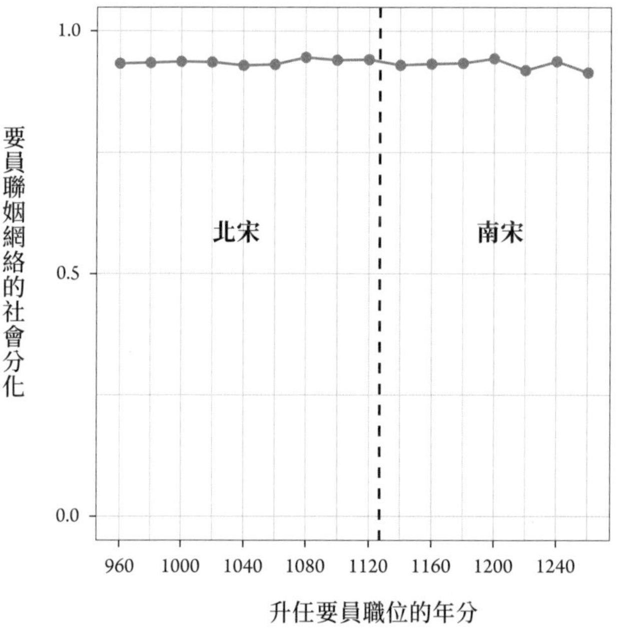

圖 B-2：宋朝（960–1279 年）要員聯姻網絡的社會分化

附錄C 第五章附錄

C-1 王安石變法背景

表 C-1：第五章資料集的匯總統計

	數值	均值	標準偏差	最小值	最大值
支持改革（持續）	63	0.574	0.482	0.000	1.000
改革派	74	0.527	0.503	0.000	1.000
家族親屬的地方集中度	68	3.336	6.686	0.001	38.334
介數中心性	137	25.664	55.796	0.000	443.731
家族親屬人數	70	101.957	110.517	1.000	566.000
子女人數	70	2.014	1.378	1.000	8.000
與改革領袖的派系關係	137	0.204	0.405	0.000	1.000
與遭受外部戰爭的親屬質心（centroid）	68	0.026	0.008	0.013	0.061
遭受群衆叛亂的親屬質心	68	0.062	0.015	0.033	0.112

表 C-1：第五章資料集的匯總統計　（續）

	數值	均值	標準偏差	最小值	最大值
粗糙度指數（ruggedness index）	117	77268.661	65227.410	6938.060	320378.719
父親通過科考	137	0.190	0.394	0.000	1.000
任何伯叔姑舅通過科考	137	0.131	0.339	0.000	1.000
祖父的官方地位	137	0.496	0.502	0.000	1.000
父親遷徙移居	137	17.371	84.333	0.000	767.121

C-2 王安石變法分析

我系統性地檢驗了這項假設，亦即：政治家對強化國力的支持與其宗親網絡的地理跨度呈正相關。我估算了以下基準普通最小平方法的規格：

$$\text{支持改革}_i = \alpha + \beta\,\text{家族親屬的地方集中度}_i + \mu_j + \mathbf{XB} + \epsilon_j \quad \text{(C.1)}$$

因變數「支持改革 i」是衡量政治家 i 支持改革程度的連續變數（continuous variable）；關注變數家族親屬的「地方集中度 i」則是衡量政治家 i 的宗親網絡在地理上集中程度的指數。我的假設預測關注量（quantity of interest）β將為負數，μ_j包括了政治家的家鄉州級固定效應。所有標準誤差都是穩健的，群集在州的層級 j 以解釋誤差項（error term）中的任何州內關聯性。

我考慮了下列的替代解釋。第一種解釋是政治家的個人特性，比如家族財富，可能會影響他們的估算。例如，那些來自較富裕家族的政治家有較多資源來支持宗親組織，因此，較不可能支持國家建設的改革。另外，諸如地理、歷史、文化、莊稼種植模式等家鄉本籍的特性，也會影響政治家的態度。舉例來說，來自容易遭受游牧民族入侵或國內叛亂造反地區的政治家，可能有較強烈的強化國力動機（Tilly 1992; Slater 2010）。此外，再分配邏輯的預測是來自土壤肥沃、農作產量高這類地區的政治家較可能反對國家建設，因為他們的收入較高，必須支付更多不成比例的

表 C-2：宗親網絡的政治選擇與地理形勢－普通最小平方法估計值

	家族親屬的地方集中度		
因變數	(1)	(2)	(3)
父親通過科考	4.855* (2.621)	4.798* (2.711)	5.118* (2.864)
任何伯叔姑舅通過科考		-0.268 (3.474)	-0.231 (3.386)
祖父的官方地位			-2.332 (1.665)
州級固定效應 (Prefectural FE)	Yes	Yes	Yes
結果均值	3.336	3.336	3.336
結果標準偏差	6.686	6.686	6.686
觀察值	68	68	68
R^2	0.341	0.341	0.356

說明：估算方法是普通最小平方法，分析單位是個別的政治家，因變數是家族親屬的地方集中度指數，關注變數是政治家的父親是否通過了科舉考試。括弧中是聚集在州級的穩健標準誤差；***、**、* 分別代表了 1%、5%、10% 的統計顯著水準。

稅金（Meltzer and Richard 1981）。

遺憾的是，關於政治家的家族財富這方面的資料極少。然而，歷史學家們一致認為，宋朝的高官要員是一個同質性極高的群體，大多來自富裕的地主家族（Liu 1959, 16）。為了控制政治家們的家鄉本籍之特性，我涵蓋了州級固定效應，將每位政治家州級（宋朝政府機構〔比如課稅與保安〕聚集的等級〔Smith 2009b, 407〕）的家鄉特性納入考量。

第二種解釋是，最近利用社會網絡分析的研究顯示，行為者在網絡中的位置愈是核心，他或她的行動對其他人的行動影響就愈大，他或她採取行動的可能性也愈高（Naidu, Robinson, and Young 2021）；次頁的附錄圖 C-1 說明了一百三十七位政治家的網絡，線條則代表了聯姻關係。接著，我控制了每位政治家的**介數中心性**——衡量節點對於網絡中資源流動的影響（Padgett and Ansell 1993, 1278）。

第三種解釋，可能有人會認為，重要的是家族親屬成員或子女的人數，而非他們的地理位置。保持地理分布不變的情況下，協調邏輯（coordination logic）可能會預測，眾多的親屬會增加地方層級的協調交易成本，從而促使政治家接受國家所提供的服務——一種「焦點」（focal point; Schelling 1960, 57）。因此，我控制了**家族親屬人數**和**子女人數**的總數，這些共變數也處理了有些政治家網絡的記錄比其他政治家網絡更為詳盡的問題。

第四種解釋，派系政治的興起與哲學流派的分歧是宋朝的特點（Bol 2008）。為了對每位政治家的派系關係進行編碼，我先識別出改革領袖：包括王安石、呂惠卿、蔡確（Liang 2009

[1908]; Williamson 1935; Liu 1959; Deng 1997; Smith 2009b）。

接著，我採用歷史學家們的著作，在符合下列至少一項條件的情況下，將每位政治家定義為與某位改革領袖有派系關係：（一）他與某位改革領袖是主考官與應考生的關係；（二）他與某位改革領袖同一年通過科舉考試；或是（三）如美國漢學家包弼德所定義（Bol〔2008, 61–5〕），他與某位改革領袖屬於同一個哲學流派。指標**與改革領袖的派系關係**測量了每位政治家與改革領袖的關係。

第五種解釋，家族親屬易遭受游牧民族入侵或國內叛亂影響的政治家，可能更傾向於建立一個強

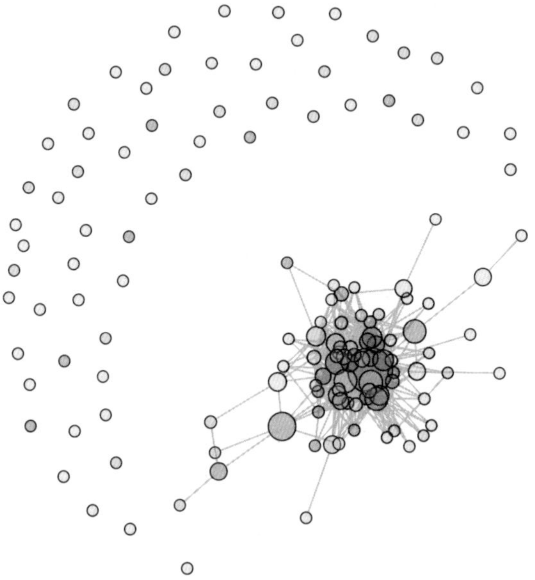

圖 C-1：北宋政治家的聯姻網絡（1167–1185 年）

說明：此圖顯示了北宋 137 位主要政治家之間的社會網絡。每個節點都代表一位主要政治家，每條線則衡量兩位政治家之間是否存在一段藉由子女嫁娶所產生的聯姻關係，如圖 2-4 所定義。

大的國家。為了衡量對家族親屬的外來威脅，我採用「市場潛能」的方法來構建一個指數，以測量他們的親屬在神宗統治之前的五十年間所經歷的所有外部戰爭。因此，**遭受外部戰爭的親屬質心**即為 $\Sigma_{w \in W}(1 + 距離_{kc,w})^{-1}$，其中「距離 $_{kc,w}$」是指從宗親網絡 kc 的質心到外部戰爭 w 的「直線」距離（以公里為單位）。數集（set）W 包括了從一〇一六至一〇六五年宋朝與非宋朝政權之間的所有外部戰爭，比如西夏或遼國（外部戰役的地點則取自南京軍事學院編著的《歷史戰爭目錄》〔2003〕）。當外部戰爭愈來愈接近宗親網絡的質心，這項指數也會隨之增加。同理，我建構了一個**遭受群眾叛亂的親屬質心指數**：$\Sigma_{r \in R}(1 + 距離_{kc,r})^{-1}$，其中「距離 $_{kc,r}$」是指從宗親網絡 kc 的質心到群眾叛亂 r 的距離，數集 R 包括了從一〇一六至一〇六五年宋朝與大規模叛亂團體（例如農民、工匠）之間的所有群眾叛亂戰役，這些戰役的地點同樣取自南京軍事學院的《歷史戰爭目錄》（2003）。當群眾叛亂戰役愈來愈接近宗親網絡的質心，這項指數亦會隨之增加。

第六種解釋，我所有的距離都是用「直線」距離來測量，不考慮地形條件。可能有人會認為，政治家若是有居住在山區的家族親屬，就能依靠天然的地形屏障來禦敵而較毋須仰賴國家的保護。因此，我控制了**粗糙度指數**，利用美國經濟學家納恩（Nunn）與普加（Puga）提供的網格單元（grid cell）層級數據（Nunn and Puga〔2012〕）來計算政治家宗親網絡所覆蓋的所有網格單元之平均地形粗糙度指數（Terrain Ruggedness Index）。

最後的解釋是，政治家的家族歷史很重要。我控制了**父親通過科考**來評量政治家的父親是藉由科舉考試（而非繼承官職的方式）進入官場。這項變數也代表了政治家之父的政治傾向，因為以儒家經典為主的科舉考試應該會對這位父親的政治觀點產生影響，從而影響他打造他兒子（即該政治家）的宗親網絡之策略。我也控制了**父親遷徙移居**來評估這位政治家的父親從他原來的家鄉本籍遷徙了多遠。附錄表 C-1 顯示出所有變數的匯總統計。

左頁附錄表 C-3 列出了基準模式的估計值。我採用「表列刪除法」（listwise deletion），因此，這些估計值是以我在所有變數上都有完整資料的四十位政治家為基礎。欄一呈現了**家族親屬的地方集中度**與**支持改革**之間的雙變數關係，欄二增加了政治家家鄉的州級固定效應，欄三則增加了額外的控制變數。

在所有的規格中，**家族親屬的地方集中度**與**支持改革**呈現負相關，同時，係數在九十%的水準上出現了統計顯著性。係數的大小指出，家族親屬的地方集中度每增加一個標準偏差，支持改革的標準偏差就會降低二十五到四十%。

總結來說，我的發現為下列論點提供了強而有力的支持，也就是：政治家對強化國力的支持與其宗親網絡的地理範圍呈現正相關。

表 C-3：家族親屬的地方集中度與對改革的支持 – 普通最小平方法估計值

因變數	支持改革（持續）		
	(1)	(2)	(3)
家族親屬的地方集中度	-0.015 *** (0.004)	-0.024 *** (0.007)	-0.024 * (0.012)
介數中心性	No	No	Yes
家族親屬人數	No	No	Yes
子女人數	No	No	Yes
與改革領袖的派系關係	No	No	Yes
遭受外部戰爭的親屬質心	No	No	Yes
遭受群衆叛亂的親屬質心	No	No	Yes
租糙度指數	No	No	Yes
父親通過科考	No	No	Yes
父親遷徙移居	No	No	Yes
州級固定效應	No	Yes	Yes
結果均值	0.446	0.446	0.446
結果標準偏差	0.483	0.483	0.483
觀察值	40	40	40
R^2	0.062	0.732	0.850

說明：估算方法是普通最小平方法，分析單位是個別的政治家，因變數是家族親屬的地方集中度指數，關注變數是政治家的父親是否通過了科舉考試。括弧中是聚集在州級的穩健標準誤差；***、**、* 分別代表了 1%、5%、10% 的統計顯著水準。

附錄 D

第六章附錄

D-1 背景

表 D-1：第六章資料集的匯總統計

	數值	均值	標準偏差	最小值	最大值
要員人數（1573-1620 年）	230	2.004	3.750	0.000	20.000
進士人數（1368-1572 年）	230	53.748	94.817	0.000	586.000
實施一條鞭法耗費年數	42	49.024	12.687	37.000	97.000
實施一條鞭法耗費年數（省或州級）	138	51.964	11.271	37.000	97.000
實施一條鞭法耗費年數（省、州或縣級）	175	49.583	12.014	12.000	97.000
實施一條鞭法	230	0.183	0.387	0.000	1.000
實施一條鞭法（省或州級）	230	0.600	0.491	0.000	1.000
實施一條鞭法（省、州或縣級）	230	0.761	0.427	0.000	1.000

表 D-2：明朝大臣要員的宗親網絡來源

姓名	輔助的個人研究	家譜	主要來源	地名辭典
張四維	Xiong (2012) and Guo (2007)			
申時行		Li (2018)		
張瀚	張瀚《松窗夢語》研究			Zhao (1993)
王國光	Ren (2010),《王國光評傳》			
張居正	Feng (2013), Zhang and Wu(1987)			
呂調陽			光祿大夫柱少傅兼太子太傅吏部尚建殿大士太保文豫所呂公墓 in Zhang and Wu (1987) Vol.3	
馬自強	張居正與山西官商家族，馬自強年譜	Liang (2012)	條麓堂集二六・光大夫太子太保部尚兼文大士少保文乾庵公墓 in Ma Clan (1870)	
王錫爵	Yuan (2017), Ma (2013)			

表 D-2：明朝大臣要員的宗親網絡來源（續）

姓名	輔助的個人研究	家譜	主要來源	地名辭典
趙志皋	趙志皋集・行狀			
張位			封一品夫人少保公元配曹氏神道碑 in Li (1997) Vol.110	
于愼行	Feng (2012)		于愼行墓誌銘 in Li and Xie (2011)	
李廷機	Li (1970)		蔡復一集	Fang and Zhu (2009)
梁夢龍	論梁夢龍		Liang (1650)	
楊巍	Zhang (2018)			
宋纁		明清時期商丘宋氏家族研究（未見）	Song (1739)	
陸光祖		Ding and Chen (2016)	政大夫吏部尚五公行 in Chen (1997) Vol.16	
孫丕揚	Peng (2015)			Tan (1891)
張守直	Zunhua (2013)			
萬士和			部尚文恭履公行 in Xu (1964)	

表 D-2：明朝大臣要員的宗親網絡來源（續）

姓名	輔助的個人研究	家譜	主要來源	地名辭典
趙世卿			曆城文苑採擷・趙世卿墓誌銘 in Licheng Cultural and Historical Documents Research Commission (2010)Vol.19	
徐學謨	Ye (2010)			
譚綸	Hu (2007)			
王崇古			王公崇古墓誌銘 in Jiao (1991) Vol.39	
方逢時	大隱樓集・附錄		誥封一品夫人方母余氏墓誌銘 in Wu (1830)Vol.2	
吳兌	Kang (2012)	Yu (2015), Yang (2018)	Wu and Wu (1924)	
張佳胤	張佳胤年譜		附行 in Zhang (1997) Vol.65	
王之誥	張居正集・張文忠公行實			
吳百朋	Wu (2012)			

表 D-2：明朝大臣要員的宗親網絡來源（續）

姓名	輔助的個人研究	家譜	主要來源	地名辭典
潘季馴	Zhao (2017), Jia (1996), 潘季年			
黃克	Li (2009)			
朱衡			太子太保工部尚食正一品俸安朱公墓志 in Hu (1983) vol.92	
衷貞吉			山房稿卷二・政大夫都察院左都禦史太子太保洪溪衷公神道碑	
楊一魁			光祿大夫柱太子太保工部尚後山公配累一品夫人氏合葬墓 in Zhao (1595) vol.16	
胡執禮	Zhang (2015)			
魏學曾	Xu (2015)			
耿定向			德大夫正治上卿督部尙太子少保恭天耿先生行 in Jiao (1997) vol.33	

表 D-2：明朝大臣要員的宗親網絡來源（續）

姓名	輔助的個人研究	家譜	主要來源	地名辭典
葛守禮		Zhao(2009)	先祖考太子少保都察院左都禦史川葛公行述 in Ge (1983) vol.5	
劉光濟			政大夫南京兵部尚致仕毅公墓 in Wang (2009) vol.23	
何維柏	Chen (2014)			
裴應章			大泌山房集卷七八・太子少保南京吏部尚裴公墓志 in Li (1997) vol.78	
王之垣		山東新城王氏家族文化研究	新城王氏家譜	
趙用賢	Chang (2017), Wu (2014)			
張一桂			通大夫部左侍郎兼翰林院侍士玉公墓誌銘 in Tang (1997) vol.8	
賈三近	Yin (2014)			

表 D-2：明朝大臣要員的宗親網絡來源（續）

姓名	輔助的個人研究	家譜	主要來源	地名辭典
汪道昆	Zhang (2008), Zhang (2014), Wang (2006), Liu (2008)	Xie (2014)		
蕭廩			神道碑 in Li (1970) vol.24；兵部右侍郎尙公墓 in Lu (2009) vol.12	
宋應昌			略朝保定山等兵部左侍都察院右都禦史宋公行 in Huang (2009a) vol.17	
王宗沐	Qiu (2004)	王宗沐年譜，章安王氏家譜		
陶承學		Wang (2016) (Vol. 42)	南京禮部尙書進階資善大夫贈太子少保泗橋陶公墓 in Sun (1814) vol.11	
劉一儒			封中大夫南京光祿寺卿碧泉公墓 in Zhang (2009[1593]) vol.26	

表 D-2：明朝大臣要員的宗親網絡來源（續）

姓名	輔助的個人研究	家譜	主要來源	地名辭典
張岳			明故政大夫督湖川都察院右都禦史太子少保襄峰公墓 in Xu (2009) vol.17	
邵陛			刑部左侍郎邵公行 in Chen (1995) vol.8	
沈思孝		Ding and Chen (2016)		
龐尚鵬	Deng (2007)			
余懋學	Huang (2009*b*)	Chen (2015), Wang (2007)		
宋儀望	Zeng (2012)			
侯東萊			白榆集文集卷十八・明故正大夫兵部右侍郎兼都察院右都禦史侯公墓	
楊廷相			文林郎兵科事中愼公暨配孺人合葬墓誌 in Xu (1964) vol.16	
習孔教	Ye (2011)			

表 D-2：明朝大臣要員的宗親網絡來源（續）

姓名	輔助的個人研究	家譜	主要來源	地名辭典
李植			福建政司左政使衡李公洎配郭夫人行 in Feng (1997) vol.18	
劉堯誨			紫園草卷五・明政大夫南京兵部尚凝公行	
曹三			明故政大夫南京工部尚太子少保雲山曹公暨配呂夫人行狀 in Xu (1964) vol.19	
海瑞	Hai and Chen (1962)			
宋仕			德大夫南京都察院右都禦史太子少保可泉宋公行 in Liu (2009) vol.16	
陳省			通大夫兵部右侍兼都察院右都禦史幼溪公墓誌 in Ye (1997) vol.11	
林景			林母徐孺人墓誌 in Li (1997) vol.99	

表 D-2：明朝大臣要員的宗親網絡來源（續）

姓名	輔助的個人研究	家譜	主要來源	地名辭典
周邦傑			明中大夫通政司左通政念庭周公墓 in Wu (2009) vol.17	
唐鶴徵	Zhang (2016)		宗冊・明故太常寺少卿凝庵唐翁墓誌銘 in Tang Clan (1990)	
蕭崇業	Zhu (2015)			

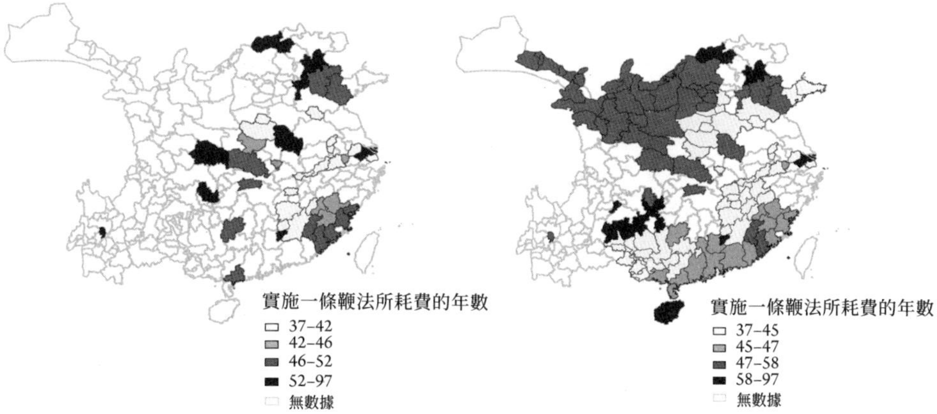

(a) 使用州級資訊(n = 42)　(b) 使用省級與州級資訊(n=138)

圖 D-1：實施一條鞭法的年數

資料來源：梁方仲（1989, 485–555）

D-2 一條鞭法的分析

附錄圖D-2呈現兩種州的估計存活率（survival rate）（上圖）與風險率（hazard rate）（下圖）：（一）沒有任何要員在朝廷中央的縣（品秩為三品下級或以上），以及（二）至少有一位要員在朝廷中央的縣。至少有一位要員在朝廷中央的縣（以實線表示）較可能讓現狀存續下去，被一條鞭法取代的風險也較低；沒有任何要員代表在朝廷中央的縣（以虛線表示），情況正好相反。

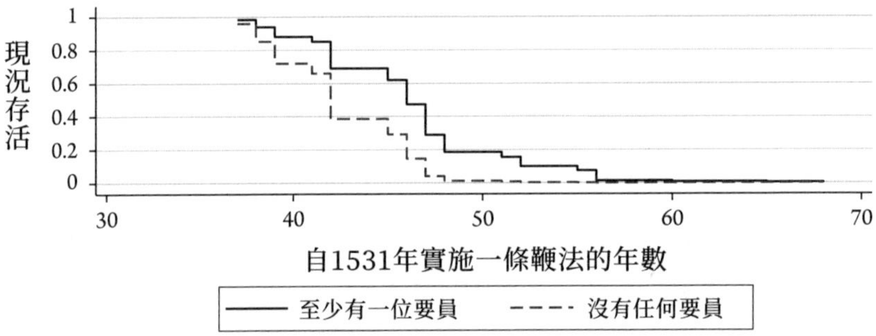

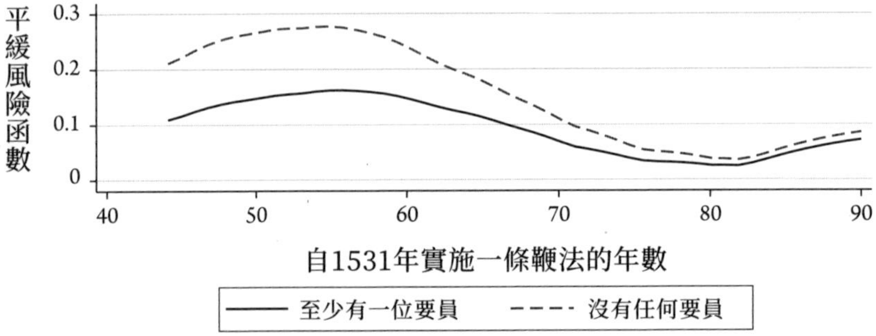

圖 D-2：對於至少有一位要員以及沒有任何要員的縣所估計的生存與風險函數

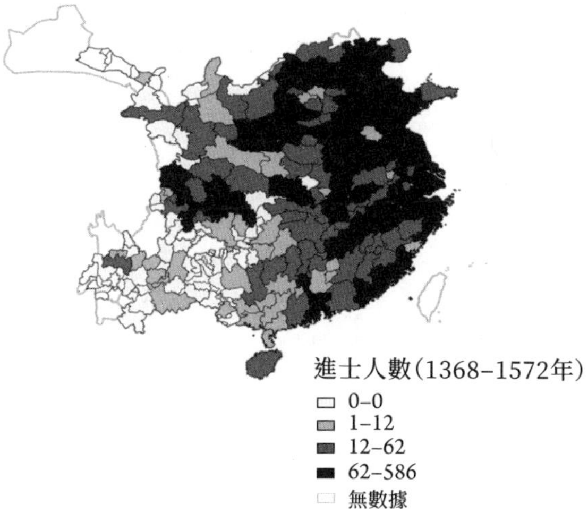

(a) 進士人數(1368–1572年)

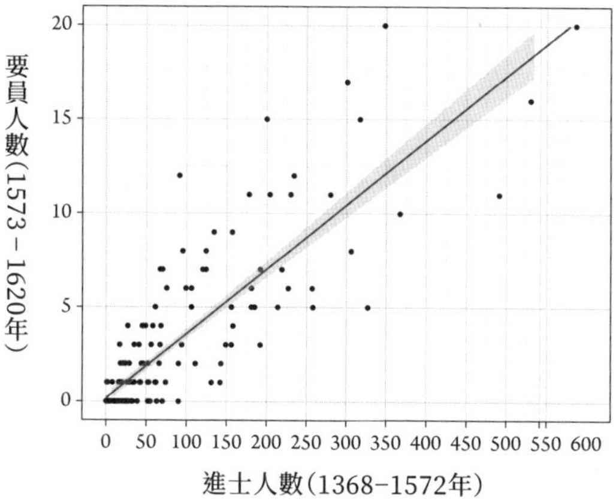

(b) 要員人數對進士人數散布圖

圖 D-3：進士人數與要員人數關聯性

表 D-3：採用一條鞭法的全國性代表與延遲 – 存活分析

數據蒐集程度	失敗 = 採行一條鞭法					
	共享脆弱 Cox 模式（Shared Frailty Cox Model）					
	州級		州級 + 省級		州級 + 省級 + 縣級	
	(1)	(2)	(3)	(4)	(5)	(6)
要員人數 (1573-1620 年)	0.923 ** (0.033)	0.884 *** (0.035)	0.913 *** (0.027)	0.908 *** (0.028)	0.924 *** (0.021)	0.911 *** (0.022)
州級固定效應	No	Yes	No	Yes	No	Yes
結果均值	49.024	49.024	51.964	51.964	49.583	49.583
結果標準偏差	12.687	12.687	11.271	11.271	12.014	12.014
觀察值	42	42	138	138	175	175

說明：估算方法是共享脆弱 Cox 模式，分析單位是州，因變數是實施一條鞭法的年數。在欄（1）與（2）中，因變數僅使用州級的資料；在欄（3）與（4）中，如果州級資料有缺失，因變數即使用省級資料；在欄（5）與（6）中，如果州級或省級資料有缺失，因變數即使用縣級資料。關注變數是一個州在 1573–1620 年間所產生的全國性要員人數。指數係數（Exponentiated coefficient）（風險比率）已記錄，括弧中爲標準誤差；***、**、* 分別代表了 1%、5%、10% 的統計顯著水準。

表 D-4：進士與要員 – 普通最小平方法估計值

因變數	要員人數（1573–1620 年）	
	(1)	(2)
進士人數 (1368-1572 年)	0.034 *** (0.002)	0.034 *** (0.003)
州級固定效應	No	Yes
結果均值	2.004	2.004
結果標準偏差	3.750	3.750
觀察值	230	230
R^2	0.751	0.776

說明：估算方法是普通最小平方法，分析單位是州，因變數是 1573–1620 年間在朝廷中央的要員人數，關注變數是 1368–1572 年間的進士人數，括弧中是聚集在州級的標準誤差；***、**、* 分別代表了 1%、5%、10% 的統計顯著水準。

第七章附錄

附錄E

E-1 圖例

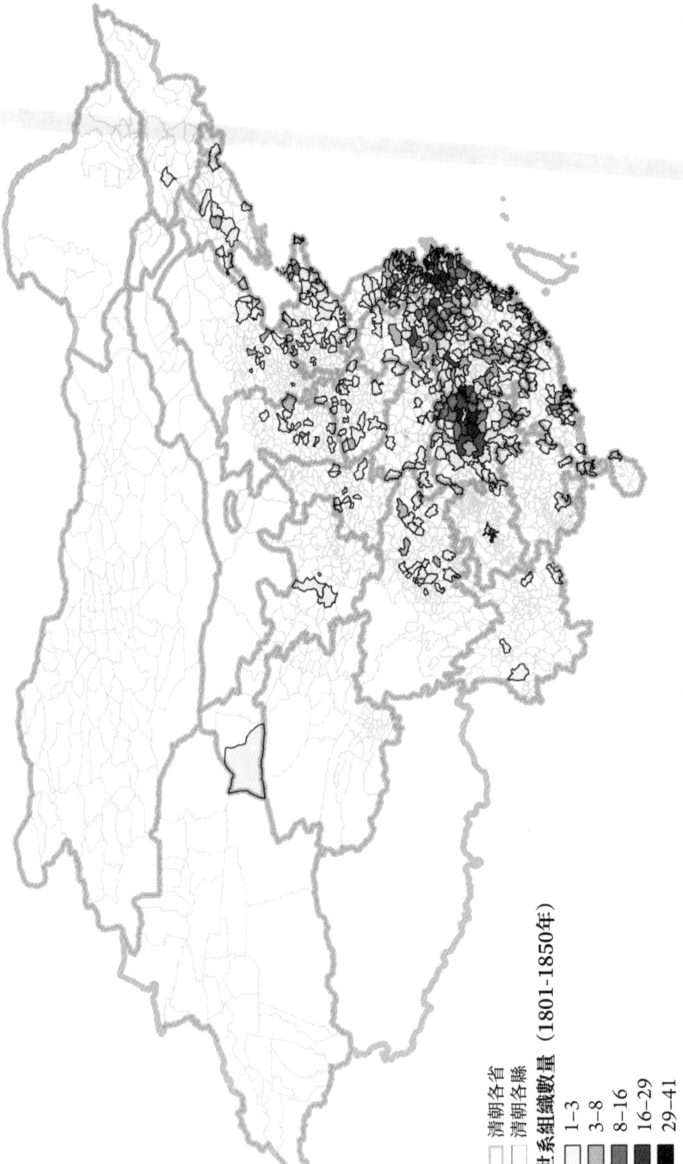

圖 E-1：世系組織數量（1801–1850 年）

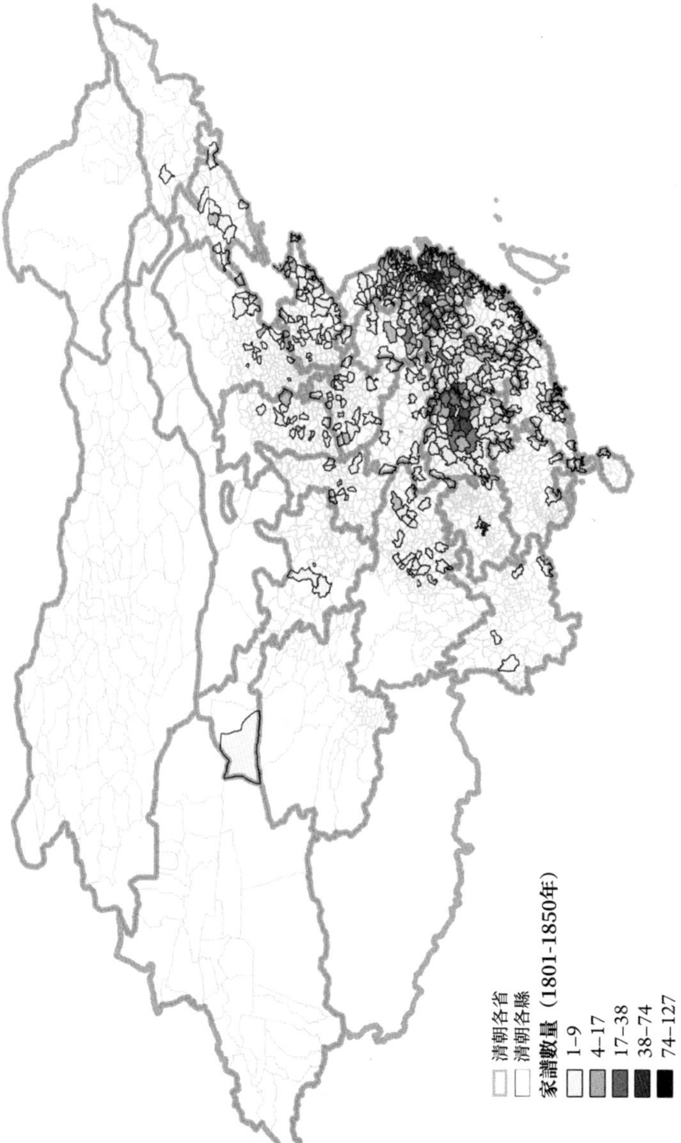

圖 E-2：家譜數量（1801–1850 年）

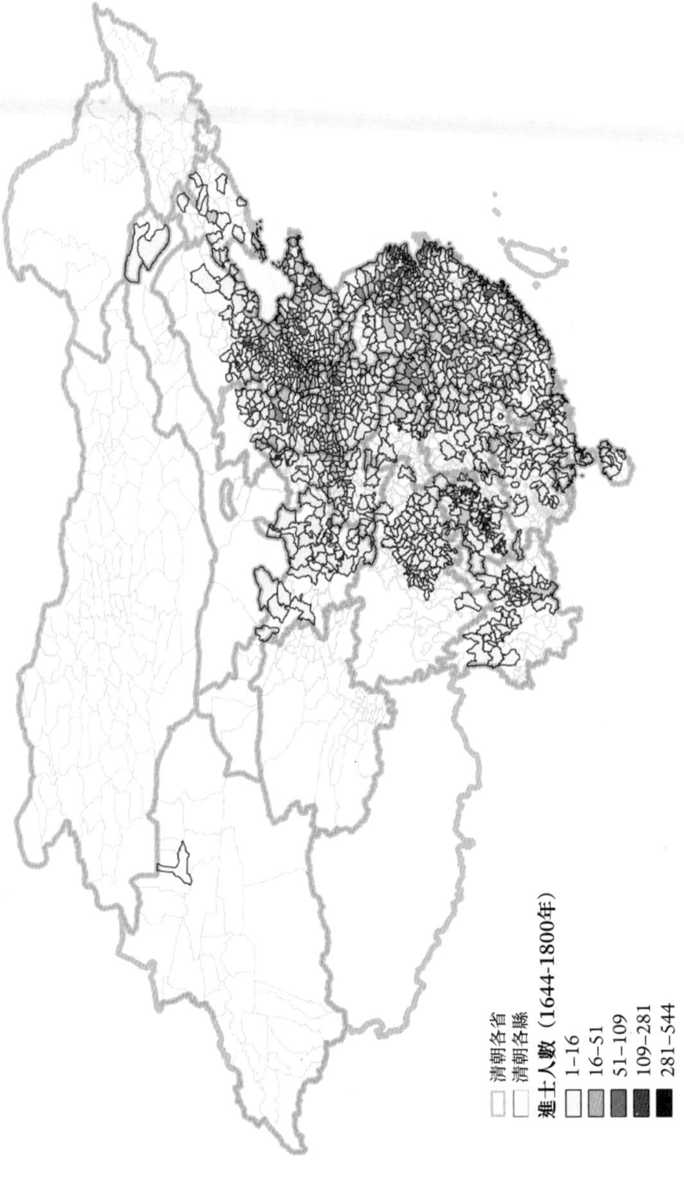

圖 E-3：進士人數（1644–1800 年）

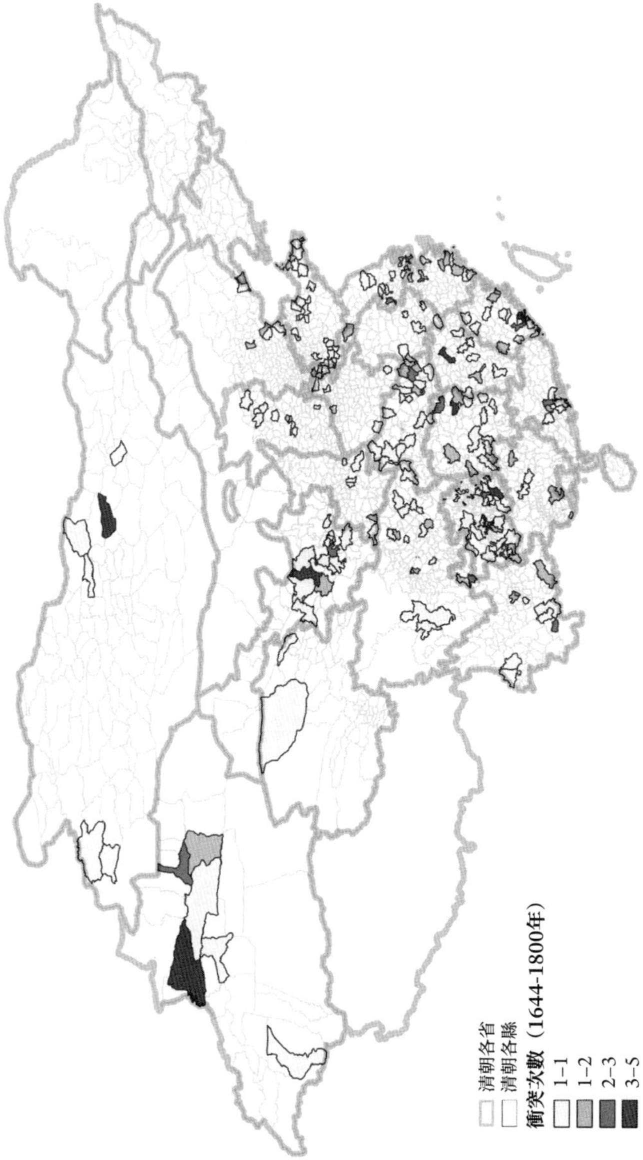

圖 E-4：暴力衝突次數（1644–1800 年）

表 E-1：第七章資料集的匯總統計

	數值	均值	標準差異	最小值	最大值
世系組織數量	1985	1.029	3.839	0.000	41.000
世系組織數量（IHS）	1985	0.368	0.831	0.000	4.407
家譜數量	1985	1.474	6.920	0.000	127.000
家譜數量（IHS）	1985	0.393	0.906	0.000	5.537
緯度	1985	33.034	6.981	18.544	52.645
經度	1985	110.935	8.163	74.597	134.033
面積（度）	1985	0.563	2.826	0.000	112.086
海拔（公里）	1728	0.637	0.792	0.001	4.813
坡度	1728	2.425	2.234	0.014	15.661
到主要河流距離（對數）	1728	3.848	2.201	0.000	7.696
稻作適宜性	1728	0.755	0.430	0.000	1.000
人口密度	1699	132.535	141.580	0.000	874.100
明朝駐軍數量	1728	0.166	0.573	0.000	6.000

表 E-1：第七章資料集的匯總統計（續）

	數值	均值	標準差異	最小值	最大值
官學配額	1985	9.979	7.412	0.000	26.000
進士人數	1983	7.369	24.066	0.000	544.000
暴力衝突次數	1983	0.157	0.502	0.000	5.000
進士人數（IHS）	1983	1.389	1.489	0.000	6.992
暴力衝突次數（IHS）	1983	0.122	0.357	0.000	2.312

說明：有關變數的描述以及數據資料來源，請參見內文。

表 E-2：科舉考試成功、暴力衝突、世系組織 – 普通最小平方法估計值

	世系組織數量			家譜數量		
	(原始)		(IHS)	(原始)		(IHS)
因變數	(1)	(2)	(3)	(4)	(5)	(6)
進士人數	0.031 *** (0.009)	0.019 ** (0.008)		0.045 *** (0.014)	0.026 * (0.014)	
暴力衝突次數	0.959 ** (0.417)	0.736 ** (0.330)		1.205 ** (0.581)	0.933 ** (0.455)	
進士人數 (IHS)			0.086 *** (0.025)			0.090 *** (0.027)
暴力衝突次數 (IHS)			0.159 ** (0.074)			0.172 ** (0.080)
控制變數	No	Yes	Yes	No	Yes	Yes
州級固定效應	No	Yes	Yes	No	Yes	Yes
結果均值	1.030	1.163	0.415	1.475	1.665	0.443
結果標準偏差	3.841	4.067	0.872	6.923	7.351	0.951

表 E-2：科舉考試成功、暴力衝突、世系組織－普通最小平方法估計值（續）

	世系組織數量			家譜數量		
	（原始）		(IHS)	（原始）		(IHS)
因變數	(1)	(2)	(3)	(4)	(5)	(6)
觀察值	1983	1699	1699	1983	1699	1699
R^2	0.063	0.604	0.598	0.037	0.548	0.605

說明：估算方法是普通最小平方法，分析單位是縣，樣本包括了清朝所有各縣。在欄 (1) 與 (2) 中，因變數是 1801–1850 年間世系組織的數量；在欄 (3) 中，因變數是經反雙曲正弦函數轉換的 1801–1850 年間世系組織數量。在欄 (4) 與 (5) 中，因變數是 1801–1850 年間家譜的數量；在欄 (6) 中，因變數是經反雙曲正弦函數轉換的 1801–1850 年間家譜數量。在欄 (1)、(2)、(4)、(5) 中，關注變數是 1644–1800 年間的暴力衝突次數以及進士人數；在欄 (3) 與 (6) 中，關注變數是經反雙曲正弦函數轉換的 1644–1800 年間衝突次數以及進士人數。控制變數包括了緯度、經度、面積、海拔、坡度、到主要河流的距離（對數）、稻作適宜性、1820 年的人口密度、明朝駐軍數量，以及官學配額。括弧中是聚集在州級的標準誤差；***、**、* 分別代表了 1%、5%、10% 的統計顯著水準。

附錄表E-2顯示出世系組織與家譜關聯性的迴歸結果。

我控制了多項地理因素，包括：緯度、經度、面積、海拔、坡度，以及到主要河流的距離（對數）。我也控制了「稻作適宜性」，即各縣種植水稻環境適宜性的平均 z 分值。這項數據是根據聯合國糧食及農業組織的全球農業生態區（Global Agro-Ecological Zones）資料庫（《聯合國糧食及農業組織》〔*Food and Agriculture Organization of the United Nations*〕2018）而來。

形成世系組織的一個初始條件是，應有充足的糧食來支持大家族，亦有足夠的財富可以不按比例地分配給特定的家族。在農業社會中，糧食生產是財富的主要來源，而小麥與水稻又是帝制中國的主要作物。學者認為，栽種水稻更有利於形成世系，因為小麥每年僅成熟一次，水稻每年可成熟到三次，從而為更廣大的人口提供糧食。此外，水稻耕植需要密集的勞力以及大規模的合作（Bray 1986, 17），因此，水稻的生長亟需氏族成員之間的緊密合作——灌溉與防洪工程的修築皆需大規模動員勞動力（Perkins 1969, 8）。從地理角度來看，世系組織在南方（種植水稻）的發展比北方（大多種植小麥）更為興盛（Freedman 1958, 129）。

我使用一八二〇年所測量的「人口密度」（人數／平方公里），因為這被認為是清朝時期最準確的人口估計值（Cao 2000）。儘管這項變數可能有經過「後處理」（post-treatment），但考慮到一八〇〇年之前的人口數據資料並不可靠，因此，我在充分理解這項變數會導致我的估計值出現向下偏差的情況下，仍然使用了它。而「稻作適宜性」與「人口密度」，也是深具代表性的經濟繁榮指標。

另外，我使用「明朝駐軍數量」來代表國家實力。大明帝國掌權之後，即展開了一項野心勃勃的衛戍建設計畫，主要是為了鎮壓群眾反叛（Downing 1992, 50）。因此，我根據「中國歷史地理信息系統」（2018），對整個明代所有駐軍位置的數據資料進行地理編碼。

我使用「官學配額」來評量科舉考試配額，前者是清初中央分配給各縣官學的名額（Aisin Gioro 1899, Volumes 371–380）。附錄表 E-1 顯示了這些變數的匯總統計。

附錄F 第八章附錄

F-1 背景

表 F-1：第八章資料集的匯總統計

	數值	均值	標準偏差	最小值	最大值
A：1790-1809 時期					
家譜	1983	0.337	1.618	0.000	28.000
家譜（IHS）	1983	0.161	0.527	0.000	4.026
B：1810-1829 時期					
家譜	1983	0.537	2.665	0.000	51.000
家譜（IHS）	1983	0.211	0.630	0.000	4.625
C：1830-1849 時期					
家譜	1983	0.719	3.441	0.000	61.000
家譜（IHS）	1983	0.261	0.705	0.000	4.804
D：1870-1889 時期					
家譜	1983	1.611	7.651	0.000	115.000
家譜（IHS）	1983	0.406	0.925	0.000	5.438
群衆叛亂（1850-1869 年）	1983	0.114	0.445	0.000	8.000

說明：有關變數的描述以及數據資料來源，請參見內文。

表 F-1：第八章資料集的匯總統計（續）

	數值	均值	標準偏差	最小值	最大值
E：清朝橫斷面分析（Cross-Sectional Analysis), 1890-1911 年					
1911 年宣布獨立	1983	0.045	0.208	0.000	1.000
家譜（IHS）	1983	0.497	1.023	0.000	5.513
科舉考試配額	1983	9.989	7.409	0.000	26.000
經度	1983	110.942	8.149	74.597	134.033
緯度	1983	33.030	6.981	18.544	52.645
面積（度）	1983	0.506	1.310	0.000	27.322
到北京的距離（對數）	1983	6.921	0.724	2.537	8.193
到主要河流的距離（對數）	1728	3.848	2.201	0.000	7.696
到最近沿海地區的距離（對數）	1728	5.379	1.803	0.000	8.079
經過清朝信使的路線	1728	0.195	0.396	0.000	1.000
海拔（公里）	1728	0.637	0.792	0.001	4.813
坡度	1728	2.425	2.234	0.014	15.661
人口密度	1699	132.535	141.580	0.000	874.100
稻作適宜性	1728	0.755	0.430	0.000	1.000

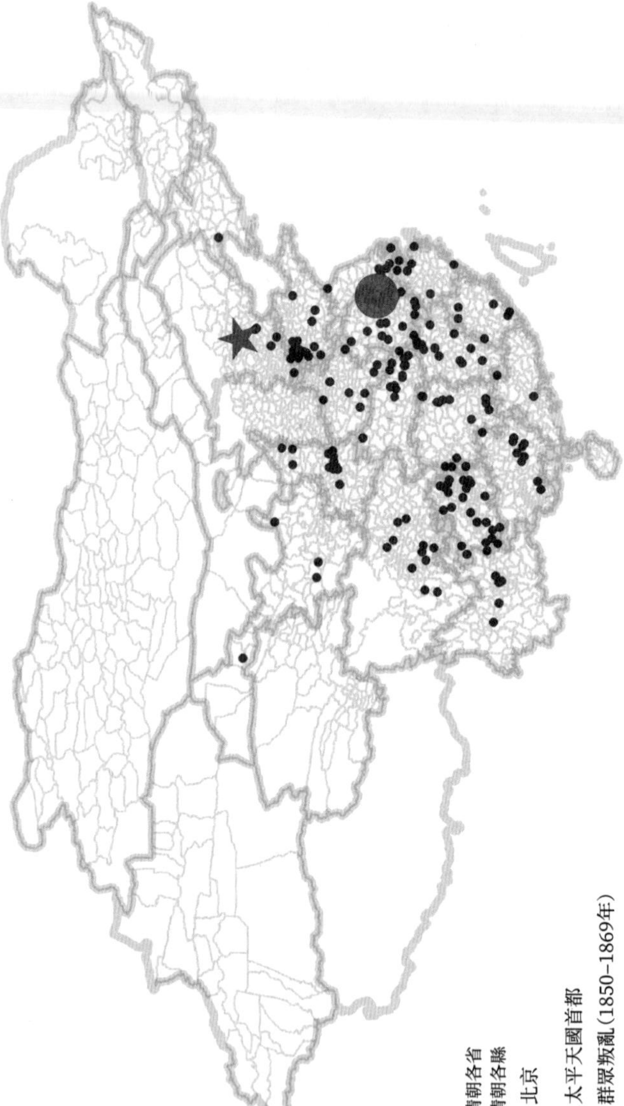

圖 F-1: 群眾叛亂所在地（1850–1869 年）

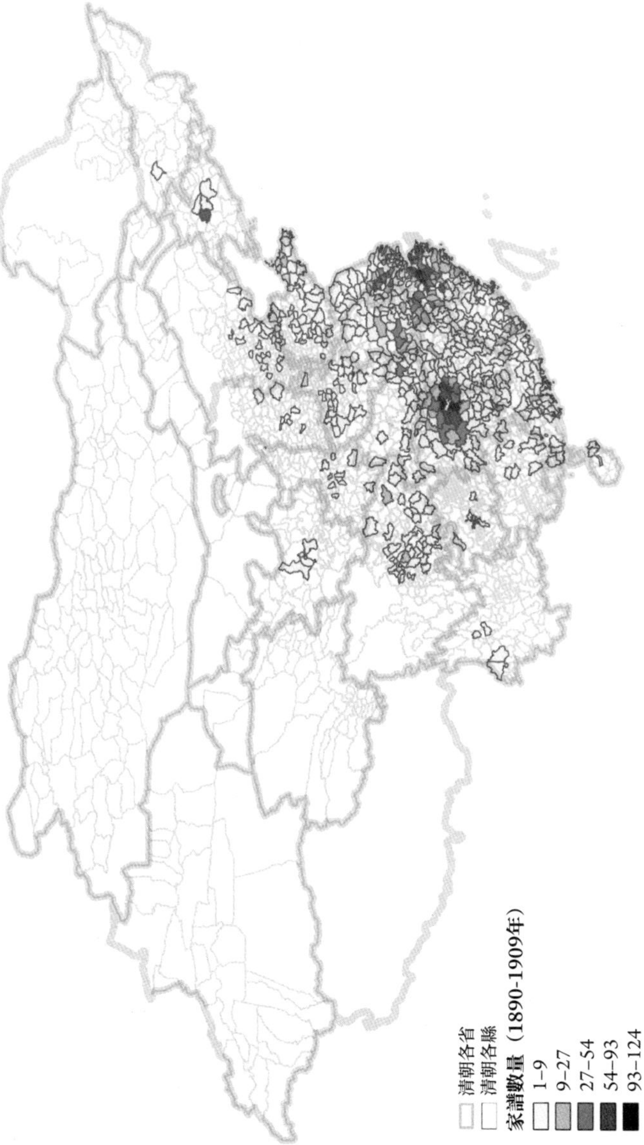

圖 F-2：家譜數量（1890–1909 年）

F-2「菁英集體行動分析」與「辛亥革命」

左頁附錄表F-2的欄一中，我先使用「預處理」（pre-treatment）期間的前兩個二十年（1790–1809年+1810–1829年）來檢驗共同趨勢假設。白蓮教之亂發生於這個時期，可能也促使地方菁英的集體行動增加。差異中的差異法係數估計值在量值（magnitude）上相對小，亦無甚統計顯著性。

接著，我在該表的欄二中，我使用預處理期間接下來的兩個二十年（1810–1829年+1830–1849年）檢驗共同趨勢假設。差異中的差異法係數估計值在量值上相對小，在九十五%的水準上無統計顯著性（但在九十%的水準上則呈現出統計顯著性）。

欄三顯示了我主要的差異中的差異法係數估計值。在一八五〇年至一八六九年經歷較多群眾叛亂戰役的縣，地方菁英從一八三〇至一八四九年、一八七〇至一八八九年的集體行動也產生了正面而極為顯著的改變（以該時期編纂的家譜數量為代表）。係數估計值指出，每增加一場叛亂，家譜數量就會增加二十%。

表 F-2：群眾叛亂以及世系活動－差異中的差異法估計值

因變數	家譜數量（IHS, 反雙曲正弦函數）		
	1790-1809 年 + 1810-1829 年	1810-1829 年 + 1830-1849 年	1830-1849 年 + 1870-1889 年
數據時間範圍	(1)	(2)	(3)
時期（1810-1829）*群眾叛亂（1850-1869）	0.044 (0.057)		
時期（1830-1849）*群眾叛亂（1850-1869）		0.054 * (0.032)	
時期（1870-1889）*群眾叛亂（1850-1869）			0.205 *** (0.053)
縣級固定效應	Yes	Yes	Yes
時期固定效應	Yes	Yes	Yes
結果均值	0.186	0.236	0.334
結果標準偏差	0.581	0.669	0.825
觀察值	3966	3966	3966
R^2	0.885	0.911	0.900

說明：估算方法是普通最小平方法，分析單位是清朝的縣，因變數是由家譜數量的反雙曲正弦函數所代表的世系活動，關注變數是時期與群眾叛亂次數之間的相互作用項（interaction term）。括弧中是聚集在縣級的穩健標準誤差；***、**、* 分別代表了 1%、5%、10% 的統計顯著水準。

表 F-3：世系活動與宣布獨立－普通最小平方法估計值

	宣布獨立（1911 年）			
因變數	(1)	(2)	(3)	(4)
家譜（IHS）	0.036 *** (0.007)	0.048 *** (0.010)	0.042 *** (0.010)	0.037 *** (0.010)
科舉考試配額				0.006 *** (0.002)
州級固定效應	No	Yes	Yes	Yes
縣級控制變數	No	No	Yes	Yes
結果均值	0.045	0.045	0.052	0.052
結果標準偏差	0.208	0.208	0.222	0.222
觀察值	1983	1983	1699	1699
R^2	0.032	0.193	0.207	0.218

說明：估算方法是普通最小平方法，分析單位是清朝的縣，因變數是 1911 年正式宣布脫離大清帝國獨立的二元指標，關注變數是由 1890 至 1909 年間的家譜數量之反雙曲正弦函數所代表的世系活動，縣級控制變數包括了緯度、經度、面積、到北京的距離（對數）、到主要河流的距離（對數）、到最近沿海地區的距離（對數）、經過清朝信使的路線、海拔、坡度、人口密度、稻作適宜性。括弧中是聚集在縣級的穩健標準誤差；*** 、** 、* 分別代表了 1%、5%、10% 的統計顯著水準。

附注

第一章

1 有關羅馬帝國的衰亡如何影響歐洲政治發展，請詳見 Acemoglu and Robinson (2019)、Scheidel (2019) 和 Stasavage (2020)。

2 有關歐洲這兩種政治轉型的討論，請參見 Dincecco (2011)。

3 有關代議制機構的興起及其在歐洲國家建設中所扮演的角色，請參見 North and Weingast (1989)、Stasavage (2003) 以及 Cox (2016)。有關這類文獻的評論，可參考 Boucoyannis (2015)，他認為代議制機構的出現，是由於強大的統治者利用這些機構迫使貴族在其中開會，以逼迫他們讓步。

4 Hintze (1975)、Brewer (1989)、Tilly (1992)、Downing (1992)、Spruyt (1994)、Besley and Persson (2008)，以及 Blaydes and Paik (2016) 都討論到國家間的衝突如何推動了歐洲的國家建設。

5 Weber (1946 [1918], 78).

6 Evans and Rauch (1999).

7 歐洲國家只占全世界國家的一小部分，美國政治學者大衛・斯塔薩瓦格指出他們的經驗可能只是「一個意外」。參見 Stasavage (2016, 145)。英國比較政治學者塞謬爾・芬納（S. E. Finer）也將歐洲的國家發展描述為「極度特異」（highly idiosyncratic）。參見 Finer (1997, 5)。

8 有關稅收占國內生產總值（GDP）的估計比重，請參見 Guo (2019)。

9 Wittfogel (1959).

10 參見 Jin and Liu (2011)。Zhao (2015, 6) 指出，秦朝的儒法國家形成之後，中國的政治文化結構直到二十世紀初都保持著相當的韌性。Pines (2012) 主張，基本的意識形態原則，比如單一君主下的統一性，維持了中國異常長久的帝國壽命。

11 值得注意的例外包括了 Ma (2021)，他檢視了十九世紀中葉因應西方影響的意識形態改變；以及 Zhang (2021)，他研究了政治菁英對明朝滅亡的反思導致清初稅收意識形態的改變。

12 有關這項理論的討論與評論，請參見 Yang (1954)、Skinner (1985) 與 Fairbank (1983)。

13 有關早期國家形成的討論，請參見 Hui (2005) 與 Zhao (2015)。

14 有關帝制中國末期的財政疲軟以及王朝國家沒落的研究，請參見 Shue (1988)、He (2013)、Sng (2014)、Sng and Moriguchi (2014)、Bai and Jia (2016)、Koyama、Moriguchi and Sng (2018)、Ma and Rubin (2019) 以及 Chen and Mattingly (2021)。一個值得注意的例外是 Huang and Yang (2020)，他們藉由檢視科舉制度說明了中國體系的「長壽機制」。

15 為什麼我在寫中國歷史時要用「國家」這個詞？迄今為止，大多數的英語研究都將中國政治稱為「王朝」或「帝國」，而我則選擇用「國家」來援引中國體制類似其他時空的國家體制之方式。有關類似的方法，請參見 Ebrey and Smith (2016)。中國統治者為穩定其控制權所採取的措施，極為類似其他地方的建國者所使用的方法：獲取歲收、支付軍備、控制社會的需求，以上是全世界所有國家的重要特性，且無論是過去與現在、東方與西方皆然。專注在國家發展的一般過程上，可以讓我免於提出以歐洲為中心的問題，亦即，為什麼中國未能建立一個歐洲式的民族國家；反之，我可以探討中國經驗在整體性的國家發展上所能揭露的洞見為何。

16 我會交替使用「國家實力」（state strength）與「國家能力」（state capacity）這兩個詞。

17 Mann (1984).

18 我從 Bates (2017) 的見解中獲得「社會域」（social terrain）這個詞的靈感，他使用「政治域」（political terrain）一詞來描述一項政策是中央集權（centralized）還是地方分權（decentralized）。

19 有關星形與環形（線形）網絡的介紹，請參見 Wasserman and Faust (1994, 171)。有關領結形網絡的介紹，請參見 Broder et al. (2000, 318)。

20 圖中所繪製的節點與連結數量是出於審美考量，而非出於理論上的重要性。

21 這種概念化是基於美國經濟學家道格拉斯・諾斯（Douglass North）的開創性想法，認為國家以大量服務與民眾交易以換取收入，請參見 North (1981, 23)。

22 它們也在第三個面向上有所不同，亦即：地方社會團體相互聯繫的緊密程度。社會團體之間的橫向聯繫，在這項理論中扮演著次要的角色，我將在本章稍後加以討論。

23 Searle (1988).

24 Bates (2017).

25 Barraclough (1976).

26 Bates (2017).

27 有關前殖民地非洲王國的更多資訊，請參見 Fortes and Evans-Pritchard (1950)、Vansina (1966)、以及 Kopytoff (1987)。

28 我會討論我的框架如何闡明在 Wang (2021*b*) 以及最後一章中的非洲、拉丁美洲和中東的國家發展。

29 私有秩序機構在提供保護與公義方面所扮演角色的相關討論，請參見 Gambetta (1996)、Greif (2006) 以及 Dixit (2011)。

30 國家展現「規模經濟」與「範疇經濟」有兩個原因。首先，建立一系列設施（比如：倉庫、軍械庫、道路、通訊基礎設施）會產生固定的成本；在某種程度上，成本的增長與地理跨度的增長不成正比，但就公共服務的非競爭性與非排他性來說，規模經濟可藉由利用這些遞減的邊際成本來實現。再者，建立中央機構可以促進勞動力與資本的專門化（specialization）。舉例來說，在較小的區域性軍械庫中工作的士兵，也必須執行諸如製造、保養、維修軍備武器等許多不相干的任務；但是在中央的軍械庫中，可能會有某些士兵專門負責製造武器，如此一來即可提升效率。更多關於國家規模經濟的理論性討論，請參見 Friedman (1977)、Alesina and Wacziarg (1998) 以及 Ferejohn and Rosenbluth (2010)。

31 有關「社會分歧交錯」（cross-cutting social cleavage）相對於「社會分歧強化」（reinforcing social cleavage）的開創性討論，請參見 Lipset and Rokkan (1967)。

32 這種機制與 Jha（2015）的論點密切相關，該論點指出，在英格蘭內戰（England's Civil War，一六四二至一六四八年）期間，海外持股使不同菁英的動機趨向一致，並緊密團結起一個支持議會主權（parliamentary supremacy）的親改革聯盟。

33 這種動態類似政治學家所說的「豬肉桶政治」（pork barrel politics），亦即所謂的「政治分肥」，意指政府資助項目的利益集中於某個特定區域，但成本卻由所有納稅人分攤。有關豬肉桶政治的開創性討論，請參見 Ferejohn (1974)。

34 Li (1979 [1177], 279: 6834–5; 364: 8703–6).

35 Olson (1982, 48).

36 Burt (1992).

37 Duara (1988, 74).

38 常用的博弈論術語「多重均衡」（multiple equilibria），指的是在任何時間點，博弈賽局都可以從一個均衡跳躍到另一個均衡。我的「多重穩態均衡」（multiple steady-state equilibria）概念，與其說意味著均衡除非受到衝擊、否則在任何時間點都是獨一無二的，還不如說意味著均衡路徑可能會根據歷史背景而導致不同的穩定狀態。有關穩態概念的開創性著作，請參見 Solow (1956)。Acemoglu and Robinson (2020) 則將這一理念應用於國家與社會關係上。

39 美國社會學家米格爾・森特諾（Miguel Centeno）將殖民時期拉丁美洲的國家結構描述為一個系統，在其中：「帝國的每個部分都與中心相連，但各個地區之間卻並未相互連結。」參見 Centeno (2002, 143)。同理，英國非洲主義者和政治學家克里斯多福・克拉普漢（Christopher Clapham）亦指出，在殖民統治下，非洲酋長僅限於擔任「每個酋邦內特定家族的代表」，因此「在酋邦內創造了一群地方恩庇者，他們擁有自己的侍從。」參見 Clapham (1982, 84–5)。

40 舉例來說，在前殖民時期的非洲，正如美國政治學家傑佛瑞・赫伯斯特（Jeffrey Herbst）所言：「權力被（相當寫實地）設想為一連串從核心往外散發出去的同心圓。」參見 Herbst (2000, 45)。美國政治學家麗莎・安德森（Lisa Anderson）亦指出，在後殖民時期的利比亞，義大利殖民者對前殖民政府的摧毀最終導致內陸地區又回歸到依賴宗親關係作為主要組織原則。參見 Anderson (2014, 9–10)。

41 Tilly (1995, 13).

42 Acemoglu and Robinson (2019, 345).

43 Dahl (1959).

44 Truman (1971).

45 有關結構功能主義（structural-functionalism）的綜合討論，請參見 Almond and Powell (1978)。

46 Anderson (1979).

47 Wallerstein (1974).

48 Hall (1989).

49 Hall and Soskice (2001) 討論到在先進民主國家中福利國家（welfare state）的「種類」。

50 舉例來說，可參見 Johnson (1982)。

51 Evans, Rueschemeyer, and Skocpol (1985, vii).

52 Evans, Rueschemeyer, and Skocpol (1985, vii).

53 Skocpol (1985, 9).

54 Hintze (1975) and Tilly (1992)。Besley and Persson (2008)、Dincecco、Federico、Vindigni (2011) 以及 Blaydes and Paik (2016) 經實踐檢驗了製造戰爭與建設國家之間的關係。有關評論，請參見 Queralt (2019)、Dincecco and Wang (2018) 以及 Grzymala-Busse (2020)。舉例來說，Queralt (2019) 認為十九

世紀外部資本的可利用性，削弱了提升財政能力以發動戰爭的動機。

55 Tilly (1975, 42).

56 有關該理論在中國的應用，請參見 Hui (2005)；有關日本的戰爭與國家形成的討論，請參見 Ferejohn and Rosenbluth (2010)；有關其在非洲的關聯性，請參見 Herbst (2000)；有關拉丁美洲的部分，請參見 Centeno (2002)。

57 有關一般性理論的討論，請參見 Mahoney (2000)。有關歷史研究的範例，請參見 Ertman (1997) 和 Ziblatt (2006)。

58 Levi (2002, 37).

59 North and Weingast (1989)。另可參見 Stasavage (2002)、Pincus and Robinson (2014) 以及 Abramson and Boix (2019) 的評論，他們認為經濟變化所產生的議會權力動態，是一種根本的驅力。

60 Bates and Lien (1985).

61 Levi (1988).

62 Migdal (1988, 269).

63 Shue (1988).

64 Perry (1993).

65 Migdal, Kohli, and Shue (1994).

66 Acemoglu and Robinson (2019).

67 Weber (1946 [1918], 78).

68 E.g., Migdal (1988).

69 Frisby (2002, ix).

70 Levi (1988, 2).

71 Geddes (1996).

72 Tilly (1992), Slater (2010), and North, Wallis, and Weingast (2012).

73 Bates (2010) and Greif (2006).

74 舉例來說，有關外部戰爭可參見 Tilly (1992)，內部衝突可參見 Slater (2010)。

75 Lerner (1958), Lipset (1959), and Deutsch (1961).

76 Anderson (1979) and Moore (1966).

77 Huntington (1968).

78 Pomeranz (2000).

79 Acemoglu, Johnson, and Robinson (2005).

80 Allen (2009).

81 Greif and Tabellini (2017).

82 Mokyr (2016).

83 Scheidel (2019).

84 Rosenthal and Wong (2011).

85 Vries (2015).

86 E.g., Wong (1997) and Pomeranz (2000).

87 E.g., Broadberry, Guan, and Li (2018).

88 Migdal (1988), Shue (1988), Perry (1993), Migdal, Kohli, 和 Shue (1994), and Acemoglu and Robinson (2019).

89 有關研究國家與社會關聯的開創性研究，可參見 Evans (1995)、Levitsky 和 Way (2010)。有關國家與社會之間模糊界限的開創性分析，請參見 Grzymala-Busse and Luong (2002)。

90 Hegel (1991, 23).

91 Bates et al. (1998).

92 可在 https://dataverse.harvard.edu/dataverse/yuhuawang 查看我的哈佛資料庫（Harvard Dataverse）。

第二章

1 大氣中二氧化碳與溫室氣體濃度、氣溶膠濃度、火山活動和太陽輻射的變化，都會導致地球表面溫度產生變化。科學家們最近取得了重大進展，利用樹木的年輪、珊瑚、海洋與湖泊的沉積物、洞穴的沉積物、冰核（ice core）、地上鑿孔（borehole）、冰川等來源的取代物證據（proxy evidence）以及文獻證據，重建了過去二千年的大範圍地表溫度。

2 有關這些研究的綜合討論，請參見美國國家科學研究委員會（National Research Council）(2006)。

3 Ge et al. (2013).

4 Ge 等 (2013, 1156) 將溫度異常定義為溫度偏離了一八五一至一九五〇年的平均值。

5 「點」代表以十年為單位基準的溫度異常，「線」代表區域性加權迴歸（locally weighted smoothing）。

6 舉例來說，可參見 Burke、Hsiang and Miguel (2015)。

7 南京軍事學院 (2003).

8 有關在量化分析中使用這些數據的範例，請參見 Dincecco and Wang (2018) 以及 Dincecco Wang (2020)。

9 Wilkinscn (2000, 501).

10 我相信「選擇性偏差」（selection bias）不可能過於嚴重，因為每一本官方的史書都是由相對同時代的歷史學家所撰寫，他們的主要任務就是詳述可得的事實同時汲取教訓，以便讓後續取而代之的王朝引以為鑑，因此，我相信帝制中國的主要歷史衝突都在《歷史戰爭目錄》中得到了充分的陳述。然而，官方史書並未記載傷亡總數，這限制了我確定各種衝突嚴重程度的能力。

11 這種編碼方法在精神上與 Jia (2014, 96) 的方法類似，並產生了廣泛的跨時空群眾叛亂之類似模式。

12 這個定義是建立在 Chen (2007 [1940], 3) 其開創性見解的基礎上。

13 Scott (2017, 223).

14 有關中國歷史上生態環境與群眾叛亂之間的連結討論，請參見 Perry (1980)、Kung and Ma (2014)、Jia (2014) 以及 Dincecco and Wang (2020)。

15 有關黃巢起義的歷史記述，請參見 Tackett (2014)。

16 有關群眾叛亂如何改變中國國家與社會的實證分析，請參見 Dincecco and Wang (2020)。

17 附錄表A-1顯示出結果。我的優先規格控制了滯後因變數（lagged dependent variable）。

18 對於這些替代性解釋，請參見 Gurr (1970)、Tilly (1978)、Tarrow (1994)、Lohmann (1994)、Kang (2010)、Horowitz、Stam and Ellis (2015)。

19 帝制中國的官僚體系有三十階，上至丞相，下至縣吏，請參見 Gong (1990, 15)。唐宋時期的皇帝任命侍郎等級以上的官員擔任諫議大夫，可以在上朝時於皇帝面前討論政策議題。請參見 Gong (1990, 20)。

20 我的研究團隊先用 Li (2013, 16–7, 47–8, 62–70) and Zang、Zhu 以及 Wang (1987) 來確定唐宋時期哪些官職是屬於侍郎等級以上，然後再用 Yan (1986)、Yu (2003)、Hu (2000)、Sun (2009)、Yu (2000) 和中國歷代人物傳記資料庫 (2018) 來蒐集擔任這些職位的官員姓名。接著，我們從這個資料庫取得這些人的生平資訊。中國歷代人物傳記資料庫是一個關係資料庫，其中記錄了大約四十二萬兩千六百人的生平資訊，主要是從七世紀到十九世紀。

21 由 Zeng and Liu (2006) 編輯的《全宋文》收錄了宋朝文學家作品集中所記載的數百篇墓誌銘。我們還查閱了「中國歷代人物傳記資料庫」以及其他的傳記來源，以便建構起宗親網絡。

22 Bossler (1998, 11).

23 China Historical Geographic Information System (2018).

24 這個網絡是無向的，意思是倘若「張」在「劉」的宗親網絡中或是「劉」在「張」的宗親網絡中，「張」與「劉」就被認定為具備關聯性。

25 密度被定義為 $2L/k\times(k-1)$，其中 L 是網絡中觀察到的關係之數量，k 是網絡中政治家的人數。因此，網絡密度是一個從0（連接較少）到1（連接較多）的比率。請參見 Marsden (1993)。

26 在社會網絡分析中，研究人員利用社區結構來衡量網絡的凝聚力。一個用來檢測社區結構的方法是以「邊緣移除」（edge removal）為基礎。直覺的認知如下：如果兩組節點只是鬆散地相互連接，那麼移除它們之間的邊緣，將在被限定的網絡中產成要素。附錄A將詳細介紹我如何使用 Girvan and Newman (2002) 提出的演算法來衡量網絡的社會分化。

27 政治家 i 的標準地方化分數被定義為 $\sum_{k \in K}(1 + 距離_{i,k})^{-1}/K$，其中「距離 $_{i,k}$」代表從政治家 i 到他的宗親 k 的「直線距離」（as the crow flies）（以公里為單位）。K 一群人包括了 i 的所有家親成員。這項指數是通用的，毋須取決於行政區劃單位，因為行政區劃單位大小不同，且往往由隨時改變、任意制定的邊界所決定。參見 Harris (1954) 與 Krugman (1998)。

28 See Yu (2003 [1956]).

29 Ebrey (1978, 17).

30 Johnson (1977, 22).

31 Ebrey (1978, 18).

32 這四類簡稱為甲（A）、乙（B）、丙（C）、丁（D），統稱為「四姓」。參見 Johnson (1977, 28)。在這期間，每一個氏族大姓都與其祖籍所在的州有聯繫，此時大部分中古中國的文本，也開始得以更精準地識別貴族世家，並在姓氏之前加上該氏族的起源地，亦即氏族稱謂的一個組成要件，稱為「郡望」。舉例來說，「清河崔氏」遂有別於「博陵崔氏」。參見 Tackett (2014, 30)。

33 Johnson (1977, 55).

34 Ebrey (1978, 2).

35 Goody (1983, 123).

36 Ebrey (1986, 2).

37 最富裕的菁英得以更快速地繁殖，類似美國經濟史學家格雷戈里・克拉克（Gregory Clark）所說的「最富裕者的生存」（survival of the richest）。參見 Clark (2008)。

38 Tackett (2014, 44).

39 Stone (1965, 79).

40 Tackett (2014, 84).

41 Tackett (2014, 25–6).

42 Tackett (2014, 133–4).

43 Tackett (2014, 182).

44 中國菁英通常三妻四妾，因此也兒女成群，所以他們可以同時與首都菁英和地方菁英聯姻。

45 見 Freeman (2000).

46 該網絡的數據資料汲取自 Tackett (2014)。

47 這個婚姻網絡包括了七十五個擁有最多已知官員的父系之中的六十五個；從八〇〇年到八八〇年擔任宰相（最高官職）的一〇四人中，有七十二人來自該圖上出現的氏族。參見 Tackett (2014, 122–4)。

48 唐朝貴族世家的密度是 0.028。

49 這些官員的宗親網絡，平均標準地方化分數是 0.044。

50 學者戴倫・艾塞默魯、詹姆斯・羅賓森和拉格納・托維克（Ragnar Torvik）觀察到，中央集權會產生一種「政治議程效應」（political agenda effect）：國家的中央集權會涉及菁英在全國層面上的協調，促使公民也在全國層面上、而非地方或「教區」（parochial）層面上組織起來。參見 Acemoglu、Robinson and Torvik (2020, 749)。

51 Tackett (2014, 240).

52 Somers (1979, 745).

53 Tackett (2014, 218).

54 Chaffee (1995, 16).

55 Kracke (1947) and Ho (1964).

56 Naito (1992 [1922]).

57 更詳細的討論請參見 Hymes (1986, 115–7)。

58 Beattie (1979).

59 Hymes (1986) and Beattie (1979).

60 有關《南京條約》，請參見 Wakeman (1975, 137)。有關清政府財政的更多資訊，請見 Shi and Xu (2008, 55)。

61 有關太平天國之亂的描述，請參見 Platt (2012)。

62 Kuhn (1970, 211).

63 Duara (1988, 73–4).

64 Hsiao (1960, 333).

65 這些紀錄是從世界各地的私人收藏與公共圖書館蒐集而來，包括了猶他州家譜協會（Genealogical Society of Utah），該協會擁有海外最大的華人家譜收藏品。參見 Wang (2008)；Wang (2008) 所編撰的《中國家譜總目》被認為是中國「最全面的家譜名冊」。參見 Greif and Tabellini (2017, 2)。

66 附錄圖 A-1 即為家譜總目之一例。

67 我的研究團隊先使用光學字元辨識（optical character recognition）將整本家譜名冊（十本）掃描到一個 Excel 檔中，並手動檢查每一筆條目以確保其準確性。接著，我們查閱提供了歷史地點座標的「中國歷史地理信息系統」（2018）以進行地理編碼。

68 Skocpol (1979, 78).

69 Wakeman (1975, 228–32, 235–7).

70 Bai and Jia (2016).

71 Wakeman (1975, 228).

72 Levi (1988, 2).

73 舉例來說，可參見 Besley and Persson (2009).

74 見 Stasavage (2020).

75 我從 Wang (1981) 主編的《帝制中國財政史》（*History of Finance in Imperial China*）（1981）中蒐集

中國主要財政政策的數據資料。附錄表A-2列出了這些主要的財政政策和我的編碼。

76 我將一項可增加（減少）稅收的政策視為可強化國家（削弱國家），至於維持現狀的政策則將其編碼為中立。

77 為了取得對歷史稅收與人口的估算，我的研究團隊參考了以下來源：Du (1988), Ho (1959), Peng (1965), Ma (1986), Li (1995), Wang, Liu, and Zhang (2000), Ge (2000),Wu (2000),Cao (2000),Wang (2003), Peng (2006), Ye (2006), Kato (2006), Chen and Shi (2007), Ning (2007), Qi (2007), Li (2007b), Liang (2008), Allen (2009), Baten et al. (2010), Allen et al. (2011), and Quan (2012)。

78 Malthus (1992 [1806], 41, 183–4).

79 Lavely and Wong (1998, 719).

80 根據Lavely and Wong (1998, 719)，中國人口在十五世紀成長了二十九%，在十六世紀成長了四十%，在十七世紀成長了〇%。

81 Rosenthal and Wong (2011, 48–49).

82 我的數據資料是來自Guo (2019)。

83 安祿山之亂是由節度使安祿山為首、發生在唐朝政府與各地方勢力之間的一場武裝衝突，這場叛亂以及隨後的混亂失序，大幅削弱了大唐帝國對東北地區的控制。第三章將詳細討論這場叛亂。

84 Twitchett (1970, 40).

85 Li (2002, 124, 283, 327).

86 Liang (2009 [1908], 165).

87 Deng (1997, 48).

88 Sima (1937 [1086], 42: 543–5) and Li (1979 [1177], 179: 48).

89 Elliott (2001).

90 Wang (1973, 27).

91 見 Tian (2015 [1989]) 和 Johnson (1977).

92 Wechsler (1979, 212–3).

93 Tackett (2014, 35).

94 Dalby (1979, 590–1)。值得注意的是，貴族試圖強化官僚權力之舉並未完全成功。Dalby (1979, 591) 指出，經過安祿山之亂後，許多中央政府的公務機構因為職能轉移到新的臨時機構而顯得岌岌可危。因此到了七八〇年代，「文職政府」官吏將政策付諸行動時，就遭遇到組織上的巨大阻礙與困難。七八六年時，另一項試圖將所有行政權力集中於「機要大臣」的公務機構之嘗試，也宣告失敗了。

95 這邏輯類似 Blaydes and Chaney (2013) 對封建歐洲與伊斯蘭世界的統治者任期的討論。前者的菁英是分散的，讓統治者更形安全；後者的馬木路克（mamluk）（奴隸兵）則集中於首都，對蘇丹造成威脅。

96 Dalby (1979, 601, 634).

97 這五位是唐憲宗（八〇五至八二〇年）、唐敬宗（八二四至八二六年）、唐武宗（八四〇至八四六年）、唐昭宗（八八八至九〇四年）和唐哀帝（九〇四至九〇七年）。根據官方歷史，在貴族的默許下，宦官在這些政變中擔任了重要的帶頭者角色。參見 Dalby (1979, 635)。

98 Naito (1992 [1922]).

99 Kracke (1947) and Ho (1964).

100 Chaffee (1995, xxii).

101 Hartwell (1982, 405).

102 Smith (2009b, 461).

103 Smith (2009b, 462).

104 Hucker (1998, 75).

105 Hucker (1998, 75).

106 Rowe (2009, 40–1).

107 Blaydes and Chaney (2013) 率先使用統治者數據資料來探討政治存續。

108 我的主要資料來源是 Du (1995) 編輯的《中國帝王及其家族年表》（*Chronologies of Chinese Emperors and Their Families*）和 Qiao 等人 (1996) 編輯的《中國帝王列傳》（*The Complete Biographies of Chinese Emperors*）。這些是我能找到的、有關中國帝王的最可信賴、最有系統的資料來源。

109 附錄表 A-3 提供了按去世類型細分的分類。

110 對於歐洲與伊斯蘭君主，我主要的資料來源是 McNaughton (1973)、Morby (1989)、Blaydes and Chaney (2013) 以及 Kokkonen and Sundell (2014)。

111 Lewis (2009, 54).

112 Twitchett (1970, 4–5).
113 Twitchett (1970, 41–2).
114 Tackett (2014, 182).
115 Hymes (1986, 175).
116 Hymes (2015, 538).
117 Hymes (2015, 539).
118 McDermott (2013, 111–22).
119 Lee (2009, 7).
120 Lee (2009, 35).
121 這類家戶可免除與其等級相符的固定數量土地的「坊郭戶勞役」，而在免稅的土地之外，他們也有權僱用其他人來履行其勞役，並在勞役稅扣除額上享有五十％的減免。參見 Lee (2009, 58–60)。
122 Lee (2009, 149).
123 Kuhn (1970, 211–225) and Von Glahn (2016, 380–381).
124 Kuhn (1970, 211).
125 Duara (1988, 73–4).
126 Barraclough (1976).
127 Bloch (2014).

128 Stasavage (2020).

129 Downing (1993).

130 Tilly (1992).

131 North and Weingast (1989).

第三章

1 Maddison (2007, 381).

2 Lewis (2009, 3–4).

3 Twitchett (1979, 1).

4 Lewis (2009, 1).

5 Twitchett (1970, 2).

6 Li (2002, 226).

7 有關秦朝的強國策略，請參見 Hui (2005)、Fukuyama (2011) 以及 Zhao (2015)。

8 這個過程類似於美國社會學家查爾斯・蒂利 (1992) 所描述的中世紀歐洲的建國過程。

9 Lewis (2007, 32).

10 Lewis (2007, 33).

11 Bloch (2014).

12 Creel (1964, 163–4).

13 Ko and Sng (2013, 480).

14 卡洛林王朝在九世紀的沒落導致了歐洲政治高度分裂的狀態，參見 Strayer (1970, 15)。這種分裂現象持續了極久，舉例來說，在西元一五〇〇年，歐洲的獨立國家可能至少有二百個，參見 Tilly (1992, 45)。

15 Ashraf and Galor (2013).

16 Hui (2005), Fukuyama (2011), and Zhao (2015).

17 Diamond (1997)。然而，霍夫曼（Hoffman）(2015) 指出中國的山比歐洲還多。

18 Turchin et al. (2013).

19 Fernandez-Villaverde et al. (2020).

20 Lewis (2007, 3).

21 Lewis (2007, 63).

22 見 Yu (2003 [1956]).

23 Wright (1979, 48).

24 有關貴族氏族早期發展的更多資訊，請參見 Yu (2003 [1956])、Mao (1966)、Johnson (1977) 以及 Ebrey (1978)。

25 Twitchett (1979, 4) and Wright (1979, 57–63).

26 Ebrey (1978, 1).

27 Ebrey (1978, 17) and Johnson (1977, 22).

28 Ebrey (1978, 18).

29 Johnson (1977, 22).

30 Ebrey (1978, 31).

31 第二章的圖 2-5（圖 a）即顯示了唐朝貴族世家之間緊密相連的婚姻網絡。

32 Wechsler (1979, 212–3).

33 Tackett (2014, 35).

34 Dalby (1979, 590–1)。貴族們試圖掌控官僚機構權力的行動始終功虧一簣。經歷安祿山之亂後，中央政府的許多職能都被移轉到新的臨時機構；其後在七八六年，一項試圖將所有行政權力集中於宰相政事堂的嘗試也失敗了。參見 Dalby (1979, 591)。

35 Twitchett (1979, 13).

36 Wechsler (1979, 169).

37 Wright (1979, 81–2).

38 Twitchett (1979, 15).

39 Twitchett (1979, 13).

40 Twitchett (1970, 104-5).

41 Twitchett (1970, 105–6).

42 Wright (1979, 86).

43 Wechsler (1979, 214).

44 Twitchett (1979, 21).

45 Chen (2001, 202).

46 Twitchett and Wechsler (1979, 275).

47 Wright (1979, 93).

48 Chen (2001, 156).

49 Lewis (2009, 54).

50 參見 Lewis (2009, 54)。根據《唐朝田令》，每個十八到六十歲的男性都有資格獲得一百畝土地（大約十三・三英畝），其中有八十畝是「口分田」（露田），二十畝是「永業田」（桑田）。口分田在占有者年滿六十歲時須歸還給國家，永業田則可在占有者死後轉移給合法繼承人。參見 Twitchett (1970, 4–5)。

51 Li (2002, 89–90).

52 Twitchett (1970, 2).

53 Lewis (2009, 55–6).

54 Chen (2001, 140–1) and Wright (1979, 97).

55 Lewis (2009, 44).

56 Lewis (2009, 48).

57 Wechsler (1979, 175–6).

58 Lewis (2009, 44).

59 Wechsler (1979, 207).

60 Lewis (2009, 45).

61 Lewis (2009, 45–6).

62 Twitchett (1979, 7).

63 Peterson (1979, 464).

64 Dalby (1979, 561).

65 Dalby (1979, 562).

66 有關此一觀點的討論，請參見 Peterson (1979, 470–1)。

67 Chen (2001, 210–8).

68 Pulleyblank (1955, 75–81).

69 Peterson (1979, 472).

70 Twitchett (1979, 17).

71 Twitchett (1970, 17).

72 Twitchett (1970, 34).

73 Twitchett (1970, 26).

74 Twitchett (1970, 21).

75 Twitchett (1970, 18).

76 Twitchett (1970, 12).

77 Twitchett (1970, 26).

78 Peterson (1979, 485).

79 Peterson (1979, 486).

80 Twitchett (1970, 49).

81 Peterson (1979, 495).

82 Peterson (1979, 496).

83 Peterson (1979, 497–8)

84 Li (2002, 76).

85 Twitchett (1970, 36).

86 Twitchett (1970, 40).

87 Twitchett (1970, 40).

88 Peterson (1979, 498–9) and Li (2002, 105).

89 Twitchett (1970, 41–2).

90 Dalby (1979, 581).

91 Twitchett (1970, 39).

92 Twitchett (1979, 355).

93 Twitchett (1970, 29–31).

94 Li (2002, 217–221).

95 Li (2002, 223–4).

96 Li (2002, 124, 283, 327).

97 Li (2002, 116–9).

98 Li (2002, 283, 327).

99 Twitchett (1970, 26).

100 Meltzer and Richard (1981).

101 Scheve and Stasavage (2016).

102 Johnson (1977, 132).

103 Mao (1981, 421).

104 Tackett (2014, 56).

105 Tackett (2014, 84).

106 Tackett (2014, 122–4).

107 Tackett (2014, 182).

108 唐朝官員宗親網絡的平均標準化地方化得分是0.044，不到宋朝官員得分的一半。

109 Dalby (1979, 601, 634).

110 這五位晚唐的皇帝分別是：憲宗（八〇五至八二〇年）、敬宗（八二四至八二六年）、武宗（八四〇至八四六年）、昭宗（八八八至九〇四年）以及哀帝（九〇四至九〇七年）。

111 Dalby (1979, 573–4).

112 Dalby (1979, 635).

113 Tackett (2014, 240).

114 Somers (1979, 745).

115 Tackett (2014, 218).

116 Somers (1979, 747).

117 Tackett (2014, 218).

118 Somers (1979, 747).

119 Somers (1979, 781).

第四章

1 有關唐宋變革的開創性討論，參見 Naito (1992 [1922])；有關近期的文獻回顧，參見 Chen (2017)。

2 舉例來說，參見 Ebrey (1978, 1)。

3 Johnson (1977) and Hartwell (1982).

4 Hymes (1986), Bol (1994), Bossler (1998), and Tackett (2014).

5 Hymes (1986).

6 Bossler (1998).

7 我的研究團隊先用 Li (2013, 16–7, 47–8, 62–70) 與 Zang、Zhu 以及 Wang (1987) 來確定兩個朝代的相關官職。然後我們利用 Yan (1986)、Yu (2003)、Hu (2000)、Sun (2009)、Yu (2000) 以及《中國歷代人物傳記資料庫》(2018) 來蒐集擔任這些官職的官員姓名，接著再從《中國歷代人物傳記資料庫》(2018) 取得他們的傳記資料；這個資料庫是一個關係資料庫，裡頭有大約四十二萬兩千六百人的傳記資料，主要分布於七世紀到十九世紀。我相信這是一份相當完整的名單，囊括了唐宋時期所有的要員，因為顯赫的重要人物（尤其是政府官員）在中國官方歷史中都有詳細的記載。

8 有關唐朝官員的宗親網絡，我仰賴的是《中國歷代人物傳記資料庫》(2018) 以及 Tackett (2014)。有關宋朝官員的宗親網絡，我則使用 Zeng 和 Liu (2006) 編輯的《全宋文》，其中收錄了宋代作家文集中所記載的數百篇墓誌銘，以及《中國歷代人物傳記資料庫》(2018)。

9 Lewis (2009, 33).

10 Lewis (2009, 118).

11 Twitchett (1979, 6).

12 Lewis (2009, 137).

13 Tackett (2014, 4).

14 Liu (2015).

15 Broadberry, Guan, and Li (2018, 33).

16 Hartwell (1982, 369).

17 Skinner (1977, 211–20).

18 戶數的數據資料是來自 Hartwell (1982, 369)。

19 Chaffee (1995, 15).

20 Chaffee (1995, 16).

21 Chaffee (1995, 16).

22 Chaffee (1995, xxii)。另一個與「進士科」並存的是「明經科」。「進士」的科考項目為詩賦和政論寫作，而「明經」的科考項目則為儒家經典的誦記，後者被認為是一項較容易的任務。

23 Kracke (1947) and Ho (1964).

24 Kracke (1947).

25 Hymes (1986, 35–62)。Jiang and Kung (2020) 也為這項修正觀點提供了以經驗為依據的支持說法，指出在清朝，家庭背景是預測科舉是否成功的一項強而有力的因素。

26 Chaffee (1995, 16–35).

27 Bossler (1998, 17–23).

28 Cited from Tackett (2014, 5).

29 Hymes (1986, 115–7)。美國漢學家韓明士提出一個北宋家族與一個南宋家族，而我認為它們類似唐朝的貴族家族以及宋朝的仕紳家族。

30 Ebrey (1978, 28).

31 Ebrey (1978, 28).

32 Tackett (2014, 133–4).

33 Bossler (1998, 49).

34 Hymes (1986, 94).

35 Hartwell (1982, 419).

36 Hartwell (1982, 419).

37 Hymes (1986, 45).

38 宋朝官員的平均地方化得分是0.102，相當於唐朝官員（0.044）的兩倍以上。

39 圖4-4中的圖a運用了Tackett (2014)的數據資料，以家族作為節點。

40 在圖4-4中，晚唐網絡（圖a）的密度是0.028，宋真宗網絡（圖b）的密度是0.011，宋神宗網絡（圖c）的密度是0.010，宋寧宗網絡（圖d）的密度是0.012，宋理宗網絡（圖e）的密度是0.012。

41 附錄B提供了利用格文—紐曼演算法（Girvan-Newman algorithm）計算宋朝要員的社會分化，隨著時間演變的細節與結果。

42 Smith (2009*b*, 461).

43 Smith (2009*b*, 461).

44 Smith (2009b, 462).

45 Chen (2001, 202).

46 Tackett (2014, 138).

47 Twitchett (1979, 20–1).
48 Johnson (1977, 131–41).
49 Naito (1992 [1922], 10–18).
50 Johnson (1977, 132–41).
51 Johnson (1977, 146).
52 Tackett (2014, 240).
53 Tackett (2014, 218).
54 Hartwell (1982, 365–406).
55 Hartwell (1986, 115–7).
56 Bossler (1998, 5,88,204).
57 Lee (2009, 64–5).
58 Bol (1990, 168–171).
59 McDermott (2013, 134).
60 McDermott (2013, 135).
61 McDermott (2013, 115).
62 Hymes (1986, 127–8).
63 Lee (2009, 52).
64 Lee (2009, 207).

第五章

1 Hartman (2015, 27–8) and Chaffee (2015a, 7).

2 Smith (2009a, 1).

3 Elvin (1973, 112).

4 Naito (1992 [1922]).

5 Mann (1984).

6 Golas (2015, 148).

7 See Tilly (1992).

8 Smith (2009a, 4).

9 Hartman (2015, 48).

10 Hartman (2015, 28).

11 Hartman (2015, 85).

12 Smith (2009a, 12).

13 Golas (2015, 142).

14 Smith (2009a, 13).

15 Smith (2009a, 12).

16 Golas (2015, 142).

17 Hartman (2015, 98).

18 Hartman (2015, 128).
19 Hartman (2015, 85).
20 Hartman (2015, 30)。這個機構至少可以追溯至漢朝時期（西元前二〇二至西元二二〇年）。
21 Hartman (2015, 103).
22 Hartman (2015, 111).
23 Hartman (2015, 44).
24 Naito (1992 [1922]).
25 Chaffee (2015b, 291).
26 Chaffee (2015b, 291).
27 Chaffee (2015b, 312).
28 這個數字遠低於圖 4-5 中主要官員數，顯示科考成功對於能否在官僚機構高層中任職至關緊要。
29 Hartman (2015, 33).
30 Hartman (2015, 55).
31 Chaffee (2015*b*, 292).
32 Hartman (2015, 59).
33 Hartman (2015, 59).
34 E.g., Hartman (2015, 74).
35 Hartman (2015, 73).

36 Golas (2015, 158–9).

37 Golas (2015, 165).

38 Golas (2015, 159).

39 Golas (2015, 160).

40 Golas (2015, 161-2).

41 Smith (2009b, 348).

42 Liu (2015).

43 Golas (2015, 148).

44 Golas (2015, 148) and Liu (2015, 61).

45 Hartman (2015, 22).

46 Golas (2015, 177).

47 Hartman (2015, 22).

48 Guo (2019).

49 Hartman (2015, 23–4)。第二章的圖2-9是根據 Guo (2019) 的估算，顯示宋朝徵收國民收入的十三至十七%作為稅收。

50 Wang (2015, 215–6).

51 Wang (2015, 216–7).

52 Wang (2015, 217).

53 Wang (2015, 218–9).

54 Wang (2015, 219).

55 Hartman (2015, 52).

56 Smith (2009a, 14–5).

57 Wang (2015, 235).

58 Hartman (2015, 28).

59 宋朝最重要的政策就是鼓勵商人購買糧食並運送至邊境地區，以換取銀錢、鹽、茶。參見 Golas（2015, 198）。

60 Hartman (2015, 28–9).

61 Gong (1990, 15).

62 Gong (1990, 20).

63 Li (2003).

64 Li (2013, 16–7, 47–8, 62–70) 提供了這些職位的完整列表。

65 我從《中國歷代人物傳記資料庫》（2018）取得他們的傳記資料。

66 我曾用一個指數去評量個人宗親網絡的本地化程度。官員 i 的「宗親地方集中度」被定義為 $\sum_{k \in K}(1+\text{距離}_{i,k})^{-1}$，其中「距離 $_{i,k}$」代表從政治家 i 到他的宗親 k 的「直線距離」（以公里為單位）。K 一群人包括了 i 的所有家親成員，隱含的邏輯是，隨著政治家的所有宗親與他的距離愈近，這項地方集中度的指數也隨之增長。附錄表 C-2 為這項歷史觀察提供了以經驗為依據的支持。

67 Smith (2009b, 349).

68 Liang (2009 [1908], 165).

69 Deng (1997, 48).

70 新政也包括了規範商業貿易並向其課稅的「市易法」，以及鼓勵地方政府建設水利工程以促進農業發展的「農田水利法」。參見 Deng (1997, 88)。

71 Liu (1959, 39).

72 Smith (2009b, 393).

73 Williamson (1935, 181).

74 Smith (2009b, 413–4).

75 Deng (1997, 88).

76 Williamson (1935, 142–3).

77 Deng (1997, 88).

78 Smith (2009b, 400).

79 Smith (2009b, 434).

80 Williamson (1935, 197) and Smith (2009b, 427).

81 Wang (2017 [1086], 74: 14).

82 Wang (2017 [1086], 75: 19).

83 Wang (2017 [1086], 75: 22)。

84 Qi (1987, 1163–8).

85 Li (1979 [1177], 364: 8703–6).

86 Sima (1937 [1086], 49:626–8) and Li (1979 [1177], 224: 5444–6, 6787–91).

87 Li (1979 [1177], 279: 6834–5).

88 Toghtō (1985 [1343], 192(145): 6).

89 Sima (1937 [1086], 42: 543–5).

90 Li (1979 [1177], 179: 48).

91 Wang (2017 [1086], 4: 72).

92 Li (1979 [1177], 215: 5237, 227: 5522).

93 Hartwell (1982, 421).

94 Miyazaki (1992 [1953], 339–75).

95 關於領導權的轉換如何影響專制政體，請參見 Jones and Olken (2005)。

96 Deng (1997, 238–9).

97 Deng (1997, 254).

98 我從三大來源蒐集到這些政治家對改革所持態度的相關資料：脫脫（1985 [1343]）所編的《宋史》、李燾（1979 [1177]）所編的《續資治通鑑長編》，以及由曾棗莊與劉琳（2006）所編的《全宋文》。脫脫的《宋史》是元朝（一二七九至一三六八年）史學家所編纂的宋朝傳記史，而李燾的《續資治通鑑長編》是南宋（一一二七至一二七九年）史學家編纂的北宋編年史。這些著作都是宋朝歷史的最權威資料來源，也皆由幾乎是同時代的人根據正式的官方紀錄來撰寫，請參見Wilkinson (2000, 501)。不過，同時代者可能帶有政治與個人偏見，例如，一位南宋的歷史學家如果剛好是某位北宋政治家的後裔，那麼就可能具備了重新詮釋其先祖話語的動機。此外，這也取決於在他撰寫之時，人們對於這項改革的看法為何。相較之下，《全宋文》是中國文學研究者以二十一世紀的文學標準來編纂的宋朝著作選集，是一部多達三百六十卷、共一億字的鉅作；曾棗莊與劉琳（2006）將所有的文字全都原封不動地記錄下來，比如給皇帝上的「奏疏」，而非如脫脫（1985 [1343]）與李燾（1979 [1177]）般對政治家的言語進行總結與詮釋。我相信同時評量這三項資料來源，將使我們盡可能地接近歷史真相。我的研究團隊閱讀了所有的書籍資料，並確認每一陳述都至少涉及我們樣本中一百三十七位主要政治家中的一位。接著，我們挑選出他們與王安石變法有關的所有活動，比如「上書皇帝」或「參與公眾討論」，並根據每位政治家對變法的態度，逐一為其進行編碼。例如，一個上書皇帝譴責變法的政治家會被視為反對者，而在朝會廷議中支持變法的政治家，我們則將其編碼為支持者。

99 超過半數的政治家（七十四位或說五十四%）並未對變法做出明確的表態。他們大部分（四十九位）都是擔任禮儀職務，比如在禮部負責宗教儀式與宮廷典禮。一個簡單的解釋就是，這七十四位政治家的職責所在皆與政策無關，因此毋須表明他們對政策的態度。在主要分析中，我使用了「表列刪除法」（listwise deletion），並未對他們的隱含態度做任何假設。此外，我運用了三種可替代的方式來處理這些政治家；首先，我將他們編為中立碼，並設定三分的因變數（dependent variable），亦即支持（1）、中立（0）、以及反對（–1）。其次，我將樣本限定於一部分擔任與政策相關職務的政治家；再者，我藉由投擲硬幣的方式，隨機分配一個數值給這些政治家（即從伯努力分布〔Bernoulli distribution〕得出的推斷）。所有這三種方式都得到相同結果。參見 Wang (2021*a*)。

100 Li (1979 [1177], 213: 5169).

101 我之所以選擇呂公著，部分是出於視覺化的考量：雖然他的宗親網絡比王安石的宗親網絡地方化程度更高，仍分散到足以在全國地圖中呈現出整個網絡的程度。

102 我在附錄C中討論了統計檢測的技術性細節。在 Wang (2021*a*) 中，我對這項假設進行了更嚴格的測試以及一連串的強度檢驗（robustness check）。

103 Liu (1959, 60).

104 Liu (1959, 92).

105 Liu (1959, 92).

106 Smith (2009b, 356).

107 Smith (2009b, 356–7).

108 Smith (2009b, 367).

109 Hartman (2015, 46).

110 Smith (2009a, 31).

111 Hymes (1986, 175).

112 Hymes (2015, 536).
113 Hymes (2015, 538).
114 Hymes (2015, 538).
115 Hymes (2015, 539).
116 Hymes (2015, 539-40).
117 Hymes (2015, 540).
118 Hymes (2015, 541).
119 Hymes (2015, 542).
120 Hymes (2015, 542).
121 Hymes (2015, 622).
122 McDermott (2013, 39).
123 McDermott (2013, 7).
124 McDermott (2013, 53).
125 關於仕紳收入的經典研究，請參見 Chang (1962)。
126 Lee (2009, 142).
127 Lee (2009, 149).
128 Bol (2015, 665).
129 Bol (2015, 668-9).

130 E.g., Smith and Von Glahn (2003).

131 Lee (2009, 207).

第六章

1 Wei (1999, 31).

2 Hucker (1998, 63).

3 Hucker (1998, 65).

4 Huang (1981, 158).

5 Wei (1999, 32).

6 Wei (1999, 33).

7 Wei (1999, 36–45).

8 Hucker (1998, 67).

9 Hucker (1998, 65).

10 Von Glahn (2016, 285–8).

11 Wei (1999, 552).

12 Wei (1999, 653).

13 Huang (1974, 118).

14 Huang (1998, 522).

15 Huang (1998, 522).

16 Huang (1974, 302).

17 Huang (1974, 301).

18 Huang (1974, 301).

19 Huang (1981, 37–8).

20 Huang (1981, 39).

21 Huang (1974, 118).

22 Huang (1974, 1).

23 Hucker (1998, 9).

24 Hucker (1998, 9).

25 Hucker (1998, 75).

26 Hucker (1998, 75).

27 Hucker (1998, 75).

28 Hucker (1998, 75).

29 Huang (1974, 5).

30 Hucker (1998, 104).

31 Huang (1998, 513–4) and Huang (1981, 75–6).

32 Wakeman (1972, 39).

33 Huang (1981, 18).

34 Huang (1981, 18).

35 Hucker (1998, 78).

36 Hucker (1998, 78).

37 Wakeman (1972, 40) and Hucker (1998, 78).

38 Hucker (1998, 16).

39 後一個數字包括了大約中央政府在北京的一千五百名人員，參見 Hucker (1998, 29)。另有五萬一千名協助文官但並不由國家支薪的小吏，在文官政府與軍中服務，參見 Huang (1998, 48)。

40 Hucker (1998, 41).

41 Liang (2008, 270) 估計中國人口在一六〇二年為五千六百三十萬五千零五十人。

42 Huang (1974, 184) and Hucker (1998, 16).

43 Hucker (1998, 51)。此外「祿米」是以極不划算、低於市場的價格折換成這些其他形式的支付物。

44 Huang (1974, 49).

45 Huang (1974, 184).

46 Huang (1974, 48).

47 Hucker (1998, 30).

48 Hucker (1998, 32).

49 Hucker (1998, 29).

50 Hucker (1998, 48–49).

51 Elvin (1973, 203).

52 Von Glahn (2016, 285–8).

53 Von Glahn (2016, 285–6).

54 人口歷史學家估計，中國人口在一三四〇年至一三七〇年間至少減少了十五%，或甚至多達三分之一。參見 Wu (2000, 387–91)。

55 Von Glahn (2016, 285–7).

56 明朝的科舉制度原本並無這樣的規定，也就是必須確保經由科舉選出的文官，要達成地域上的均衡。因此，全國最富裕、最有文化的南方和東南方地區的代表者，遂在早期的科舉考試中占有壓倒性的優勢。參見 Hucker (1998, 39)。

57 Hucker (1998, 39).

58 制定於一四二五年的解額制度，將四十%的進士名額保留給北方人，剩下的六十%給來自其他地區的所有人。不久之後，又增加了一項小幅調整：將十%保留給來自「中部」地區的考生，該地區包括了發展程度相對低落的四川、雲南、廣西、貴州等省分。此時，北方人的配額百分比降低至三十五%，五十五%分配給南方人（包括來自東南地區的考生）。除了偶爾的小幅調整，這些地區配額一直沿用到明朝末年。參見 Hucker (1998, 39)。

59 Von Glahn (2016, 285–95).

60 Von Glahn (2016, 295–6).

61 Huang (1974, 39).

62 Huang (1974, 40)。收成兩次的田地要繳兩次稅，前朝的夏稅也包括了棉、絲、茶葉等多種商品，明朝大致上保留了這項做法。

63 Huang (1974, 89).

64 Huang (1974, 47)。固定稅額基本上是明朝的政策，在唐朝與宋朝時並未如此嚴格地遵循。

65 Hucker (1998, 26–7) 指出，除了王位的繼承者外，所有皇帝的男性子嗣都會被分到一塊首都之外的「封地」，每年皆可獲取相當於一萬蒲式耳（bushel）糧穀的國家俸祿，女性子嗣則為兩千蒲式耳。

66 Hucker (1998, 25).

67 Hucker (1998, 24–5).

68 Huang (1974, 6–7).

69 Huang (1974, 6–9).

70 Huang (1974, 56–7).

71 Hucker (1998, 20).

72 Hucker (1998, 70).

73 Huang (1974, 40) 指出，標準的一畝大約是六千平方英尺。因此，這樣大小的一塊田地在華南預計每年可以生產出兩擔的脫殼糧穀。

74 Hucker (1998, 62–71).

75 Hucker (1998, 72).

76 Hucker (1998, 72).

77 Hucker (1998, 89).

78 Huang (1974, 96)。迴避制度要求官員迴避在其本籍任職。

79 Huang (1974, 44).

80 Heijdra (1998, 458).

81 Hucker (1998, 91).

82 Hucker (1998, 54).

83 Hucker (1998, 75).

84 這項繼承制度可追溯至明朝的開國時期。後來的官員中有很大一部分，像是張居正的祖父與父親，都是由於他們的先人是幫助開國皇帝打下江山、鞏固根基的開國功臣，才被授予官職(Hucker 1998, 56)；有些則是由於先人曾在永樂帝（明成祖）一四〇一年起兵奪位以及後續征戰中投效其麾下，而被授予官職。

85 Hucker (1998, 57)。明朝的「衛所制」與唐朝初年由專業軍士所組成的「府兵制」截然不同，後者被認為是唐朝的偉大軍事成就（參見第三章）。參見 Hucker (1998, 62)。

86 製鹽主要是在中國東部的中央沿海地區；傳統做法是，大盤鹽商須得購買「鹽引」始有權販售特定數量的鹽，並可在某些特定地區領取。一三七〇年，朝廷宣布鹽商須赴北疆邊塞納糧，才能由官府酬予鹽引；有鑒於食鹽分銷的可觀獲利，富商開始在北方設立「商屯」，讓佃農耕作、生產糧穀並送往附近的駐防要塞，以換取鹽引圖利。有關鹽引法的詳細資訊，請參見 Hucker (1998, 71)。

87 Hucker (1998, 67–8).

88 Huang (1974, 295).

89 俺答在一五七〇年與明朝政府達成和平協議，換回他同年稍早時候叛逃到明朝、卻被脅持為人質的孫子。更多細節可參見 Wei (1999, 371–85)。

90 Huang (1998, 523).

91 Wei (1999, 502–38).

92 Miller (2009, 32).

93 Miller (2009, 32).

94 Huang (1998, 525–6).

95 Huang (1998, 524).

96 Miller (2009, 44–5).

97 Miller (2009, 38).

98 Miller (2009, 39).

99 Miller (2009, 44–5).

100 Heijdra (1998, 447–8)。一開始，新的土地清丈調查有時進行得太快；我們有充分的理由相信，有些上報的結果是錯的，但嚴厲的懲罰措施很快就被採用來糾正這些問題。此外，還有些措施是用來確保書吏不會擁有過多權力或裁量的自由，因此他們的名字也會被記錄在籍冊上以示負責。大多的清丈結果顯示耕地面積大幅增加，雖然新的清丈調查偶爾會出現耕地面積變小的結果，而這或許是因為採行了新的丈量標準，或是最初被竄改的數字經過更正的結果。

101 Huang (1974, 301).

102 明朝將地籍紀錄稱為《魚鱗圖冊》。此為附有土地所有權調查記錄的地圖，繪製了許多小塊土地的邊界，看起來宛如魚鱗。魚鱗圖冊這個詞，早在一一九〇年的宋朝即已開始使用，記錄被編纂後繼續被使用、更新（或未被更新），然後沿用至整個元朝，直至明朝。這些被登記地塊的地主都會獲得土地所有權的證明。參見 Heijdra (1998, 443–9)。

103 Miller (2009, 51).

104 Huang (1974, 300–1).

105 Huang (1974, 301).

106 Heijdra (1998, 448–9).

107 Liang (1989, 38–9) and Huang (1974, 34).

108 Huang (1974, 34).

109 Huang (1974, 35–6).

110 在應役這一年的里長帶領下，該甲會代表整個里執行地方稅的徵繳，並滿足所有物資與勞務的需求；其他單位則是按規定納稅，但不須承擔該年的勞役義務。因此，在十年的期間內，所有家戶都有一年會輪流履行這項服務的義務。參見 Huang (1974, 34–6)。

111 Huang (1974, 110).

112 Huang (1974, 110).

113 Huang (1974, 132).

114 Huang (1974, 117–8).

115 Huang (1974, 122) 指出，地方多採取兩種做法之一來實施一條鞭法。浙江、福建、廣東等地所採用的做法，是在定期賦稅估算中以「糧穀的擔數」作為課稅單位並隨其收取附加稅；北方地區廣泛採用的另一項做法是，直接按每畝應稅田地來徵收役稅，造成實質上稅率普遍增加；蘇州、松江等地則結合了兩種做法：從每畝應稅田地徵收一部分的役稅，再從每擔糧穀的附加稅徵收其他部分的役稅。

116 Huang (1974, 15–6).

117 Huang (1974, 121).

118 Huang (1974, 131).

119 Huang (1974, 131) 對這項論點提出質疑，他認為一條鞭法之前的稅制也是累進的，因為它有將財產估算納入考量。但正如中國經濟史學者梁方仲（1989, 40–1）指出，在改革前，稅賦是根據成年男子人數和土地持有多寡來估算，因此，未持有土地但有數名成年男子的家戶，仍須負擔沉重的勞役。

120 Liang (1989, 42–3).

121 正如中國歷史學者黃仁宇（1974, 110–117）指出，試圖簡化役的嘗試已然用不同的名義進行了一個世紀之久。舉例來說，明朝政府從一四四三年開始推行「均徭」，將之前的十年應役週期分成兩個五年的週期。在每個週期，縣長會頒布該地區所需的所有常態勞役列表，並根據稅負比重來為各個項目分級。里甲之中的每一戶也被分成三大類（上、中、下），然後每個納稅人的等級也會與役的任務分級相符。這類列表有助於制止里長長久以來的某些濫權，並確保每戶都能公平地應役。南方的幾個省也試行了「十段錦」，也就是官員們將稅率相同的十年稅款分成十等分，每年依所有可應役的成年男子與總應稅面積來估算它們。

122 Huang (1974, 45).

123 Huang (1974, 96).

124 Liang (1989, 485–555).

125 Miller (2009, 28) and Huang (1974, 96).

126 Huang (1974, 298).

127 Huang (1998, 523).

128 Huang (1974, 297).

129 Huang (1998, 523).

130 Huang (1974, 299).

131 Huang (1998, 526). Miller (2009, 40) 認為這段時期中的服喪期應為三年。

132 Huang (1998, 526).

133 Huang (1974, 300).

134 Miller (2009, 3).

135 「地方主義轉向」指的是菁英策略的轉變：從唐朝時藉由聯姻建立起全國性的社會網絡，到宋朝時建立地方性的社會網絡。參見第四章的詳細說明。

136 Miller (2009, 10–11).

137 Miller (2009, 11).

138 Miller (2009, 25).

139 Huang (1974, 97).

140 Huang (1974, 97).

141 Huang (1974, 97).

142 Lee (2009, 142).

143 Huang (1974, 97–8).

144 Huang (1974, 98).

145 Liang (1989, 485–555).

146 Levenson and Schurmann (1971, 92–4).

147 Miller (2009, 27).

148 Liang (1989, 485–555).

149 見 Heijdra (1998, 492).

150 梁方仲所記錄的總計三百三十五個事件中，我略去了所有並未涉及全面實施的事件，比如提議、非正式的試行、評論、認可，以及修訂。分析的單位是州，根據中國歷史地理信息系統（2018），這是中國歷史地理信息系統專案 shapefile 資料格式中可取得的最低層級。

151 梁方仲的數據包括了兩百五十九個事件，其中十件發生在各省，兩百零三件發生在各縣。附錄的圖 D-1（圖 a）顯示了各州的資訊。把重點放在各州將無可避免地造成數據缺失的問題，因此，我利用一條鞭法在各省與各縣的實施資訊，以兩種方式來擴展數據。首先，如果沒有某個州的實施資訊，我就使用省級（州級以上）實施改革的第一年代表該州的改革啟動時間。附錄圖 D-1（圖 b）顯示利用來自省級或州級資訊的執行狀況。再者，倘若沒有任何來自省級或州級的資訊，我就使用縣級（州級以下）實施改革的第一年代表該州的改革啟動時間。圖 6-2 使用來自省、州、縣級的施行資訊。這兩個步驟將樣本量擴大到分別為一百三十八與一七十五。

152 Hucker (1998, 41).

153 我從《明實錄》開始，一部由明代史學家撰寫、上海書店出版社（2015）編輯出版的官方編年史。我特別依賴〈品階勳祿制〉一文，其中列出了開國時期所有的官職與品級。關於當代的資料來源，我查閱了 Liu and Sun (2014, 404) 的《明代主要文職官員品級表》；Zang、Zhu and Wang (1987, 121–3) 的《歷代官制、兵制、科舉制表釋》；Zhang (2009) 的《明代職官年表》以及 Wang (2014) 的《明代國家機構研究》以確認所有三品下級以上品秩的官職。接著，我靠 Zhang (2009) 找到一五七三到一六二〇年間擔任這些官職的官員姓名。

154 China Biographical Database (2018).

155 我的資料結合了主要的來源，比如：家譜紀錄、地方志、檔案文件、奏疏和個人傳記研究等次要來源。這些來源包括了 Chang (2008), Chang (2017), Chen (2015), Deng (2007), Feng (2012), Feng (2013), Guo (2007), Huang (2009b), Liang (2012), Liu (2008), Li (2018), Ma (2013), Peng (2015), Qiu (2004), Ren (2010), Wang (2007), Xie (2014), Xiong (2012), Xu (2015), Yang (2018), Ye (2010), Ye (2011), Yin (2014), Yuan (2017), Zeng (2012), Zhang (2008), Zhang (2018), Zhao (2017), Zhao (2009), Chen (2014), Chen (1997), Hai and Chen (1962), Chen (1995), Ding and Chen (2016), Feng (1997), Ge (1983), Huang (2009a), Hu (2007), Hu (1983), Jiao (1991), Jiao (1997), Jia (1996), Kang (2012), Zunhua (2013), Liang (1650), Li (2009), Li and Xie (2011), Li (1970), Liu (2009), Li (1997), Lu (2009), Song (1739), Sun (1814), Tang (1997), Tan (1891), Wang (2006), Wang (2016), Wang (2009), Wu (2012), Wu and Wu (1924),Wu (2009),Wu (1830),Wu (2014), Tang Clan (1990), Xu (2009), Xu (1964),Ma Clan (1870), Licheng Cultural and Historical Documents Research Commission (2010), Ye (1997), Yu (2015), Zhang (2016), Zhang (2014), Zhang (2015), Zhang (1997), Zhang (2009[1593]), Zhang and Wu (1987),Zhao (1993), Zhu (2015), Fang and Zhu (2009), and Zhao (1595)。我將這些來源與附錄表D-2中的每位明朝要員進行了比對。

156 我使用與第二章中相同的指標來計算明朝官員的本地化分數，按家族親屬數量加以標準化，較高的分數代表本地化程度較高的宗親網絡。由於北宋與明朝的疆域面積大致相同，我們可以比較這兩朝官員的標準地方化分數。宋朝與明朝官員的平均標準地方化分數分別為0.102與0.448。

157 我特別比較了圖2-6的圖a中明朝官員（未顯示於此）與宋朝官員的姻親網絡。宋朝網絡的密度是0.011，明朝網絡則是0.0003。由於嚴重的數據缺失，我解讀明朝網絡密度時極為謹慎。

158 我利用「存活分析」（survival analysis）來確定一個州是否採行了一條鞭法，以及它花了幾年時間才採行。存活時間是以一個州在一五三一年之後不實施改革、保持現狀的年分來計算，如果一個州採行了一條鞭法失敗，則編碼為1。我使用Cox比例風險模式（Cox proportional hazard model）來估算各州採行新政的風險，因為在沒有任何「強而有力的假設理由期望一個分布函數優於另一個」時，這類的模式更為合適。參見Box-Steffensmeier and Jones (2004, 48)。我使用「共享脆弱模式」（shared frailty models）（以省為基礎）來解釋國家代表性與現狀存續中的省與省之間以及一省之內的差異。在某些規範中，我將省的固定效應包含在內，以控制省級的共變數（covariate），比如：各省的領導與政策、地理、氣候、土質、文化和歷史。有些地方比其他地方更早採行一條鞭法的原因，另一個解釋是，南方的土壤品質與糧食產量較高，所以賦稅相對較重，而北方則是役稅較重。據此推論，當一條鞭法將賦役合併時，對南方的改變不大，反倒是對北方造成了沉重的負擔。因此，北方許多政治家據此反對一條鞭法，請參見Liang (1989, 333)。省的固定效應可以讓省級的差異保持不變，同時可檢視採行一條鞭法在一省之內的變化。附錄表D-1呈現摘要的統計數據，附錄表D-3則呈現了風險比率的估計值。小於1的風險比率代表採行政策的可能性較低，為了避免控制變數帶入偏見，模式（1）只包括了要員人數；當我使用因變數的替代測量方式時，估計值是穩定的，這些方式用省級與縣級資訊來代表州級的實施。附錄圖D-2呈現出存活率與風險率。

159 附錄圖D-3的圖a顯示萬曆以前的進士(取得最高功名者)分布區域。明朝進士的數據資料是來自

「中國歷代人物傳記資料庫」（2018），圖 b 說明了進士數量（一三六八至一五七二年）與要員數量（一五七三至一六二〇年）之間的強烈正相關。附錄表 D-4 呈現了具有省固定效應的迴歸結果，以 0.034 顯著的統計係數證實了這種關聯性。我當然不是主張科舉考試的配額與成功的考生是國家代表性的唯一決定因素，財富、文化傳統，以及過去科舉考試的成功經驗，與一個州會產生多少位要員大臣也有重要的關聯性。省的固定效應可以控制部分這類的干擾因素（confounder），但我排除這些替代因素的能力，仍然受限於這個時期可取得的有限數據資料。

160 Wei (1999, 897).

161 Miller (2009, 3).

第七章

1 Coase (1937).

2 Coase (1937) and Williamson (1981).

3 見 e.g., North and Weingast (1989) 以及 Greif (1989).

4 Greif (2006, 第八章).

5 Fortes (1969, 3).

6 Samuelson (1958) and Diamond (1965).

7 Drazen (2000, 35).

8 Ho (1964, 121).
9 Ho (1964, 166).
10 Chen (2017, 7–8).
11 Ho (1964, 166).
12 Ho (1964, 166).
13 Beattie (1979, 100).
14 Beattie (1979, 103).
15 Schurmann (1956, 512).
16 Ebrey (1986, 2).
17 Zheng (2001, 311).
18 Ho (1964, 126–167).
19 Zheng (2001, 312).
20 Huang (1974, 26).
21 Skinner (1977, 20).
22 美國歷史學者曾小萍的計算是以「規模收益不變」（constant returns to scale）為基礎，但實際上由於規模經濟，行政單位的規模報酬會遞增，單位數量並不需要像人口一樣按相同比率增加。
23 Zelin (1984, 306).
24 Zheng (2009, 57).

25 Zheng (2009, 57).

26 Szonyi (2002, 58).

27 「火耗」是對固定上繳國庫的稅賦所額外徵收的費用，旨在彌補白銀被鎔鑄成大錠銀兩運送至中央政府時，所產生的無可避免之損耗。參見 Zelin (1984, 88)。

28 Zelin (1984, xii).

29 Szonyi (2002, 60).

30 Szonyi (2002, 61).

31 Dincecco and Wang (2018, 343).

32 Tawney (1966, 77).

33 Perry (1980, 3). Kung and Ma (2014)、Jia (2014) 以及 Dincecco and Wang (2020) 的研究皆顯示，負面氣候衝擊與農民叛亂之間存在顯著的關聯性。另請參見第二章中對「氣候衝擊」與「暴力衝突」之間的關係討論與實證分析。

34 Spence (1996, 160).

35 Rowe (2007, 28–9).

36 Beattie (1979, 45).

37 Greif (2000, 254).

38 Olson (1982, 18).

39 Rawski (1979, 183).

40 Chaffee (1989, 344).

41 Beattie (1979, 88–89).

42 Beattie (1979, 37).

43 Beattie (1979, 107).

44 有關世代交疊模式在實際案例中的應用，請參見 Bates (2017, 69).

45 Beattie (1979, 108).

46 舉例來說，北宋政治家兼學者范仲淹約在一〇四九年設計了「義莊」制度，為其家族所有分支提供長期維繫與教育之用。參見 Beattie (1979, 9) 與 Faure (2007, 68)。別忘了，這是一個「地方主義轉向」的時期，菁英們的興趣轉為在地方推動大規模的宗親組織與活動（第五章）。

47 Zheng (2001, 309–310).

48 Zheng (2001, 122).

49 Zheng (2001, 122–3).

50 Zheng (2001, 114).

51 Zheng (2001, 308).

52 Zheng (2001, 99).

53 世系組織是以一個同姓氏族為基礎，而世系結盟則是由多個異姓氏族所組成。

54 Li (2007a) 詳細描述了清代社會團體如何透過各種糧倉，與國家合作救濟飢荒。

55 Zheng (2009, 58).

56 Zheng (2009, 58).

57 Beattie (1979, 52).

58 Beattie (1979, 52).

59 Ostrom (1990, 24).

60 Hardin (1968, 1243).

61 Beattie (1979, 72).

62 Beattie (1979, 72).

63 Beattie (1979, 72–5).

64 Beattie (1979, 76).

65 Beattie (1979, 77).

66 Beattie (1979, 70–1).

67 Beattie (1979, 79).

68 Wang (1973, 27).

69 Szonyi (2002, 66).

70 Szonyi (2002, 67).

71 Rowe (2007, 54).

72 Rowe (2007, 65–6).

73 Rowe (2007, 205).

74 Rowe (2007, 29).

75 有關地方政府的法律職能，請詳見 Ch'u (1962)。

76 組織理論預測到，當合作帶來市場與法律制度無法達成的效益時，私有秩序機構就會出現。參見 Williamson (1985, 168) 與 Greif (1989, 866)。

77 Zheng (2001, 269–271).

78 Zheng (2001, 272–273).

79 Zheng (2001, 281).

80 Zheng (2001, 285–286).

81 Beattie (1979, 107–108).

82 Hsiao (1960, 334).

83 Beattie (1979, 94).

84 Olson (1965, 51).

85 Hsiao (1960, 334).

86 Beattie (1979, 95–106).

87 Williamson (1983, 519).

88 Beattie (1979, 41).

89 Beattie (1979, 52).

90 Beattie (1979, 104).

91 Beattie (1979, 41).

92 Beattie (1979, 100–101).

93 Wang (2008).

94 舉例來說，王鶴鳴的目錄中包括了猶他州家譜學會所收藏的整整一萬份、拍攝成微縮膠卷的家譜紀錄。該學會擁有海外最大的中國家譜館藏。參見 Wang (2008, 8–9)。

95 附錄圖 A-1 即為該目錄的一個範例。

96 Greif and Tabellini (2017, 2).

97 China Historical Geographic Information System (2018).

98 我利用光學字元辨識軟體將整本名冊讀入微軟的 Excel 檔案中，在研究助理的協助下，我手動檢查了每個條目以確保準確性。

99 附錄圖 E-1 顯示了各縣的世系組織數量。我也用一八〇一至一八五〇年間的「家譜數量」作為替代因變數（alternative dependent variable）。「世系組織數量」反映了私有秩序組織的發展，而「家譜數量」則代表了這些組織的活動；這兩個數字與先前的質化證據一致，即世系組織與世系活動在長江沿岸與東南部比中國其他地區更為普遍。參見 Freedman (1958, 129)。

100 傳統上，氏族預期每過三代就要更新一次家譜，參見 Feng (2006, 67)。美國學者約翰・查菲指出，男性通常在接近二十歲時娶妻並生下第一個孩子，參見 Chaffee (1989, 345)。因此，三代的時間可換算為：三乘以十八等於五十四年，或大約半個世紀。

101 China Biographical Database (2018).

102 Chen (2017)。

103 附錄中的圖 E-3 顯示各縣的進士人數，與通過科舉考試者多集中於長江沿岸與東南地區的質化證據一致。參見 Ho (1964, 222–37)。

104 這些學子被稱為「生員」，也就是通過最初級考試的人。參見 Chang (1955, 73–79)。

105 Bai and Jia (2016, 685).

106 Nanjing Military Academy (2003)。學者廣泛利用《歷史戰爭目錄》來研究中國的歷史衝突。例如可參見 Bai and Kung (2011) 與 Jia (2014)。該目錄涵蓋了詳盡的資料，包括從西元前一〇〇〇年左右到清朝在一九一一年滅亡的這段期間內，中國所發生的每一場重大內外戰役之日期、地點，以及領袖。衝突數據所涵蓋範圍的質量可能因時因地而異，廣泛的地理與歷史控制以及州級固定效應將有助於解釋這些區域性的差異。

107 附錄圖 E-4 顯示了各縣發生衝突的數量。

108 這跟 Dincecco and Wang (2018) 所確定的模式是一致的，亦即在整個帝國時期，中國的衝突以內亂為主，規模最大的若干衝突包括：清朝開國初年與明朝殘餘兵力的交戰、以吳三桂為首的三藩之亂、清廷對新疆準噶爾的征戰，以及白蓮教之亂。我在實證分析中並未區分內擾與外患，因為兩者皆代表了暴力衝突。有關檢視不同衝突類型的細粒度分析（fine-grained analysis），請參見 Dincecco and Wang (2020)。

109 由於這三個變數都有很多個 0，所以我採用了原始數字的「反雙曲正弦函數」（inverse hyperbolic sine, IHS）。舉例來說，世系組織數量（反雙曲正弦函數）≡ ln［世系組織數量＋（世系組織數量 2

+1)$^{1/2}$]。這項轉換縮減了平均數（mean）與變異數（variance）的範圍，讓我可利用所有的觀察值，因為它被定義為 0。關於利用反雙曲正弦函數的理由，請參見 Burbidge, Magee, and Robb (1988)。

110 附錄中的表 E-2 呈現了迴歸的結果。Mazumder and Wang (2021) 對於科舉考試成功與世系組織之間的關係提供了更嚴格的檢驗，仍得出相同的結果。由於衝突的評量兼顧了內外衝突的戰役，其係數反映了所有衝突類型的加權平均效應。Dincecco and Wang (2020) 對不同類型的衝突加以細分並提供了更精微的檢驗。

111 Weber (1946 [1918], 78)（原文中強調）。

112 Bates (2010, 30).

113 Smith (1986 [1776], 109).

114 關於宗親機構如何影響中國帝制晚期經濟發展的討論，亦可參見 Zhang (2017)，他認為宗親等級制度是社會政治地位的決定性因素，讓許多貧窮但年長者得以享有與其財富不成比例的政治權威與地位。有關非正式機構在中國長期經濟發展中的角色，請參見 Ma (2004)。

115 藉由限制財富傳承給繼承人的種種條件，教會即可獲得大量財產遺贈並獲取政治權力。參見 Goody (1983, 123).

116 Greif (2006, 308–309).

117 Henrich (2020).

118 Greif (2006, 310).

第八章

1 這段時期約從一六八〇年康熙皇帝最終鞏固其對清朝的統治，一直到一七九九年乾隆皇帝駕崩為止。參見 Wakeman (1970) 與 Rowe (2009, 63)。

2 Elliott (2001, 47).

3 Elliott (2001, 47).

4 Elliott (2001, 48).

5 Elliott (2001, 56).

6 Farquhar (1968, 204).

7 Elliott (2001, 39).

8 Fletcher (1986, 23).

9 Elliott (2001, 39).

10 Elliott (2001, 59).

11 Elliott (2001, 62).

12 Elliott (2001, 40).

13 Elliott (2001, 62).

14 Elliott (2001, 62).

15 Elliott (2001, 128).

16 Editorial Team of the Chinese Military History (2006, 499).

17 Elliott (2001, 129).

18 Wang (1973, 9).

19 Wang (1973, 80).

20 Spence (2002, 178).

21 例如在直隸省，丁稅是按田賦的五分之一來計算並攤入田賦中繳納，也就是說，每一兩田賦會被多徵〇・二兩的丁稅。參見 Wang (1973, 10)。

22 Wang (1973, 10).

23 Wang (1973, 80)。關於前者，清政府授予特定商人在指定消費地區擁有鹽的專賣權，而商人們則依照鹽的銷售量，按比例繳納鹽稅作為回報。關於後者，商業區或交通繁忙地區附近的關卡負責對過境商品徵稅，例如，廣東珠江三角洲的一個指定關卡也負責徵收進出口關稅。參見 Wang (1973, 10)。

24 Wang (1973, 21).

25 Wang (1973, 27).

26 Rowe (2009, 63).

27 Elliott (2001, 53).

28 Elliott (2001, 79–80).

29 Spence (2002, 162).

30 Rowe (2009, 40–41).

31 Rowe (2009, 41–42).

32 Zelin (1984, 201).

33 Rowe (2009, 42).

34 Zelin (1984, xii–xiv).

35 Rowe (2009, 40).

36 Zelin (1984, xii).

37 Wang (1973, 6).

38 Malthus (1992 [1806], 183–4).

39 Rosenthal and Wong (2011, 48–49).

40 Sng (2014, 119).

41 Elliott (2001, 129).

42 Wang (1973, 21).

43 Wang (1973, 24).

44 土地分類的稅率結構是以土地的預期產能為基礎，並包括了水田、旱地、梯田、沼澤地等數個類別，每個類別更進一步地細分為若干等級與次等級，依各省、甚至同一省內的各區而異。參見 Wang (1973, 32)。然而，國家的許多地區卻將數畝或較多的下等土地轉換成「一畝上等土地」或「一財政畝」（fiscal mu），藉此為產能各異的土地固定標準稅率。這種方法旨在將多種稅率簡化成單一稅率，並確保一個地區所登記的土地與土地稅額可符合既定的種植面積與稅收配額。參見 Ho (1959, 103–116)。

45 Wang (1973, 32).

46 Sng (2014). 也可參見 Koyama, Moriguchi, and Sng (2018) and Sng and Moriguchi (2014).

47 Zhang (2021).

48 Ma and Rubin (2019)，另見 Hao and Liu (2020)，他們認為皇帝對各省巡輔的承諾缺乏可信度，以致於後者徵稅的動機相對薄弱。

49 關於這兩個案例，請參見 Beattie (1979, 72–5).

50 Elliott (2001, 201).

51 Elliott (2001, 203).

52 Elliott (2001, 40).

53 Xi (2019).

54 Wang (1973, 28).

55 Wang (1973, 29).

56 Wang (1973, 27).

57 Wang (1973, 33).

58 Wang (1973, 34).

59 Elliott (2001, 191–192).

60 Elliott (2001, 193).

61 Elliott (2001, 307).

61 Lee (2000).

63 Lee (2000, table 1.1).

64 Chen (1992, 194–199).

65 Elliott (2001, 310).

66 Elliott (2001, 313–322).

67 Mann and Kuhn (1974, 144)。「白蓮教」是一個遍及各省的民間宗教團體網絡，分布地帶西起四川、東至山東。清軍平定了該教在十九世紀初的叛亂。參見 Mann and Kuhn (1974, 136–144) 以及 Rowe (2009, 155–157)。

68 Wakeman (1975, 137).

69 Shi and Xu (2008, 55).

70 Shi and Xu (2008, 107) and Duara (1988, 3).

71 Chang (1962, 151).

72 Duara (1988, 219).

73 Skocpol (1979, 73).

74 Wakeman (1975, 181–2).

75 Spence (1996, 81).

76 Ho (1959, 238).

77 Spence (1996, 141).

78 Spence (1996, 141).

79 Luo (2009, 753–4).

80 Luo (2009, 787–810).

81 Spence (1996, 193).

82 Platt (2012, 150).

83 Kuhn (1970, 10), Shi and Xu (2008, 58–60), and Platt (2012, 118).

84 Platt (2012, 119).

85 Kuhn (1970, 89–92).

86 Yang (2012, 335).

87 Yang (2012, 335).

88 大約在同一時期，清朝各地也爆發了其他的大規模叛亂，包括「捻亂」與「小刀會之亂」，大多數這類叛亂都在一八六九年被清朝平定，因此我在實證分析中，將太平天國之亂時期編碼為一八五〇至一八六九年。

89 Wright (1962).

90 Rosenthal and Wong (2011, 201–2).

91 Rosenthal and Wong (2011, 201) and Von Glahn (2016, 380–382).

92 Rosenthal and Wong (2011, 200).

93 Shi and Xu (2008, 50).

94 Shi and Xu (2008, 232).

95 Kuhn (1970, 211–225) and Von Glahn (2016, 380–381).

96 Kuhn (1970, 211).

97 Duara (1988, 73–4).

98 Skocpol (1979, 78).

99 Wakeman (1975, 228–232, 235–237).

100 Bai and Jia (2016).

101 Wakeman (1975, 225).

102 Wakeman (1975, 228).

103 該圖重現了第二章的圖 2-7。

104 這項分析背後的直覺是基於「差異中的差異法」（difference-in-differences, DiD）。在 DiD 的框架中，「第一項差異」是時間性的，亦即菁英的集體行動從太平天國之前到之後的改變程度；「第二項差異」是地區性的，亦即菁英的集體行動因群眾叛亂而改變的程度。形式上，我以 Y_1^c 來代表對照組在太平天國之前的菁英集體行動，而以 Y_2^c 代表之後的行動；同理，我以 Y_1^t 來代表實驗組在太平天國之前的氏族活動，而以 Y_2^t 代表之後的活動。因此，DiD 的估計值為 $(Y_2^t - Y_2^c) - (Y_1^t - Y_1^c)$。

105 為了降低變數的偏度（skewness），我採用原始數字的反雙曲正弦函數。在此的識別假設（identification assumption）是：如果太平天國之亂從未發生，那麼對照組與實驗組的平均菁英集體行動就會遵循共同的趨勢。因此，對照組可用來推斷實驗組在沒有群眾叛亂的情況下，平均氏族活動的反事實演變。

106 我估算下列的 DiD 規格：

$$家譜數量（反雙曲正弦函數）_{i,t} = \alpha + \beta\ 時期_{i,1870\text{–}1889} \times 叛亂_{i,1850\text{–}1869} + \mu_i + \lambda_t + \epsilon_{i,t} \quad (8.1)$$

結果變數，也就是「家譜數量」（反雙曲正弦函數），反映出一個縣在一七九〇至一八八九年間，每二十年間的地方菁英集體行動（即一七九〇至一八〇九年、一八一〇至一八二九年、一八三〇至一八四九年、一八五〇至一八六九年、一八七〇至一八八九年）；實驗變數則是群眾叛亂（一八五〇至一八六九年），量測的是一個縣在太平天國之亂期間群眾叛亂的次數。附錄圖F-1顯示出這段期間發生群眾叛亂的所在地，「時期 $_{1870\text{–}1889}$」是一八七〇至一八八九年期間的二元指標變數（binary indicator variable）（太平天國之前的一八三〇至一八四九年為參照組〔reference group〕）。DiD 的估計值為「時期 $_{1870\text{–}1889}$」×「叛亂 $_{1850\text{–}1869}$」。我預期對於這項估計值的係數估算是正號（＋）並且具有統計學的意義，同時，我也控制了縣與時期的固定效應。所有的標準誤差都是穩健的，且聚集在縣的層級上。附錄表F-1顯示了本節使用的所有變數之概括統計量（summary statistics）。

107 附錄的表F-2呈現了結果。注意，結果並未對 DiD 分析的一般趨勢假設提供有力的支持，因為從一八一〇至一八二九年到一八三〇至一八四九年間的 DiD 估計值，在十%的水準上十分顯著。因此，我並未將這項發現解釋成有因果關係。

108 這些團體的所在地資訊來自 Guo (2015)。

109 附錄圖 F-2 顯示了這一時期各縣記錄的家譜數量。考慮到這項檢驗採用了橫斷面數據（cross-sectional data）（因此，我無法再納入縣的固定效應），我遂將地方觀察的州級固定效應與縣級控制變數（即農業、經濟、地理）涵蓋在內，以避免產生遺漏變數偏差（omitted variable bias）的可能性。這些共變數包括了緯度、經度、面積、到北京的距離（對數）、到主要河流的距離（對數）、到最近沿海地區的距離（對數）、經過清朝信使的路線、海拔高度、坡度、人口密度、稻作適宜性。附錄表 F-3 顯示了我在一八九〇至一九〇九年間太平天國之亂後的菁英活動（家譜數量）上迴歸「宣布獨立」的結果，欄一顯示了原始雙變數（bivariate）的關聯性，欄二加入了州級固定效應，欄三則新增了縣級的控制變數。係數估算為正號，並且在所有規格中都十分顯著。

110 Bai and Jia (2016).

111 我從 Bai and Jia (2016) 的相同資料來源取得清朝的科舉考試配額數據：〈大清愛新覺羅的御設機構與律法〉（Imperially Established Institutes and Laws of the Great Qing Dynasty of Aisin Gioro）(1899, vols. 371–80)。

112 Stone (2017 [1972], 9).

113 Hoffman (2015, 19–66).

第九章

1 Herbst (2000, 11).

2 Fortes and Evans-Pritchard (1950, 5–7).

3「默多克的五點量表」（five-point scale）區分出中央集權程度較高與較低的國家，只有三個非洲社會獲得中央集權程度最高的分數。參見 Murdock (1967)。

4 Baldwin (2016, 21–3).

5 Kopytoff (1987, 29).

6 Vansina (1966, 247).

7 Herbst (2000, 45).

8 Herbst (2000, 56).

9 引自 Herbst (2000, 83).

10 Baldwin (2016, 30).

11 Baldwin (2016, 31).

12 Boone (2014, 28).

13 見 e.g., Migdal (1988, 104).

14 Boone (2003).

15 Clapham (1982, 84–5).

16 Migdal (1988, 116).

17 Migdal (1988, 123).

18 Herbst (2000, 126,131,173).

19 Bates (2015, 21).

20 Herbst (2000, 177).

21 Baldwin (2016, 3–4).

22 Huntington (1993).

23 Bates (2015, 26).

24 Baldwin (2016, 9–10).

25 Baldwin (2016, 11).

26 Herbst (2000, chapter 5).

27 Herbst (2000, 145–7).

28 Herbst (2000, 152).

29 Herbst (2000, 154).

30 Herbst (2000, 157).

31 Centeno (2002, 10).

32 Centeno (2002, 17).

33 Centeno (2002, 127).

34 Centeno (2002, 23).

35 O'Donnell (1993, 1359).
36 Centeno (2002, 143).
37 Centeno (2002, 142).
38 Centeno (2002, 151).
39 Centeno (2002, 143).
40 Centeno (2002, 48).
41 Centeno (2002, 145–6).
42 Centeno (2002, 146).
43 Kurtz (2013, 39–40).
44 Soifer (2015, 4–5).
45 Soifer (2015, 22).
46 Muzzuca (2021, 1).
47 Muzzuca (2021, 9–10).
48 Scott (2017, 3).
49 Crone (1994, 457).
50 Kennedy (2010, 283).
51 Crone (1994, 457).
52 Crone (1994, 447).

53 Crone (1994, 458).

54 Crone (1994, 449).

55 Rubin (2017, 49).

56 Goldschmidt Jr 和 Boum (2015, 50).

57 Crone (1980, 31).

58 Rubin (2017, 57).

59 例如，有兩個什葉派王朝對遜尼派位於巴格達（Baghdad）的阿拔斯王朝造成威脅：挑戰其合法性的法蒂瑪王朝（Fatimid），以及結束其自治權的布維西王朝（Buyid）。參見 Goldschmidt Jr and Boum (2015, 73)。

60 Crone (1980, 75–84).

61 Lapidus (1973, 39).

62 Blaydes (2017, 494).

63 Blaydes and Chaney (2013, 22).

64 Arjomand (2010, 249).

65 Barkey (1994, 30).

66 Barkey (1994, 9).

67 Barkey (1994, 2).

68 Barkey (1994, 26).

69 Barkey (1994, 11–12).

70 Barkey (1994, 36).

71 Barkey (1994, 56).

72 有關伊斯蘭教在中東政治與經濟發展角色的分析，請參見 Kuran (2012) and Rubin (2017)。

73 Goldschmidt Jr and Boum (2015, 119).

74 Goldschmidt Jr and Boum (2015, 173–4).

75 Anderson (2014, 4–8).

76 Anderson (2014, 9–10).

77 Anderson (2014, 10–1).

78 Anderson (2014, 3).

79 有關一九一一年之後國家建設的書籍，有 Duara (1988), Shue (1988), Pomeranz (1993), Perry (1993), Koss (2018), Strauss (2020), and Ghosh (2020)。

80 Rankin, Fairbank, and Feuerwerker (1986, 30).

81 Perry (1980, 224, 231).

82 Rankin, Fairbank, and Feuerwerker (1986, 31).

83 Ch’en (1986, 193).

84 Perry (1980, 241).

85 Bianco (1986, 312–3).

86 Mao (1965, 93).

87 Skocpol (1979).

88 Perry (1980, 239).

89 Koss (2018, chapter 5) 討論了中國共產黨在戰爭期間的南北組織發展。

90 Selden (1970).

91 有關一九五〇年代土地改革的說明，請參見 Strauss（2020，第四章）。

92 Schurmann (1966, 405–42).

93 Walder (1988).

94 Shue (1988).

95 例如，請見 Fearon and Laitin (2003).

96 Fukuyama (2014).

97 Evans and Rauch (1999).

參考書目

Abramson, Scott F., and Carles Boix. 2019. "Endogenous Parliaments: The Domestic and International Roots of Long-Term Economic Growth and Executive Constraints in Europe." *International Organization* 73(4):793–837.

Acemoglu, Daron, and James A. Robinson. 2019. *The Narrow Corridor: States, Societies, and the Fate of Liberty.* New York, NY: Penguin Press.

Acemoglu,Daron,andJamesA.Robinson.2020."TheEmergenceofWeak,DespoticandInclusive States." *NBER Working Paper No. 23657.* URL: http://www.nber.org/papers/w23657

Acemoglu, Daron, James A. Robinson, and Ragnar Torvik. 2020. "The Political Agenda Effect and State Centralization." *Journal of Comparative Economics* 48(4):749–778.

Acemoglu, Daron, Simon Johnson, and James Robinson. 2005. "The Rise of Europe: Atlantic Trade, Institutional Change, and Economic Growth." *American Economic Review* 95(3):546–579.

Aisin Gioro, Kungang. 1899. *Imperially Established Institutes and Laws of the Great Qing Dynasty (Qinding daqing huidian shili).* Beijing, China: Zhonghua Book Company (Zhonghua shuju).

Alesina, Alberto, and Romain Wacziarg. 1998. "Openness, Country Size and Government." *Journal of Public Economics* 69(3):305–321.

Allen, Robert C. 2009. "Agricultural Productivity and Rural Incomes in England and the Yangtze Delta, c. 1620–c. 1820." *The Economic History Review* 62(3):525–550.

Allen, Robert C., Jean-Pascal Bassino, Debin Ma, Chritine Moll-Murata, and Jan Luiten VanZanden.2011."Wages,Prices,andLivingStandardsinChina,1738–1925:InComparison with Europe, Japan, and India." *The Economic History Review* 64(1):8–38.

Almond, Gabriel Abraham, and G. Bingham Powell. 1978. *Comparative Politics: System, Process, and Policy.* Boston, MA: Little, Brown and Company.

Anderson, Lisa. 2014. *The State and Social Transformation in Tunisia and Libya, 1830–1980.* Princeton, NJ: Princeton University Press.

Anderson, Perry. 1979. *Lineages of the Absolutist State.* New York, NY: Verso Books.

Arjomand, Saïd Amir. 2010. "Legitimacy and Political Organization: Caliphs, Kings, and Regimes." In *The New Cambridge History of Islam*, ed. Robert Irwin. Vol. 4. New York, NY: Cambridge University Press, chapter 7, pp. 225–273.

Ashraf, Quamrul, and Oded Galor. 2013. "Genetic Diversity and the Origins of Cultural Fragmentation." *American Economic Review* 103(3):528–533.

Bai, Ying, and James Kai-sing Kung. 2011. "Climate Shocks and Sino-Nomadic Conflict." *Review of Economics and Statistics* 93(3):970–981.

Bai, Ying and Ruixue Jia. 2016. "Elite Recruitment and Political Stability: The Impact of the Abolition of China's Civil Service Exam." *Econometrica* 84(2):677–733.

Baldwin, Kate. 2016. *The Paradox of Traditional Chiefs in Democratic Africa*. New York, NY: Cambridge University Press.

Barkey, Karen. 1994. *Bandits and Bureaucrats: The Ottoman Route to State Centralization.* Ithaca, NY: Cornell University Press.

Barraclough, Geoffrey. 1976.*The Crucible of Europe: The Ninth and Tenth Centuries in European History.* Berkeley, CA: University of California Press.

Baten,Joerg,DebinMa,StephenMorgan,andQingWang.2010."EvolutionofLivingStandards and Human Capital in China in the 18–20th Centuries: Evidences from Real Wages, Age-Heaping, and Anthropometrics." *Explorations in Economic History* 47(3):347–359.

Bates, Robert H. 2010. *Prosperity and Violence: The Political Economy of Development.* New York, NY: W. W. Norton.

Bates, Robert H. 2015. *When Things Fell Apart.* New York, NY: Cambridge University Press.

Bates, Robert H. 2017. *The Development Dilemma: Security, Prosperity, and a Return to History.* Princeton, NJ: Princeton University Press.

Bates, Robert H., Avner Greif, Margaret Levi, Jean-Laurent Rosenthal, and Barry R. Weingast. 1998. *Analytic Narratives.* Princeton, NJ: Princeton University Press.

Bates, Robert H., and Da-Hsiang Donald Lien. 1985. "A Note on Taxation, Development, and Representative Government." *Politics and Society* 14(1):53–70.

Beattie, Hilary J. 1979. *Land and Lineage in China: A Study of T'ung-Ch'eng County, Anhwei, in the Ming and Ch'ing Dynasties.* New York, NY: Cambridge University Press.

Besley, Timothy and Torsten Persson. 2008. "Wars and State Capacity." *Journal of the European Economic Association* 6(2-3):522–530.

Besley, Timothy, and Torsten Persson. 2009. "The Origins of State Capacity: Property Rights, Taxation, and Politics." *American Economic Review* 99(4):1218–1244.

Bianco, Lucien. 1986. "Peasant Movements." In *The Cambridge History of China: Republican China, 1912–1949, Part 2*, ed. John King Fairbank and Albert Feuerwerker. Vol. 13. New York, NY: Cambridge University Press, chapter 6, pp. 270–328.

Blaydes, Lisa. 2017. "State Building in the Middle East." *Annual Review of Political Science* 20:487–504.

Blaydes, Lisa, and Christopher Paik. 2016. "The Impact of Holy Land Crusades on State Formation: War Mobilization, Trade Integration, and Political Development in Medieval Europe." *International Organization* 70(3):551–586.

Blaydes,Lisa,andEricChaney.2013."TheFeudalRevolutionandEurope'sRise:Political Divergence of the Christian West and the Muslim World before 1500 CE." *American Political Science Review* 107(1):16–34.

Bloch, Marc. 2014. *Feudal Society.* London, UK: Routledge.

Bol, Peter K. 1990. "The Sung Examination System and the Shih." *Asia Major* 3(2):149–171.

Bol, Peter K. 1994. *This Culture of Ours": Intellectual Transitions in T'ang and Sung China.* Palo Alto, CA: Stanford University Press.

Bol, Peter K. 2008. *Neo-Confucianism in History.* Cambridge, MA: Harvard University Press.

Bol, Peter K. 2015. "Reconceptualizing the Order of Things in Northern and Southern Sung." In *The Cambridge History of China: Sung China, 960–1279,* Part II, ed. John W. Chaffee and Denis Twitchett. Vol. 5. New York, NY: Cambridge University Press, chapter 9, pp. 665–726.

Boone, Catherine. 2003. *Political Topographies of the African State: Territorial Authority and Institutional Choice.* New York, NY: Cambridge University Press.

Boone, Catherine. 2014. *Property and Political Order in Africa: Land Rights and the Structure of Politics.* New York, NY: Cambridge University Press.

Bossler, Beverly Jo. 1998. *Powerful Relations: Kinship, Status, & the State in Sung China (960–1279)*. Cambridge, MA: Harvard University Asia Center.

Boucoyannis, Deborah. 2015. "No Taxation of Elites, No Representation: State Capacity and the Origins of Representation." *Politics & Society* 43(3):303–332.

Box-Steffensmeier, Janet M., and Bradford S. Jones. 2004. *Event History Modeling: A Guide for Social Scientists.* New York, NY: Cambridge University Press.

Bray, Francesca. 1986. *The Rice Economies: Technology and Development in Asian Societies*. Oxford, UK: Basil Blackwell.

Brewer,John.1989. *The Sinews of Power: War, Money, and the English State, 1688–1783.* Cambridge, MA: Harvard University Press.

Broadberry, Stephen, Hanhui Guan, and David Daokui Li. 2018. "China, Europe, and the Great Divergence: A Study in Historical National Accounting, 980–1850." *The Journal of Economic History* 78(4):955–1000.

Broder, Andrei, Ravi Kumar, Farzin Maghoul, Prabhakar Raghavan, Sridhar Rajagopalan, Raymie Stata, Andrew Tomkins, and Janet Wiener. 2000. "Graph Structure in the Web." *Computer Networks* 33(1-6):309–320.

Burbidge, John, Lonnie Magee, and Leslie Robb. 1988. “Alternative Transformations to Handle Extreme Values of the Dependent Variable.” *Journal of the American Statistical Association* 83(401):123–127.

Burke, Marshall, Solomon Hsiang and Edward Miguel. 2015. “Climate and Conflict.” *Annual Review of Economics* 7(1):577–617.

Burt, Ronald S. 1992. *Structural Holes: The Social Structure of Competition.* Cambridge, MA: Harvard University Press.

Cao, Shuji. 2000. *China Demographic History: Qing Dynasty (Zhongguo renkou shi: Qing shiqi).* Shanghai, China: Fudan University Press (Fudan daxue chubanshe).

Centeno, Miguel Angel. 2002. *Blood and Debt: War and the Nation-State in Latin America.* University Park, PA: The Pennsylvania State University Press.

Chaffee, John W. 1989. “Status, Family and Locale: An Analysis of Examination Lists from Sung China.” In *A Collection of Essays on Song History Studies to Celebrate the Birthday of Dr. James Liu (Liu Zijian boshi jinian songshou songshi yanjiu lunji),* ed. Kinugawa Tsuyoshi. Tokyo, Japan: Dohosha, chapter E1, pp. 341–356.

Chaffee, John W. 1995. *The Thorny Gates of Learning in Sung China: A Social History of Examinations.* Albany, NY: State University of New York Press.

Chaffee, John W. 2015a. “Introduction: Reflections on the Sung.” In *The Cambridge History of China: Sung China, 960–1279, Part II,* ed. John W. Chaffee and Denis Twitchett. Vol. 5. New York, NY: Cambridge University Press, Introduction, pp. 1–18.

Chaffee, John W. 2015b. “Sung Education: Schools, Academies, and Examinations.” In *The Cambridge History of China: Sung China, 960–1279*, Part II, ed. John W. Chaffee and Denis Twitchett. Vol. 5. New York, NY: Cambridge University Press, chapter 5, pp. 286–320.

Chang, Borui. 2017. “A Chronology of Zhao Yongxian (Zhao Yongxian nianpu).” M.A. Thesis, Shanghai Normal University.

Chang, Chung-li. 1955. *The Chinese Gentry*. Seattle, WA: University of Washington Press.

Chang, Chung-li. 1962. *The Income of the Chinese Gentry.* Seattle, WA: University of Washington Press.

Chang,Rui.2008.“Chronology of Shen Shixing (Shen Shi xing nianpu).”M.A.Thesis,Lanzhou University.

Chen, Aizhong. 2015. “The History of Yu Clan in Tuochuan, Wuyuan (Wuyuan tuochuan Yu shi jiazushi tanwei).” *Huizhou Social Sciences (Huizhou shehui kexue)* (5):48–56.

Chen, Feng. 1992. *A Study of Qing’s Military Expenses (Qingdai junfei yanjiu).* Hubei, China: Wuhan University Press (Wuhan daxue chubanshe).

Chen, Gaohua, and Weimin Shi. 2007. *Comprehensive History of Chinese Economy: Yuan (Zhong-guo jingji tongshi: Yuandai jingji juan).* Beijing, China: Economic Daily Press (Jingji ribao chubanshe).

Chen, Gaoyong. 2007 [1940]. *Categorization and Statistics of Natural Disasters and Conflicts in Historical China (Zhongguo lidai tianzairenhuo biao)*. Beijing, China: Beijing Library Press.

Chen, Hongjun. 2014. A Sketch of the Epitaph for Wife of He Weibo, the *Shangshu of the Ming Dynasty Nanjing Ritual Department Unearthed in Guangzhou (Guangzhou chutu mingdai nanjing libu shangsu He Weibo furen laoshi muzhi jilue).* Guangdong, China: Lingnan Literature and History Publishing House (Lingnan wenshi).

Ch'en, Jerome. 1986. "The Communist Movement 1927–1937." In *The Cambridge History of China: Republican China, 1912–1949, Part 2,* ed. John King Fairbank and Albert Feuerwerker. Vol. 13. New York, NY: Cambridge University Press, chapter 4, pp. 168–229.

Chen, Song. 2017. "The State, the Gentry, and Local Institutions: The Song Dynasty and Long-Term Trends from Tang to Qing." *Journal of Chinese History* 1(1):141–182.

Chen, Ting, and Daniel Mattingly. 2021. "The Missionary Roots of Nationalism: Evidence from China." Forthcoming, *Journal of Politics.*

Chen, Yidian. 1997. *Compilation Draft of Scholar Mr. Chen (Chen xueshi xiansheng chuji).* Beijing, China: Beijing Press (Beijing chubanshe).

Chen, Yinke. 2001. *Collected Works of Chen Kinke (Chen Yinke ji).* Beijing, China: Joint Publishing (Sanlian shudian).

Chen, Younian. 1995. *Chen Gongjie Court Document Collection (Chen Gongjie gong wen ji).* Shanghai, China: Shanghai Ancient Books Publishing House (Shanghai guji chubanshe).

China Biographical Database. 2018. URL: https://projects.iq.harvard.edu/cbdb/home

China Historical Geographic Information System. 2018. URL: http://sites.fas.harvard.edu/%7Echgis/

Ch'u, T'ung-tsu. 1962. *Government in China under the Ch'ing.* Cambridge, MA: Harvard University Press.

Clapham, Christopher S. 1982. *Private Patronage and Public Power: Political Clientelism in the Modern State.* London, UK: Burns & Oates.

Clark, Gregory. 2008. *A Farewell to Alms: A Brief Economic History of the World*. Princeton, NJ: Princeton University Press.

Coase, Ronald Harry. 1937. "The Nature of the Firm." *Economica* 4(16):386–405.

Cox, Gary W. 2016. *Marketing Sovereign Promises: Monopoly Brokerage and the Growth of the English State.* New York, NY: Cambridge University Press.

Creel, Herrlee G. 1964. "The Beginnings of Bureaucracy in China: The Origin of the Hsien." *The Journal of Asian Studies* 23(2):155–184.

Crone, Patricia. 1980. *Slaves on Horses: The Evolution of the Islamic Polity.* New York, NY: Cambridge University Press.

Crone, Patricia. 1994. "The Tribe and the State." In *The State: Critical Concepts,* ed. John A. Hall. London, UK: Routledge, chapter 17, pp. 446–473.

Dahl, Robert A. 1959. *Who Governs?: Democracy and Power in an American City.* New Haven, CT: Yale University Press.

Dalby, Michael T. 1979. "Court Politics in Late T'ang Times." In *The Cambridge History of China: Sui and T'ang China, 589–906, Part I,* ed. Denis Twitchett. Vol. 3. New York, NY: Cambridge University Press, chapter 9, pp. 561–681.

Deng, Guangming. 1997. *Northern Song Reformist Wang Anshi (Beisong zhengzhi gaigejia wang anshi).* Hebei, China: Hebei Education Press (Hebei jiaoyu chubanshe).

Deng, Zhihua. 2007. "The Birth and Family History of the Economic Reformer Pang Shangpeng in the Mid Ming Dynasty (Mingzhongye jingji gaige jia Pang Shangpeng chusheng ji qi jiashi kao)." *History Teaching: College Edition (Lishi jiaoxue: gaoxiao ban)* (1): 73–75.

Deutsch, Karl W. 1961. "Social Mobilization and Political Development." *American Political Science Review* 55(3):493–514.

Diamond, Jared. 1997. *Guns, Germs, and Steel: The Fates of Human Societies.* New York, NY: W. W. Norton.

Diamond, Peter A. 1965. "National Debt in a Neoclassical Growth Model." *The American Economic Review* 55(5):1126–1150.

Dincecco,Mark 2011. *Political Transformations and Public Finances: Europe,1650–1913.* New York, NY: Cambridge University Press.

Dincecco, Mark, Giovanni Federico, and Andrea Vindigni. 2011. "Warfare, Taxation, and Political Change: Evidence from the Italian Risorgimento." *The Journal of Economic History* 71(4):887–914.

Dincecco, Mark, and Yuhua Wang. 2018. "Violent Conflict and Political Development over the Long Run: China versus Europe." *Annual Review of Political Science* 21:341–358.

Dincecco, Mark and Yuhua Wang. 2020. "Internal Conflict and State Development: Evidence from Imperial China." Working Paper. URL: http://dx.doi.org/10.2139/ssrn.3209556

Ding, Hui, and Xinrong Chen. 2016. *Collection and Study of the Family Pedigree of the Imperial Examination Family in Jiaxing in the Ming and Qing Dynasties (Mingqing jiaxing keju jiazu yinqin puxi zhengli yu yanjiu).* Beijing, China: China Social Sciences Publishing House (Zhongguo shehui kexue chubanshe).

Dixit, Avinash K. 2011. *Lawlessness and Economics: Alternative Modes of Governance.* Princeton, NJ: Princeton University Press.

Downing, Brian M. 1992. *The Military Revolution and Political Change: Origins of Democracy and Autocracy in Early Modern Europe.* Princeton, NJ: Princeton University Press.

Downing, Brian M. 1993. *The Military Revolution and Political Change: Origins of Democracy and Autocracy in Early Modern Europe.* Princeton, NJ: Princeton University Press.

Drazen, Allan. 2000. *Political Economy in Macroeconomics.* Princeton, NJ: Princeton University Press.

Du, Jianmin. 1995. *Chronologies of Chinese Emperors and Their Families (Zhongguo lidai diwang shixi nianbiao).* Shandong, China: Qilu Bookstore Publishing House (Qilu shushe).

Du, You. 1988. *A Comprehensive Encyclopedia (Tong dian).* Beijing, China: Zhonghua Book Company (Zhonghua shuju).

Duara, Prasenjit. 1988. *Culture, Power, and the State: Rural North China, 1900–1942.* Palo Alto, CA: Stanford University Press.

Ebrey, Patricia Buckley. 1978. *The Aristocratic Families in Early Imperial China: A Case Study of the Po-Ling Ts' ui Family.* New York, NY: Cambridge University Press.

Ebrey, Patricia Buckley. 1986. "Concubines in Sung China." *Journal of Family History* 11(1):1–24.

Ebrey, Patricia Buckley, and Paul Jakov Smith. 2016. *State Power in China, 900–1325.* Seattle, WA: University of Washington Press.

Editorial Team of the Chinese Military History. 2006. *Military Institutions in Chinese Dynasties (Zhongguo lidai junshi zhidu).* Beijing, China: People's Liberation Army Press (Jiefangjun chubanshe).

Elliott, Mark C. 2001. *The Manchu Way: The Eight Banners and Ethnic Identity in Late Imperial China.* Palo Alto, CA: Stanford University Press.

Elvin, Mark. 1973. *The Pattern of the Chinese Past: A Social and Economic Interpretation.* Palo Alto, CA: Stanford University Press.

Ertman, Thomas. 1997. *Birth of the Leviathan: Building States and Regimes in Medieval and Early Modern Europe.* New York, NY: Cambridge University Press.

Evans, Peter B. 1995. *Embedded Autonomy: States and Industrial Transformation.* Princeton, NJ: Princeton University Press.

Evans, Peter B., Dietrich Rueschemeyer, and Theda Skocpol. 1985. *Bringing the State Back In.* New York, NY: Cambridge University Press.

Evans, Peter B., and James E. Rauch. 1999. "Bureaucracy and Growth: A Cross-National Analysis of the Effects of "Weberian" State Structures on Economic Growth." *American Sociological Review* 64(5):748–765.

Fairbank, John King. 1983. *The United States and China.* Cambridge, MA: Harvard University Press.

Fang, Ding, and Shengyuan Zhu. 2009. *Jinjiang County Gazetteer (Qianlong jinjiang xianzhi).* Beijing, China: Chinese Classic Ancient Books Database (Zhongguo jiben gujiku).

Farquhar, David M. 1968. "The Origins of the Manchus' Mongolian Policy." In *The Chinese World Order,* ed. John King Fairbank. Cambridge, MA: Harvard University Press, chapter 9, pp. 198–205.

Faure, David. 2007. *Emperor and Ancestor: State and Lineage in South China.* Palo Alto, CA: Stanford University Press.

Fearon, James D., and David D., Laitin. 2003. "Ethnicity, Insurgency, and Civil War." *American Political Science Review* 97(1):75–90.

Feng, Erkang. 2006. "On the 'Self-Governance' Nature of Clans in the Qing Dynasty (Jianlun qingdai zongzu de zizhi xing)." *Journal of Huazhong*

Normal University (Huazhong shifan daxue xuebao) 45(1):65–70.

Feng, Mengzhen. 1997. *Kuaixue Hall Collection (Kuai xue tang ji).* Jinan, China: Qilu Bookstore Publishing House (Qilu shushe).

Feng, Ming. 2013. "A Critical Examination of Zhang Juzheng's Family History (Zhang Juzheng jiashi kaobian)." *Journal of Yangtze University (Changjiang daxue xuebao)* 36(1):5–7.

Feng, Shuling. 2012. "A Study on Yu Shenxing (Yu Shenxing yanjiu)." M.A. Thesis, Shandong Normal University.

Ferejohn, John A. 1974. *Pork Barrel Politics: Rivers and Harbors Legislation,* 1947–1968. Palo Alto, CA: Stanford University Press.

Ferejohn, John A., and Frances McCall Rosenbluth. 2010. *War and State Building in Medieval Japan.* Palo Alto, CA: Stanford University Press.

Fernández-Villaverde, Jesús, Mark Koyama, Youhong Lin, and Tuan-Hwee Sng. 2020. "The Fractured-Land Hypothesis." *National Bureau of Economic Research Working Paper* 27774. URL: https://www.nber.org/papers/w27774

Finer, Samuel Edward. 1997. *The History of Government, Volume II.* New York, NY: Oxford University Press.

Fletcher, Joseph. 1986. "The Mongols: Ecological and Social Perspectives." *Harvard Journal of Asiatic Studies* 46(1):11–50.

Food and Agriculture Organization of the United Nations. 2018. URL: http://www.fao.org/faostat

Fortes, Meyer. 1969. "Introduction." In *The Developmental Cycle in Domestic Groups,* ed. Jack Goody. New York, NY: Cambridge University Press, chapter 1, pp. 1–14.

Fortes, Meyer, and Edward Evan Evans-Pritchard. 1950. *African Political Systems.* New York, NY: Oxford University Press.

Freedman, Maurice. 1958. *Lineage Organization in Southeastern China.* London, UK: University Athlone Press.

Freeman, Linton C. 2000. "Visualizing Social Networks." *Journal of Social Structure* 1(1):4.

Friedman, David. 1977. "A Theory of the Size and Shape of Nations." *Journal of Political Economy* 85(1):59–77.

Frisby, David. 2002. *Georg Simmel*. London, UK: Psychology Press.

Fukuyama, Francis. 2011. *The Origins of Political Order: From Prehuman Times to the French Revolution.* New York, NY: Farrar, Straus and Giroux.

Fukuyama, Francis. 2014. *State-Building: Governance and World Order in the 21st Century.* Ithaca, NY: Cornell University Press.

Gambetta, Diego. 1996. *The Sicilian Mafia: The Business of Private Protection.* Cambridge, MA: Harvard University Press.

Ge, Jianxiong. 2000. *China Demographic History Vol. 3 (Zhongguo renkou shi).* Shanghai, China: Fudan University Press (Fudan daxue chubanshe).

Ge, Q ., Z. Hao, J. Zheng, and X. Shao. 2013. "Temperature Changes Over the Past 2000 yr in China and Comparison with the Northern

Hemisphere." *Climate of the Past* 9(3):1153–1160.

Ge, Xin. 1983. *Jiyu Mountain Hut Manuscripts (Ji yu shan fang gao).* Taipei, Taiwan: Taiwan Commercial Press (Taiwan shangwu yinshuguan).

Geddes, Barbara. 1996. *Politician's Dilemma: Building State Capacity in Latin America.* Berkeley, CA: University of California Press.

Ghosh, Arunabh. 2020. *Making It Count: Statistics and Statecraft in the Early People's Republic of China.* Princeton, NJ: Princeton University Press.

Girvan, Michelle, and Mark E. J. Newman. 2002. "Community Structure in Social and Biological Networks." *Proceedings of the National Academy of Sciences* 99(12):7821–7826.

Golas, Peter J. 2015. "The Sung Fiscal Administration." In *The Cambridge History of China: Sung China, 960–1279, Part II*, ed. John W. Chaffee and Denis Twitchett. Vol. 5. New York, NY: Cambridge University Press, chapter 2, pp. 139–213.

Goldschmidt Jr, Arthur, and Aomar Boum. 2015. *A Concise History of the Middle East.* New York, NY: Hachette.

Gong, Yanming. 1990. "On the Bureaucratic System in Song Dynasty and Its Significance(Lun songdai guanpin zhidu jiqi yiyi)." *The Journal of Southwestern Normal University (Xinan shifan daxue xuebao)* 1:13–23.

Goody, Jack. 1983. *The Development of the Family and Marriage in Europe*. New York, NY: Cambridge University Press.

Greif, Avner. 1989. "Reputation and Coalitions in Medieval Trade: Evidence on the Maghribi Traders." *Journal of Economic History* 49(4):857–882.

Greif, Avner. 2000. "The Fundamental Problem of Exchange: A Research Agenda in Historical Institutional Analysis." *European Review of Economic History* 4(3):251–284.

Greif, Avner. 2006. "Family Structure, Institutions, and Growth: The Origins and Implications of Western Corporations." *American Economic Review* 96(2):308–312.

Greif, Avner, and Guido Tabellini. 2017. "The Clan and the Corporation: Sustaining Cooperation in China and Europe." *Journal of Comparative Economics* 45(1):1–35.

Grzymala-Busse, Anna. 2020. "Beyond War and Contracts: The Medieval and Religious Roots of the European State." *Annual Review of Political Science* 23:19–36.

Grzymala-Busse, Anna, and Pauline Jones Luong. 2002. "Reconceptualizing the State: Lessons from Post-Communism." *Political & Society* 30(4):529–554.

Guo, Huixia. 2007. "Chronology of Zhang Siwei (Zhang Siwei nianpu)." M.A. Thesis, Lanzhou University.

Guo, Jason Qiang. 2019. "A Quantification of Fiscal Capacity of Chinese Government in the Long Run." New York University Ph.D. Dissertation.

Guo, Limin. 2015. *Atlas of Chinese Modern History (Zhongguo jindaishi ditu ji).* Beijing, China: StarMap Press (Xingqiu ditu chubanshe).

Gurr, Ted Robert. 1970. *Why Men Rebel.* Princeton, NJ: Princeton University Press.

Hai, Rui, and Yizhong Chen. 1962. *Hai Rui Compilation (Hai Rui ji).* Beijing, China: Zhonghua Book Company (Zhonghua shuju).

Hall,PeterA.1989. *The Political Power of Economic Ideas: Keynesianism across Nations.* Princeton, NJ: Princeton University Press.

Hall, Peter A., and David Soskice. 2001. *Varieties of Capitalism: The Institutional Foundations of Comparative Advantage.* New York, NY: Oxford University Press.

Hao, Yu, and Kevin Zhengcheng Liu. 2020. "Taxation, Fiscal Capacity, and Credible Commitment in Eighteenth-Century China: The Effects of the Formalization and Centralization of Informal Surtaxes." *The Economic History Review* 73(4):914–939.

Hardin, Garrett. 1968. "The Tragedy of the Commons." *Science* 162(3859):1243–1248.

Harris, Chauncy D. 1954. "The, Market as a Factor in the Localization of Industry in the United States." *Annals of the Association of American Geographers* 44(4):315–348.

Hartman, Charles. 2015. "Sung Government and Politics." In *The Cambridge History of China: Sung China, 960–1279, Part II*, ed. John W. Chaffee and Denis Twitchett. Vol. 5. New York, NY: Cambridge University Press, chapter 1, pp. 19–138.

Hartwell, Robert M. 1982. "Demographic, Political, and Social Transformations of China, 750–1550." *Harvard Journal of Asiatic Studies* 42(2):365–442.

Hartwell, Robert M. 1986. "New Approaches to the Study of Bureaucratic Factionalism in Sung China: A Hypothesis." *Bulletin of Sung and Yüan Studies* (18):33–40.

He, Wenkai. 2013. *Paths Toward the Modern Fiscal State.* Cambridge, MA: Harvard University Press.

Hegel, Georg Wilhelm Fredrich. 1991. *Elements of the Philosophy of Right.* New York, NY: Cambridge University Press.

Heijdra, Martin. 1998. "The Socio-Economic Development of Rural China during the Ming." In *The Cambridge History of China. Volume 8, The Ming Dynasty, 1368–1644, Part 2,* ed. Denis Twitchett and Frederick W. Mote. New York, NY: Cambridge University Press, chapter 9, pp. 417–578.

Henrich, Joseph. 2020. *The Weirdest People in the World: How the West Became Psychologically Peculiar and Particularly Prosperous.* New York, NY: Farrar Straus and Giroux.

Herbst, Jeffrey. 2000. *States and Power in Africa: Comparative Lessons in Authority and Control.* Princeton, NJ: Princeton University Press.

Hintze,Otto.1975. *The Historical Essays of Otto Hintze.* Palo Alto, CA: Stanford University Press.

Ho, Ping-ti. 1959. *Studies on the Population of China, 1368–1953.* Cambridge, MA: Harvard University Press.

Ho, Ping-Ti. 1964. *The Ladder of Success in Imperial China: Aspects of Social Mobility, 1368–1911.* New York, NY: Columbia University Press.

Hoffman, Philip. 2015. *Why Did Europe Conquer the World?* Princeton, NJ: Princeton University Press.

Horowitz, Michael C., Allan C. Stam, and Cali M. Ellis. 2015. *Why Leaders Fight.* New York, NY: Cambridge University Press.

Hsiao, Kung-Chuan. 1960. *Rural China: Imperial Control in the Nineteenth Century.* Seattle, WA: University of Washington Press.

Hu, Cangze. 2000. *A Study of the Censor System in Tang (Tangdai yushi zhidu yanjiu).* Shanghai, China: Fujian Education Press (Fujian jiaoyu chubanshe).

Hu, Changchun. 2007. *A Biography of Tan Lun (Tan Lun pingzhuan).* Jiangxi, China: Jiangxi People's Publishing House (Jiangxi renmin chubanshe).

Hu, Yinglin. 1983. *Shao's Mountain Hut Collections (Shao shi shan fang ji).* Taipei, Taiwan: Taiwan Commercial Publishing House (Taiwan shangwu yinshuguan).

Huang, Ray. 1974. *Taxation and Governmental Finance in Sixteenth-Century Ming China.* New York, NY: Cambridge University Press.

Huang, Ray. 1981. 1587, *A Year of No Significance: The Ming Dynasty in Decline.* New Haven, CT: Yale University Press.

Huang, Ray. 1998. "The Lung-ch'ing and Wan-li Reigns, 1567–1620." In *The Cambridge History of China. Volume 7, The Ming Dynasty, 1368–1644, Part 1*, ed. Frederick W. Mote and Denis Twitchett. New York, NY: Cambridge University Press, chapter 5, pp. 511–584.

Huang, Ruheng. 2009a. *Yulin Collection (Yu Lin ji).* Beijing, China: Chinese Classic Ancient Books Database (Zhongguo jiben gujiku).

Huang, Yan. 2009b. "A Study on Shuo Yi (Shuo Yi yanjiu)." M.A. Thesis, Hunan Normal University.

Huang, Yasheng, and Clair Yang. 2020. "A Longevity Mechanism of Chinese Absolutism." Forthcoming, Journal of Politics.

Hucker, Charles O. 1998. "Ming Government." In *The Cambridge History of China. Volume 8, The Ming Dynasty, 1368–1644, Part 2,* ed. Denis Twitchett and Frederick W. Mote. New York, NY: Cambridge University Press, chapter 1, pp. 9–105.

Hui, Victoria Tin-bor. 2005. *War and State Formation in Ancient China and Early Modern Europe.* New York, NY: Cambridge University Press.

Huntington, Samuel P. 1968. *Political Order in Changing Societies.* New Haven, CT: Yale University Press.

Huntington, Samuel P. 1993. *The Third Wave: Democratization in the Late Twentieth Century.* Norman, OK: University of Oklahoma Press.

Hymes, Robert. 1986. *Statesmen and Gentlemen: The Elite of Fu-Chou Chiang-Hsi, in Northern and Southern Sung.* New York, NY: Cambridge University Press.

Hymes, Robert. 2015. "Sung Society and Social Change." In *The Cambridge History of China: Sung China, 960–1279, Part II*, ed. John W. Chaffee and Denis Twitchett. Vol. 5. New York, NY: Cambridge University Press, chapter 8, pp. 526–664.

Jha, Saumitra. 2015. "Financial Asset Holdings and Political Attitudes: Evidence from Revolutionary England." *Quarterly Journal of Economics* 130(3):1485–1545.

Jia, Ruixue. 2014. "Weather Shocks, Sweet Potatoes and Peasant Revolts in Historical China." *The Economic Journal* 124(575):92–118.

Jia, Zheng. 1996. *Critical Biography of Pan Jixun (Pan Jixun pingzhuan).* Jiangsu, China: Nanjing University Publishing House (Nanjing daxue chubanshe).

Jiang, Qin, and James Kai-sing Kung. 2020. "Social Mobility in Late Imperial China: Reconsidering the 'Ladder of Success' Hypothesis." Forthcoming, Modern China.

Jiao, Hong. 1991. *Contemporary Anecdotes and History Encyclopedia (Guo chao xian zheng lu).* Taipei, Taiwan: Mingwen Bookstore (Mingwen shuju).

Jiao, Hong. 1997. *Jiao Danyuan Collection (Jiao shi dan yuan ji)*. Beijing, China: Beijing Press (Beijing chubanshe).

Jin, Guantao, and Qingfeng Liu. 2011. *The Cycle of Growth and Decline: On the Ultrastable Structure of Chinese Society (Xingshi yu weiji: lun zhongguo shehui chaowending jiegou).* Beijing, China: Law Press (Falü chubanshe).

Johnson, Chalmers. 1982. *MITI and the Japanese Miracle: The Growth of Industrial Policy, 1925–1975.* Palo Alto, CA: Stanford University Press.

Johnson, David George. 1977. *The Medieval Chinese Oligarchy.* Boulder, CO: Westview Press.

Jones, Benjamin F., and Benjamin A. Olken. 2005. "Do Leaders Matter? National Leadership and Growth Since World War II." *Quarterly Journal of Economics* 120(3):835–864.

Kang, David C. 2010. *East Asia before the West: Five Centuries of Trade and Tribute.* New York, NY: Columbia University Press.

Kang, Ruifang. 2012. *Wu Dui and Ming Dynasty Border Defense against Mongolia (Wu Dui yu ming meng bianfang).* Inner Mongolia, China: University of Inner Mongolia Publishing House (Neimenggu daxue chubanshe).

Kato, Shigeshi. 2006. *Research on Gold and Silver in Tang and Song Era: Focusing on Monetary Function of Gold and Silver (Tangsong shidai jinyin zhi yanjiu: yi jinyin zhi huobi jineng wei zhongxin).* Beijing, China: Zhonghua Book Company (Zhonghua shuju).

Kennedy, Hugh. 2010. "The City and the Nomad." In *The New Cambridge History of Islam,* ed. Robert Irwin. Vol. 4. New York, NY: Cambridge University Press, chapter 8, pp. 274–289.

Ko, Chiu Yu, and Tuan-Hwee Sng. 2013. "Regional Dependence and Political Centralization in Imperial China." *Eurasian Geography and*

Economics 54(5-6):470–483.

Kokkonen, Andrej, and Anders Sundell. 2014. "Delivering Stability—Primogeniture and Autocratic Survival in European Monarchies 1000–1800." *American Political Science Review* 108(2):438–453.

Kopytoff, Igor. 1987. "The Internal African Frontier: The Making of African Political Culture." In *The African Frontier: The Reproduction of Traditional African Societies*, ed. Igor Kopytoff. Bloomington, IN: Indiana University Press, chapter 1, pp. 3–85.

Koss, Daniel. 2018. *Where the Party Rules: The Rank and File of China's Communist State.* New York, NY: Cambridge University Press.

Koyama, Mark, Chiaki Moriguchi, and Tuan-Hwee Sng. 2018. "Geopolitics and Asia's Little Divergence: State Building in China and Japan after 1850." *Journal of Economic Behavior & Organization* 155:178–204.

Kracke, Edward A. 1947. "Family vs. Merit in Chinese Civil Service Examinations Under the Empire." *Harvard Journal of Asiatic Studies* 10(2):103–123.

Krugman, Paul. 1998. "What's New About the New Economic Geography?" *Oxford Review of Economic Policy* 14(2):7–17.

Kuhn, Philip A. 1970. *Rebellion and Its Enemies in Late Imperial China: Militarization and Social Structure, 1796–1864.* Cambridge, MA: Harvard University Press.

Kung, James Kai-sing, and Chicheng Ma. 2014. "Can Cultural Norms Reduce Conflicts? Confucianism and Peasant Rebellions in Qing China." *Journal of Development Economics* 111:132–149.

Kuran, Timur. 2012. *The Long Divergence: How Islamic Law Held Back the Middle East.* Princeton, NJ: Princeton University Press.

Kurtz, Marcus J. 2013. *Latin American State Building in Comparative Perspective: Social Foundations of Institutional Order.* New York, NY: Cambridge University Press.

Lapidus, Ira M. 1973. "The Evolution of Muslim Urban Society." *Comparative Studies in Society and History* 15(1):21–50.

Lavely, William, and R. Bin Wong. 1998. "Revising the Malthusian Narrative: The Comparative Study of Population Dynamics in Late Imperial China." *Journal of Asian Studies* 57(3):714–748.

Lee, James Z. 2000. *The Political Economy of a Frontier: Southwest China, 1250–1850.* Cambridge, MA: Harvard University Press.

Lee, Sukhee. 2009. *Negotiated Power: The State, Elites, and Local Governance in Twelfth-to Fourteenth-Century China.* Cambridge, MA: Harvard University Asia Center.

Lerner, Daniel. 1958. *The Passing of Traditional Society: Modernizing the Middle East.* New York, NY: Free Press.

Levenson, Joseph Richmond, and H. Franz Schurmann. 1971. *China: An Interpretive History, From the Beginnings to the Fall of Han.* Berkeley,

CA: University of California Press.
Levi, Margaret. 1988. *Of Rule and Revenue.* Berkeley, CA: University of California Press.
Levi, Margaret. 2002. "The State of the Study of the State." In *Political Science: The State of the Discipline*, ed. Ira Katznelson and Helen Milner. Washington DC: American Political Science Association, pp. 33–55.
Levitsky, Steven, and Lucan A. Way. 2010. *Competitive Authoritarianism: Hybrid Regimes After the Cold War.* New York, NY: Cambridge University Press.
Lewis, Mark Edward. 2007. *The Early Chinese Empires: Qin and Han.* Cambridge, MA: Harvard University Press.
Lewis, Mark Edward. 2009. *China's Cosmopolitan Empire: The Tang Dynasty.* Cambridge, MA: Harvard University Press.
Li, Changxian. 2013. *A Study of Song Bureaucracy (Songchao guanpinling yu hebanzhizhi fuyuan yanjiu).* Shanghai, China: Shanghai Ancient Works Publishing House (Shanghai guji chubanshe).
Li, Guohong. 2009. *The Chronicles of the Five Shangshu Huang Kejian of Ming Dynasty (Ming wubu shangshu Huang Kejian nianpu).* Fujian, China: Tong'an Literature and History Materials Committee (Tongan wenshi weiyuanhui).
Li, Hengfa, and Huaying Xie. 2011. *Jining Epitaphs Collection (Jining lidai muzhiming).* Shandong, China: Qilu Bookstore Publishing House (Qilu shushe).
Li, Lillian M. 2007a. *Fighting Famine in North China: State, Market, and Environmental Decline, 1690s–1990s.* Palo Alto, CA: Stanford University Press.
Li,Tao. 1979[1177]. *The Extended Continuation to Comprehensive Mirror in Aid of Governance (Xu zizhitongjian changbian).* Beijing, China: Zhonghua Book Company (Zhonghua shuju).
Li, Tingji. 1970. *Li Wenjie Works Compilation (Li Wenjie ji)*. Taipei, Taiwan: Wenhai Publishing House (Wenhai chubanshe).
Li, Weiguo. 2007b. *Fiscal Revenues and Documentary Research (Songdai caizheng he wenxian kaolun).* Shanghai, China: Shanghai Classic Archival Publish (Shanghai guji chubanshe).
Li, Weizhen. 1997. *Dami Mountain Hut Collection (Dami shanfang ji).* Shandong, China: Qilu Bookstore Publishing House (Qilu shushe).
Li, Yunlong. 2018. "A Study on the Marriage and Heir Relations of Suzhou Shen Family in Ming and Qing Dynasty (Ming qing suzhou Shen shi jiazu hunyin yu jisi guanxi yanjiu)." M.A. Thesis, Suzhou University of Science and Technology.
Li, Zhiliang. 2003. *A Complete Study of Song National Officials (Songdai jingchaoguan tongkao).* Sichuan, China: Bashu Press (Bashu shushe).
Li, Zhixian. 2002. *A Study of Yang Yan and His Two-Tax Law (Yangyan jiqi liangshuifa yanjiu)*. Beijing, China: China Social Sciences Press

(Zhongguo shehui kexue chubanshe).

Li, Zude. 1995. *History of Chinese Currencies (Zhongguo huobi shi).* Beijing, China: China Cultural History Collections (Zhongguo wenhuashi yeshu).

Liang, Fangzhong. 1989. *Collection of Liang Fangzhong's Economic History Essays (Liang fangzhong jingjishi lunwen ji).*Beijing, China: Zhonghua Book Company (Zhonghua shuju).

Liang, Fangzhong. 2008. *Statistics on Households, Land, and Taxation in Chinese Dynasties (Zhongguo lidai hukou tiandi tianfu tongji).* Beijing, China: Zhonghua Book Company (Zhonghua shuju).

Liang, Qiao. 1650. *Genealogy of Liang Clan in Zhengding, Hebei (Hebei zhengding Liang shi zupu)*. Hebei, China: Zhengding Liang Clan.

Liang, Qichao. 2009 [1908]. *Biography of Wang Anshi (Wang Anshi zhuan).* Beijing, China: Oriental Publishing House (Dongfang chubanshe).

Liang, Xinqi. 2012. "The Interaction between Family Construction and Local Society: A Case Study of the Ma Family in Tongzhou in Ming and Qing Dynasties (Jiazu jiangou yu defang shehui hudong—Mingqing tongzhou Ma shi jiazu de gean yanjiu)." M.A. Thesis, Jiangxi Normal University.

Licheng Cultural and Historical Documents Research Commission. 2010. *Licheng Cultural and Historical Documents (Licheng wenshi ziliao).* Shandong, China: Licheng Cultural and Historical Documents Research Commission.

Lipset,SeymourMartin.1959."Some Social Requisites of Democracy: EconomicDevelopment and Political Legitimacy." *American Political Science Review* 53(1):69–105.

Lipset, Seymour Martin, and Stein Rokkan. 1967. *Party Systems and Voter Alignments: Cross-National Perspectives.* New York, NY: Free Press.

Liu, Hongxun. 2009. *Si Su Mountain Hut Collection (Si su shan fang ji).* Beijing, China: Chinese Classic Ancient Books Database (Zhongguo jiben gujiku).

Liu, James. 1959. *Reform in Sung China: Wang An-shih (1021–1086) and His New Policies.* Cambridge, MA: Harvard University Press.

Liu, Pengbing. 2008. "Wang Daokun Literature Research (Wang Daokun wenxue yanjiu)." Ph.D. Dissertation, Fudan University.

Liu, Tingluan, and Jialan Sun. 2014. *A Comprehensive List of Shandong's Presented Scholars in Ming and Qing, The Ming Dynasty (Shandong mingqing jinshi tonglan, mingdai juan).* Shandong, China: Shandong Publishing House of Literature and Art (Shandong wenyi chubanshe).

Liu, William Guanglin. 2015. "The Making of a Fiscal State in Song China, 960–1279." *The Economic History Review* 68(1):48–78.

Lohmann, Susanne. 1994. "The Dynamics of Informational Cascades: The Monday Demonstrations in Leipzig, East Germany, 1989–91." *World Politics* 47(1):42–101.

Lu, Kejiao. 2009. *Scholar Lu Unpublished Manuscripts (Lu xueshi yigao).* Beijing, China: Chinese Classic Ancient Books Database (Zhongguo jiben gujiku).

Luo,Ergang. 2009. *History of the Taiping Heavenly Kingdom (Taiping tianguo shi).* Beijing, China: Zhonghua Book Company (Zhonghua shuju).

Ma Clan. 1870. *Biography of Ma Clan from Western Tongguan (Guanxi Ma shi shi xing lu).* Shaanxi, China: House of Filial Orders (Dun Lun Tang).

Ma, Debin. 2004. "Growth, Institutions and Knowledge: A Review and Reflection on the Historiography of 18th–20th Century China." *Australian Economic History Review* 44(3):259–277.

Ma, Debin. 2021. "Ideology and the Contours of Economic Changes in Modern China during 1850–1950." *CEPR Discussion Paper No.* DP15835.

Ma, Debin, and Jared Rubin. 2019. "The Paradox of Power: Principal-Agent Problems and Administrative Capacity in Imperial China (and Other Absolutist Regimes)." *Journal of Comparative Economics* 47(2):277–294.

Ma, Duanlin. 1986. *Comprehensive Examination of Literatures (Wenxian tongkao).* Beijing, China: Zhonghua Book Company (Zhonghua shuju).

Ma, Wu. 2013. "A Study on Wang Heng's Poetry and Prose (Wang Heng shiwen yanjiu)." M.A. Thesis, Jinan University.

Maddison, Angus. 2007. *Contours of the World Economy 1–2030 AD: Essays in Macro-Economic History.* New York, NY: Oxford University Press.

Mahoney, James. 2000. "Path Dependence in Historical Sociology." *Theory and Society* 29(4):507–548.

Malthus, Thomas Robert. 1992 [1806]. *An Essay on the Principle of Population; or, A View of Its Past and Present Effects on Human Happiness.* New York, NY: Cambridge University Press.

Mann, Michael. 1984. "The Autonomous Power of the State: Its Origins, Mechanisms and Results." *European Journal of Sociology* 25(2):185–213.

Mann, Susan, and Philip A. Kuhn. 1974. "Dynastic Decline and the Roots of Rebellion." In *The Cambridge History of China: Late Ch'ing, 1800–1911, Part I*, ed. John King Fairbank. Vol. 10. New York, NY: Cambridge University Press, chapter 3, pp. 107–162.

Mao, Hanguang. 1966. *A Study of the Politics of Great Clans in Jin, Northern, and Southern Dynasties (Liangjin nanbeichao shizu zhengzhi zhi yanjiu).* Taipei, Taiwan: Committee on Funding Chinese Academic Books (Zhongguo xueshu zhuzuo zizhu weiyuanhui).

Mao, Hanguang. 1981. "Examining the Centralization of the Tang Civil Bureaucratic Clans from Clans' Migration." *Collected Works of Institute of History and Philology at Academia Sinica (Zhongyang yanjiuyuan lishi yuyan yanjiusuo jikan)* 52(3):421–510.

Mao, Tse-Tung. 1965. *Selected Works of Mao Tse-Tung.* Vol. 1. Oxford, UK: Pergamon Press.

Marsden, Peter V. 1993. "The Reliability of Network Density and Composition Measures." *Social Networks* 15(4):399–421.

Mazumder, Soumyajit, and Yuhua Wang. 2021. "Social Cleavages and War Mobilization in Qing China." Working Paper. URL: http://dx.doi.org/10.2139/ssrn.3622309

McDermott, Joseph P. 2013. *The Making of a New Rural Order in South China: Volume 1: Village, Land, and Lineage in Huizhou, 900–1600.* Vol. 1. New York, NY: Cambridge University Press.

McNaughton, Arnold. 1973. *Book of Kings: A Royal Genealogy.* New York, NY: New York Times Book Company.

Meltzer, Allan H., and Scott F. Richard. 1981. "A Rational Theory of the Size of Government." *Journal of Political Economy* 89(5):914–927.

Migdal, Joel S. 1988. *Strong Societies and Weak States: State-Society Relations and State Capabilities in the Third World.* Princeton, NJ: Princeton University Press.

Migdal, Joel S., Atul Kohli, and Vivienne Shue. 1994. *State Power and Social Forces: Domination and Transformation in the Third World.* New York, NY: Cambridge University Press.

Miller, Harry. 2009. *State versus Gentry in Late Ming Dynasty China, 1572–1644.* London, UK: Palgrave Macmillan.

Miyazaki, Ichisada. 1992 [1953]. "Scholar-Officials in the Song Dynasty(Sōdai no shifu)." In *Complete Works of Ichisada Miyazaki (Miyazaki Ichisada zensh ̄u).* Vol. II. Tokyo, Japan: Iwanami Shoten pp. 339–375.

Mokyr, Joel. 2016. *A Culture of Growth: The Origins of the Modern Economy.* Princeton, NJ: Princeton University Press.

Moore, Barington. 1966. *Social Origins of Dictatorship and Democracy: Lord and Peasant in the Making of the Modern World.* Boston, MA: Beacon Press.

Morby, John E. 1989. *Dynasties of the World: A Chronological and Genealogical Handbook.* New York, NY: Oxford University Press.

Murdock, George Peter. 1967. *Ethnographic Atlas.* Pittsburgh, PA: University of Pittsburgh Press.

Muzzuca, Sebastián. 2021. *Latecomer State Formation: Political Geography and Capacity Failure in Latin America.* New Haven, CT: Yale University Press.

Naidu, Suresh, James A. Robinson, and Lauren E. Young. 2021. "Social Origins of Dictatorships: Elite Networks and Political Transitions in Haiti." *American Political Science Review* 115(3):900–916.

Naito, Konan. 1992 [1922]. "A Summary of Tang Song Times." In *Selected Translations of Japanese Scholars' Research on Chinese History (Riben xuezhe yanjiu zhonguo shi lunzhu xuanyi),* ed. Junwen Liu. Vol. 1. Beijing, China: Zhonghua Book Company (Zhonghua shuju), chapter 2, pp. 10–18.

Nanjing Military Academy. 2003. *The Catalog of Historical Wars (Lidai zhanzheng nianbiao).* Beijing, China: People's Liberation Army Press (Jiefangjun chubanshe).

National Research Council. 2006. *Surface Temperature Reconstructions for the Last 2,000 Years.* Washington, DC: National Academies Press.

Ning, Ke. 2007. *A History of Chinese Economy: Sui, Tang and Wudai (Zhongguo jingji tongshi: Suitang wudai).* Beijing, China: Economic Daily Press (Jingji ribao chubanshe).

North, Douglass C. 1981. *Structure and Change in Economic History.* New York, NY: W. W. Norton.

North, Douglass C., and Barry R. Weingast. 1989. "Constitutions and Commitment: The Evolution of Institutions Governing Public Choice in Seventeenth-Century England." *The Journal of Economic History* 49(4):803–832.

North, Douglass C., John Joseph Wallis, and Barry R. Weingast. 2012. Violence and Social Orders: *A Conceptual Framework for Interpreting Recorded Human History.* New York, NY: Cambridge University Press.

Nunn, Nathan, and Diego Puga. 2012. "Ruggedness: The Blessing of Bad Geography in Africa." *Review of Economics and Statistics* 94(1):20–36.

O'Donnell, Guillermo. 1993. "On the State, Democratization and Some Conceptual Problems: A Latin American View with Glances at Some Postcommunist Countries." *World Development* 21(8):1355–1369.

Olson, Mancur. 1965. *The Logic of Collective Action: Public Goods and the Theory of Groups.* Cambridge, MA: Harvard University Press.

Olson, Mancur. 1982. *The Rise and Decline of Nations: Economic Growth, Stagflation, and Social Rigidities.* New Haven, CT: Yale University Press.

Ostrom, Elinor. 1990. *Governing the Commons: The Evolution of Institutions for Collective Action.* New York, NY: Cambridge University Press.

Padgett, John F., and Christopher K. Ansell. 1993. "Robust Action and the Rise of the Medici, 1400–1434." *American Journal of Sociology* 98(6):1259–1319.

Peng, Hui. 2015. "Biography and Chronology of Sun Piyang (Sun Piyang shengping jinianpu)." *Changan Scholarly Journal: Philosophy and Social Sciences Division (Changan xuekan: zhexue shehui kexue ban)* (6):6–11.

Peng, Kaixiang. 2006. *Rice Price from Qing Dynasty: Explanation and Re-explanation (Qingdai yilai de liangjia: lishixue de jieshi yu zai jieshi).* Shanghai, China: Shanghai People Press (Shanghai renmin chubanshe).

Peng, Xinwei. 1965. *A Monetary History of China (Zhongguo huobi shi).* Shanghai, China: Shanghai People Press (Shanghai renmin chubanshe).

Perkins, Dwight H. 1969. *Agricultural Development in China, 1368–1968.* London, UK: Aldine Publishing Company.

Perry, Elizabeth J. 1980. *Rebels and Revolutionaries in North China, 1845–1945.* Palo Alto, CA: Stanford University Press.

Perry, Elizabeth J. 1993. *Shanghai on Strike: The Politics of Chinese Labor.* Palo Alto, CA: Stanford University Press.

Peterson, C. A. 1979. "Court and Province in Mid- and Late T'ang." In *The Cambridge History of China: Sui and T'ang China, 589–906, Part I,* ed. Denis Twitchett. Vol. 3. New York, NY: Cambridge University Press, chapter 8, pp. 464–560.

Pincus, Steven C. A., and James A. Robinson. 2014. "What Really Happened During the Glorious Revolution?" In *Institutions, Property Rights, and Economic Growth: The Legacy of Douglass North,* ed. Sebastian Galiani and Itai Sened. New York, NY: Cambridge University Press, chapter 9, pp. 192–222.

Pines, Yuri. 2012. *The Everlasting Empire: The Political Culture of Ancient China and Its Imperial Legacy.* Princeton, NJ: Princeton University Press.

Platt, Stephen R. 2012. *Autumn in the Heavenly Kingdom: China, the West, and the Epic Story of the Taiping Civil War.* New York, NY: Knopf.

Pomeranz, Kenneth. 1993. *The Making of a Hinterland: State, Society, and Economy in Inland North China, 1853–1937.* Berkeley, CA: University of California Press.

Pomeranz, Kenneth. 2000. *The Great Divergence: China, Europe, and the Making of the Modern World Economy.* Princeton, NJ: Princeton University Press.

Pulleyblank, Edwin George. 1955. *The Background of the Rebellion of An Lu-shan.* New York, NY: Oxford University Press.

Qi, Xia. 1987. *Economic History of the Song Dynasty (Songdai jingjishi).* Shanghai, China: Shanghai People's Press (Shanghai renmin chubanshe).

Qi, Xia. 2007. *Comprehensive History of Chinese Economy: Song (Zhongguo jingji tongshi: Songdai jingji juan).* Beijing, China: Economic Daily Press (Jingji ribao chubanshe).

Qiao, Jitang, Luo Wei, Fupeng Li and Xuehui Li. 1996. *The Complete Biographies of Chinese Emperors (Zhongguo huangdi quanzhuan).* Beijing, China: Industry and Commerce Press (Gongshang chubanshe).

Qiu, Zhangsong. 2004. "Textual Research on Wang Zongmu's Life (Wang Zongmu shengping kaobian)." *Eastern Archaeology (Dongfang bowu)* (3):79–93.

Quan, Hansheng. 2012. *Essays in Chinese Economic History (Zhongguo jingjishi luncong).* Beijing, China: Zhonghua Book Company (Zhonghua shuju).

Queralt, Didac. 2019. "War, International Finance, and Fiscal Capacity in the Long Run." *International Organization* 73(4):713–53.

Rankin, Mary B., John King Fairbank, and Albert Feuerwerker. 1986. "Introduction: Perspectives on Modern China's History." In *The Cambridge*

History of China: Republican China, 1912–1949, Part 2, ed. John King Fairbank and Albert Feuerwerker. Vol. 13. New York, NY: Cambridge University Press, chapter 1, pp. 1–73.

Rawski, Evelyn Sakakida. 1979. *Education and Popular Literacy in Ch'ing China.* Ann Arbor, MI: University of Michigan Press.

Ren, Jian. 2010. "A Study of Wang Guoguang's Court Memoir Compilation of Ming Dynasty (Ming Wang Guoguang si quan zou cao yanjiu)." M.A. Thesis, Shanxi University.

Rosenthal, Jean-Laurent, and Roy Bin Wong. 2011. *Before and Beyond Divergence.* Cambridge, MA: Harvard University Press.

Rowe, William T. 2007. *Crimson Rain: Seven Centuries of Violence in a Chinese County.* Palo Alto, CA: Stanford University Press.

Rowe, William T. 2009. *China's Last Empire: The Great Qing.* Cambridge, MA: Harvard University Press.

Rubin, Jared. 2017. *Rulers, Religion, and Riches: Why the West Got Rich and the Middle East Did Not.* New York, NY: Cambridge University Press.

Samuelson, Paul A. 1958. "An Exact Consumption-Loan Model of Interest With or Without the Social Contrivance of Money." *Journal of Political Economy* 66(6):467–482.

Scheidel, Walter. 2019. *Escape from Rome: The Failure of Empire and the Road to Prosperity.* Princeton, NJ: Princeton University Press.

Schelling, Thomas C. 1960. *The Strategy of Conflict.* Cambridge, MA: Harvard University Press.

Scheve, Kenneth, and David Stasavage. 2016. *Taxing the Rich: A History of Fiscal Fairness in the United States and Europe.* Princeton, NJ: Princeton University Press.

Schurmann, H. Franz. 1956. "Traditional Property Concepts in China." *The Journal of Asian Studies* 15(4):507–516.

Schurmann, H. Franz. 1966. *Ideology and Organization in Communist China.* Berkeley, CA: University of California Press.

Scott, James C. 2017. *Against the Grain: A Deep History of the Earliest States.* New Haven, CT: Yale University Press.

Searle, Eleanor. 1988. *Predatory Kinship and the Creation of Norman Power: 840–1066.* Berkeley, CA: University of California Press.

Selden, Mark. 1970. *The Yenan Way in Revolutionary China.* Cambridge, MA: Harvard University Press.

Shanghai Shudian Press. 2015. *Veritable Records of the Ming Dynasty (Ming shilu).* Shanghai, China: Shanghai Shudian Press (Shanghai shudian chubanshe).

Shi, Zhihong, and Yi Xu. 2008. *Finance in the Late Qing, 1851–1894 (Wanqing caizheng).* Shanghai, China: Shanghai University of Finance and Economics Publishing House (Shanghai caijing daxue chubanshe).

Shue, Vivienne. 1988. *The Reach of the State: Sketches of the Chinese Body Politic.* Palo Alto, CA: Stanford University Press.

Sima, Guang. 1937 [1086]. *Collected Works of Sima Guang (Sima wenzhenggong chuanjia ji).* Beijing, China: Commercial Press (Shangwu yinshuguan).

Skinner, George William. 1977. *The City in Late Imperial China.* Palo Alto, CA: Stanford University Press.

Skinner, George William. 1985. "Presidential Address: The Structure of Chinese History." *The Journal of Asian Studies* 44(2):271–292.

Skocpol, Theda. 1979. *States and Social Revolutions.* New York, NY: Cambridge University Press.

Skocpol, Theda. 1985. "Bringing the State Back In: Strategies of Analysis in Current Research." In *Bringing the State Back In*, ed. Peter B. Evans, Dietrich Rueschemeyer, and Theda Skocpol. New York, NY: Cambridge University Press, chapter 1, pp. 3–37.

Slater, Dan. 2010. *Ordering Power: Contentious Politics and Authoritarian Leviathans in Southeast Asia.* New York, NY: Cambridge University Press.

Smith, Adam. 1986 [1776]. *The Wealth of Nations: Books I-III.* New York, NY: Penguin Press.

Smith, Paul Jakov. 2009a. "Introduction: The Sung Dynasty and Its Precursors, 907–1279." In *The Cambridge History of China: The Sung Dynasty and Its Precursors, 907–1279, Part I,* ed. Denis Twitchett and Paul Jakov Smith. Vol. 5. New York, NY: Cambridge University Press, Introduction, pp. 1–37.

Smith, Paul Jakov. 2009b. "Shen-tsung's Reign and the New Policies of Wang An-shih, 1067–1085." In *The Cambridge History of China. Volume 5, Part 1, The Sung Dynasty and Its Precursors, 907–1279,* ed. Denis Twitchett and Paul Jakov Smith. New York, NY: Cambridge University Press, chapter 5, pp. 347–483.

Smith, Paul Jakov, and Richard Von Glahn. 2003. *The Song-Yuan-Ming Transition in Chinese History.* Leiden, NL: Brill.

Sng, Tuan-Hwee. 2014. "Size and Dynastic Decline: The Principal-Agent Problem in Late Imperial China, 1700–1850." *Explorations in Economic History* 54:107–127.

Sng, Tuan-Hwee, and Chiaki Moriguchi. 2014. "Asia's Little Divergence: State Capacity in China and Japan Before 1850." *Journal of Economic Growth* 19(4):439–470.

Soifer, Hillel David. 2015. *State Building in Latin America.* New York, NY: Cambridge University Press.

Solow, Robert M. 1956. "A Contribution to the Theory of Economic Growth." *Quarterly Journal of Economics* 70(1):65–94.

Somers, Robert M. 1979. "The End of the T'ang." In *The Cambridge History of China: Sui and T'ang China, 589–906, Part I*, ed. Denis Twitchett. Vol. 3. New York, NY: Cambridge University Press, chapter 10, pp. 682–789.

Song, Jun. 1739. *Shangqiu Song Family History (Shangqiu Song shi jiacheng).* Hunan, China: Shangqiu Song Family.

Spence, Jonathan D. 1996. *God's Chinese Son: The Taiping Heavenly Kingdom of Hong Xiuquan.* New York, NY: W. W. Norton.

Spence, Jonathan D. 2002. "The K'ang-Hsi Reign." In *The Cambridge History of China: The Ch'ing Empire to 1800, Part I,* ed. Denis Twitchett and John King Fairbank. New York, NY: Cambridge University Press, chapter 3, pp. 120–182.

Spruyt, Hendrik. 1994. *The Sovereign State and Its Competitors: An Analysis of Systems Change.* Princeton, NJ: Princeton University Press.

Stasavage, David. 2002. "Credible Commitment in Early Modern Europe: North and Weingast Revisited." *Journal of Law, Economics, and Organization* 18(1):155–186.

Stasavage, David. 2003. *Public Debt and the Birth of the Democratic State: France and Great Britain 1688–1789.* New York, NY: Cambridge University Press.

Stasavage, David. 2016. "Representation and Consent: Why They Arose in Europe and Not Elsewhere." *Annual Review of Political Science* 19:145–162.

Stasavage, David. 2020. *The Decline and Rise of Democracy: A Global History from Antiquity to Today.* Princeton, NJ: Princeton University Press.

Stone, Lawrence. 1965. *The Crisis of the Aristocracy, 1558–1641.* Oxford, UK: Clarendon Press.

Stone, Lawrence. 2017 [1972]. *The Causes of the English Revolution.* New York, NY: Routledge.

Strauss, Julia C. 2020. *State Formation in China and Taiwan: Bureaucracy, Campaign, and Performance.* New York, NY: Cambridge University Press.

Strayer, Joseph R. 1970. *On the Medieval Origins of the Modern State.* Princeton, NJ: Princeton University Press.

Sun, Guodong. 2009. *A Study of the Rotation of Tang Central Officials (Tangdai Zhongyang zhongyao wenguan qianzhuan tujing yanjiu).* Shanghai, China: Shanghai Ancient Book Publishing House (Shanghai guji chubanshe).

Sun, Kuang. 1814. *Compiled Works by Mr. Sun Yuefeng of Yaojiang (Yaojiang Sun Yuefeng xiansheng quanji).* Zhejiang, China: Sun Yuanxing.

Szonyi, Michael. 2002. *Practicing Kinship: Lineage and Descent in Late Imperial China.* Palo Alto, CA: Stanford University Press.

Tackett, Nicolas. 2014. *The Destruction of the Medieval Chinese Aristocracy.* Cambridge, MA: Harvard University Press.

Tan, Xiping. 1891. *Fuping County Gazetteer (Fuping xianzhi).* Shaanxi, China: Fuping County Government.

Tang Clan. 1990. *Tang Clan Genealogy (Tang shi jia pu).* Tang Clan.

Tang, Wenxian. 1997. *Tang Wenke Court Documents Collection (Tang Wenke gong wen ji).* Shandong, China: Qilu Bookstore Publishing House (Qilu shushe).

Tarrow, Sidney G. 1994. *Power in Movement: Social Movements and Contentious Politics.* New York, NY: Cambridge University Press.

Tawney, Richard Henry. 1966. *Land and Labor in China.* Boston, MA: Beacon Press.

Tian, Yuqing. 2015 [1989]. *Great Clan Politics in Eastern Jin (Dongjin menfa zhengzhi).* Beijing, China: Beijing, China: Peking University Press (Beijing daxue chubanshe).

Tilly, Charles. 1975. *The Formation of National States in Western Europe.* Princeton, NJ: Princeton University Press.

Tilly, Charles. 1978. *From Mobilization to Revolution.* Boston, MA: Addison-Wesley.

Tilly, Charles. 1992. *Coercion, Capital and European States: AD 990–1992.* Hoboken, NJ: Wiley-Blackwell.

Tilly, Charles. 1995. *Popular Contention in Great Britain, 1758–1834.* Cambridge, MA: Harvard University Press.

Toghtō. 1985 [1343]. *History of Song (Song shi).* Beijing, China: Zhonghua Book Company (Zhonghua shuju).

Truman, David. 1971. *The Governmental Process.* New York, NY: Alfred A. Knopf.

Turchin, Peter, Thomas E. Currie, Edward A. L. Turner, and Sergey Gavrilets. 2013. "War, Space, and the Evolution of Old World Complex Societies." *Proceedings of the National Academy of Sciences* 110(41):16384–16389.

Twitchett, Denis. 1970. *Financial Administration under the T'ang Dynasty.* New York, NY: Cambridge University Press.

Twitchett, Denis. 1979. "Introduction." In *The Cambridge History of China: Sui and T'ang China, 589–906, Part I,* ed. Denis Twitchett. Vol. 3. New York, NY: Cambridge University Press, chapter 1, pp. 1–47.

Twitchett, Denis, and Howard J. Wechsler. 1979. "Kao-Tsung (Reign 649–83) and the Empress Wu: The Inheritor and the Usurper." In *The Cambridge History of China: Sui and T'ang China, 589–906, Part I,* ed. Denis Twitchett. Vol. 3. New York, NY: Cambridge University Press, chapter 5, pp. 242–289.

Vansina, Jan. 1966. *Kingdoms of the Savanna.* Madison, WI: University of Wisconsin Press.

Von Glahn, Richard. 2016. *An Economic History of China: From Antiquity to the Nineteenth Century.* New York, NY: Cambridge University Press.

Vries, Peer. 2015. *Averting a Great Divergence: State and Economy in Japan, 1868–1937.* London, UK: Bloomsbury Publishing.

Wakeman, Frederic. 1970. High Ch'ing, 1683–1839. In *Modern East Asia: Essays in Interpretation,* ed. James B. Browley. San Diego, CA: Harcourt, Brace and World, chapter 1, pp. 1–28.

Wakeman, Frederic. 1972. "The Price of Autonomy: Intellectuals in Ming and Ch'ing Politics." *Daedalus* 101(2):35–70.

Wakeman, Frederic. 1975. *The Fall of Imperial China.* New York, NY: Free Press.

Walder, Andrew. 1988. *Communist Neo-Traditionalism: Work and Authority in Chinese Industry.* Berkeley, CA: University of California Press.

Wallerstein, Immanuel. 1974. *The Modern World-System I: Capitalist Agriculture and the Origins of the European World-Economy in the Sixteenth Century.* Berkeley, CA: University of California Press.

Wang, Anshi. 2017 [1086]. *Collected Works of Wang Anshi (Linchuan xiansheng wenji).* Beijing, China: Commercial Press (Shangwu yinshuguan). URL: shorturl.at/xFGMV

Wang, Chaohong. 2006. *A Textual Research on the Composers of Ming and Qing Dynasties (Ming qing qujia kao).* Beijing, China: China Social Sciences Publishing House (Zhongguo shehui kexue chubanshe).

Wang, Heming. 2008. *The Comprehensive Catalog of Chinese Genealogies (Zhongguo jiapu zongmu).* Shanghai, China: Shanghai Ancient Works Publishing House (Shanghai guji chubanshe).

Wang, Na. 2007. "Kejia Family–Yu Clan in Tuochuan, Wuyuan (Kejia mingzu–wuyuan tuochuan Yu Shi)." *Huizhou Social Sciences (Huizhou shehui kexue)* (4):33–37.

Wang, Qiang. 2016. *Genealogy Manuscript (Chao gao ben jiapu)*. Jiangsu, China: Phoenix Press (Fenghuang chubanshe).

Wang, Shengduo. 2003. *A Monetary History of the Song Dynasties 960–1279 (Liangsong huobi shi).* Beijing, China: Social Sciences Literature Archives (Sheke wenxian xueshu wenku).

Wang, Shizhen. 2009. *Yanzhou Recluse Four Categories Compiled Drafts (Yanzhou shanren sibu jigao).* Beijing, China: Chinese Classic Ancient Books Database (Zhongguo jiben gujiku).

Wang, Tseng-yü. 2015. "A History of the Sung Military." In *The Cambridge History of China: Sung China, 960–1279, Part II*, ed. John W. Chaffee and Denis Twitchett. Vol. 5. New York, NY: Cambridge University Press, chapter 3, pp. 214–249.

Wang, Yeh-chien. 1973. *Land Taxation in Imperial China, 1750–1911.* Cambridge, MA: Harvard University Press.

Wang, Yianyou. 2014. *Study on Ming State Organizations (Mingdai guojia jigou yanjiu).* Beijing, China: Forbidden City Press (Zijincheng chubanshe).

Wang, Yuhua. 2021a. "Blood Is Thicker Than Water: Elite Kinship Networks and State Building in Imperial China." Forthcoming, *American Political Science Review.*

Wang, Yuhua. 2021b. "State-in-Society 2.0: Toward Fourth-Generation Theories of the State." *Comparative Politics* 54(1):175–198.

Wang, Yuquan, Zhongri Liu, and Xianqing Zhang. 2000. *Comprehensive History of Chinese Economy: Ming Economy (Zhongguo jingji tongshi: Mingdai jingji juan).* Beijing, China: Economic Daily Press (Jingji ribao chubanshe).

Wang, Zhe. 1981. *History of Finance in Historical China.* Beijing, China: Beijing Finance College Press (Beijing caimao xueyuan chubanshe).

Wasserman, Stanley, and Katherine Faust. 1994. *Social Network Analysis: Methods and Applications.* New York, NY: Cambridge University Press.

Weber, Max. 1946 [1918]. *Essays in Sociology*. New York, NY: Oxford University Press.

Wechsler, Howard J. 1979. "The Founding of the T'ang Dynasty: Kao-tsu (Reign 618–26)." In *The Cambridge History of China: Sui and T'ang China, 589–906, Part I,* ed. Denis Twitchett. Vol. 3. New York, NY: Cambridge University Press, chapter 3, pp. 150–187.

Wei, Qingyuan. 1999. *Zhang Juzheng and the Politics of Late Ming (Zhang juzheng he mingdai zhonghouqi zhengju).* Guangdong, China: Guangong Higher Education Press (Guangdong gaodeng jiaoyu chubanshe).

Wilkinson, Endymion. 2000. *Chinese History: A Manual.* Cambridge, MA: Harvard University Asia Center.

Williamson, Henry Raymond. 1935. *Wang An Shih: A Chinese Statesman and Educationalist of the Sung Dynasty.* London, UK: Arthur Probsthain.

Williamson, Oliver E. 1981. "The Economics of Organization: The Transaction Cost Approach." *American Journal of Sociology* 87(3):548–577.

Williamson, Oliver E. 1983. "Credible Commitments: Using Hostages to Support Exchange." *The American Economic Review* 73(4):519–540.

Williamson, Oliver E. 1985. *The Economic Institutions of Capitalism.* New York, NY: Free Press.

Wittfogel, Karl. 1959. *Oriental Despotism: A Comparative Study of Total Power.* New Haven, CT: Yale University Press.

Wong, Roy Bin. 1997. *China Transformed: Historical Change and the Limits of European Experience.* Ithaca, NY: Cornell University Press.

Wright, Arthur F. 1979. The Sui Dynasty (581–617). In *The Cambridge History of China: Sui and T'ang China, 589–906, Part I,* ed. Denis Twitchett. Vol. 3. New York, NY: Cambridge University Press, chapter 2, pp. 48–149.

Wright, Mary Clabaugh. 1962. *The Last Stand of Chinese Conservatism: The T'ung-Chih Restoration, 1862–1874.* Palo Alto, CA: Stanford University Press.

Wu, Baipeng. 2012. *Compilation of Works by Wu Baipeng (Wu Baipeng ji).* Beijing, China: Zhonghua Book Company (Zhonghua shuju).

Wu, Bangshu, and Shanqing Wu. 1924. *Genealogy of Wu Clan in Shanyin and Zhoushan Prefecture (Shanyin zhoushan Wushi zupu).* Shanghai, China: Shanghai Library (Shanghai tushuguan).

Wu, Daonan. 2009. *Wu Wenke Court Documents Collection (Wu Wenke gongwenji).* Beijing, China: Chinese Classic Ancient Books Database (Zhongguo jiben gujiku).

Wu, Guolun. 1830. *Danzhui Cave Manuscripts (Dan zhui dong gao xu)*. Osmanthus Fragrance House (Gui fen zhai).

Wu, Songdi. 2000. *China Demographic History: Ming Dynasty (Zhongguo renkou shi: Ming shiqi).* Shanghai, China: Fudan University Press (Fudan daxue chubanshe).

Wu, Weijia. 2014. *A Study of Zhao Yongxian and Zhao Qimei, the Yushan Bibliophiles in Ming Dynasty (Mingdai yushan cangshujia Zhao Yongxian, Zhao Qimei fuzi yanjiu).* Anhui, China: Anhui Normal University Publishing House (Anhui shifan daxue chubanshe).

Xi, Tianyang. 2019. "All the Emperor's Men? Conflicts and Power-Sharing in Imperial China." *Comparative Political Studies* 52(8):1099–1130.

Xie, Wenzhe. 2014. "Huizhou Merchants' Involvement on Jiangnan Cultural Activities in the Late Ming Dynasty: A Case Study on Wang's Family and Wang Dao Kun (Wanming huishang zidi dui jiangnan wenyi huodong de touru)." M.A. Thesis, National Jinan International University.

Xiong, Min. 2012. "A Study on the Relationship between Zhang Siwei and Zhang Juzheng (Zhang Siwei yu Zhang Juzheng guanxi yanjiu)." M.A. Thesis, Central China Normal University.

Xu, Jie. 2009. *Shi Jing Hall Collection (Shi jing tang ji).* Beijing, China: Chinese Classic Ancient Books Database (Zhongguo jiben gujiku).

Xu, Xianqing. 1964. *Tianyuan Cabinet Collection (Tian yuan lou ji).* Taipei, Taiwan: Guolian Book Publishing Company (Guo lian tushu chuban youxian gongsi).

Xu, Zhen. 2015. "A Study of Wei Xuezeng in the Ming Dynasty (Mingdai Wei Xuezeng yanjiu)." M.A. Thesis, South Central University for Nationalities.

Yan, Gengwang. 1986. *List of Tang Major Officials (Tang pushangchenglang biao).* Beijing, China: Zhonghua Book Company (Zhonghua shuju).

Yang, Guoan. 2012. *State Power and Social Order (Guojia quanli yu minjian zhixu).* Hubei, China: Wuhan University Press (Wuhan daxue chubanshe).

Yang, Haiying. 2018. "The Shanyin Family and the Ming and Qing Dynasties (Shanyin shijia yu mingqing yidai)." *Historical Research (Lishi yanjiu)* (4):37–54.

Yang, Lien-sheng. 1954. "Toward a Study of Dynastic Configurations in Chinese History." *Harvard Journal of Asiatic Studies* 17(3/4):329–345.

Ye, Qing. 2006. *Comprehensive China Fiscal History: Five Dynasties and Song Dynaties (Zhongguo caizheng tongshi: wudai, liangsong juan).* Beijing, China: China Fiscal and Economic Press (Zhongguo caizheng jingji chubanshe).

Ye, Renmei. 2010. "Research on Xu Xuemo, a Literati in the Late Ming Dynasty (Wanming wenren Xu Xuemo yanjiu)." M.A. Thesis, Zhejiang University of Technology.

Ye, Xianggao. 1997. *Cang Xia Manuscripts (Cang xia ji cao).* Beijing, China: Beijing Publishing House (Beijing chubanshe).

Ye, Zhi. 2011. "The Epitaph of the State Scholar Xi Gong and the Ruren Li Family found in Xiangyang (Xiangyang faxian guoshi Xigong, ruren Li shi muzhiming)." *Jiang Han Archaeology (Jiang han kaogu)* (3):128–131.

Yin, Xiujiao. 2014. "Textual Research on the Epitaph of Jia Sanjin in the Ming Dynasty in Zaozhuang (Zaozhuang mingdai Jia Sanjin muzhiming kaoshi)." *Haidai Archaeological Journal (Haidai kaogu)* 7:442–448.

Yu, Deyu. 2015. *Research on the Wu Family of Shanyin and Zhoushan (Shanyin zhoushan Wu shi jiazu yanjiu).* Beijing, China: China Social Sciences Publishing House (Zhongguo shehui kexue chubanshe).

Yu, Xianhao. 2000. *A Complete List of Tang Prosecutors (Tang cishi kao quanbian).* Anhui, China: Anhui University Press (Anhui daxue chubanshe).

Yu, Xianhao. 2003. *An Investigation of Tang Major Officials (Tang jiuqing kao).* Beijing, China: China Social Sciences Press (Zhongguo shehui kexue chubanshe).

Yu, Ying-shih. 2003 [1956]. T*he Relationship between the Great Clans and the Founding of the Eastern Han Dynasty (Donghan zhengquan zhi jianli yu shizu daxing zhi guanxi).* Shanghai, China: Shanghai People's Press (Shanghai renmin chubanshe).

Yuan, Kexin. 2017. "A Study on Wang Xijue (Wang Xijue yanjiu)." M.A. Thesis, Shanxi Normal University.

Zang, Yunpu, Chongye Zhu, and Yundu Wang. 1987. *Government Institutions, Military Institutions, and Civil Service Examinations in Chinese Dynasties (Ming shilu).* Jiangsu, China: Jiangsu Ancient Book Publishing House (Jiangsu guji chubanshe).

Zelin, Madeleine. 1984. *The Magistrate's Tael: Rationalizing Fiscal Reform in Eighteenth-Century Ch'ing China.* Berkeley, CA: University of California Press.

Zeng, Zaozhuang, and Lin Liu. 2006. *Complete Prose of Song (Quansongwen).* Shanghai, China: Shanghai Lexicographical Publishing House (Shanghai cishu chubanshe).

Zeng, Zhen. 2012. "Song Yiwang Poetry Collection Corrections and Footnotes (Song Yiwang shiji jiaozhu)." M.A. Thesis, Xiangtan University.

Zhang, Dexin. 2009. *Chronicle of Ming Civil Positions (Mingdai guanzhi nianbiao).* Anhui, China: Huangshan Publishing House (Huangshan shushe).

Zhang, Huiqiong. 2016. *A Study on Tang Shunzhi (Tang Shunzhi yanjiu).* Jiangsu, China: Phoenix Press (Fenghuang chubanshe).

Zhang, Jian. 2008. "A Brief Discussion on the Value of 'Wang Daokun's Epitaph' (Luetan Wang Daokun muzhiming de jiazhi)." *Journal of Henan Institute of Education: Philosophy and Social Sciences Edition (Henan jiaoyu xueyuan xuebao: zhexue shehui kexue ban)* 27(1): 63–66.

Zhang, Jian. 2014. *Research on Huizhou Distinguished Literati Wang Daokun (Huizhou hongru Wang Daokun yanjiu).* Anhui, China: Anhui Normal University Publishing House (Anhui shifan daxue chubanshe).

Zhang, Jiankui. 2015. *A Study of Celebrities in the Past Dynasties in Gansu (Gansu lidai mingren yanjiu).* Gansu, China: Gansu Science and

Technology Press (Gansu keji chubanshe).

Zhang, Jiayin. 1997. *Compiled Works by Mr. Julai (Julai xiansheng ji).* Shandong, China: Qilu Bookstore Publishing House (Qilu shushe).

Zhang, Jie. 2018. "A Chronology of Yang Wei (Yang Wei nianpu)." M.A. Thesis, Lanzhou University.

Zhang, Shunhui, and Liangkai Wu. 1987. *Zhang Juzheng Works Compilation (Zhang juzheng ji).* Fujian, China: Jing Chu Bookstore (Jingchu shushe).

Zhang, Siwei. 2009 [1593]. *Tiao Lu Hall Collection (Tiao lu tang ji).* Beijing, China: Chinese-Classic Ancient Books Database (Zhongguo jiben gujiku).

Zhang, Taisu. 2017. *The Laws and Economics of Confucianism: Kinship and Property in Preindustrial China and England.* New York, NY: Cambridge University Press.

Zhang, Taisu. 2021. *The Ideological Foundations of the Qing Fiscal State*. Book Manuscript.

Zhao, Chao. 2017. "A Study on Pan Sikong's Court Memoir (Pan Sikong zoushu yanjiu)." M.A. Thesis, Anhui University.

Zhao, Dingxin. 2015. *The Confucian-Legalist State: A New Theory of Chinese History.* New York, NY: Oxford University Press.

Zhao, Kesheng. 2009. "Family Etiquette and Family Integration: A Case Study of the Ge Family in Dongshan in Ming Dynasty (Jiali yu jiazu zhenghe: mingdai dongshan Geshi de gean fenxi)." *Seeking Truth (Qiushi xuekan)* 36(2):126–132.

Zhao, Shi'an. 1993. *Kangxi Renhe County Gazetteer (Kangxi renhe xianzhi).* Shanghai, China: Shanghai Bookstore (Shanghai shudian).

Zhao, Yongguang. 1595. *Cangxue Study Full Collection (Cang xue xuan quan ji).* Beijing, China: Zhao Yongguang.

Zheng, Zhenman. 2001. *Family Lineage Organization and Social Change in Ming and Qing Fujian.* Honolulu, HI: University of Hawai'i Press.

Zheng, Zhenman. 2009. *Lineage Coalitions and the State (Xiangzu yu guojia).* Beijing, China: Joint Publishing (Sanlian shudian).

Zhu, Duanqiang. 2015. *Biography Series of Hundreds of Historical Celebrities in Yunnan: Envoy to Ryukyu Xiao Chongye (Yunnan baiwei lishi mingren zhuanji congshu: chushi liuqiu—Xiao Chongye).* Yunnan, China: Yunnan People's Publishing House (Yunnan renmin chubanshe).

Ziblatt, Daniel. 2006. *Structuring the State: The Formation of Italy and Germany and the Puzzle of Federalism.* Princeton, NJ: Princeton University Press.

Zunhua. 2013. *Encyclopedia of Zunhua Cultural and History Documents (Zunhua wenshi ziliao Daquan).* Hebei, China: Zunhua Chinese People's Political Consultative Conference (Zunhua renmin zhengxie).